U0572890

第八卷

社会治理：新思维与新实践

Social Governance: New Thoughts and New Practices

主　编／张　翼
副主编／郑少雄　黄丽娜

社会科学文献出版社
SOCIAL SCIENCES ACADEMIC PRESS (CHINA)

总　　序

我国博士后制度是改革开放以后设立的。1984 年 5 月 21 日，著名物理学家李政道向邓小平同志建议，借鉴国外的博士后制度，在中国设立博士后科研流动站，小平同志当即表示赞成。1985 年，国务院下发文件，设立博士后流动站，实施博士后制度。

我国第一个文科博士后流动站，就是 1988 年在北京大学设立的社会学博士后流动站，是由中国社会科学院社会学研究所的首任所长费孝通先生主持的。中国社会科学院社会学博士后流动站，则成立于 1999 年。1999 年至 2013 年，14 年过去了，至今已经招收了近百名博士后，他们多数都已经出站，成为各行各业的领军人物。实践证明，中国博士后制度对于选拔、培养优秀人才，促进人才流动，创出高水平的科研成果发挥着独特的作用。

2006 年，中国社会科学院社会学研究所博士后流动站举办了"第一届中国社会学博士后论坛"。此后，举办这个论坛成为一项制度，坚持每年举办一次，至今已先后在北京、武汉、厦门、沈阳、重庆等地成功举办了七届，2013 年在贵阳举办"第八届中国社会学博士后论坛"。与我国其他文科博士后流动站的论坛相比，中国社会学博士后论坛有这样几个特色。

第一，参加人员的广泛性。参加论坛的，既不限于在站的博士后，已经出站的博士后参加论坛的热情也很高；也不限于本站的博士后，其他高校的社会学博士后也有不少人参加；还不限于社会学的博士后，其他学科的博士后往往也来参加；而且不限于博士后，博士后的合作导师也满怀兴趣地参加。这样就使这个论坛成为一个高水平的学术交流平台。

第二，论坛会上会下交流方式多样。这个论坛以中国社会科学院社会学博士后联谊会为依托，联谊会还设立了地区分会，他们积极参与论坛的组织工作，除了邀请著名学者发表主题演讲、组织专题分论坛，还组织会下的讨论会和会后的社会调查。很多博士后反映，通过这个论坛活动，所有的博士后都能够不分站内站外，不分学科专业背景，充分深入地交流，并能发现很多平时自己本学科容易忽略的问题，扩大了自己的学科知识面，同一个社会问题可以得到不同学科视角的诠释和理解。

第三，学术成果丰硕。论坛参加者以文入选，要提交合乎学术规范的高质量学术论文，而且论文的题目要贴近论坛的主题。而论坛的主题，往往是不同发展阶段我国社会发展的重大现实问题。这样，每年论坛之后，都有一批高质量的涉及社会发展重大现实问题的博士后学术论文，我们选择其中的优秀论文结集出版，就形成现在这个社会学博士后论文集的系列。我们希望再经过十几年的努力，这个论文集系列，能够记载我国的巨大社会变迁，也记载社会学博士后的学术足迹。

改革开放 35 年来，在建立社会主义市场经济的过程中，我们要处理的一个核心议题，就是政府与市场的关系。随着市场经济的深入、经济体制改革的深化和社会结构的巨大变迁，社会问题开始凸显。在这种情况下，政府、市场和社会三者之间的关系，成为我们要处理的一个新的核心议题。在这个核心议题的探索中，社会学承担着责无旁贷的学术使命和研究重任。但愿中国社会学博士后论坛的这个论文集系列，也能为担当这一学术使命贡献一份力量。

是为序。

李培林

2013 年 6 月 25 日

目　录

第一部分　新型城镇化

第二部分　乡村社会治理

第三部分　城市、阶层与网络

第四部分　社会政策

第一部分
新型城镇化

新型城镇化进程中城乡一体新社区建设的新单位化现象：基于浙江省嘉兴市的实践分析[*]

赵定东

摘　要： 以土地流转弱化农民对土地的依赖偏好、以住房改造隔离农民与村落的空间联系、以行政化社区组织的构建瓦解乡村熟人社会、以城市社区服务标准催生新社区居民的"城市意识"是浙江省嘉兴市城乡一体新社区建设的主要方式和实践过程。文章认为在新社区建设过程中，有了诸如社区庇护主义的出现和发展、社区法团主义的产生和扩大、社区父爱情结的再生与扩张等现象，这些现象的出现说明单位社会在中国大陆并没有完全终结，相反，它正以特殊的形态发挥着作用。正视这个现实是做好新社区管理体制和管理方式建设的前提之一。

关键词： 新型城镇化　城乡一体新社区建设　新单位化现象社区庇护主义　社区法团主义

单位理论自 1989 年以来就成为解释新中国成立后社会变革的一个重要视角。在研究的过程中，学者根据不同的研究深度，提出了诸如单位社会、单位记忆、单位意识、单位依赖、典型单位制、后单位社会等重要概念。研究者认为，单位社会是指在新中国成立后由中国共产党以组织化的方式来确立的独特的宏观社会联结结构，是国家通过单位组织整合与控制社会的制度

---

* 原文发表在《华中农业大学学报》（社会科学版）2013 年第 6 期。

形式（路风，1989；李汉林，2004：12～13）。并认为，在社会结构上，它是一个功能尚未分化的总体性的结构形态；在社会管理制度上，它是党和国家通过高度整合的单位组织来实施全面社会管理和控制的手段；在个人的生存需求上，是城市社会中人们赖以生存的依靠（孙立平、王汉生、王思斌等，1994；华尔德，1996：274）。在这种认识下，有学者认为在改革开放后，随着私营经济的兴起、国有企业的改革、新兴社会群体的出现，单位制的社会运行和管理机制已逐步走向终结，单位社会作为一种社会运行方式和管理机制走向了解体（华伟，2000；田毅鹏、吕方，2009；崔月琴，2010）。

作为新中国建立以来主要社会管理方式的"单位"是否已终结？当今的社区形态如何？面对改革开放30多年来社区服务、社区建设、社区保障、社区福利、和谐社区建设等中国社区发展实践与理论探索不同时期的主题，面对由于社区定位模糊而导致的当今中国基层社会建设的理论困惑和实践矛盾，学界对单位"终结"论越来越怀疑。在这个背景下，本文主要根据浙江省嘉兴市城乡一体新社区的建设过程对社区新单位化现象进行探讨。

一 嘉兴市城乡一体新社区的建设背景和成就

城乡一体新社区是指按照统筹城乡发展、顺应新型城市化和农业农村现代化加速推进的要求，对照现代城市、现代家园和现代市民的标准，联城带乡科学布点、承接农村人口集聚，推进农民市民化、职业化，加快社区结构与功能转型升级，并借鉴城市社区建设管理理念规划建设的规模适度、设施完善、特色鲜明、服务配套、生态良好、管理民主的新型农村居民集中居住区（俞小琳、周敏华、沈玲珍，2009）。它不同于传统意义上的社区，其内涵与传统农村社区有着本质的不同，它与新型工业化、新型城镇化和现代化紧密相连。

党的十七届三中全会指出中国总体上已进入形成城乡经济社会发展一体化新格局的重要时期，要求"坚持服务农民、依靠农民、完善农村社会管理体制机制，加强农村社区建设，保持农村社会和谐稳定"。此后，在2007年，民政部在全国确定了304个实验县（市）、区，各地也确定了不同层次的实验单位。随着统筹城乡发展战略的实施，全国许多地方围绕创新完善新型农村社区建设开展了一系列探索实践，顺应城乡一体化发展要求，通过合理规划、组织再造和功能提升推动农村社区的转型重构，一时成为城乡一体化发展新阶段的热点。从当前各地城乡一体化进程较快地方的农村社区建设来看，其突出特征是"社区单位化"，即创建一种政府主导且全能负责的规划性的社会生活共同体，且建设中的农村社区多数不是定位在自然村层面，而是定位在现实形态的行政村层面。因而在这个背景下构建的农村新社区在现阶段既是农民生产生活的基本单元，也是政府改革和完善农村基层组织与管理的基本单元，同时还是公共服务在农村提升的基本单元。

浙江省在探索实验和反复调研的基础上，于 2008 年 12 月出台了《中共浙江省委浙江省人民政府关于推进农村社区建设的意见》，在全国率先形成了农村社区建设的制度框架。在此基础上，嘉兴市发布了《中共嘉兴市委、嘉兴市人民政府关于推进农村社区建设的意见》，指出"被国家确定为全国农村社区建设实验县（市、区）的平湖市、南湖区，2009 年要有 80% 的建制村开展农村社区建设，并在 2010 年提前完成农村社区建设任务，其他县（市、区）今年要有 30% 的建制村开展农村社区建设；2010 年要进一步巩固提高，60% 的建制村开展农村社区建设；2011 年要加大力度深化拓展，80% 的建制村开展农村社区建设；2012 年要全面完成，100% 的建制村全面开展农村社区建设，推进农村物质、精神、政治、生态四个文明建设以及农村经济社会的协调、健康、可持续发展"。至此农村社区建设成为嘉兴市推进城乡一体化发展的一项重要制度安排，而不断完善和创新城乡一体新社区的建设作为主要推进手段成为重中之重。

嘉兴市城乡一体新社区建设与全国同步，始于 2003 年以"五化一配套"① 为主要内容的村庄整治，真正启动于 2008 年的"两分两换"② 试点扩面工作的逐步展开。

嘉兴市大力推进城乡一体新社区建设也有其特殊条件。自 1999 年以来，嘉兴的大部分经济指标高于全国水平，嘉兴市综合竞争力排名进入全国 200 家城市前 41 强，各县（市）全部进入全国百强县前 30 强。同时，随着个体私营经济的快速发展和区域特色块状经济的迅速崛起，农民的收入水平和农村集体组织的资本积累有了较大的提高，且呈现稳健的增长势头。至 2009 年，嘉兴城市化水平超过了 50%，农业占全市 GDP 的比例降到了 6% 左右，人均 GDP 已经超过 5000 美元，农村劳动力 70% 以上脱离了农业生

---

① 指农村建设中的硬化、亮化、绿化、净化、美化工程和社区配套建设。

② 指宅基地与承包地分开，搬迁与土地流转分开，以土地承包经营权换股、换租、换保障，推进集约经营，转变生产方式；以宅基地换钱、换房、换地方，推进集中居住，转变生活方式。

产，已经进入农业向生态区转移、农民向"社会人"（相对于"单位人"）转移的全面转型时期。当时嘉兴市共有 858 个行政村、17000 多个自然村落，而农村劳动力非农就业和非农收入比例均达到 80% 以上，城乡居民收入比为 1.95∶1（嘉兴市民政局，2009），与全国相比，更具备了新型工业化、新型城镇化、农业农村现代化的发展条件。

"十一五"期间，嘉兴市在统筹城乡中率先迈步，从基础设施建设、公共产品延伸、社会服务提供、体制机制创新等方面进行了立体式改革创新，努力消融城乡边界。"十二五"开局嘉兴市即已站在了创新制度、挺进改革"深水区"的崭新起点上。"城乡一体化战略"作为"十二五"时期的七大战略之一，明确提出"全面深化'十改联动'，扎实推进现代新市镇和城乡一体新社区建设，促进城乡资源合理流动，加快形成城乡区域一体化发展新格局"。全市规划体系为 1640＋X，即 1 个中心城市（嘉兴），6 个县市区行政中心，40 个左右的新市镇，376 个城乡一体新社区。目前完成集聚"1＋X"（47＋376）规划点，其中，"1"为新市镇，即目前全市有 47 个新市镇，376 个城乡一体新社区。根据嘉兴市新调整的"1＋X"村镇规划，"X"的实际数量已经大大少于目前的行政村数量，也就是说，不少的"X"布点是跨村集聚的。通过整合，嘉兴市农民的生产方式和生活方式已经发生重大的转变，城乡一体新社区成为嘉兴市广大农村居民居住生活的重要场所。

二　嘉兴市城乡一体新社区建设过程和主要方式

任何社区的建构无外乎人口、地域、生态、结构及社区文化五个要素，但城乡一体新社区的建设是以实现城乡二元社会向城乡一体社会的转型及促进农民的居住向新社区集中为前提的，因此与城市社区相比，嘉兴市城乡一体新社区五个主要要素在内涵与外延上有些不同，诸如土地流转、住房改造、社区组织搭建、社区服务标准等成为新社区建设的首要问题。

1. 以土地流转弱化农民对土地的依赖偏好

土地承包权是农民最基本的经济权利，也是农民对土地依赖偏好的主要制度依据，通过承包土地经营权的流转以实现农民生产方式的转变是目前全国各地推进城镇化建设的主要做法。

嘉兴市在实践过程中探索出了一系列办法，根据调查，发现主要有以下几种。其一，以"两分两换"推进土地整体流转。主要是结合编制实施"1＋X"村镇布局规划，整村整组大面积实施土地流转，由镇成立经营公司，接受村经济合作社的委托，统一进行发包。如南湖区余新镇明星村通过"两分两换"，集中流转土地 5249.32 亩。其二，开展土地整村流转。在尚未开展"两分两换"的地方，探索开展农村土地的集中流转。如平湖市新埭镇姚浜村开展了土地的整村流转，全村 2370 亩耕地，农户土地流转签约率达到 100%。其三，作价出资组建农民专业合作社。按照《浙江省农村土地承包经营权作价出资农民专业合作社登记暂行办法》，嘉兴开展了农民以土地承包经营权作价出资组建农民专业合作社的试点，到 2009 年底，全市建立了土地股份合作社 20 家，作价入股合作社土地面积 1.39 万亩，实现土地从生产资源到资产经营向资本运作的转变。其四，土地全程托管。即农户将自己承包经营的土地按季节全程或者大部分生产内容委托给服务型农民专业合作社，由其统一组织生产，农作物收获后由合作社向农民提供一定数量的农产品作为土地收益。全市实行粮油全程统一服务的面积为 3.8 万亩。其五，季节性流转。即农民将冬季闲置地块承包给其他农户或合作社进行冬季农业开发，如海盐县对经济开发区内的全部土地实行"一地二主"经营模式，由农民专业合作社进行季节性开发。

通过土地流转，为农民由村民转变为居民提供了职业转换的可能。农村就业向第二、第三产业转移加速，第一产业就业明显减少。根据嘉兴第六次人口普查汇总资料，2000 年以来嘉兴农村就业人口快速向第二、第三产业转移，分三次产业就业结构由 2000 年的 40.5∶47.3∶12.1 变为现在的 20.5∶63.3∶16.2（刘新毅、李霞萍、管一佳，2012）。

2. 以住房改造隔离农民与村落的空间联系

嘉兴市农民的住房改造与中心镇建设基本同步。1997 年根据浙江省体改委关于加快小城镇综合改革试点的意见，嘉兴市的余新、濮院、许村 3 个镇被列入全省的第一批试点；1998 年又有 8 个镇被新列入省级综合改革试点镇的试点，享受小城镇综合改革试点的有关政策，推动资源要素的集聚。但直到 2000 年《关于公布浙江省中心镇名单的通知》文件下达后，嘉兴市的中心镇建设才正式启动，当时嘉兴市被列入省级中心镇名单的共有 12 个。进入"十一五"后，在浙江省政府公布列入中心镇的新名单里，嘉兴市的中心镇上升到 14 个，分别为南湖区的新丰镇、秀洲区的王江泾镇和王店镇、嘉善的魏塘镇（县城）和西塘镇、平湖市的新仓镇和新埭镇、海盐县的武原镇（县城）和沈荡镇、海宁市的许村镇和长安镇、桐乡市的洲泉镇、崇福镇和濮院镇。在此基础上，嘉兴市政府提出通过逐步完善市镇基础功能，发挥特色功能，统筹区域功能，构建"1640"网络型大城市，实现城乡一体化发展的目标。至此，嘉兴市的小城镇建设、中心镇建设和新市镇人口规模快速扩张。以嘉兴市列入浙江省政府培育名单的中心镇为例，2009年14个中心镇的人口集聚已达134.72万，占嘉兴市常住人口的28.1%，其中户籍人口96.71万，占嘉兴市户籍人口的28.4%，当年的GDP产出为491.15亿元，比2004年增长了94%，年增长率达到14.2%，比嘉兴市的GDP增长高出约2个百分点。从财政贡献情况看，14个中心镇的预算内收入为44.33亿元，占嘉兴市预算内收入的27.5%（国家统计局嘉兴调查队，2011）。

同时嘉兴农民居住条件和生活质量日趋城市化。一是农村家庭户人均住房间数提高，2010年农村家庭户人均住房间数为1.18间，比2000年的0.91间增加0.27间；二是农村人均住房面积增长快，农村家庭户人均住房面积达61.3平方米，比2000年增加22.9平方米，2010年农村家庭户人均居住面积为城镇居民的1.7倍；三是住房设施市镇化趋势明显，2010年农村家庭户炊事用燃气的比例为71.0%，有自来水的比例为95.7%，有厕所的比例为91.4%，分别比2000年提高38.9、23.9和14.9个百分点（刘新毅、李霞萍、管一佳，2012）。

3. 以行政化社区组织的构建瓦解乡村熟人社会

城乡一体新社区是统筹城乡改革发展中，政府为促进农村社区更好更快地转型而进行的一种有领导、有组织、有计划的自觉行动和制度创新。作为一种介于传统农村社区和城市社区之间的新型社区形态，社区组织构建面临着与城市社区和农村社区不同的逻辑。在传统的自然村落中，原有村民既是居住在村庄内的居民，也是村经济合作社的社员，经济身份与社会身份的一致性和乡村熟人社会的结合导致其管理结构和管理组织基本上是一种礼俗与现代科层制并举的方式。但城乡一体新社区的建立打破了原有的生活联系与生产方式，村民的经济身份与社会身份随之分离，即农民在经济身份上还是农民，可以继续保留承包土地及拥有村集体资产的股份或收益权，但在社会身份上已经转换成社区的居民。在这个意义上说，从自然村落向现代社区转变的过程是农民生产方式、就业方式、生活方式深刻变化的过程，既涉及农民思想观念的转变，又涉及政府、集体、农民之间各种关系的调整。

调查发现，嘉兴市的城乡一体新社区组织结构建设基本上沿用了目前城市社区的基本做法——建立"1+3"社区组织框架，即成立社区党总支和社区管委会、党员议事会和居民议事会，社区党总支下设支部和若干个党小组。党总支和管委会下设综合办公室、服务中心、活动中心、物业中心等

"一办三中心"，组织实施社区管理。同时根据新社区的特点，每个社区成立农村社区发展协调委员会，协调指导社区服务体系建设工作。社区发展协调委员会和社区服务中心不是一级行政管理机构，与社区内村落不存在上下级隶属关系，不干涉村级事务，也不是以生产经营为主的经营组织。社区服务中心是为农民群众提供服务的平台，具体承接政府部门延伸在农村的公共服务及相关政务服务。

根据调查结果，发现已建成的 19 个新社区全部建立了社区党组织和管（村）委会，10 个社区（占 52.6%）建立了社会事务站，并实行"政府主导＋社区自治"相结合的管理模式，社区党组织委员与管委会成员以及社会事务站工作人员交叉兼职，全面负责社区的日常建设和管理服务工作；6 个社区（占 31.6%）建立了居民代表会议、社区居民议事监督委员会以及经选举产生了居民小组长；11 个社区（占 57.9%）建立了工会、共青团、妇联等群团组织，平均每个社区拥有社会组织 2 个，各类社区社会组织和社区志愿者在参与社区管理、改善民生、提供公共服务等方面发挥积极作用。少数社区还建立了社会工作室，通过引入专业社工理念，为不同服务对象提供多元化服务。

由于城乡一体新社区的构建事实上打破了原有乡村的地缘和血缘联系，社区管理人员的组成也是以上级政府指派性为主的，新社区居民之间的社会关系网络面临重建，复杂、临时、不确定的社会关系网络正在成为一个新趋势，相互之间那种高度同质化的状况已经不复存在。同时，对新社区居民个体而言，由于社区入住的居民在外部形态上是新市民，在实际身份上仍是农村居民、村经济合作社社员；社区在表现形态上是城市社区，在实际形态上又是不同于城市社区的城乡一体新社区等诸多方面的实际，构成了新社区居民在经济身份、政治身份、社会身份和社区性质的双重性，给社区未来管理带来新挑战。

4. 以城市社区服务标准催生新社区居民的"城市意识"

客观地说，对农民个体而言，由于新中国成立以来国家在农村不同社会政策的变更，在利益关系上农民经历了从个体利益诉求向集体利益诉求再向个体利益诉求嬗变的过程。这个过程虽然在一定程度上瓦解了乡村"守望相助"的传统公共需求理念，但总的来看，在传统农村社区的管理服务体系中，公共服务往往带有社会福利的性质，有利于催生农民的"城市意识"。

调查发现，截至目前，嘉兴市已建成城乡一体新社区 19 个（其中南湖区3个，秀洲区4个，嘉善县1个，平湖市4个，海盐县3个，海宁市1个，桐乡市3个），累计建成安置房17419户，已入住11439户，平均入住率为59.7%，其中入住率超过50%的有16个，入住率超过80%的有7个。19个新社区大部分都建立了社区综合服务中心，平均工作服务用房面积超过1000平方米，其中"一站式"办事大厅平均面积超过100平方米。并普遍设立了"六室三站二栏一大厅一分中心"，即社区办公室、综合治理（民事调解）室、图书阅览室、综合活动室（党员活动、老年人活动、社区学校、远程教育等）、社区综合档案室和警务室；社区社会事务站、社区卫生服务站、居家养老服务站；党务、居务公开栏和科普宣传栏；"一站式"办事大厅；文体活动分中心，实现了与新社区同步规划、同步建设、同步使用。同时将劳动就业、社会保障、民政、教育、卫生、人口计生、文化、体育、科技、法律、社会治安等政府公共服务资源向新社区移植。

这些措施对于增强新社区居民的主体意识、参与意识，激发他们投身社区建设的积极性、主动性和创造性及切实增强新社区居民对社区的认同感、归属感确实已经产生了一定的作用。但也发现，新居民有一些实际困扰：一是生活成本增加。居民入住新社区后，与其在农村分散居住时相比，其生活成本确实有了增加。分散居住时洗衣服一般用井水，吃蔬菜一般自己种，做菜烧饭一般用秸秆，不用花多少钱。而到新社区居住后，家里不允许养鸡养鸭生炉灶，而且家用电器多，用电量大，电费支出大，吃菜需要买，物管费需要缴纳，等等，生活成本的增加必将给居民带来不小的经济压力。二是生活习惯定式。从严格意义上讲，目前入住的社区居民仍是农民，他们集中居住后在住房装修、环境卫生、治安防范、物管费缴纳等方面，认识相对粗浅，对社区家园的归属感还有一个逐步深化认同的过程，其生活习惯一时很难改变，与社区管理要求尚有较大差距。如有的居民提出要在花园内种菜、要在车库内养猪、要在天井内挖井等。三是生产管理不便。如桃源新邨社区居民的承包地仍然是由居民自行耕种，生产不在社区，而生活起居在社区，造成生产生活相分离。农民入住新社区后，如不加快土地流转，自己仍然耕种土地确实会有诸多不便。如耕种管理时的进出有一段路程、生产工具没有地方存放、晾晒稻谷没有场地等。

这些现实问题已经给新社区建设带来很多深层次的问题。鉴于居民对公共产品及公共服务的要求已有极大提高这一现实，城乡一体新社区的组织形式、服务内涵、内容及方式等都值得进一步探讨。

三　单位回归抑或新单位化？城乡一体
新社区建设的意外发现

前有所述，单位理论自 1989 年以来就成为解释新中国成立后社会变革的一个重要视角。有学者认为，单位制度的起源与晚清社会变革有关。认为在晚清中国经历了一次政治解体与社会解组结合在一起的总体性危机，不仅原有的政治制度框架解体了，原来构成社会生活基础的基层组织体系也解组了，即政治整合与社会整合同时失效。因此，在新中国成立后，面对的一个首要问题就是如何同时克服这两种危机，重建政治整合和社会整合。通过农村的人民公社（农村的单位①）化和城市的单位化，建立了集各种职能于一身的总体性组织以消除社会整合与政治整合之间的紧张关系，并使两者高度一致起来。

在这种体制中，单位作为社会管理的主要方式，其功能主要表现在四个方面：第一，通过单位的经济功能在国家与社会普通成员之间建立了社会资源分配的制度通道；第二，通过单位的组织功能在国家与社会普通成员之间建立了直接相联系的组织体系，同时为地方法团主义的生存与壮大提供了可靠的利益保证；第三，通过单位的庇护功能在国家与社会普通成员之间建立了依存关系，为社会控制奠定了道义基础；第四，通过单位的动员功能在国家与社会普通成员之间建立了利益纽带，为地方层次的社会整合从属于国家层次上的政治整合奠定了社会基础。

因此在 1978 年以前的社会管理制度框架中，单位制已经成为中国城乡基层社会生活的基本制度安排，成为整合社会生活的基本组织形式，而所谓的"社区"则被置于单位的框架之下而退居边缘地位。20 世纪 80 年代后，随着中国大陆社会管理的重心从"单位"转到"社区"，从"工作场所"转向"居住场所"，国家社会管理基础单元发生了转换，基层社会日常生活的支持网络发生了转换，同时制度层面上的社会资源和社会机会配置机制也发生了转换。那么这种转换的内在形态是什么呢？城乡一体新社区建设的内在制度是什么？难道单位制的管理方式和影响真的"消失和终结"了吗？

---

① 在一般的论述中，将农村的人民公社制与单位制分开，单位制特指中国大陆的城市或者大型国有企业的管理形式，但从功能分析，二者在社会控制等方面有惊人的相似性，因此，在笔者的分析中，二者都可以成为单位体系的组成部分。

这些疑问都需要学界做出回答。通过笔者的调查，本文认为单位制还以特殊的方式存在，在这里笔者称之为"新单位现象"。理由如下。

1. 社区庇护主义的出现和发展

庇护主义是哈佛大学的华尔德（Andrew Walder）研究经典中国单位制度的重要概念。他在其《共产主义的新传统主义》一书中曾经对中国城市工厂中的权威关系进行过研究，他认为中国的工厂中存在着明显的庇护主义关系（Walder，1987：314）。他通过韦伯有关权威关系形成的权威类型理论①进行了解释性比较，认为任何权威都涉及一个很宽泛的、很模糊的条件，即所谓"同意"的问题，实际是指一种自愿的、习惯性的服从。一般而言，可以用四个特征来界定，即企业中的社会关系结构、有关这些关系的内容或"伦理"、权威的实际要求和意识形态主张及"予取"原则（孙立平，2007）。

这个分析视角同样适用于当代城乡一体新社区建设。在笔者的调查中发现，城乡一体新社区多为多村集聚的结果，社区异质性强，呈现离散性、多元性特征。从社区人员组成来看，城乡一体新社区居民成分复杂。新社区居民中存在拆迁安置户、志愿置换户、土地复垦户等不同类型，但由于不同群体之间享受政策不平等、安置情况不一致、养老保险有差别而导致群体与群体之间、户与户之间存在矛盾，阻碍了社区成员之间的沟通交流，影响了社区共同价值的形成。另外，社区开放度和流动性的增强，吸引了大量外来人口租住，使社区成员之间价值观异化现象更加突出。"熟人社会"的分量渐次减少，"陌生人世界"的成分快速增长。社区的离散性使社区文化形成的内生基础不足，导致社区居民缺乏归属感和认同感，难以形成融合性"生活共同体"。因此它是一个非常典型的"陌生人"社区。

在这种背景之下，新的社会整合的需要、社会团结的要求、人际和谐的期待等成为城乡一体新社区建设的内在制度需求。"有原则的特殊主义"②

---

① 在韦伯的权威类型理论中，权威涉及三种因素，即特定的规范与意识形态主张、服从的物质的或非物质的利益及由权威模式造成的冲突的特有形式。

② 美国社会学家帕森斯曾提出关于人与人关系的两分法。近几年来在我国也有人在讨论，改革前中国的人际关系是特殊主义的还是普遍主义的？大多数人倾向于将其称为"特殊主义"的人际关系，典型表现就是关系学的盛行。对此，瓦尔德提出了一个独到的看法，他将这种关系称为"有原则的特殊主义"。也就是说，这种关系在形式上是普遍主义的，而且真诚地反对"无原则"的团结，提倡办事情要讲原则，但是，在实际行事的过程中，却往往奉行一种特殊主义的原则。而"有原则的特殊主义"的形成原因，就在于对抽象的意识形态和组织的公共效忠与对领导人个人的私人效忠是结合一起的。由此形成了一种既讲原则，又讲关系的独特状况。应当说，这样的一种独特的社会关系的性质，对中国社会中制度运作的机制与方式有着重要的影响。

开始盛行，如新社区主要干部岗位的激烈竞争，城市社区服务标准的诱惑，拆迁安置户、志愿置换户、土地复垦户等不同类型利益群体的个人化等使得居民在利益方面与社区形成"类"依附关系，社区庇护虽然不如单位社会直接和明显，但功能呈现同一性。特别是在随着国家和地方政府加大乡村城镇化投资而产生的社区资源越来越丰富的情况下，社区已经成为新居民工作保障、商品和劳务提供等方面的主要资源输出链条和中介，居民为获得这些资源的机会，竞争成为社区庇护主义产生和发展的主要推力。同时，国家对新社区建设的重视及各种事务的"社区下沉"迫使社区父爱情节重新燃起，吸取和借用单位社会的管理经验成为自然。

2. 社区法团主义的产生和扩大

运用法团主义理论对新时期中国农村国家机构与社会的关系进行分析的最具代表性的学者是美国哈佛大学社会学家简·奥伊，她在其《当代中国的国家与农民》一书中写道（Jean Oi，1989：217），地方政府法团主义的构成要素主要有两个，一是地方政府在经济活动中的董事会作用。地方政府通过承包合同的方式实现控制乡镇企业的财政目的，这意味着合同被引入一个计划仍然起支配作用的背景之中。二是部门之间的补贴与社区的公共福利。简·奥伊认为，与工业化相伴随的是内部的差异化。有的部门赢利较多，有的部门则赢利较少，这样就构成了一种"内部差异化统合"。这样作为统合实体的村庄就可以用一个部门中的赢利来补助一个部门的发展。在一个村庄中，农业和工业之间就是这样的一种关系。

这个理论视角对中国的分析虽然是针对20多年前的，但仍有解释价值。于本文的启迪关键在于提供了一个说明农民—国家关系性质的变化以及基层干部权力的变化的适用视角。

如前所述，城乡一体新社区是既有别于城市社区，又有别于乡村社区的新型社区，因此它既不是城市社区也不是乡村社区，但城市和乡村的诸多社会运行机制都对其发挥作用。城乡一体新社区建设是一个相当复杂的过程，牵涉多方面的因素。因为新社区居民原先就是农民，其生活资源在1978年后就不再由人民公社进行配给，也因此解除了农民对于单位垄断性资源的依赖关系。也就是说，新社区居民拥有保障生活需求的体制外途径，正是在这个意义上，"去单位化"在农村很早就切实地发生了。

但作为城乡一体新社区，面对的问题与农村不一样，如组织机制问题。社区是上连政府、下连居民的一种社会生活共同体。一方面，国家欲将社会职能卸载，移入社会化的社区，强调社区独立（即不对体制内资源形成依赖）与社区团结（以此来构建人际关系网络的资源纽带），以求解决单位所无法应对的社会问题。很明显，这样的口号与新居民的自我认知与行动能力是不对称的。另一方面，国家无意于就此退出对基层社会的治理，力图保持改革前的政策执行和行政管理效力。在新社区建设的推行过程中，呈现在我们眼前的大都是如前所述的政府"动员文本"，动员能力的有效性直接对应着政府行政效力的强大。但抽象而含糊的政策理念并未细致地界定新社区内部的各种权力关系，模糊的权力边界反衬出了单位与街居管理的效能。城市社区的"两级政府、三级治理、四级网络"管理体制与农村"两委"的管理方式有很大差异。当下嘉兴市城乡一体新社区在政府的强力推动下，其治理还是以行政主导为主。由于新社区建成的时间都不长，目前各地还均处于以社区管委会暂行社区居委会部分职能的阶段，并且发挥了相当大的作用。如果从短期而言，社区管委会治理模式作为过渡阶段是可行和有效的，但从长期的发展趋势来看，以社区管委会代行居委会职责，势必造成社区居民自治能力的弱化和居民参与度的降低，从而造成作为镇（街道）政府工作机构的管委会的被动。同时，由于城乡一体新社区处于农业向非农业、农村向城市、农民向市民转变的过程，而且社区居民成分比较复杂，既有拆迁户，又有"两分两换"户，还有大量的外来租户等，导致社区问题比较复杂，很容易引发矛盾冲突。因此在新社区建设的过程中，如何建立切实协调新居民利益的机制是一个亟待解决的问题。

在这个背景下，处于群众和国家之间的社区干部（嘉兴市19个新社区平均每个社区配备专职工作人员只有4～5人）努力在新社区建设中争得一席之地。对他们来说，有政策就意味着有资源，和政策结合得越紧密就越能得到更多体制内传递的资源，所以，社区成为他们的事业，这一工作重点和上层意愿结合在一起。但是另一方面，他们的工作也是另有倾向性的。他们努力在新社区建设的运动中突出自己的功能，努力让上层了解自己在这个美好图景中所具有的举足轻重的意义，特别是新社区面对不断凸显的老年人问题、劳动就业问题、新居民管理问题、房屋租赁问题等政府头疼问题的时候，他们的种种利益诉求得到了上级政府的认可和支持，他们成为新社区建设的主体，进而被群众引申到其背后代表的体制内力量。这直接促进了社区法团主义的滋生和发展。

3. 社区父爱情结的再生与扩张

前文通过对社区庇护主义和社区法团主义的分析展示了新社区建设中单位的经济功能、单位的庇护功能和单位的组织功能。如何看待新社区建设中的单位整合功能呢？它又以何种面目出现的呢？这需要从社区父爱情结的再生背景来考察。

在笔者的调查中发现，新社区居民转变不彻底。具体表现为：一是生产方式转变得不彻底。城乡一体新社区的居民虽然居住在新社区，但其户籍仍在农村，仍是原村集体经济组织的成员，在经济身份上仍然是农民，这直接导致了他们的生产生活无法完全统一到新社区。比如，部分居民的承包地尚未流转，仍然需要自行耕种，生活起居在社区而生产在农村，造成生产生活相分离。二是生活习惯转变得不彻底。由于受原有农村生活习惯影响，部分居民在花园内种菜，在树上晾晒衣物，在社区内乱丢乱扔垃圾，甚至提出要在车库内养猪，要在空地上挖井等想法。三是观念转变得不彻底。新社区的居民大部分是由"两新"工程的搬迁拆迁安置而来，很多人一辈子生活在农村，农村的思想观念根深蒂固，比如要缴纳物业管理费，他们就不认同。同时，社区居民生活成本大幅增加，从原来的自给自足型转变成市场购买型，经济压力的上升会引发居民对社区工作的不配合、不支持。另外，新社区管委会是个过渡性的组织，与原行政村存在"多头"管理的问题，这容易导致不问不管、相互推诿等现象发生。

这些都给新社区的管理和服务增加了难度，同时也为社区父爱情结的再生提供了条件。我们知道，在经典的单位体制中，作为功能相对完整的"小社会"，单位全能性地包揽城市职工的住房、劳保、医疗、健康检查、结婚、生育、子女入托入学、家属就业、食堂就餐、理发、上班交通、文体活动、日常用品供应、养老送终、治安环卫等事务，构成绝大多数城市居民获取生活资源的组织化渠道。正如刘建军所指出的，"从功能上来说，城市单位履行着极其重要的保障功能与供给功能，个人生存与发展的资源基本上都是从单位中索取……一旦进入一个单位，则意味着获得了充足的、持久的保障机制"（刘建军，2000：20）。虽然伴随着由再分配体制到市场经济体制的过渡与转型，单位的社会职能逐渐收缩，城市居民开始在单位之外获取日常所需的生活资料，如住房、医疗保险以及多种福利条件（子女教育、用品供应）等。但要说明的是，在20世纪80年代取代单位而产生的社区职能中的社区父爱情结并没有完全消失。

在新的基层社会生活框架中，新社区正在成为一个相对独立的实体，它作为一种相对独立、相对稳定的新型城乡组织管理类型，其效用的实现程度与其共同体的特征有明显的关联。共同体是建立在自然的基础上的群体，也可能是历史形成的联合体以及思想的联合体。"共同体是一种持久的和真正的共同生活"，是"一种原始的或者天然状态的人的意志的完整的统一体"
（费孝通，2002）。而目前的新社区通过住房改造、土地流转、行政化社区
组织构建和提供类城市社区服务，弱化了共同体的特性。在一定意义上说，
传统的乡村"人伦"关系弱化，其横向联系的共同点也远弱于新居民共同
居住的原共同体。正如前文所指出的，目前大部分新社区居民转变不彻底，
新居民之间在收入、社会地位、生活方式及兴趣、爱好方面存在差异，甚至
是冲突的。但既然要维持社会共同体的生存，就必须要求生存在其中的个体
在如何维护共同体存在的问题上形成某种共识或做出某种妥协，从而形成某
种公认的、基本的社会价值观。在真正培植出有较强归属与认同感的现代城
乡一体新社区方面，政府的主导功能是明显的，其中社区父爱主义情结的再
生更是其中的有力推动因素。更何况在中国特殊国情的背景下，改革开放
30 多年来"国家主导"的行动特征一直没有改变，与之相关的是国家的父
爱情结也没有发生根本变化，父爱情结引导的"国家主导"行动策略将是
城乡一体新社区建设的基本保障。

诚然，本文的分析不在于指出目前还在进行的城乡一体新社区建设的缺
陷，相反，本文认为，目前开展的新城镇化浪潮将有利于彻底改变中国特有
的城乡二元结构，改变农民的不利处境。但要指出的是，从社会学的角度出
发，这个正在进行的城乡一体新社区建设有可能为单位制的回归提供一个载
体和途径。正视这个现实是开展好新社区管理体制和管理方式建设的前提之
一，因为对于新社区中缺乏单位社会影响的新居民而言，它将是一个新的议
题和挑战。

参考文献

路风，1989，《单位：一种特殊的社会组织形式》，《中国社会科学》第 1 期。

李汉林，2004，《中国单位社会》，上海世纪出版集团。

孙立平、王汉生、王思斌等，1994，《改革以来中国社会结构的变迁》，《中国社会科学》
　　第 2 期。

华尔德，1996，《共产党社会的新传统主义》，龚小夏译，牛津大学出版社。

华伟，2000，《单位制向社区制的回归：中国城市基层管理体制 50 年变迁》，《战略与管
　　理》第 1 期。

田毅鹏、吕方，2009，《单位社会的终结及其社会风险》，《吉林大学社会科学学报》第
　　6 期。

崔月琴，2010，《后单位时代社会管理组织基础的重构》，《学习与探索》第 4 期。

俞小琳、周敏华、沈玲珍，2009，《关于加快推进嘉兴城乡一体新社区建设的若干思考》，载《"秩序与进步：浙江社会发展 60 年研究"理论研讨会暨 2009 浙江省社会学年会论文集》。

嘉兴市民政局，2009，《关于对农村社区建设工作的调研与思考》（内部研究报告）。

刘新毅、李霞萍、管一佳，2012，《嘉兴农村人口发展变化与新农村建设》，《统计科学与实践》第 6 期。

国家统计局嘉兴调查队，2011，《中心镇与小城市发展对策研究报告》（内部研究报告）。

孙立平，2007，《从工厂透视社会：瓦尔德的共产主义的新传统主义理论》（未刊稿）。

刘建军，2000，《单位中国——社会调控体系重构中的个人、组织与国家》，天津人民出版社。

费孝通，2002，《居民自治：中国城市社区建设的新目标》，《江海学刊》第 3 期。

Andrew G. Walder，1987，*Communist Neo-traditionalism*：*Work and Authority in Chinese Industry*，The University Colifornia Press.

Jean Oi，1989，*State and Peasant in Contemporary China*：*The Political Economy of Village Government*，Berkerly，University of Colifornia Press.

作者简介

赵定东　男

所属博士后流动站：中国社会科学院社会学研究所

合作导师：李培林

在站时间：2007.10 ~ 2009.10

现工作单位：杭州师范大学政治与社会学院

联系方式：1003935381@QQ.COM

农转非水库移民的失业治理：
政府行动与市场环境

韩秀记

摘　要： 水库移民是经济发展型工程所产生的非自愿性移民。三峡大坝建设产生了一百多万的水库移民。其中，很多农村移民受后靠安置空间和资源有限的影响，按照地方政府的统一安置行动，被迫从农村居住地进入城市，户籍性质发生农转非改变。然而，进入城市后，农转非移民不仅丧失了原有的农村土地等生存资源，而且不具有城市市场竞争环境下谋生的工作技能，出现比较严重的失业问题。为此，地方政府试图通过针对移民的免费就业培训活动来提高农转非移民的就业能力。但政府的培训行动因脱离市场需要而未产生实际效果，流于形式，并没有从根本上改善农转非移民在城市市场环境中的就业竞争力。

关键词： 水库移民　户籍改变　失业治理　政府行动　市场环境

水库移民属于非自愿性移民，是伴随经济发展和水利治理而产生的工程移民，区别于那些为寻求自身发展机会而主动迁移的自愿性（自发性）移民。在当前中国经济快速增长，对资源需求越发迫切的现实情况下，用于水电资源开发的大坝建设正在如火如荼地展开。截至2004年，我国累计修建8万多座水库，水库移民总量多达1500万人（汪恕诚，2004），其中，三峡水库移民数量最多。三峡水库建设产生各类移民130多万。进入21世纪后，为了应对不断加剧的电荒，"绿色无污染"的"清洁"水电资源开发进一步加快，分布于中国西南的水电大坝建设遍地开花，又产生几十万移民。伴随着大迁大建的国家行动，移民在搬迁被安置后不同程度地出现生计难题，陷入"新的贫困"，库区经济社会可持续发展受到挑战。本文以三峡库区凤凰城农转非移民的失业和再就业培训为题，试图说明在市场经济改革逐步深入和快速城市化背景下，农转非移民在城市新环境中遭遇了更为严峻的再就业困难，指出在移民安置逐步迈向市场化的过程中，移民的再就业培训仍停滞于计划经济时期的行政主导体制，计划色彩突出，难以适应不断自由化的就业市场环境。

一　农转非移民就业问题的产生

就业为民生之本，社会安定之道。整个三峡库区基础薄弱，经济社会发展缺乏强有力的产业支撑。凤凰城搬迁后，移民就业机会缺乏，就业问题非常突出，严重的失业问题困扰当地的发展和社会稳定。面对失业问题，凤凰城当地有关政府部门和培训机构依托上级政策和资金开展了再就业培训，然而效果却不尽如人愿，未能有效地解决当地的失业问题。这尤其体现在农转非移民的再就业上。

（一）农村移民安置和就业方式的演变

随着 20 世纪 50 年代高度集权的计划管理体制的确立，我国水库移民的搬迁安置体现出强烈的计划色彩和行政管理特征。当时，移民就地后靠安置，严格限制人口流动，移民搬迁后的户籍性质并不改变，绝大多数农村移民仍保持农民身份，不存在投亲靠友等个体迁移行为。当时农民生活比较贫困，被淹没毁坏的财物比较简单，补偿水平很低，有些根本没有补偿。尤其在阶级斗争比较突出的时期，移民机构被撤销，正常的移民搬迁和安置工作无法展开，移民安置采取了简单的就地后靠方式，缺乏详细安置规划，移民像"弃物"一样被丢弃，生产长期得不到恢复，生活陷入严重贫困，移民变成难民，返迁现象严重，当时的移民遗留问题延存至今，成为一个填不满的大窟窿（童禅福，2008）。这些问题反过来一直强化着移民的自我身份认知，移民自我意识代际传递，移民及其后代上访不断，（应星，2001）。

改革开放以来，尤其是从 20 世纪 80 年代中期三峡水库试点移民开始，我国的移民搬迁和安置政策开始转变，并重视移民的权益。这一变化的标志性事件是三峡大坝的移民安置。1993年国务院颁布的《长江三峡工程建设移民条例》，规定了移民搬迁和安置的方针、补偿、安置和重建、机构设置等原则性事项，通过比较全面的补偿政策、搬迁和安置规划、财政金融支持、税费政策优惠、产业结构调整、对口支援等措施，将库区经济重建与移民恢复重建家园结合起来。总体来看，三峡移民搬迁和安置作为一种国家行为，国家而不是具体的某一公司在三峡移民搬迁和重建中承担全部责任，比如国家制定移民方针，设立专门机构负责，国家提供补偿和后扶资金等。反过来，移民的搬迁被视为为整个国家做了牺牲和奉献，是获得社会高度认可的道义行为。但在搬迁后，移民的家园恢复与重建出现了很多问题，尤其是农转非移民的再就业问题受政府计划体制和市场自由环境的叠加影响而加剧。

（二）计划与市场并存时期的三峡农转非移民安置和就业

三峡移民的安置和重建以《长江三峡工程建设移民条例》为基准。相比于改革开放前，该条例在移民搬迁和重建政策上的进步性主要体现在：第一，移民可以获得一定数量的生产生活补助，并提高补偿标准，确保移民搬迁后的生活可以维持一段时间；第二，对移民进行后续扶持，解决移民搬迁安置后的生计恢复和生产发展问题；第三，创新移民外迁安置方式，移民被有组织地外迁到非库区安置，改变移民的户籍归属地，使过去的流浪乞讨、集体返迁的情况不再出现。

《长江三峡工程建设移民条例》在1993年由国务院颁布实施，2001年进行了修订。政策的变动背后反映了政府摆脱计划责任，将移民推向市场自由就业的趋势，这表明计划体制与市场环境共同影响了政府的移民安置政策。在2001年《长江三峡工程建设移民条例》修订前，对三峡水库农转非移民的安置主要采取政府为其提供工作安排（国企安置）的方式，概括地说，就是政府负责移民的工作安置问题。政府对移民的就业安置在市场条件尚未具备的情况采取的是计划安置方式，即"谁用地谁安置（招工进厂）"的方式，而有用地权的只有政府部门或当地较大型的企业单位，尤其以国有企业和集体企业为主，仅有少量同政府关系密切的私人企业。显然，这时期的农转非移民安置仍采取一种政府行政承担的计划安置方式。

2001年《长江三峡工程建设移民条例》修订后，随着国企改革的完成和市场竞争机制的确立，地方政府开始日益摆脱过去的计划安置方式，将移民的就业问题从政府的国企安置推向了市场安置。政府减少了移民安置的部分职责，让移民在市场中自谋生计，给予移民一定的补偿和过渡时期的后扶资金支持，形成了计划体制与市场体制并存的移民就业安置方式。

二 严重的移民失业问题和非正式就业

2001 年后，三峡移民就业安置的政府计划体制与市场自由竞争体制遭遇了"双失灵"的尴尬局面。换言之，一方面，政府对移民开展的技能培训体系因其计划性而脱离市场需要，陷入"走形式"的政策争论；另一方面，在市场化的就业体系中，受劳动技能熟练程度和知识体系迥异的影响，原本习惯了农业生产劳作的农转非移民进城后，在市场化的就业竞争中遭遇严重的挑战，难以实现就业或自雇佣。计划体制与劳动力要素的错位搭配并没有产生应有的市场竞争力。

理论上讲，计划经济体制并不存在失业问题。国际劳工组织卡则斯和纳斯波洛娃在研究中东欧政治体制转型过程中劳动力市场的变化时指出，在共产主义政治体制下，生产中的私人所有权几乎仅限于家庭农场以及小规模的手工艺生产、艺术和一些服务等领域的自雇就业形式，而且由于意识形态的原因，相对于另外两种受雇就业形式（即在国有企业或由国家预算提供资金的部门和合作社的集体企业就业）来说，自雇就业处于不利的地位，对自雇就业的限制非常多。自雇就业者通常不能自由决定从哪儿购买原材料以及产品的销售对象和销售价格，他们也不能获得银行贷款来扩大生产，并且通常不能雇佣家庭以外的工人（卡则斯和纳斯波洛娃，2005：35）。关注社会主义国家经济制度问题的匈牙利经济学家科尔内则更明确地指出，社会主义国家的特征之一便是充分就业（科尔内，1986）。充分就业并不是从经济效率的角度出发的，而是强调其经济制度的分配性和对人员的禁止流动性。在此驱使下，企业面对着不断增长的就业人口而消耗利润，不断用收益弥补过密化员工数量所带来的边际低效率［李培林和张翼将这一逻辑称为"人员和福利内卷化"过程（李培林、张翼，2007）］。因此，再分配经济体制并不存在城市居民的失业问题。每个城市居民都有单位归属，单位负责了个体的生老病死，对个体实行社会保护，企业缺乏自由开除员工的权力。

显然，失业问题出现在就业的"私有化"过程中。在纯粹的经济学家看来，私有化是市场的产物，是为了适应市场竞争和利润争夺而发生的必然结果。在再分配经济体制下，实现充分就业的国有企业和集体企业之所以能够继续运营下去，关键在于其享有的资本软约束特权，即为了维持企业的生存，国家会对企业不断注入资金，哪怕企业已经处于非盈利状态。而在市场经济条件下，处于自由竞争状态的企业变成了一个个独自核算的市场主体，遭遇的是硬约束，企业的获利状态是决定其能否存在下去的根本标准（科尔内，1986）。在市场竞争体制下，企业会根据市场反应对自身资源配置（包括劳动力资源）做出调整，于是，失业和再就业问题就变成了员工个体的市场遭遇。市场取向的国家政策，虽然赋予了员工就业保护权（往往以工会的方式），但根本上并没有取消企业解雇员工的权力，甚至有些国家赋予企业很大的权力来自由雇佣或解雇员工。相对于再分配经济，自由市场上的劳动力就业或失业就变成了市场波动的因素之一，充满不确定性风险。

移民搬迁安置后，遭遇了严重的失业问题。据凤凰城当地官方媒体报道，在移民搬迁结束阶段，凤凰城有移民劳动力48971人，城镇移民劳动力27373人，其中失业人口达3422人，城镇失业率高达12.3%。然而在移民看来，失业问题要比政府的公开描述更严重。尤其是那些习惯了种地和外出打工的农转非移民，由于新工作技能的缺乏，很难在新的环境下找到工作。

在凤凰城双河店社区的调查发现，搬迁前城郊农民大多数从事兼业谋生。在种地获取粮食和蔬菜的基础上，通过蔬菜经营、集体产业、经商、运输、外出打工等门路来改善生活。这样，种地种菜维持了基本生活，解决了温饱问题；而兼业营生则使农民获得了农业收入以外的其他收入，在搬迁前家家盖新房，有存款，生活富裕。反过来，进城后很多农转非移民丧失了兼业经营的机会。原来习惯了农业种植的他们，由于缺资金、缺技能而不能很好地实现就业。年轻一些的移民，凭借劳动力优势尚能谋得一份劳力工作。而那些"4050"的农转非移民，则存在非常大的就业困难，这部分人无技能、文化程度低、观念意识难转变，同时，家庭结构也给他们造成了很大的压力，上有老、下有小，一家人的生活全指望他们。于是，当核心劳动力丧失了稳定而可靠的收入来源时，家庭遭遇新的贫困。

有意思的是，在传统的分析中，个体年龄对劳动力的市场收益存在一个倒"U"形的影响趋势，即在年轻和年老的时候，劳动者由于工作技能缺乏或者丧失工作能力而获得有限的收入，而在中年时期，工作积累赋予了劳动者熟练的工作技能和能力，收入有比较高的增长。但在双河店社区的农转非移民中，这种趋势被颠倒过来了——青年人依靠年龄优势可以更容易在当地劳动力市场上获得就业机会，年老的移民依靠养老保险等制度性保障获得比较稳定的生活来源（目前，凤凰城的初始养老保险收益是每人580元/月，并随着年龄段的增加而收益增长，此外还可以享受高龄补贴）。在经济收益上处于最低点的则是那些中年移民（即 "4050" 农转非移民），他们熟练的农业劳动技能失效、文化程度低、新工作技能不足，求职能力十分低下。

之所以出现这样的困境，除了移民自身的因素外，外部的环境变迁是主要原因。在原有的情境系统中，农民生活以农业为基础，兼业谋生保障了收入来源的多样性。而农转非进城后，移民不同程度地遭受了机会损失，很多人甚至丧失谋生机会。此外，当地劳动力市场供大于求，城市经济发展滞后，工商业萧条，这使得短时间内涌入城市的大量移民无法获得足够的工作机会。即使大量人口基于当地就业压力而外出（出县）打工，从事建筑、服务等城市低端工作，也并没有从根本上缓解当地的就业压力，那些留守移民仍很难在当地找到稳定的工作。当地移民只能 "打零工"，比如超市保洁、建筑工、非法跑 "摩的"、经营只有一个玻璃货柜的商店，收入十分有限。

在再就业市场中，原来国企下岗工人移民要比农转非移民更具有就业优势。这可能与前者过去作为熟练技能工人所具有的人力资本优势具有密切关系。从个体过去生活的情境系统来看，下岗失业职工移民虽然在凤凰城大规模搬迁前就遭遇了下岗失业危机，经济陷入困境，但是在某种程度上来说，他们并没有发生情境性知识丧失的变化，反而可以凭借其在劳动力市场的人力资本优势（主要是熟练技术和工作经验）而在市场中实现就业。而农转非移民则面临原来擅长于农业经营或以农业为基础的经营优势丧失而产生的危机。

三　移民安置后的就业培训

快速发展的城市化进程，需要大量在城市长久稳定居住的农转居（农转非）居民。如何实现农民在城市的安稳居住？稳定而流动的工作机会是其根本保障，这需要城市新居民具有工作技能，反过来新居民依赖于职业技能培训。职业培训包括职业教育和技能培训两个部分。相比较而言，职业教育是一个更为系统和全面的人力资本提升过程，重在提升受训者的全面工作和创新能力；而技能培训则将应急性的操作技能视为培训的重要目标，重在直接工作技能的掌握和熟练程度。由于受到年龄、时间、精力和发展程度以及培训目标的影响，移民再就业培训通常侧重于技能培训这个方面，缺乏系统的再就业职业教育过程。对移民而言，职业教育属于学历教育的范畴，需要投入的时间、精力和资金都比较多；而技能培训则属于直接的工作培训层次，短期甚至超短期的时间投入，不需要太高的知识和文化水平。技能培训构成了目前移民，尤其是农转非移民进行再就业培训的主要方式。在双河店社区，大部分移民通常接受政府提供的不足一周时间的超短期技能培训，达到掌握某项工作的基础操作水平。

2008年凤凰城大规模移民搬迁基本完成后，当地政府将移民职业技能培训作为一项重要工作内容，完善移民劳动力就业转移技能培训计划，使那些具有就业能力的每户移民家庭至少有1人能够接受职业技能培训，从而消除"城镇移民家庭零就业和农村移民家庭零就业"的问题；同时，着力整合移民、劳动、农业、扶贫、教育等职业教育培训资源，依托县级职业教育中心和骨干示范职业学校，落实三峡库区移民就读中等职业学校的资助政策；提出并对45岁以下未接受中等职业教育的城乡移民劳动力进行3~6个月的职业资格培训，从不同层面、不同岗位开展移民劳动力就业培训。

在责任分工和领导机构上，县移民局除了负责相关移民工程的建设和规划外，还主持和负责移民的就业培训和城镇移民的困难救助工作，制定移民职业教育与技能培训实施规划，负责移民培训就业基地建设。参与部门包括县劳务办、教委、人力资源与社会保障局、财政局等政府部门。目前，凤凰城移民职业教育和技能培训形成了以移民局为中心，其他政府部门参与的管理格局。

在职业教育和技能培训学校方面，凤凰城现有职业培训学校近20所。这些技校由县人力资源与社会保障局监督管理。其中，县职业教育中心具有官办性质，自2001年组建以来是当地最大的职业培训学校，也是最早开展移民职业培训的学校。而另外部分培训学校是在库区移民培训需求刺激下由社会创办的，属于民办性质。这些职业学校是当地移民职业技能培训的主要实施载体。而培训学校是否具有移民培训资格，则由县移民局确定。

2010年及以前，在移民技能培训实施流程上，县移民局根据移民培训计划，交由其指定的具有移民培训资格的学校实施培训工作，并对培训状况予以监督。自2011年起，流程发生变化，首先由县移民局根据上级任务和当地情况，制定全年移民技能培训规划，涉及培训数量、培训内容；然后由政府确定的有移民培训资质的培训学校提交申请材料，统一交由县政府采购中心，由其确定当年的移民培训学校；再由人力资源与社会保障局负责实施具体的移民培训安排，而培训学校根据年度安排，招募移民，对移民展开技能培训；最后，由移民局根据培训规划和效果拨付培训资金。显然，流程的变化表明当地政府试图增加程序的公开公正。

技能培训内容主要涉及一些实用技术培训，如针对农村移民的农业种植技术和养殖技术，针对城镇移民或外出打工移民的建筑工技术、计算机应用技术、电焊工技术、文秘等。

在培训效果上，政府报告中的移民就业培训取得了很大的成绩，保持了良好的发展势头。自 2008 年移民大规模搬迁完成后，当地政府投入大量资金、人力、物力，每年都对大量移民展开培训，城市登记失业率有所降低，移民就业和创业有所成效。到 2012 年，现有移民劳动力基本都接受了一次劳动技能培训，职业教育和技能培训范围覆盖全部适宜的移民劳动力，移民劳动力接受职业教育和技能培训后就业率分别达到 96% 和 85% 以上。2015年，预计 50% 的移民劳动力由初级技能提升到中级或高级技能，掌握一门具有竞争力的就业技能，移民实现充分就业。

四　移民眼中的免费职业技能培训

凤凰城推动移民再就业工作的一项重要内容是向移民提供免费的工作技能培训。这是三峡库区移民安置的一项基本政策。自中央到地方为此投入了大量资金，试图通过培训来提高移民的再就业能力，解决搬迁后城镇移民的失业问题。对那些农转非移民进行工作技能培训，有助于促进其再就业，促进其职业转换和城市融入。然而，这样一项具有重要意义的移民免费职业技能培训工作，在移民的眼中，却变成了走形式、应付上级任务、欺骗上级的华而不实的地方"造假"行动。

凤凰城搬迁后的移民培训于 2010 年 10 月份展开。前后开展了多期，每期培训计有 5 天时间，属于超短期培训性质。免费技能培训在移民身份上做出限制，培训那些年龄在 18～55 岁（女为 50 岁）之间具有当地户籍的各类移民。培训的基本内容主要是电脑基本操作、砖工、沼气工等基础内容。2010 年，县移民局选定了一批具有资质的移民培训职业学校，由其负责开展移民短期培训项目。职业学校展开移民技能培训的基本程序通常是，向社会发布当期培训计划，由移民自愿报名参加；在报名的时候，移民需要提供证明其移民身份的信息等材料，进行登记，拍照（技校以此认定其培训的对象是当地户籍移民）；由移民选择不同的培训项目，在培训学校展开培训；培训内容主要是知识讲解，技能练习和操作的时间非常少，甚至没有，而课堂讲解时间主要是上午和下午各上 3 个小时的课，连续学习 5 天时间。授课结束后，培训学校会对受训移民进行技能考试，合格者则发放技能合格证书。为了提高合格率，培训学校有时会直接提供答案给考试者，资格考试流于形式。这些做法使得移民技能培训效果大打折扣。

在实践中，为吸引移民参加技能培训，地方政府给参训移民发放"移民培训卡"，引入"直补"理念，以经济手段刺激移民。在这种机制的推动下，凤凰城当地移民培训的一个变通形式便是对那些参加培训的移民每天每人发放 20 元的伙食补贴费用，以调动移民参加培训的积极性。但在移民看来，移民技能培训没有效果导致移民普遍不愿参加培训，而为了完成培训任务，当地政府和移民学校只好出此策略，通过发放伙食补贴费来吸引移民参加。不过，通过金钱诱使移民参加培训，却产生了目标置换的问题——对于那些毫无就业机会的贫困移民而言，每天到培训学校签到挣20 元钱则成了移民的"工作性收入"。于是，本是对移民进行技能培训的工作，却变成了形式性的培训过程。移民甚至将培训期间的补助视为"挣钱"。

在双河店社区的"明白人"看来，移民培训是培训学校的一项造假活动。政府部门对培训过程缺乏有效监督，造成了公共资源被培训学校掠夺。而之所以这些不负责任的培训学校可以获得培训移民的机会，原因就在于政府部门的寻租行为。本是一项改善移民，尤其是对农转非移民谋生技能的扶持项目，却变成了移民眼中的"形式工程和腐败过程"。在移民看来，最终地方政府、培训学校和参与培训的移民都获得了收益——培训学校"套取了"国家支付的大额移民培训资金，而移民获得的仅仅是几十到一百元不等的培训补助，同时，地方政府也"完成"了既定的移民培训计划。不过，结果却是国家的大批培训资金"打了水漂"，移民仍旧没有学到任何有益的技能，他们仍旧无法更有效地找到工作。在实际效果上的合法性丧失，使得政府开展的针对移民的免费技能培训难以有效吸引移民参与，与市场上的商业培训（职业教育或长时间的技能培训）形成了鲜明的效果对比。

相对于移民对培训工作的腐败定论，在当地政府部门看来，培训效果不佳的原因可能直接来自当地机械地开展移民培训工作。一方面由于实行严格的目标考核，各级政府和职能部门对移民的培训工作高度重视，建立起移民参训的考核指标。另一方面为达到相关目标，为培训而培训，在一定程度上忽略了市场对劳动力素质的基本需求。培训后的移民要么因培训时间不足、学习的内容过于简单，难以谋求岗位；要么因学成的技能水平不高，难以胜任其职，无法满足用工单位的需要。

五　思考与总结：移民培训为什么会失败？

人力资本是一种不同于物质资本的资本形态，是指存在于人体之中的具有经济价值的知识、技能和体力（健康状况）等质量因素之和。舒尔茨在《人力资本的投资》中指出，传统的经济理论认为，经济增长必须依赖物质资本和劳动力数量的增加，但人的知识、能力、健康等人力资本的提高对经济增长的贡献远比物质资本、劳动力数量的增加重要得多。在他看来，失业会使得原来的工作技能受到损害，而出现人力资本退化的问题，虽然适当的工资支付能够减少收入上的损失，但是却不能防止闲置不用给人力资本带来的损失（舒尔茨，1990）。后来，贝克尔（Gary S. Becker）认为，多种因素影响人力资本，包括正规教育、在职培训、医疗保健等，人力资本投资是一种影响未来货币和消费的投资。当预期效用大于当前支出所带来的效用时，人们便会进行这项投资（贝克尔，1987）。传统的经济学研究指出了人力资本在经济增长中所扮演的重要角色。

（一）国家主导型基本职业教育和培训制度

职业教育和技能培训是提高劳动者人力资本量的主要途径，但这个过程存在成本支出，主要包括时间成本、金钱成本、机会成本、影子成本等。因此，如何更好地控制并降低成本而提高人力资本获取量便成了一个需要权衡的问题，要考虑多种影响因素和外部制度条件。经济学分析认为，一般培训和特殊培训①由于边际收益界线的变化性，企业在对职工培训时采取完全不同的策略。只有在企业不付出任何费用时，它才愿意提供一般培训。所以，工人通过领取低于他们在不接受培训时能得到的工资的方法来支付一般性在职培训的费用。一般培训对收入与年龄之间的关系有重要的影响。在特殊培训的情况下，"企业必须支付培训费用，因为没有一个理智的雇员会对他没有好处的培训支付费用。企业将以利润更多的形式得到这种培训的收益，利润的增加来源于更高的生产率，无论收益多少——按适当的比

---

① 这对应一般技能和特殊技能的区分，前者是指培训技能对于很多企业都是有用的，比如劳动力整体能力提升等；而后者是指不同类型的培训所提高的生产率在提供培训的企业和其他企业是不同的，"能更大地提高提供培训的企业的生产率的培训可以称为特殊培训。完全特殊培训可以定义为把受培训者用于其他企业时对生产率没有影响的培训"（贝克尔，1987：19）。

例贴现——只有在收益至少等于成本时，企业才会提供培训，长期竞争的均衡要求收益的现值完全等于成本"（贝克尔，1987：20~21）。这样便产生一个令人困惑的问题，企业由于一般培训的普遍收益性而缺乏对员工进行一般培训的动力，反过来，劳动力在遭遇就业不稳定的时候也不愿参与企业的特殊技能培训。

考虑到移民培训的外部效应，这提出了一个非常根本的问题，即移民培训是由个人投资，还是企业供给，抑或由政府供给，或者探索由多方参与的投资机制。如何解决这个问题，各国探索职业培训制度的过程也同本国更宏观的政治和社会结果联系在一起（西伦，2010）。各国将技能培训作为解决失业问题，提高劳动者工资水平的主要途径之一。

在我国，政府将对失业人员的再就业技能培训视为自己的一项重要民生工作。1996年颁布的《职业教育法》明确规定了政府在整个职业教育中所扮演的核心领导角色。其中，第十九条规定："政府主管部门、行业组织应当举办或者联合举办职业学校、职业培训机构，组织、协调、指导本行业的企业、事业组织举办职业学校、职业培训机构。国家鼓励运用现代化教学手段，发展职业教育。"并在一系列规定中明确了国家在职业教育和技能培训中的投资、组织、协调、实施、监督等多元化角色。

在市场经济发展过程中，面对改革过程中所出现的各种不同类型和性质的失业问题，政府主导的职业培训日益转向"以就业为导向"的基本型技能培训，诸如《就业促进法》（2007年）、《国务院关于大力发展职业教育的决定》（2005年）等法规突出地强调职业教育和技能培训对促进就业的关键作用，而缺乏提高劳动者工作效益的中高层次培训（这种制度设计在很大程度上导致了目前的"高级技工荒"问题）。

这种应急式的职业教育和技能培训制度在20世纪90年代末进一步得到了强化。当时的国有企业改革造成了成上千万国企工人下岗失业。2002年国家出台《关于进一步做好下岗失业人员再就业工作的通知》，重点围绕解决国有企业下岗失业人员再就业问题，制定了积极的就业政策，连续三年召开全国性会议，对就业再就业工作进行部署。在此后几年，再就业工作的重点仍是解决体制转轨遗留的下岗失业人员再就业问题和重组改制关闭破产企业的职工安置问题。2005年出台的《国务院关于进一步加强就业再就业工作的通知》仍将下岗失业人员的再就业问题列为就业工作的核心问题之一。

我国劳动力长期供大于求的现实情况是技能培训制度从属于就业制度的现实驱动原因。《中共中央关于制定国民经济和社会发展第十二个五年规划的建议》（2010）规定了未来几年职业教育和培训的工作重点仍在于加强职业培训和择业观念教育，提高劳动者就业能力，解决高校毕业生、农村转移劳动力、城镇就业困难人员就业这些问题上。

这种职业培训制度也构成了三峡库区移民就业技能培训的总体性制度，即面向失业移民提供基本的、初级性的职业技能培训，以促进其尽快找到工作，不重视深层次的提升性培训。换言之，移民培训要解决的问题是移民"有无"工作的问题，而不是工作"好坏"的问题。这种"应急式"的技能培训在凤凰城遭遇了完全不同的两种"感观"，一方面是上级政府（主要是指中央财政和市级财政）对移民技能培训和再就业工作的大额资金投入和高度重视，另一方面却是移民培训很难如宣传的那般具有效果，不断增加的受训移民的数字背后，是技能培训流于形式，缺乏改善移民技能的系统举措，成为当地移民的"笑话"。

（二）移民培训实践中的问题

目前，凤凰城移民技能培训体制仍然是行政主导体制。这表现在如下几点。一是在培训计划的制定上，由当地政府部门（主要是移民局）制定，这导致培训计划具有高度的计划经济色彩，即各区县严格按照省市的移民培训总计划来制定各自的计划，没有严格从自己所在区县的移民实际需要和市场需要出发，缺乏深入调研，因而培训计划缺乏针对性。之所以会出现这个问题，实际上与政府部门发生目标置换有关——移民培训目标是从中央到地方层层分解下来的，以至于制定和完成培训计划本末倒置、是地方政府为了完成上级的行政任务而展开的目标行动，出现为完成培训任务而制定培训计划的潜在问题。

二是在培训学校的选取和效果监督上，都是由政府的移民部门负责，指定当地的技工学校来承担培训任务，缺乏独立的培训监督和效果考核机构，这使得移民技能培训工作变成了培训学校自己组织、实施、考核的单一主体过程。在有些情况下，移民培训学校为了骗取移民培训补偿金，会虚报移民受训数量，直接拉移民充数。培训学校对培训课程设置不合理，管理松散，出现内容浮浅、形式随便、考核走样、敷衍了事的问题。移民培训最终变成了走过场，是个形式工程，面子工程。这也为政府工作人员的寻租埋下了隐患。

三是在动员体系上，仍然以传统的社区干部劝说、宣传为主。换言之，目前的移民培训是按照县移民局—街道移民办公室—社区自上而下的行政动员体系展开的。实际上社区的动员能力越来越弱，只能以经济刺激的方式动员移民参与培训，效果并不理想，缺乏有效的动员改进机制。结果造成了移民培训效果是通过少数参加培训的移民来宣传的，使得更多的移民形成一种潜在认识，即认为培训的形式化，缺乏实际效果，进而导致移民参加培训的积极性不高，主动性不够。

四是在培训层次和目标上，定位于移民低工资暂时性的职业获取。这种建立在低工资目标基础上的职业技能培训，在培训后短期就业率可能是很高的，但那些找到工作的移民也多是非正式的暂时就业，受训者对工作的满意度很低，很快就会重新失业。这种低工资就业目标，显然不是那些原来生活比较富裕的农转非移民所能接受的。

总体来说，政府主导的移民培训体制具有严重的潜在低效率问题和制度寻租问题。因为这种体制根本上是一种软约束体制，缺乏清晰的成本收益核算，不能有效地为移民提供技能服务体系。这在更深层次上反映出目前问题的困境：政府的组织和管理过程仍沿用传统的动员/发动手段，而现实的外部情境已经发生巨大改变，包括移民在内的各类社会团体和成员开始以更加理性而非被动员所诱发的激情来采取行为选择。市场情境下的移民行为已经很难用传统的动员来调整。结果，造成了手段与现实"风马牛不相及"之感。

（三）"免费的没有好东西！"

大量移民失业和政府对技能培训的高额投入，使得凤凰城先后出现了20家技能培训机构，包括公办的、私办的。从经济学的角度来说，之所以会产生如此多的技能培训机构，与培训的巨大市场利润不无关系。而这个市场的制造者则是政府——凤凰城政府制定了针对移民和返乡劳动力在内的庞大的技能培训计划，通过增强当地劳动者的技能水平，提高其人力资本存量，进而改善受训者的就业状况，促进凤凰城经济发展。相关的培训费用不是受训者支付，而是政府支付，有购买公共服务之形，却无监督之实。于是，当地政府对大量劳动力进行技能培训和创业培训，以此作为其实施民生工程的主要措施来呈现"政绩"。实事求是地说，这一系列花费庞大的培训并非一点效果也没有，但却是低效率的，尤其是短期/超短期培训。因为这种短期培训的目标并没有有效地提高劳动力在就业市场上获取更高待遇的能力。

在移民看来，这种免费短期培训的效果根本无法与那些系统的中长期培训相比。政府实施的免费技能培训门槛低、质量差，培训后对移民的技能水平提高十分有限。而搬迁前，大部分双河店社区农转非移民生活富裕、经济良好，兼业谋生给他们创造了比较好的生活水平。然而，搬迁后遭遇失业，经济一下子陷入贫困状态。政府针对失业移民推行的再就业技能培训很难给他们带来较好的工作机会和收入水平，没有有效起到改善他们生活状况的目的、促使移民重新富裕的作用，反而进一步引发了移民的被剥夺感和对政府的不满。

在移民看来，移民自己投资数千元去学习的技能可以有效地改善受训者的技能水平，"学到真东西"。在凤凰城如果个人进行投资接受技能培训的话，要花费 2000～4000 元不等，有一年制班和半年制班。高昂的学费投入意味着有效的技能获取和保障，而政府免费的技能培训层次低、效果差，只不过是政府"走形式"的举措。

斯科特（James Scott）对国家改善国民状况的行动失败进行分析后指出，存在着四个方面的条件/因素导致国家干预行动失败，即社会的清晰性提供了大规模开展社会工程的可行性，而极端现代主义的意识形态提供了愿望，独裁的国家则有实现这一愿望的决定权和行动能力，而软弱的公民社会则提供了等级社会作为其实现的基础（斯科特，2004）。在凤凰城，政府包揽了当地针对移民的就业技能培训工作，但是其科层制的管理目标与实际效果却存在很大差异。这种培训工作的实施是政府"一厢情愿"的举措，并作为"政绩"工程来宣传，它是计划性的，而非市场性的。正如斯科特所言，"被设计或规划出来的社会秩序一定是简单的图解，他们经常会忽略真实的和活生生的社会秩序的基本特征……正式的项目实际上寄生于非正式的过程，没有这些非正式的过程，正式项目既不能产生，也不能存在。然而正式的项目往往不承认，甚至压抑非正式过程，这就不仅损坏了项目目标人群的利益，也最终导致了设计者的失败"（斯科特，2004：7）。在市场条件下，政府的工作是要把培训交给市场，然后监督培训效果，通过购买公共服务的方式为就业者提供服务。

参考文献

童禅福，2008，《国家特别行动：新安江大移民——迟到五十年的报告》，北京：人民文学出版社。

应星，2001，《大河移民上访的故事：从"讨个说法"到"摆平理顺"》，北京：三联书店。

桑德林·卡则斯、伊莲娜·纳斯波洛娃，2005，《转型中的劳动力市场：平衡灵活性与安全性——中东欧的经验》，劳动与社会保障部劳动科学研究所译，北京：中国劳动社会保障出版社。

科尔内，1986，《短缺经济学》，北京：经济科学出版社。

李培林、张翼，2007，《国有企业社会成本分析》（第二版），北京：社会科学文献出版社。

舒尔茨，1990，《论人力资本投资》，吴珠华等译，北京：北京经济学院出版社。

贝克尔，1987，《人力资本》，梁小民译，北京：北京大学出版社。

西伦，2010，《制度是如何演化的：德国、英国、美国和日本的技能政治经济学》，王星译，上海：上海人民出版社。

斯科特，2004，《国家的视角：那些试图改善人类状况的项目是如何失败的》，王晓毅译，北京：社会科学文献出版社。

汪恕诚，《论大坝与生态》，《中国水利报》2004 年 4 月 22 日。

作者简介

韩秀记　男

所属博士后流动站：北京工业大学生物医学工程博士后流动站

合作导师：钟儒刚

在站时间：2012.7 ~

现工作单位：北京工业大学人文社会科学学院、首都社会建设与社会管理协同创新中心

联系方式：xiujihan@126.com

"短板"与突破：西部地区的
城乡统筹发展问题[*]

摘　要：西部地区的城乡统筹存在许多困难，如城市化水平较低，中心极核的辐射作用乏力；乡村产业化程度较低，规模效益较差；城乡分割的历史积淀与惯性较强；财政支持乏力；尚未形成有效的产业链；县域经济欠发达；城乡分野的地理特征显著等。针对西部地区的实际，西部地区的城乡统筹发展应着重做好规划的编制工作；优势资源的资本转换工作；加快农业的产业化过程；中央政府对西部的政策倾斜与财政扶持需进一步加强；加快西部的城市化进程；加快西部县域经济发展等。

2012 年 11 月党的十八大隆重召开，胡锦涛做了《坚定不移沿着中国特色社会主义道路前进，为全面建成小康社会而奋斗》（下文简称《报告》）的报告。《报告》根据我国经济社会发展实际，对全面建设小康社会目标提出了新的要求，强调要加大统筹城乡发展力度，增强农村发展活力，逐步缩小城乡差距，促进城乡共同繁荣。早在 2008 年 10 月召开的十七届三中全会上，胡锦涛同志所做的《中共中央关于推进农村改革发展若干重大问题的

*　本文系作者主持的教育部人文社科基金项目"西部省际毗邻地区经济协调发展研究"阶段性成果。项目编号：09XJA790002。

决定》的报告，就已明确提出，要"把加快形成城乡经济社会发展一体化新格局作为根本要求"。因此，从发展战略上讲，城乡统筹协调发展是新时期全面建设小康社会发展目标的重要支撑点和核心内容之一。要实现全面建设小康社会发展目标，就必须解决重要制约瓶颈，城乡统筹发展问题。

2004年10月党的十六届三中全会提出"五个统筹"的发展战略思想，将"统筹城乡发展"置于统筹发展战略首位。由此可见"统筹城乡发展"的重要战略地位。统筹，按照《辞海》的定义，即"通盘筹划"。城乡统筹发展，就是要站在国民经济和社会发展的全局高度，把城市和农村的经济社会发展作为整体统一筹划，通盘考虑，把城市和农村存在的问题及其相互关系综合起来研究，就是要打破城乡界限，使城乡间相互开放，在平等的基础上相互依托、相互促进，使各种社会经济发展要素能够在城乡间自由流动，改变和摒弃过去那种重城市、轻农村，城乡分治的传统观念和做法，破除城乡二元结构，实行城乡统一筹划，科学协调发展。毋庸置疑，城乡统筹发展是实现城乡经济良性循环的客观需要，也是建设和谐社会必须遵循的基本方针。

一　西部城乡统筹发展的难点

全面小康建设目标中，城乡共同繁荣是其重要内容之一。城乡统筹发展，更是新时期全局性的发展战略。而且，在这个发展战略的实施过程中，西部地区的城乡统筹发展问题更为重要，如果解决不好，西部区域板块就会"塌陷"，从而严重影响我国"统筹发展"战略的整体推进。但是，从目前我国西部地区的经济社会发展现状来审视，要实现该区域的城乡统筹发展，面临诸多难题。

（一）城市化水平较低，中心极核的辐射作用乏力

统筹城乡发展，必须有一个着力点，一个有要素聚集、承载的中心。对一定区域空间而言，就是要有一个辐射中心，或称之为区域发展的牵引中心。这样，区域生产力布局的调整和富余劳动力转移才有牵引力和承载空间。在一个特定空间区域内，这个角色只能由城市及发展程度较高的区域城市来完成，这是由城市的属性及城市化的特点决定的。关于这一点，我们可以在城市化水平相对较高，其城乡统筹协调发展整体状况较好的部分典型区域得到充分印证。

　　从总体上来说，目前西部地区仍处在城市化的初级阶段。2005年西部地区城市数量仅占全国的23.7%，城市化水平只有22.5%，只相当于1983年的全国平均水平。另据统计，东部地区平均36平方公里有一个城镇，而中部地区平均168平方公里有一个城镇，西部地区则平均2060平方公里才有一个城镇。东、中、西部城镇辖区面积之比为56∶12.3∶1，东部地区是西部地区的56倍。此外，西部地区城市经济的总体水平较低，综合效益较差，城市的集聚作用和扩散作用不强，城市的吸引力和辐射力较弱，尤其缺乏带动整个区域发展的中心城市，中小城市普遍发育不良，基础设施较差，功能不健全，体系不完备。与此同时，在西部地区，由于改革开放以来乡镇企业和外资企业不够发达，由市场推动的城市化动力不足，国有企业的竞争能力又不强，从而造成城市化发展进程中自下而上的推力不足，自上而下的现有城市活力也不足，城市发展动力相对单一。西部地区这种城市及城市化发展现状，对该地区的城乡统筹发展是极为不利的，它既不能为减少农民创造条件，也无法为大规模转移农村人口提供有效的平台和载体。更无法为加速完成区域产业聚集、产业转移形成一个强有力的支撑空间。

（二）乡村产业化程度较低，规模效益较差

　　统筹城乡经济社会发展，首先是"乡"的这一头要加快发展，要通过"乡"的快速发展来缩小乡村与城市的发展差距，最终走上城乡统筹协调发展的道路。而"乡"的快速发展必须依托社会主义新农村建设过程中的农村产业发展，通过农村传统生产经营模式和产业结构的现代化、市场化转变，才能最终完成。不可否认，经过改革开放以来30多年的发展，西部农村产业化发展已经有了一定程度的发展，农村产业结构也发生了一定程度的转变。但是，我们应该客观地看到，在广大西部地区，真正意义上的"基地＋农户＋公司＋市场"的链式产业发展模式还没有广泛建立起来。产业化的产业范围往往局限于区域内个别的特色资源品系，如"中药材""蔬菜瓜果"和"禽畜养殖"等区域空间范围则往往局限于城市近郊的有限地域。而市场范围更多局限于"区域内循环"。更广阔的西部农村地区仍基本维持在承包单干、以粮为主、农闲外出打工的维持型农业经营状态，与真正意义上的"产业化"要求相距甚远。这一点从西部农村居民的收入总量及构成，广大西部农村居民目前的生产方式——以小生产为主（以家庭为生产和经营单位），农村现有从事农业生产的劳动力年龄与性别构成——以老弱男性与妇女为主（青壮年男性和青年女性大多以劳务输出方式离村离乡），农业产业化并没有充分发展起来。更大范

围内的分散的、家庭式的简单再生产，没有形成产业化的乡村产业现状，其循环结果便是很大程度上"自给自足"和规模效益的低下。这样的现状，使乡村无法，也不可能产生出推进城乡统筹发展的巨大动力。

（三）城乡分割的历史积淀与惯性较强

城乡分割，二元经济结构是长期社会经济运行发展的结果，这种结果的出现既有政策的原因，也有自然、历史的原因。众所周知，自新中国成立以来，我们在城乡建设发展上就没有推行和谐发展方针，而是执行了一条城乡有别，重视城市，轻视乡村、掠夺乡村和歧视乡村的二元政策，人为地在城乡之间筑起了一道无法逾越的鸿沟。二元经济政策导致二元经济结构的形成，加之自然的、历史的原因，致使我国城乡关系长期失衡，城乡社会发展的差距越来越悬殊，当城市成为繁荣的区域中心时，广大的农村则越来越成为落后地区。这种不协调的城乡社会景观，在西部地区表现得尤其严重。以城乡人均收入与消费水平为例，在西部地区，城市与农村居民之间的收入与消费水平的相对差距远远大于其他地区。2003 年我国城镇居民与农村居民人均生活消费支出比为 2.72∶1，在西部地区，重庆、四川、贵州、云南、陕西、甘肃、青海、宁夏、新疆九省（市、自治区）的城镇居民与农村居民人均生活消费支出比分别为 3.71∶1、3.04∶1、3.47∶1、3.83∶1、3∶1、3.27∶1、3.2∶1、2.55∶1、2.56∶1。据统计，2007 年，我国城镇居民人均可支配收入最高的是上海市，为 23622.73 元，最低的是甘肃省，为 10012.34 元，两者相差近 1.36 倍；而农村的差距则更大，农村人均纯收入最高的是上海市，为 10144.6 元，最低的是贵州省，为 2373.99 元，两者相差近 3.27 倍。另根据国家统计局 2013 年 1 月 18 日公布的数据：2012 年我国城镇居民人均可支配收入 24565 元，农村居民纯收入 7917 元，城乡居民收入比为 3.10∶1，城镇和农村居民的收入水平仍保持"2"倍以上的差距。然而，据中国经济网记者统计，3.10∶1 已经是 10 年来的最低值。2012 年我国西部地区城乡居民社会保障收入的差距远大于经济收入的差距，城乡居民在住房公积金及补贴收入上的差距最大。如果考虑社会保障收入，城乡收入差距将扩大 11.6%。如果考虑所有的社会收入则城乡收入差距将缩小 3.4%。

不仅如此，由于城乡分割的二元经济结构的形成是一个历史过程，而任何历史过程在其自身的运行过程中，都无法做到戛然而止，必然要产生一个因惯性存在而导致的滑行的过程。西部地区的城乡长期分割现状与社会发展的惯性特点，无疑为西部的城乡统筹发展增加了难度。

（四）财政支持乏力

无论国家还是区域发展，都离不开同期财政的支持，从发展经济学的角度来讲，发展就意味着投入，发展的结果在很大程度上取决于投入量（数量与质量）。但是西部地区的财政现状却并不令人乐观。2003 年 6 月 25 日，国家审计署审计长李金华在第十届全国人民代表大会常务委员会第三次会议上提交的数据显示，我国县乡一级财政赤字严重。中西部 10 个省份的 49 个县、市累计债务达 163 亿元，相当于当年可用财力的 2.1 倍。截至 2002 年 9 月，西部地区已有 42 个县市（占总数的 85.7%）累计欠发国家规定的工资 18 亿元。西部地区财政严重窘迫，甚至出现"县级财政摇摇晃晃，乡镇财政哭爹喊娘"的现象。国务院发展研究中心的魏加宁研究员指出，地方政府负债已经成为影响中国经济安全和社会稳定的头号潜在威胁。地方财政拮据，发展后劲不足，自身根本无力投资搞建设。不仅如此，由于城乡分割的财政政策、不合理的现行财政体制等，更造成西部地区在推进城乡统筹发展过程中的财政支持举步维艰。这一切在客观上严重制约了西部城乡统筹发展过程中的财政投入力度。

（五）尚未形成有效的产业链

产业链即一种或几种资源通过若干产业层次不断向下游产业转移直至到达消费者的路径。产业链始于自然资源，止于消费市场，但起点和终点并非固定不变。从区域经济学理论讲，城乡相异的区位条件与资源比较优势决定着它们在分工重点上存在明显差异性。这种分工差异性引致城乡产业发展的专业化。在市场条件下，生产专业化与需求多维性的矛盾借助于区域市场加以解决。在这一系列分工与交易过程中，城市、城郊和乡村在产业分工与发展基础之上形成相互联系、相互区别的关联性产业，体现为若干环环相扣、有机联系的产业链条。通过构建产业链来沟通城乡两个地域，融合研发、科技于一体的贸工农产业链，一方面可以较好地整合城乡经济资源，打破城乡两套封闭体系各自运行的局面，另一方面可以整合三次产业经济活动，沟通其内在的经济联系。从空间上考察，通过产业链的构建，使农业—加工业—流通贸易业三大产业环节合理地布局在乡村—城市这两个地域板块上。这一链条在面向城市需求，了解市场需求，引导乡村产业发展和构建贸工农产业链的同时，通过尽力接通产业链条，修补断环并延伸产业链条，在城乡之间创造性地形成若干新产业部门并着力成长为新的经济增长点，最终就可以实现城乡协调发展和区域经济发展。

但是，在西部广大地区，由于乡村产业化发展的滞后和城市化发展相对加快二者之间的矛盾，以及伴随连接区域内外的交通条件改善所带来的外来物流冲击，区域内的产业链形成更加困难。而且这种局面如果无法得到改变，随着市场化程度的进一步加深，竞争的日趋激烈，西部地区的产业发展和产业链形成将会处于更加被动的局面。

（六）县域经济欠发达

县域经济发达与否，是检验城乡经济融合程度的重要标志。由于我国城市化水平比较低，县域在城乡统筹发展中具有举足轻重的特殊地位。首先，县域是国家社会经济的重要基石，解决好县域问题，统筹城乡发展才会有一个坚实的基础。其次，县域是城乡融合的连接地带，县域的社会主体是农民，县域的经济主体多为农业经济及其相关副业，县域发展与建设的核心是"三农"问题。同时，县域上通大中城市，下连广阔农村，处于连接和沟通农村与城市的中枢地位。再次，县域是转移农民的主要阵地。所以统筹城乡经济社会发展与县域经济的发展有着十分密切的关系。

西部地区大多属经济欠发达地区。统计资料显示，在2002年的全国百强县中，西部地区只有新疆的库尔勒市和四川的双流县（其排名分别为48和53，至2004年，库尔勒市的排名已下滑至72位，双流县也已下滑至93位）。2012年中国经济百强县中，东部地区占据了59席，中部、西部和东北分别占16席、13席和12席。

在2005年最新的国家级贫困县统计数据（总数为683个）中，西部占了绝大部分，其中贵州50个，青海15个，重庆14个，云南73个，宁夏89个，广西28个，四川36个，陕西50个，新疆27个，甘肃43个，内蒙古31个，除西藏外，11个省中共有456个，占66.76%。2012年公布的592个国家级贫困县中，云南省为最，达到73个，其后为陕西省与贵州省，各有50个。此外，甘肃省有43个，四川省有36个，广西壮族自治区有28个，新疆维吾尔自治区27个。

西部县域经济目前的这种发展状况，很难支撑起西部城乡统筹发展所必需的强大经济基础。这又从经济层面上增加了城乡统筹的难度。

（七）城乡分野的地理特征显著

西部地区面积达663.42平方公里，占全国国土面积的69.1%。人口

2.9亿，占总人口的25.2%。西部森林资源占全国的51%。煤炭资源占全国的50%。这是西部的优势所在，也是西部加快区域经济发展，实现城乡统筹与协调的重要物质基础。但与此同时，由于我国的整体地理结构呈西高东低态势，在广大的西部地区，高原、山地、河谷盆地、平原、沙漠，干旱地区、半干旱地区等错综复杂。尤其是高原、山地、沙漠区的大面积分布，加之西南地区的河流与群山峻岭交错纵布，不仅导致区域范围内人口密度相对较小，而且物质技术基础薄弱，交通不便，呈现小面积的平原，河谷盆地，城镇区与大面积的山地，高原乡村区交错分布的特点，城乡分野十分显著。这种地理地貌特征，加上西部地区的路网状况，以及区域内城市数量、城市体系、城市产业构成、城市辐射力等客观因素制约，进一步增加了西部城乡统筹发展的难度。

二　西部城乡统筹发展的基本途径

（一）编制科学规划，推进城乡统筹发展

科学规划是理性行为的指南，也是贯彻科学发展观的具体体现。城乡统筹发展的复杂性、系统性，以及西部地区自身的经济社会、自然、历史个性等，都要求我们在推进西部城乡统筹发展过程中，必须将科学规划工作放在首位。在市场经济条件下，由于城乡的物质资源、社会结构、生产手段、生活方式以及人的文化素质的差异，城乡始终处于不平等状态，城市相对于农村而言总是处于优势地位。面对这种情况，为了使城市优势能够成为促进农村发展和城乡互助互利的积极因素，必须利用政府这只"看得见的手"进行科学规划和宏观调控。它要求西部地区的政府在编制宏观规划时，必须从西部地区自身的实际出发，统一编制城乡建设规划，在规划中，必须充分考虑一定时期内城乡公共设施发展的程度、公共服务体系目标、产业布局和规模，以及环境、交通、电力、教育、文化、卫生等具体目标。在规划编制中要充分体现城乡规划用地、建设用地、住宅用地、生态用地等的合理布局特点，以及城乡居民生活水平的改善目标、全面建设小康社会的时间表等。与此同时，城乡统筹规划还应加强系统性、预警性、整合性和可操作性。我们现有的区域发展规划，由于种种原因，存在诸多弊端，一个最突出的表现就是区域规划只注重产业的布局，而不重视生态环境，也很少研究区域的社会文化和社会公平问题。

（二）通过优势资源的资本转换，获取必要的统筹发展资金

西部地区地域辽阔，各地不仅有丰富的矿产资源优势，还有丰富的生态资源优势、文化资源优势。部分地区还具有极其丰富的中药材资源、水资源和特种动（植）物养殖（种植）资源的条件优势。各地的资源优势，通过科学的规划与论证，以市场作为运行平台，用项目开发转换模式、资源的产品开发转换模式、节庆开发转换模式、运营商开发转换模式等多种途径，来完成资源的资本转换，为城乡统筹发展争取内生性发展基金。此外，在西部各级城市中，还可以使用"经营城市"的手段，通过城市土地使用权的出让，来获取部分发展资金，实现"以城养城、以城建城，以城带乡，城乡联动"的区域统筹发展。

（三）通过农业产业化过程，建立起农工贸一体的产业链

从本地区实际出发，制定规划，筛选项目，采取措施，推进农业产业化进程，逐步建立起农工贸一体的产业链。西部农业产业化发展首先需要明确区域定位问题，应当充分考虑不同地区的资源禀赋、现有产业基础和市场环境等条件，其战略高地最重要的是传统农业结构的转型及其空间布局的优化，瞄准建成全国特色农副产品生产、加工基地和优质绿色农业产品贸易中心，立足具有区域特色的优势产业与优质产品开发，延长产业链，由小到大、由弱到强，逐步形成区域市场竞争优势。在做好这个工作的过程中，必须解决几个具体问题：①农业种植的结构调整，随着市场的变化，西部地区应该更多地关注提高农产品的质量，通过优化品种、改进技术来提高质量，增加种植业的经济效益；②根据当地生态的承载量，积极发展养殖业、畜牧业和水产业，使得农产品通过养殖业的转化，提高经济效益；③从区域资源优势出发，发挥比较优势，使区域产业达到利润的最大化；④通过发展对农产品的加工业，同时给市场提供多样化的特色品种，引导和扩大消费市场；⑤在城乡之间，第一、第二、第三产业之间逐步建立起农工贸一体的产业链，以产业互动带动区域互动。

（四）中央政府的西部倾斜政策及财政扶持力度需进一步加强

西部地区城乡统筹发展所面临的困难多，农村建设的历史欠账总量较大，尽管西部大开发战略实施以来，国家以各种方式累计在西部地区投入数千亿元资金，来改变西部地区的基础设施条件，各地方政府也纷纷出台

优惠政策，下大力气进行招商引资，但是，从目前的总体状况来看，西部地区的建设发展资金缺口仍非常巨大，资金短缺问题已成为制约西部城乡统筹发展的瓶颈。要改变这种局面，除了西部地区要"自力更生"外，中央政府应配合"社会主义新农村建设"，给予积极而稳健的政策支持与财政扶持，通过市场价格支持和直接收入支持、投入补贴和保障性措施，以及项目性投资等多种途径，为西部的城乡统筹协调发展"输血"。与此同时，金融机构也应通过国家宏观调控政策，灵活运用货币政策，引导金融机构加大对西部县域经济的信贷投入力度；采取差别化的信贷措施，放宽授权和授信，避免贷款标准的"一刀切"；充分发挥农村信用社服务"三农"的主力军作用；地方政府应积极营造金融支持城乡统筹发展的良好外部环境。

（五）加快西部城市化发展，增强城市的区域极化作用和对乡村的反哺力度

西部地区的城市化水平与全国平均值存在近 10 个百分点的差距，这有客观原因，更有历史原因。但无论如何，这种现状与西部的跨越式发展，与西部的城乡统筹发展是不相适应的。因为统筹城乡发展的实质是有效解决农业、农村和农民问题，促进二元经济结构的转变，推动国民经济和社会更快地发展。其重点是通过推进城市化来促进城乡结构调整。只有提高城市化水平，才能为减少农民创造条件，为大规模转移农村人口提供有效的平台和载体，才能促进农业专业化发展过程。只有加快西部的城市化发展进程，才有利于形成城乡统一的劳动力就业市场，有利于建立城乡统一的社会保障制度，也才可能从根本上减少农村人口和务农人口的比重。

不仅如此，从城市的本质属性来分析，城市的进步作用，不仅在于促进了工业、商业、现代交通的发展，而且"也把农业从中世纪的简陋状态中解脱出来了……对整个农业起了良好的影响"（马克思、恩格斯，1959：387）；它不仅改变着社会再生产的客观条件，而且改变着生产者本身，使之"炼出新的品质……造成新的力量和新的观念，造成新的交往方式，新的需要和新的语言"（马克思、恩格斯，1979：494）。中共中央早在 1984 年发布的《中共中央关于经济体制改革的决定》就明确指出："城市是我国经济、政治、科学技术、文化教育的中心……在社会主义现代化建设中起着主导作用。"这是对我国城市在区域经济社会中的属

性及功能作用的最好阐释。也正是基于此，西部只有加快城市化发展进程，形成一大批区域中心城市，才能造就出一批区域极化中心，从而让更大空间范围辐射其周边广阔的西部乡村，反哺乡村，加速西部实现从农业文明向工业文明的转变，并最终达到城乡交融、生态协调、城乡经济社会和文明的一体化。

（六）依托自身优势，加快县域经济发展

县域是执行政策并进行部分政策调整的行政单元，是财政制度实施的关键单元，也是农民进城的首选地，县域更是城乡统筹的支点。西部要实现城乡统筹发展，必须以壮大县域经济为突破口。当然，壮大西部县域经济必须充分尊重西部县域的客观实际，发挥县域本身的资源、劳动力、管理机制等方面的优势，有重点地搞好以下几个方面的工作：①科学划分功能区定位、明确县区功能定位，积极引导区域差异化发展、协调发展；②围绕市场，加快转变经济发展方式，调整、优化产业结构，加快推进新型工业化；③科学规划，注重经营，加快推进城镇化、信息化、农业现代化；④以增加农民收入为目的，立足资源，拉长产业链条，强力推进农业产业化；⑤以项目为重点，大力发展开放型经济；⑥切实加强土地管理和耕地保护；⑦以建立服务型政府为目标，加快行政体制的改革，降低行政成本，提高办事效率；⑧科学制定县域经济发展宏观政策；⑨有重点地制定县域经济发展规划，加强对县域经济的分类管理。

此外，加快西部欠发达地区的路网建设，形成区域内外、城乡内外强大的人流、物流、商流、资金流，也是推进西部欠发达地区城乡统筹协调发展的重要路径之一。

城乡统筹发展是一个长期的、复杂的系统工程，更是一个全局性工程。经济学中有一个著名的"木桶理论"，指出决定木桶盛水量的，不是围起木桶最长的那块板，而是最短的那块板。这一原理启示我们：没有广大西部地区城乡统筹发展的最终实现，我国的城乡统筹发展就将是一句空话。因此，克服困难，找准目标，通过科学而有效的途径，从"短板"着手，大力推进西部地区的城乡统筹发展，是从根本上解决城乡统筹、实现城乡协调发展的现实性必要选择。只有当全面建设小康社会目标的西部"短板"问题解决好了，才能最终从根本上解决全国的全面小康建设问题。

参考文献

国家统计局，2003，《中国城市统计年鉴（2002）》，北京：中国统计出版社。

龚勤林，2004，《论产业链构建与城乡统筹发展》，《经济学家》第 3 期。

黄应绘，2012，《西部地区城乡居民收入差距的重新估计——基于经济收入与社会收入并重的视角》，《农业经济问题》第 6 期。

杜肯堂，1997，《农业产业化的几个问题》，《财经科学》第 1 期。

姜长云，2004，《县乡财政困难及其对财政支农能力的影响》，《管理世界》第 7 期。

李健，2005，《建设新农村，钱从哪里来》，《中国青年报》12 月 12 日。

蔡云辉，2005，《生态资源的资本转换》，《经济问题》第 11 期。

蔡云辉，2002，《试论西部开发中的城市优先战略》，《云南社会科学》第 6 期。

周琳琅，2005，《统筹城乡发展：理论与实践》，中国经济出版社。

路明，2005，《城乡统筹的理论与实践》，民主与建设出版社。

孙政才，2013，《统筹城乡区域发展，全面建成小康社会》，《求是》第 9 期。

《马克思恩格斯全集》第七卷，1959，人民出版社。

《马克思恩格斯全集》第四十六卷（上），1979，人民出版社。

作者简介

蔡云辉　　男

所属博士后流动站：四川大学理论经济学博士后流动站

在站时间：2005.2～2008.5

合作导师：杜肯堂

现工作单位：陕西理工学院

联系方式：csscaiyunhui@163.com

矿山社区人口性别结构分析[*]

韩全芳　　葛绍林

摘　要： 矿山社区是一个特殊的地域性社会单位，本文以两个国有大中型矿山企业所在的矿山社区为研究对象，以总人口性别比为性别结构指标，考察矿山社区人口性别结构的现状和特点，从社会变迁视角剖析矿山社区人口性别结构的影响因素，以及矿山社区人口性别比居高引发的社会问题，并提出调整矿山社区人口性别结构的对策建议。

关键词： 矿山社区　性别结构　性别比　社会变迁

一　问题与背景

矿山社区是指建立在矿产资源储藏丰富的地区，人口高度集中，居民以矿物开采、加工为主要活动的具有综合性社会功能的社会地域共同体（韩全芳等，2008：32）。总人口性别结构是指一个国家或地区的总人口中男女人数的比例关系，通常以男女人数分别占总人口的百分比表

* 本文得到第51批中国博士后科学基金项目（2012M510682）、2013年国家社会科学基金青年项目（13CSH088）、教育部人文社会科学研究青年基金项目（12YJC840007）、教育部人文社会科学研究西部和边疆地区规划基金项目（11XJA840002）、云南省哲学社会科学规划基金（YB201124）的经费资助。

示，或用男女人数之比（以女性人口为 100）表示，称性别比。人口性别结构受多方面因素影响，既有自然因素，又有社会、经济、文化因素，而且还反映过去历史上的烙印，而性别结构一旦形成，反过来又会对社会经济发展和人们生活（特别是婚姻家庭）产生重大影响（查瑞传，1996：3）。

据国土资源部统计，2010 年全国拥有矿山 11.3 万座（丁全利，2011），涉及的矿山人口数量庞大。矿山社区是一个完整的小社会，集政治、经济、文化和社会功能于一体，是一个特殊的地域性社会单位。因此，考察矿山社区人口性别结构的现状和特点，从社会变迁视角分析矿山社区人口性别结构的影响因素，发现特殊矿山社区人口性别结构引发的社会问题，对探索矿山社区人口性别结构平衡的对策具有重要现实意义。矿企职工是构成矿山社区人口的主体，本文以矿山企业职工性别比指标来反映矿山社区总人口的性别结构，选取云南锡业公司①和云南大姚铜矿②两个国有大中型矿山企业为分析对象。

二　矿山社区人口性别结构的现状和特征

（一）人口性别比居高

国际上人口性别比的通常值域为 102～107。据 1971～2008 年云南锡业公司和云南人姚铜矿矿志资料计算，矿山企业职工总人口性别比全部偏高，性别比在 165～916。云南锡业公司 1971 年职工总人数为 34524 人，性别比为 416.67，2007 年职工人数为 28918 人，性别比为 279.40。云南大姚铜矿 1971 年职工总人数 171 人，性别比为 230.25，2007 年职工人数为 4166 人，性别比为 618.28（表 1）。无论与全国同时期的总人口性别比（105.82～106.07）相比，还是与世界大部分国家相比，矿山社区人口的性别比是偏高的，这是矿山社区人口性别结构的第一特征。

---

① 云南锡业公司位于云南省个旧市（中国"锡都"），是一个国有特大型有色金属联合企业，是世界最大的锡生产、加工基地和世界最大的锡化工中心，在世界锡行业中排名第一，至今已有 120 多年的开采历史。

② 云南大姚铜矿位于云南省楚雄彝族自治州大姚县六苴镇，是一个国有大型有色金属二类采选联合矿山企业，至今已有 40 多年的开采历史。

表 1　矿企职工与全国人口性别比比较

年度	1971	1972	1973	1974	1975	1976	1977	1978	1979	1980
全国	105.82	105.78	105.86	105.88	106.04	106.15	106.17	106.16	106.00	105.98
云南锡业公司	416.67	409.65	438.35	389.13	367.69	348.98	334.10	322.66	299.31	272.93
云南大姚铜矿	230.25	228.85	221.95	250	260.92	276.92	269.44	265.09	285.84	270.23
年度	1981	1982	1983	1984	1985	1986	1987	1988	1989	1990
全国	106.11	106.19	106.61	106.61	107.04	107.04	106.19	106.27	106.40	106.27
云南锡业公司	275.54	267.31	255.08	248.62	232.59	232.96	208.23	205.22	196.34	197.34
云南大姚铜矿	267.24	266.74	263.2	262.27	264.15	231.07	233.61	225.17	243.96	252.59
年度	1991	1992	1993	1994	1995	1996	1997	1998	1999	2000
全国	105.52	104.27	104.18	104.51	104.21	103.34	104.36	105.13	105.89	106.74
云南锡业公司	197.93	208.65	188.45	165.65	197.54	185.16	179.24	190.41	195.47	200.37
云南大姚铜矿	248.34	231.07	218.63	211.89	200.33	206.01	219.98	240.1	341.54	337.92
年度	2001	2002	2003	2004	2005	2006	2007	2008		
全国	106.00	106.06	106.20	106.29	106.30	106.29	106.19	106.07		
云南锡业公司	208.55	209.92	228.16	236.67	227.63	277.68	276.04	279.40		
云南大姚铜矿	377.82	367.52	383.91	866.93	879.53	915.89	618.28	—		

注：数字为年末人数，未包含集体所有制及计划外用工。

资料来源：《中国统计年鉴（2011）》，中国统计出版社，2011 年；云南锡业公司编纂委员会：《云锡志》，云南人民出版社，1982 年，第 83 页；云南锡业集团（控股）有限责任公司编纂委员会：《云锡志（1989～2008）》（续编），云南人民出版社，2010 年，第 175 页；云南大姚铜矿编《大姚铜矿志（1973～2005）》。

（二）人口性别比持续性居高

矿山社区一般要经历起源阶段、形成阶段、发展阶段、衰退阶段，每个阶段内的人口数量在不断地变化，那么人口的性别结构在不同阶段呈现什么样的特征呢？云南大姚铜矿兴衰变迁的 47 年间，人口性别比长期持续性居高，性别比最高时为 915.89，最低时为 206.01。云南锡业公司性别比最高时为 438.35，最低时为 179.24，人口性别比长期持续性居高这一特征也非常明显，这不是统计上的不准确或偶发的现象。人口性别比持续性居高，是矿山社区人口性别结构的第二个特征（图1）。

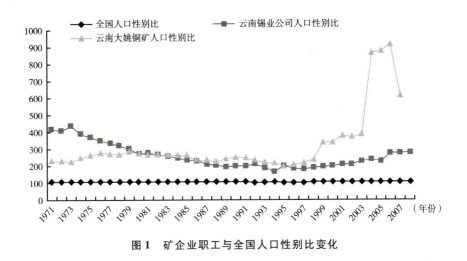

图1　矿企业职工与全国人口性别比变化

（三）人口性别比总体呈逐渐上升趋势，不同时期人口性别比波动起伏

云南大姚铜矿始建于1966年，1976年建成投产，2001年改制重组，2004年政策性关闭破产，之后继续经营矿产开采业至今，经历了一个完整的矿山生命周期，矿山人口性别结构在不同时期表现出典型的波动起伏特征。云南大姚铜矿人口性别比从1971年的230.25，到2007年的618.28，从整体上看呈逐渐上升的趋势，但在不同时期又表现出波动性。云南大姚铜矿建矿期（1971～1979年），人口性别比（230.25～285.84）一开始就居高；发展期（1980～1995年），人口性别比（270.23～200.33）开始下降且较为稳定；衰退期（1996年以后），人口性别比由1996年的206.01持续上升到2007年的618.28（图1）。云南锡业公司已具有120多年的开采历史，虽然1971年之前的数据缺失，但现有1971～2000年的数据，是云南锡业公司的发展阶段，同样也呈现人口性别比较为稳定且呈小幅度波动，衰退期性别比又开始上升。这是矿山社区人口性别结构的第三个特征。

矿山社区人口性别结构呈现的这三个特征，与矿山社区自身的生命周期和矿山企业的兴衰变迁密切关联，而且是各种因素综合影响的结果，表现出明显的社会变迁特征，下面着重从社会变迁视角分析影响矿山社区人口性别结构演变的因素。

三 矿山社区人口性别比结构的影响因素分析

（一）行业性质是性别比居高的根本原因

矿山开采属于典型的采掘业，与其他行业相比具有较大的差别，一是矿产资源的井下开采属于高危行业，劳动法禁止妇女儿童从事井下生产作业；二是采矿是体力工作，劳动量大，对男性职工的需求较大，女性从业人员主要分布在选矿、机修、机关及其他后勤部门等地表部门。矿山社区人口的构成特点是以男性青壮年为主，性别结构严重失衡。1949 年前，云南个旧矿山流传女人上山会踩断矿脉，有女人不能上山的陋俗，云南锡业公司没有女工。1950 年后，云南锡业公司开始招收女工，20 世纪 60 年代，女职工约占职工总数的 10%～15%；70 年代占 20%左右；80 年代占 30%左右；90 年代占 35%左右；2000 年以后，女职工比例逐年下降，2007 年，女职工人数为 7726 人，占职工总数的 25%，性别比为 276.04（《云锡志》，1982；2010）。据统计，1880 年美国西部矿业边疆淘金者 90%以上是男性，1860 年科罗拉多中央城矿区的矿工平均年龄在 27 岁左右，1870 年平均年龄达到 30 岁。加利福尼亚采矿区白人的性别比 1850 年为 600，1852 年为 350（马志芹，2007：30）。

（二）矿业经济发展周期是性别比波动起伏的主要因素

1. 矿山社区建设阶段条件不完善，男性从业人员占比较大

矿山社区建设阶段主要有地质勘探、矿山基建、投产等环节，一般需要 10 年左右时间。由于建矿和采矿对重体力劳动者的需求较大，需从外地招收大批男性劳动力，且适合女性的工作岗位少，这使矿山社区人口性别比一开始就很高。建矿初期，矿山社区建设遵行"先生产，后生活"的原则，矿山社区基础设施不完善、生活环境较差、社会功能弱化，如矿山社区的学校、医院、食堂、派出所等适合女性就业的机构不健全，女性就业岗位和就业机会较少，因此性别比居高。煤炭城市淮北市在发展的初期，1960 年成立时，性别比高达 319.1（焦华富，2001：424）。云南锡业公司在 1954 年的投产初期，女职工人数为 702 人，占职工总数的 3.2%，性别比高达 3029.45（《云锡志》，1982：83）。美国西部淘金热早期，矿区的妇女比贵金属还要少。

2. 矿山社区发展阶段发育成熟，职工家属以迁入为主

矿山社区处于鼎盛期时，社区逐渐发育成熟，社区环境得到极大改善，

"矿山单位社会"特征典型。国有矿山是矿业城镇的主体,矿业城镇的社会功能与矿山企业的社会功能高度重合,并完全由矿山企业承担,在兴建矿山企业的同时也办起来一个小社会。我国矿山企业比其他企业承担更重的"办社会"任务,据调查,矿山企业"办社会"所投放的资金,一般占矿山企业销售收入的15%~20%(朱训,2002:2)。矿山社区的社会功能得到充分发挥,商店、学校、医院、银行、交通、餐馆等生活设施齐备,男性职工家属及子女实现充分就业或就学,这个时期矿山社区经济繁荣,市场活跃,男性职工家属大量从外地迁入,矿山社区人口的性别比下降且呈稳定状态。

3. 矿山社区衰退阶段逐渐解体,职工家属以迁出为主

矿产资源属于不可再生资源,随着矿山采矿年限的增加,以及开采产量的提高,资源逐渐枯竭,矿山社区进入衰退阶段,矿业城镇经济逐渐萧条,矿山社区逐渐解体,甚至消亡。19世纪下半叶,在美国西部的开发中,随着矿产资源的枯竭,相当部分的矿山社区被遗弃或毁损,变为有城无人的废墟,被人们称为"鬼镇"(ghost town),如美国内华达州埃尔科县发现因淘金被抛弃的"鬼镇"多达106个(Hall Shawn,1998)。随着城市化进程的推进,我国多数矿山企业在县级以上城市建立了生活基地,在人口迁移的"拉力"作用下,矿山企业男职工家属逐渐开始从矿山社区迁出,进入城市生活、工作和学习。这个阶段女性人口急剧减少,矿山社区人口的性别比又呈逐步上升趋势。

(三)制度变迁是人口性别结构演变的重要动力

1. 工矿产业政策主导下的矿山人口聚集

在国家政策的支持下,短时期内集中大量人力、物力、财力而发展起来的矿业城镇人口具有高度集中性,这种"汽车拉来的城镇"多表现为单一资源、单一产业和单一经济的特征。如河南的平顶山、黑龙江的大庆、新疆的克拉玛依、内蒙古的白云鄂博、四川的攀枝花和甘肃的金昌市等。"大跃进"时期的"万人找矿"群众运动和万人炼铜场景,就是在国家行政命令强制下的一种集体行动。1846年加利福尼亚发现金矿时人口约1万左右,1848~1949年间,新增8万多人,到1952年,人口已增至25万人(贝阿德·斯蒂尔,1988:148)。

2. 计划经济体制下的矿工"家属革命化"

计划经济时期,"企业办社会"是一种体制优越性的表现,是维系干群关系的纽带，企业为职工提供"从摇篮到坟墓"的一揽子的社会福利，推进了"家属革命化"的进程，即男方的妻子通过农转非政策成为城镇户口。矿山企业成立生活劳动服务公司为男职工家属安排工作，使其成为企业所属的集体所有制人员，而子女只要中学毕业后就可通过招工优先录取进入国有企业或是集体企业工作，成为单位人，甚至连没有任何文凭的子女也可以"顶班"退休的父母，正式成为矿山企业职工。据公安部门统计，1980年，有600万人"农转非"，从1979～1990年，全国累计有5317万人得以"农转非"（公安部三局，1993：98）。矿山企业"家属革命化"通过代际传递使矿山企业职工的家属被正式地纳入体制内单位体系之中，从而降低了矿山人口的性别比。

3. 市场经济体制改革中的矿山企业社会功能剥离

市场经济体制下，矿山企业改革是矿山社区社会结构发生重大变化的直接动力，也是矿山社区人口性别结构演变的重要动力。党的十五届四中全会明确提出，要分离企业办社会职能，切实解决国有企业社会负担。矿山企业经济体制改革与企业继续承担社区社会功能的矛盾冲突日益凸显，矿山企业经历了"三项改革"："下岗分流、减员增效"、企业改制、关闭破产和重组。2002～2003年，云南大姚铜矿完成了将企业职能部门移交地方的工作，职能部门与企业进行了剥离。其中矿公安派出所、矿职工医院、矿职工子弟学校（包括幼儿园）全部移交给地方，在国家政策性破产影响下，女职工以正退、内退、病休等形式从矿山企业中剥离出来，矿山社区的人口性别比又进一步上升。

（四）资源枯竭加剧了已婚育龄妇女迁出的力度

2008年、2009年、2011年，国务院分三批确定了69座资源枯竭城市，占全国资源城市总数的58.5%，共涉及23个省份。国土资源部的调查显示，截至2002年底，中国已有2/3的国有大中型资源型企业正在或即将面临枯竭问题，400多个矿山企业因资源枯竭濒临关闭。其中有色金属66%的主力矿山进入中晚期，已关闭和即将关闭的矿山企业有83个，到2010年还要关闭355个，占矿山企业总数的46%（刘祥、王立杰，2003：17～21）。在资源枯竭，矿山企业社会功能的剥离及关闭破产等一系列的内因和外因的作用下，以及城市化的"拉力"的作用下，矿山社区人口迁出数量和频率都空前扩大，其中男职工家属和女性从业人员占比最大，推动了矿山社区人口性别结构的演化，人口性别比呈逐渐上升趋势。1978～2008年，云南锡业公司已婚育龄妇女人数呈现非常清晰的变化特征，即增长—平稳—下降的曲线变化特征，与矿山社区社会变迁的特征基本是吻合的。云南锡业公司已婚育龄妇女由 1979 年的 10249 人持续增加到 1998 年的 20041 人；1999～2002 年已婚育龄妇女保持在 18000 人左右，且较为稳定；2003 年以后已婚育龄妇女人数持续下降，2008 年为 8005 人（图 2）。已婚育龄妇女人数的变化，反映了矿山社区人口性别结构的演变规律。

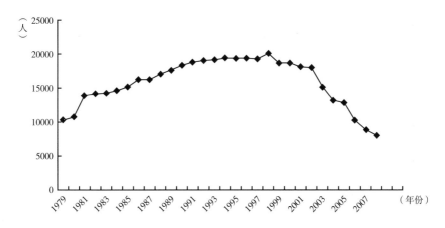

图 2　云南锡业公司已婚育龄妇女人数变化趋势

资料来源：云南锡业公司编纂委员会：《云锡志》，云南人民出版社，1982 年，第932 页；云南锡业集团（控股）有限责任公司编纂委员会：《云锡志（1989～2008）》（续编），云南人民出版社，2010 年，第 1413 页。

四　矿山人口性别比失衡引发的社会问题

（一）择偶难问题

矿山企业青年男职工的婚姻一直是个难题，这主要由矿山行业的性质和矿山所处区位条件所决定，矿山社区地处偏僻深山地区，第三产业发育不全，很难吸引外地人口迁入，加之职工家属大量迁往城市居住，更加剧了人口性别比的失衡，这种情况在短时间内较难改变。在其他一些钢铁行业比较集中的地区，政府采取措施，在钢铁厂周边建设纺织厂，以平衡人口性别比失调状况。矿山企业领导介入职工婚姻是解决青年男职工婚姻问题的方式之一，如云南大姚铜矿一个职工和本厂女青年相爱，双方情投意合，准备领取结婚证，但女方家长不同意，要强行拆散他们，领导就耐心做女方家长的思想工作，最终有情人终成眷属。为减轻青年在结婚彩礼和请客上的负担，矿上宣传移风易俗和喜事新办，1982 年团委、工会两次共为 32 对青年举行集体婚礼，矿山企业还优先将住房分给参加集体婚礼的青年（中共云南大姚铜矿委员会，1983）。

（二）男性人口犯罪严重

矿区男性人口比例居高，因为特殊的封闭地理环境，男性犯罪比例远高于女性。矿区社会治安问题主要表现为刑事案件发案总量高，各类治安案件层出不穷，"矿村"矛盾纠纷导致群体性事件高发，矿区存在黑恶势力等。据统计，2010 年，山西省太原市西部西山矿区西山分局共立刑事案件 206 起，破案 126 起，刑拘 139 人，逮捕 100 人，监视居住 5 人，取保候审 21 人；2011 年 3 月 22 日至 4 月 26 日，共发生较大规模的堵门、堵路、越级群体上访和以极端方式上访事件 9 起，涉及人员 800 余人次。在美国西部矿区，矿工的生活安全保障经常取决于一个人反应的敏捷程度和所携带枪支口径的大小（Moynihan Ruch B.，1990：20）。

（三）社区归属感弱化

矿业城镇信息闭塞，生活枯燥，与外界交通不便。与城市相比，矿山社区生活基础设施不完善，环境卫生和社会治安较差，井下工作环境恶劣，安全隐患突出，文化生活单调，这使矿山企业职工人心浮动，特别是年青职工难以安心矿山工作。此外，矿山社区冲突频繁，进一步加剧了矿山社区归属感的弱化，使矿山企业职工的身份认同感降低。云南大姚铜矿在一段时期内，因矿山社区生活环境的恶化，以及斗殴、偷盗、旷工、赌博等不良社会风气的影响，一度发生了矿山社区生活、生产、社会秩序的混乱，工人普遍反映了"四心"和"三怕"问题，"四心"是：看到环境恶心，想到安全担心，社会治安不放心，叫我们如何安心；"三怕"是：怕闭塞，怕寂寞，怕落后（中共云南大姚铜矿委员会，1983）。

五 平衡矿山社区人口性别结构的对策建议

（一）加快资源枯竭型城镇产业转型，促进人口迁移，降低人口性别比

资源枯竭城市转型问题是世界各国经济和社会发展中都经历过或正在经

历的突出问题。要充分发挥资源型城市的区位优势和比较优势，选择和培育新的非矿产业经济增长点，制定有利于资源枯竭型城市发展的各项优惠政策，吸引外来人口投资就业，带动矿业小城镇的经济发展，降低矿山社区人口性别比。如德国鲁尔区，在 20 世纪 60 年代硬煤及钢产量处于衰退时期，州政府发挥鲁尔区的区位优势，及时选择电子、汽车、炼油等新兴非资源产业进行替代，使城市获得了新生。昆明市东川区因铜矿资源枯竭，于 2004 年颁布《东川再就业特区优惠政策实施办法》，在税收、劳动就业、土地、工商管理等方面实施优惠政策，开创了中国唯一零税区的政策先例，吸引大量外来人口投资创业和就业，第三产业得到快速发展，极大地改善了东川矿区人口性别结构。

（二）改善矿山企业职工通勤模式，推进矿山职工市民化进程

我国矿山企业建设初期，按照"小而全"和企业办社会的理念，在矿山企业建设设计时就把生产区和生活区放在同一地点，这严重制约了人口的迁移流动，形成一个封闭的矿山社区小社会。20 世纪 90 年代后期，大多矿山企业在周边邻近城市建设生活基地，矿山社区生产区和生活区逐渐分离，逐步形成周期性的矿山—城市通勤模式。由于受地理环境和交通等因素的影响，这种长距离通勤模式还不完全成熟，多数职工 1~3 个月才往返城市一次。世界上目前流行"飞入飞出"式矿山工作制度，即在矿山工作的人居住在大中城市，连续工作 3 周后，飞回居住地休息 1 周。矿山企业改革新的工作制度，借鉴西方国家矿山企业工作制度经验，推进矿山企业职工市民化进程，使矿山企业职工有更多机会接触城市青年，融入城市生活，这有利于解决矿山企业职工择偶难问题。

（三）推进矿村一体化建设，转变矿山企业职工择偶观

矿山周边分布了较多大小规模不等的村落，矿村一体化建设的思路是以矿山社区为依托，结合新农村建设规划方案，构建矿村共享资源开发利益机制，打破城乡二元结构，降低并消除工农差别，实现人与自然、人与人、人与社区共同发展的和谐发展。推进矿村一体化建设，可进一步优化矿区人口分布，平衡矿区人口性别结构，降低人口性别比。在此基础上，矿山企业职工要进一步转变择偶观念，打破矿村青年不通婚的传统，矿山社区居委会要充分发挥组织作用，探索矿村青年男女通婚新模式。

参考文献

贝阿德·斯蒂尔，1988，《美国西部开发纪实（1607～1890）》，张禹九译，北京：光明
　　日报出版社。

查瑞传，1996，《中国人口的性别结构》，《西北人口》第 1 期。

丁全利，2011，《全国矿产资源开发整合成效显著　6 年来矿山数量减少 11.2%，大型
　　矿山数量增加 40.6%》，《中国国土资源报》11 月 8 日。

公安部三局，1993，《户口管理资料汇编》（第四册），北京：群众出版社。

韩全芳、钱家先、葛绍林，2008，《矿山社区人口与社会变迁的动力分析——以美国
　　"鬼镇"为例》，《南方人口》第 3 期。

焦华富，2001，《试论煤炭城市人口自然结构的演化特征——以淮南、淮北市为例》，
　　《经济地理》第 7 期。

刘祥、王立杰，2003，《"四矿"问题与矿业城市的可持续发展》，《中国煤炭》第 2 期。

马志芹，2006，《昙花一现的矿业城镇——美国西部浅层矿开采时期"鬼镇"出现的原
　　因》，《首都师范大学学报》增刊。

马志芹，2007，《美国西部矿业的浅层开采及其影响（1848～1878）》（续编），首都师范
　　大学硕士论文。

云南锡业公司编纂委员会，1982，《云锡志》，昆明：云南人民出版社。

云南锡业集团（控股）有限责任公司编纂委员会，2010，《云锡志（1989～2008）》（续
　　编），昆明：云南人民出版社。

朱训，2002，《21 世纪中国矿业城市形势与发展战略思考》，《中国矿业》第 1 期。

中共云南大姚铜矿委员会，1983，《全国职工思想政治工作会议经验选编》，《云南大姚
　　铜矿报》第 8 期。

Hall Shawn, 1998, *Old Heart of Nevada：Ghost Towns and Mining Camps of Elko County*.
　　Nevada：University of Nevada Press.

Moynihan Ruch B. , 1990, *So Much to be Done：Women Settlers on the Mining and Ranching
　　Frontier*. Nevada ：University of Nebraska Press.

作者简介
韩全芳，男
所属博士后流动站：中国社会科学院社会学研究所
合作导师：李培林
在站时间：2010.11～

现工作单位：云南财经大学公共管理学院

联系方式：hqfang666@163.com

葛绍林，女，云南财经大学公共管理学院

联系方式：geshaolin72@yahoo.com.cn

农民工市民化进程中的工伤保险制度研究

游　春

摘　要： 本文通过分析农民工市民化的现状和制约因素阐述农民工工伤保险的现实意义。首先，简述农民工工伤保险制度的背景、意义与目的。其次，通过对农民工工伤保险的现状分析，指出现行农民工工伤保险制度存在的一些问题，例如农民工参保比率较低、企业逃保漏保现象严重等，并针对问题分析原因。最后，从法律制度建设、发挥政府和企业作用等方面提出建立和完善农民工工伤保险制度的建议。

关键词： 农民工市民化　工伤保险制度　社会保障

一　问题研究背景、意义及目的

（一）背景

1. 农民工市民化现状

农民工主要是指户籍仍在农村，进城务工和在当地或异地从事非农产业并以工资为主要收入的劳动者。农民工市民化泛指农民工逐步向市民转化的过程，当前农民工市民化问题已经成为社会各界关注的热点。随着我国工业化、城镇化进程加快，农民工的数量在逐年增加，在当前劳动力市场结构中，农民工已经成为现代产业结构中不可缺少的主体。国家统计局调查显示，2011 年全国农民工总量达到 25278 万，比上年增加 1055 万，增长4.4%。

目前学术界对农民工市民化的现状论述主要有三种代表性的观点。一是王春光的农民工"半市民化"状态。他认为农村人口虽然进入了城市但并没有完全成为城市居民，具体表现为"六化"：就业非正规化、居住边缘化、生活孤岛化、社会名声污名化、发展能力弱化、社会认同内卷化。二是陈丰的农民工"虚城市化"。他认为农民工由于缺乏户籍制度以及相关制度的接纳，进城后没有改变农民身份，难以形成城市认同感和归属感而成为游离于城市之外的特殊群体，主要表现在五个方面：职业与社会身份的不一致、合法权益得不到有效保障、子女受教育问题不能解决、就业与生存状况恶劣、缺乏城市社会的认同感和归属感。三是刘传江提出的农民工"市民化是农民市民化的第二阶段"。他指出农民工城市化要分两个阶段：第一个阶段是农村剩余劳动力到城市务工的过程，即农民非农化；第二个阶段是从城市农民工到产业工人和市民的职业和身份的变化过程，即农民工市民化，目前依然举步维艰。

2. 农民工工伤保险

农民工市民化的制约因素主要有：僵化的社会制度；各社会阶层的偏见和歧视；农民工自身素质不高（主要指知识水平较低和技能缺乏）；农民工社会保障体系不健全。由此可见，建立健全农民工社会保障体系是解决农民工市民化问题的一个有效措施。调查表明，农民工进城之后要么集中在工作环境差、污染严重、危险系数高、职业病发生概率高的行业或企业，如建筑、制造、煤炭、化工等行业或企业；要么集中从事劳动报酬不高的工作，如餐饮、家政、娱乐和保安等。农民工就业"底层化"、"低收入"和"低安全"环境导致农民工成为弱势群体。且由于农民工流动性强，没有城镇户口，并不被承认为产业工人等，他们被定位为游离于城镇居民之外的边缘人群和弱势群体，不享受工伤保险待遇。因此，积极探讨农民工工伤保险问题有利于完善农民工社会保障制度，具有现实意义。

（二）农民工工伤保险的制度意义及目的

研究农民工工伤保险制度的重要意义与工伤保险本身所具有的意义有重大联系。工伤保险是指劳动者在工作中或在规定的特殊情况下遭受意外伤害或患职业病导致其暂时或永久丧失劳动能力以及死亡时，劳动者或其遗属从国家和社会获得物质帮助的一种社会保险制度。工伤保险是社会保险体系不可缺少的重要组成部分。

1. 建立和完善农民工工伤保险制度是推动农村社会保险制度建立并顺利完成城乡社会保险制度接轨的突破口

我国要实现全面建设小康社会的目标，就必须统筹城乡发展，落实科学发展观，实行工业反哺农业、城市支持农村的方针，建立健全统筹城乡发展的体制和制度，促进工农、城乡协调发展，使城乡人民共享改革发展成果，逐步走上共同富裕的道路。从根本上改变城乡二元结构，必须实行有利于调动农民工积极性和维护农民工权益的政策措施。建立和完善农民工迫切需要的工伤保险制度具有可操作性，既可以推动农村社会保险制度的建立，也可以为城乡社会制度接轨准备条件。

2. 建立农民工工伤保险制度是农民工的迫切需求

调查资料显示，农民工以男性为主，年长农民工比重逐年增加，40岁以上的农民工所占比重逐年上升，由2008年的30%上升到2011年的38.3%，三年中农民工平均年龄由34岁上升到36岁，农民工中已婚者占73.4%。这反映了外出务工的农民工大多数是家里主要收入来源者。工伤事故造成的巨额医疗支出是他们难以承受的，会给整个家庭带来经济困难。建立针对农民工的工伤保险制度，可给这群特殊群体带来经济保障和心理保障。

3. 建立和完善农民工工伤保险制度是实现社会公平、维护社会稳定的重要手段

由于农民工收入水平低、流动性强、自身素质普遍不高，已经成为社会动荡的重要因素。根据农民工自身特点建立和完善农民工工伤保险制度，让农民工平等地享受法律和社会赋予的权益，分享城市发展结果，不仅可以促进社会公平、国民收入平等分配的实现，还可以在一定程度上提高农民工素质，从而减少社会动荡因素，维护社会健康稳定。

4. 建立和完善农民工工伤保险制度，有利于进一步推动农村经济发展

用现代社会保障制度代替传统社会保障制度，使这一群体彻底与土地脱离关系，有利于土地的规模经营，有利于提高农业的生产效率，推动农业及农村经济的发展。

农民工城市化进城中的工伤保险制度研究表明：首先，农民工工伤保险制度的建立和完善能够降低农民工工伤事故率，解决农民工工伤事故发生后缺乏救治的问题，有利于探索构建社会主义和谐社会。其次，比较农民工工伤保险制度模式，有助于创新农民工工伤制度模式理论及实践。再次，分析农民工工伤保险制度现状，有助于找出造成农民工工伤保险制度困境的原因。最后，分析农民工工伤保险补偿制度及模式，有助于完善农民工工伤补偿制度。

鉴于工伤保险制度的重要意义和研究分析农民工工伤保险制度的意义，研究分析农民工工伤保险制度的主要目的是通过对农民工工伤保险的现状分析，找出农民工工伤保险制度运行中存在的问题，并从农民工需求、工伤保险制度供给及政府在工伤保险中的责任等方面，揭示农民工工伤保险制度运行低效的原因，以便于提出建立和完善农民工工伤保险制度的建议。

二　国内外工伤保险制度研究综述

目前国内外学者对工伤保险制度的建立和完善非常重视。国外的工伤保险制度，已实施很长时间，研究成果和实践经验丰富，在工伤保险模式、基金管理、机制建设等方面都积累了很多成功经验，我国可借鉴其适合安全生产的工伤保险模式。

（一）国外工伤保险制度研究综述

国外的工伤保险制度，作为社会保障体系的重要组成部分，已经实施相当长的时间。概括地说，西方工业国家工伤风险保障机制，主要经历了三种模式：一是职业危害补偿与雇主责任制，即高风险岗位的工人会获得一部分的风险津贴，英国首先采用这种方式。二是工伤保险制度，即在雇主责任制的基础上发展强制性的公共保险制度，这实质上是纯商业保险加上政府管理的一种工伤保险制度形式，世界上最早实行工伤保险的是德国。三是工伤赔偿与安全生产相结合的一体化体系，即在职业伤害赔偿、工伤保险费率处罚机制基础上发展起来的预防、康复与补偿结合的模式，这是目前最完善的工伤保险制度。

在当今世界各国不同的保险模式中，最具有典型意义的有两种。第一，德国的工伤保险模式——职业保险协会，亦称同业公会，具体负责事故预防、职业康复和工伤补偿三方面的管理工作。这种保险模式使工伤保险从国家行为转变为企业行业协会行为，实际上把事故预防与企业和职工的具体利益直接联系起来，事故的预防、处置、赔偿以及安全投入资金有了保证，并且使企业摆脱了事故保险负担，减少了劳动争议，提高了企业竞争力，最终改善了社会、企业与职工之间的关系。第二，美国的高度管制工伤保险模式。很长一段时间内，美国的工伤保险都是由政府把握管理机制尺度，评估保险成本，这实质上是一种由政府完全管制而少有市场自然调节的方式。但近年来，美国政府在费率厘定方面的作用逐渐减弱，保险成本变化难以准确估计，政府管制目前有放松或解除倾向。

（二）国内工伤保险制度研究综述

目前，许多学者在农民工社会保障体系的建立上已经达成共识，但是在该体系的模式和路径选择上存在很大分歧，归纳起来，主要有以下几点。第一，把农民工纳入现行的城镇社会保障中。农民工应该是"城镇工人"，而不是"农民"，应当和城镇工人一样参加城镇社会保障，而不是将城镇工人和"农民工"差别对待。该做法可以体现社会保障的公平及公正。第二，建立独立的农民工社会保障体系。参照城镇社会保障制度，首先建立农民工工伤保险制度，其次建立医疗保险制度，最后再考虑建立农民工社会救援制度，逐步对农民工实行分类保障。第三，将农民工纳入农村社会保障体系中。根据不同地区的经济发展程度选择不同的社会保障内容，建立正式保障与非正式保障相结合的农村社会保障体系，并逐步向城乡一体化的社会保障体系过渡。第四，分层分类分阶段将农民工纳入一种可持续的社会保障计划中。当前农民工社会保障制度的建设任务是制定适合农民工以及在我国制度环境下切实可行的过渡性方案。以上四种观点，最具代表性的是主张从农民工的不同类型出发，建立项目有别的过渡性社会保障制度。

很多学者对农民工工伤保险制度进行研究。孟繁元、田旭和李晶（2006），杨文德（2007）指出我国农民工工伤保险参保率较低、企业逃保漏保、争议处理体制烦琐、缺乏工伤预防和康复机制等问题，从体制、思想观念、立法和执法等方面寻找造成农民工工伤保险制度发展困境的原因，并据此提出应当取消城乡二元划分，强化政府在农民工工伤保险制度建设中的重要职能等建议。胡务（2006）从成都和上海这两个城市的综合保险角度分析农民工工伤保险，并指出综合社会保险在一定程度上解决了农民工参加工伤保险的问题，但仍存在不足之处，工伤保险待遇低，甚至不能起到保障农民工的作用。邓秋柳和刘海珍（2008）认为现阶段农民工工伤保险制度的建设应从政府职能和法制建设、基金建设、工伤预防和康复机制方面多管齐下，重点加强政府的法制职能建设。此外，还有一些学者运用了实证方法研究农民工工伤保险制度的建设。李朝晖（2007）对湖南中湘地区太平永江村硅肺病农民工家庭及该村主要务工所在地——三江煤矿的生产环境及硅肺病农民工赔偿情况做了实地调查，通过对企业工伤保险风险自留和参保风险转移经营成本比较、农民工工伤经济损失与参保或企业私自理赔的保障水平比较，认为有必要实施强制性参保，并提出采取激励措施来提高企业参保率，以适当合理的费率制度缩小农民工工伤保险基金缺口。

　　总的来说，我国学者普遍认为我国农民工工伤保险制度不完善，提出应当进一步加强政府在推进农民工工伤保险制度中的作用，完善工伤保险费率制度，实施工伤保险补偿、工伤预防和工伤康复"三位一体"的模式。

三　农民工工伤保险现状

（一）农民工工伤保险的法律法规

　　从《中华人民共和国劳动保险条例》到《中华人民共和国工伤保险条例》，我国的工伤保险制度日益完善，在社会主义建设中发挥的作用日益明显。我国现行《中华人民共和国工伤保险条例》是 2004 年 1 月 1 日生效实施，并于 2010 年 12 月 20 日修订后重新公布的，修订的部分自 2011 年 1 月 1 日生效。该条例对农民工参加工伤保险做出了明确的规定。2004 年 6 月我国劳动和社会保障部出台了《关于农民工参加工伤保险有关问题的通知》，同年，北京市也颁布了《北京市外地农民工参加工伤保险暂行管理办法》，并于当年 9 月 1 日起执行，上海、广东等地也相继出台了类似规定。2006 年 1 月 31 日国务院在《关于解决农民工问题的若干意见》中明确规定，要依法将农民工纳入工伤保险范围。劳动和社会保障部 2006 年 5 月 17 日发布《关于实施农民工"平安计划"加快推进农民工参加工伤保险工作通知》，进一步强调用人单位要为农民工缴纳工伤保险，力图用三年左右的时间，将矿山、建筑等高风险企业的农民工基本纳入工伤保险制度范围之内，并通过相应措施保障该计划的实施。2007 年 9 月 7 日劳动和社会保障部颁布《关于进一步做好中央企业工伤保险工作有关问题的通知》。由此可见，我国对农民工工伤保险的问题是相当重视的。

（二）农民工工伤保险参保情况分析

截至 2011 年 6 月底，全国农民工参加工伤保险的人数为 6555 万，比上年底增加 255 万。这意味着雇主或单位为农民工缴纳工伤保险的比例为 23.6%，比上年略减。但是从输入地看，东部地区为 27%，中部地区为 14.8%，西部地区为 17%，不同地区的农民工社会保障状况差异仍较大，中西部地区的农民工参保比例比较接近，落后于东部地区。

表 1　2011 年不同行业外出农民工参加保险的比例

单位：%

行业	养老保险	工伤保险	医疗保险	失业保险	生育保险
制造业	14.1	28.0	17.8	7.5	4.8
建筑业	4.3	14.1	6.4	2.2	1.6
交通运输、仓储和邮政业	24.4	32.6	27.7	15.1	10.4
批发和零售业	15.1	17.7	16.3	9.6	7.7
住宿和餐饮业	7.3	11.8	9.0	3.8	2.5
居民服务和其他服务	12.4	16.4	13.7	6.4	4.5

数据来源：《2011 年我国农民工调查监测报告》（中华人民共和国国家统计局）

从表 1 来看，农民工参加工伤保险的总体比例虽然相比参加其他保险的较高，但是对于从事风险高、工作环境差、职业病发病率高的建筑业和制造业等的农民工来说，其参保比率还远远不能达到要求。

（三）农民工工伤保险制度模式

我国工伤保险制度模式的特点是行政部门出政策，管理权在行政部门，工伤认定也归行政部门管理，经办权属于行政部门，监督权同样在行政部门，这种官设、官管、官办、官监督体制是典型的公共管理模式。

四　农民工工伤保险制度中存在的问题及原因

（一）存在的问题

从以上的农民工工伤保险的现状分析来看，我国在农民工工伤保险制度的建立和发展中存在一系列的问题，具体表现为以下几点。

1. 有关农民工工伤保险的法律法规不完善

现行的法律法规政策中，虽然涉及农民工工伤保险的不少，但是至今没有一部综合的关于农民工社会保险的全国性专门法律法规，全国性法规中对农民工社会保险的规定很少且很笼统。

2. 农民工参加工伤保险的比例不高，企业逃保漏保现象严重

调查显示，农民工签订劳动合同的比例略有提高，但是仍有一半以上的农民工没有签订劳动合同。分行业来看，从事建筑业的农民工没有签订劳动合同的比例最高，有73.6%，从事制造业的有49.6%，从事服务业的有61.4%，从事餐饮业和批发零售业的分别有64.6%和60.9%。总体来看，从事高危建筑业的农民工没有签订劳动合同的比例仍居高不下，农民工的权益不能得到保障，一旦发生工伤事故，农民工无法依法取得应有的赔偿。

3. 缺乏"预防—康复—补偿"的有效机制

一直以来，我国工伤保险都偏重伤残等级的鉴定、工伤补偿的处理，对预防和康复没有特别的要求，在工伤预防和工伤康复方面的投入也很少，这一点在农民工身上体现得尤为明显。正是由于我国现行制度没有职业康复和社会康复方面较为完善的规定，所以一些不法企业和用工单位以此为借口逃避责任，侵害农民工合法权益。

4. 农民工工伤维权程序复杂，拖延时间长

农民工在遭受工伤事故或者患有职业病后，不仅要忍受身心的痛苦，还要面对工伤认定难、获得工伤赔偿难的问题。

（二）问题存在的原因

1. 企业过度追求自身的经济利益

企业是自主经营、自负盈亏、独立核算的市场主体，是一个"经济人"，他们的目的就是追求经济利益的最大化。理论上企业追求的利益最大化与农民工追求的利益最大化这两者应该是一致的。只有企业发展了，企业有了经济利益，农民工才会受益。但是在实际生产生活过程中，农民工工伤保险要求企业缴纳部分保费，企业试图逃避法律义务。农民工临时性、周期性和季节性的就业方式也导致企业不愿为其职工购买工伤保险。

2. 农民工流动性大，工作不稳定，管理体制上有欠缺

作为保障对象的农民工，规模巨大且构成复杂。农民工的工作机会完全由劳务市场需求调节，与所供职的企业或雇主没有长期的固定契约关系，两者之间的雇佣关系往往随着一个项目或者业务的完成而结束，这一关系一旦结束，就需要重新找工作，农民工经常在企业之间流动。而现行的工伤保险主要由建设保险基金统筹管理，不适合这种流动性很大的农民工，工伤保险制度忽略了农民工构成的复杂性。现在所推行的工伤保险基金区域统筹与农民工跨省区流动存在尖锐矛盾，农民工调换工作岗位后没有办法转移和保持工伤保险关系，很难真正享受工伤保险待遇。

3. 工伤保险理赔程序烦琐，人员设置不足影响程序公正性及索赔时间

《中华人民共和国工伤保险条例》第 23 条规定："劳动能力鉴定由用人单位、工伤职工或者其直系亲属向设区的市级劳动能力鉴定委员会提出申请，并提供工伤认定决定和职工工伤医疗的有关资料。"上述规定表明，工伤认定程序实质上是劳动能力鉴定程序的前置程序，没有工伤认定就无法启动劳动能力鉴定程序。经历工伤认定程序之后，农民工应该享受什么层次的工伤待遇还需要进行劳动能力鉴定。在这方面，《中华人民共和国工伤保险条例》第 25 条规定："设区的市级劳动能力鉴定委员会应当自收到劳动能力鉴定申请之日起 60 日内作出劳动能力鉴定结论，必要时，作出劳动能力鉴定结论的期限可以延长 30 日。劳动能力鉴定结论应当及时送达申请鉴定的单位和个人。"由此可见，农民工发生工伤事故之后的工伤鉴定和劳动能力鉴定程序比较烦琐，经历时间较长，农民工不能及时有效地获得应有的赔偿，这也是部分农民工不愿参加工伤保险的一个原因。

4. 生活、医疗成本过高影响参保积极性

在城镇生活打工的农民工不仅从事的职业具有事故发生概率高的特点，其收入一般也不高。再加上农民工所在城市大部分都是消费很高的城市，例如深圳、北京、上海等，他们在城市的生活、医疗成本相当高，为了生活及以后可能支出的医疗费用，农民工往往选择将收入储存起来，而不是购买工伤保险。

5. 农民工整体文化素质不高，自我保护意识不强，安全意识不强

2011 年国家统计局调查显示，在农民工中，文盲占 1.5%，小学文化程度占 14.4%，初中文化程度占 61.1%，高中文化程度占 13.2%，中专及以上文化程度占 9.8%。

表 2　2011 年农民工的文化程度构成

单位：%

	全部农民工	本地农民工	外出农民工	30 岁以下青年农民工
文盲	1.5	2.1	0.9	0.3
小学	14.4	18.4	10.7	5.9
初中	61.1	59.0	62.9	59.8
高中	13.2	13.9	12.7	14.5
中专	4.5	3.2	5.8	8.6
大专及以上	5.3	3.4	7.0	10.9

数据来源：《2011 年我国农民工调查监测报告》（中华人民共和国国家统计局）

从表 2 农民工文化程度构成可以看出，农民工对工伤保险可能了解甚少，常常由于眼前利益而忽视了对自己的保护，而且大部分农民工的法律意识淡薄，不知道怎么用法律来维护自己的权益，不要求与用工单位签订劳动合同。因此，一些农民工在务工期间出现工伤事故后，大部分不愿意通过法律程序解决人身赔偿问题，而愿意选择私自协商解决。

五　完善农民工工伤保险制度的建议

（一）法律制度建设方面

1. 针对农民工制定特定的工伤保险条款

根据农民工特点制定针对农民工工伤保险的相关法律条例，并严格要求相关用工单位和企业按照法律条例执行。我国应该在不断完善地方工伤保险制度的基础上，提高农民工工伤保险的法律层次，使我国的农民工工伤保险工作步入法制化的轨道。加强劳动用工备案制度建设，逐步发挥备案系统在用工管理、决策支持等方面的基础作用。

2. 简化理赔程序，确保农民工合法权益的及时实现

首先，在农民工能提供工伤初步证据时，劳动保障部门介入调查，若用人单位拒不接受调查，可以支持农民工主张成立。其次，企业与农民工就工伤事故事实产生争议时，可以采用行政听证程序，最大限度地减低农民工维权成本，并遏制用人单位恶意通过拖延时间逃避法律责任。再次，在现有工伤认定程序的人员基础上，合理增加人员配置，进一步提高工伤认定人员素

质，实行复审人员回避制度等配套措施，进而缩减工伤认定、劳动能力鉴定时间。最后，通过制度创新实行工伤保险基金先行垫付制度，即无论用人单位是否已为农民工缴纳工伤保险费，劳动者一旦被认定为工伤后，持有关单据可以领取相应的医疗费。如果企业已为其缴纳保险费，工伤保险基金先行垫付后，在劳动者伤残等级确定后由工伤保险基金根据伤残等级实施多退少补。如果企业未为其缴纳工伤保险费，社会保险保障部门在先行垫付后可以向用人单位追缴用人单位欠缴的工伤保险费及滞纳金，并对其做出相应的行政处罚。

3. 科学合理地细化工伤保险费率和浮动费率

深入调查研究工伤事故发生率、发生行业、工伤保险费率支持概率后，通过借鉴其他国家工伤保险的保险费率厘定方法和浮动费率制度、我国商业保险意外伤害险费率厘定的科学之处，进一步完善现有工伤保险收费比例、工伤保险浮动费率，以减轻企业不必要的负担，增强企业参保和工伤预防的积极性。此外，各地区应该根据本地区农民工就业和工伤事故发生的情况制定和完善相关法律法规，例如郑州市人力资源和社会保障局2011 年 7 月 1 日起在全市范围内实行工伤保险浮动费率，重庆市 2007 年实行工伤保险浮动费率，并于 2012 年修订《重庆工伤保险浮动费率暂行管理办法》。

（二）加强政府在农民工工伤保险制度建设中的作用

1. 政府应该改革户籍管理制度、完善制度安排

在现行的工伤保险制度中，农民工之所以没有享受与其他城镇职工同等的待遇，根本原因就在于国家在一些最基本的制度上，如户籍制度上没有给予农民工公正的待遇，农民工和城市居民在作为人权的工伤保险权益上，存在事实上的不平等，这也增加了农民工市民化的困难。因此，各地政府必须从制度入手，逐步变革现行的导致农民工工伤保险权益不平等享有的制度，给农民工以国民待遇。

2. 政府提供财政支持

农民工工伤事故负外部性的抑制需要强有力的经济支撑，需要大量的风险预防成本，政府应当出资直接干预控制，应当增加安全投入在 GDP 中的比重。政府的财政支持具体可以体现在以下方面：支持农民工职业安全环境的改善；支持农民工安全培训机制建设；政府对企业实行奖励，对全员参保、及时足额缴纳工伤保险基金或没有发生重大伤亡事故的企业实行奖励和工伤保险基金调剂返还制度，对企业的安全生产设施实行激励性补贴；提供农民工职业健康监护的社会福利；加强工伤风险保障基金支持力度。

3. 加强政府对农民工安全生产的监督管理

首先，加强企业安全生产监督管理，降低农民工工伤事故发生概率。其次，对用人单位在雇佣农民工的各种不规范现象，政府应采取及时有效的监督措施予以惩处及纠正。最后，建立专门的、统一的非营利性机构，负责农民工工伤保险基金管理、事故调查、医疗鉴定等，并对工伤风险准备金集中管理分配。

4. 建立工伤风险预防机制

完善有效的工伤预防制度安排是保障工伤保险制度体系有效性的首要机制与重要前提，而且，工伤预防应该比工伤赔偿和康复更为基本，更应该受到重视。政府应制定和完善诸如"工伤保险工伤预防实施项目管理办法"等政策，完善工伤预防管理体系。

5. 优化"预防—康复—补偿"模式结构

进一步整合已有资源，优化制度结构，对"预防—康复—补偿"模式进行深入改革，坚持"工伤预防优先"，健全"工伤康复指导"，确保"经济补偿充分"，为农民工建立多层次、全方位的工伤保障长效机制。借鉴和研究其他国家工伤预防方面的成功经验，增加工伤预防、工伤康复和工伤补偿方面的经费投入，加强工作力度，切实保障农民工的合法权益。

（三）加强社会和企业的责任

1. 加强对农民工职业伤害的法律援助

农民工作为弱势群体，在工伤事故发生后，往往处于孤立无援的境地，政府应当建立专门面向农民工职业伤害的法律援助机构，其主要职能是为农民工提供诉讼代理、法律咨询、代拟法律文书、指导非诉讼调解、提供法律性指导意见等。

2. 加强工伤保险政策宣传，并针对农民工进行相关教育

政府应加强工伤保险政策宣传，促进农民工政策认知，同时加强对工伤保险政策制定、运行、技术支持、监管与评估等方面的科学研究，还要创新宣传形式和加大宣传力度，增强农民工及企业对工伤保险的认知。具体可采取如下措施：通过在农民工劳动就业服务市场建立政策宣传栏并派发宣传手册帮助农民工了解工伤保险政策；借助社会组织、研究机构等对企业管理人员和农民工进行政策宣传与培训辅导；完善工伤保险政策政务公开网站，细

化政策信息，建立问答互动平台，借助电子政务，节约农民工获取信息的成本，提升农民工和企业对工伤保险的认知。

3. 利用商业险优势，鼓励社会组织参与工伤保险经办和服务

德国和法国等发达国家的经验表明，充分发挥社会组织的作用，授予其相应的权限，给予其政府支持，能有效使他们融合企业和职工的利益，将各方共同关心的安全工作做好。为了避免官办一体的公共管理模式的弊端，我国应该借鉴国外先进经验，采取工伤保险管办分离的模式，即由商业保险公司运行工伤保险，由政府相关部门进行监督、给予财政支持的商业化模式。

（四）农民工自身应该加强相关知识学习

农民工应该阅读工伤保险相关书籍并主动积极参加企业和社会组织的宣传教育，这能使他们在发生的工伤事故后，主动向社会提供法律援助的单位请求援助，通过法律手段保障自己的合法权益。

参考文献

莫艳青，2009，《城市农民工市民化问题研究综述》，《长春工程学院学报》第 3 期。

孟繁元、田旭、李晶，2006，《我国农民工工伤保险存在的问题及对策分析》，《农业经济》第 2 期。

杨文德，2007，《农民工工伤保险制度的困境和出路》，《中州学刊》第 5 期。

胡务，2006，《外来工综合社会保险透析》，成都：四川大学出版社。

邓秋柳、刘海珍，2008，《完善我国农民工工伤保险制度的思考》，《财经理论与实践》第 5 期。

李朝晖，2007，《农民工工伤保险供给与需求相关实证分析》，《人口与经济》第 5 期。

张开云、吕惠琴、许国祥，2011，《农民工工伤保险制度：现实困境与发展策略》，《广西民族大学学报》第 1 期。

于欣华、霍学喜，2008，《农民工工伤保险困境分析》，《北京理工大学学报（社会科学版）》第 6 期。

吴丽萍，2009，《农民工工伤保险中的政府责任》，《兰州学刊》第 5 期。

李朝晖，2007，《论农民工工伤风险保障运行模式的构建》，《经济问题探索》第 12 期。

李朝晖，2007，《农民工工伤保险制度重构与创新研究——"预防—康复—补偿"工伤保险模式探讨》，《金融与经济》第 11 期。

作者简介

游春　男

所属博士后流动站：中国社会科学院社会学研究所

合作导师：景天魁

在站时间：2011.12～2013.12

现工作单位：鄞州银行

联系方式：rockysz@163.com

城市化进程中新生代农民工的生存困境

赵　茜

摘　要：随着中国城市化进程步伐不断加快，大量农民涌入城市，成为城市中的一个新群体——农民工。他们在城市工作、生活，却无法享有市民待遇，他们生活在城市底层，他们的子女（新生代农民工）虽出生在城市，却无法得到与城市孩子同等的教育资源，他们和他们的子女都不被他们所生活的城市和城市人所接纳，当地人甚至将他们视为社会不安定因素，而无视他们的贡献和价值。可见，农民工的物质和精神生活都是匮乏的，特别是对于从小生活在城市的农民工子女来说，其处境更令人担忧，他们生活在城市，无法适应农村的生活和农业生产，但在城市又无法找到属于自己的一片天地，没有归属感，可以说是游离于乡村和城市之间的群体。本文对新生代农民工这一群体的生存现状进行分析，揭示他们目前的生存困境以及他们对这一困境的反抗或者说是宣泄方式。最后本文试图找到解决方法，以期改善新生代农民工的生存环境，促进社会的和谐发展。

关键词：城市化　新生代农民工　生存困境

《中共中央、国务院关于加大统筹城乡发展力度，进一步夯实农业农村发展基础的若干意见》（以下简称中央 1 号文件）要求"采取有针对性的措施，着力解决新生代农民工问题"。"新生代农民工"提法第一次在中央的正式文件中出现。

"新生代农民工"指以 80 后、90 后为代表的新一代农民工，他们在 1.5 亿农民工中约占 60%，数量接近 1 亿。这个人群相对于他们的父辈来讲受过较好的教育，基本完成国家规定的义务教育甚至更高，对农业不太熟悉，渴望融入城市生活和现代社会。在中国的经济发展及现代化进程中，新生代农民工起到了非常重要的作用，当然，我们在今后的发展中还会遇到许多前所未有的"非传统挑战"（姜丽萍，2010：59）。

随着城市化进程的不断推进，我国会有越来越多的农业人口转为非农业人口，他们在城市中寻找工作和生存空间。大批的新生代农民工如何融入城市，如何解决他们目前的生存困境，将是我们今后需要解决的重大问题。

一　名存实亡——新生代农民工的特点

新生代农民工表面上看与老一代的农民工的差别只有年龄上的差别，是第二代或者第三代农民工。其实，年龄的差别只是一个区分的标志，之所以将"新生代农民工"这一特殊称谓赋予他们，是因为他们与老一代农民工有本质的区别，这主要表现在以下几个方面。

（一）不会种地的"农民"

从外出从业的时间看，新生代农民工 2009 年平均外出从业时间已经达到 9.9 个月。与上一代农民工相比，新生代农民工还在"亦工亦农"兼业的比例很低。上一代农民工在 2009 年除外出从业之外，还从事农业生产活动的比例为 29.5%；而新生代农民工从事农业生产活动的比例仅为 10%，换句话说，在 2009 年，90% 的新生代农民工没有从事过农业生产活动。

而且，从农业劳动技能的角度看，新生代农民工大多没有从事农业生产活动的经验和技能，60% 的新生代农民工缺乏基本的农业生产知识和技能，其中更有 24% 的新生代农民工从来就没有干过农活，完全不会做农活。因此，即使经济形势波动，就业形势恶化，新生代农民工也很少有人会返乡务农。新生代农民工脱离农业生产和向城市流动已经成为一个不可逆转的过程。

（二）父母的宠儿

由于中国计划生育政策的推行，新生代农民工很多为独生子女，老一代农民工以与子女分离为代价在城市里赚钱，他们干着又脏又累的活，为的就是给下一代更好的生活，改变下一代的命运。他们希望孩子得到好的教育，由于长期在外地打工，他们觉得亏欠子女，所以，他们从心理上和行为上更加宠爱孩子。可见，对于新生代农民工来说，他们与城里孩子一样是父母的"掌上明珠"，被父母寄予厚望。他们与老一代农民工相比，不知道节俭，更舍得花钱。在新生代农民工中，积攒几个月工资买个智能手机的大有人在，他们热衷于网购，购买城市里的年轻人用的和穿的时尚物品。2012 年，农民工在消费品和服务上的开支为 4.2 万亿元，这相当于印度尼西亚 2011年全部消费支出的 1.5 倍，比土耳其 2011 年的全部消费支出高出 23%。这种转变表明中国的转变，不仅源于经济拐点，而且源于心理、社会和代际的变化①。

（三）无根的一代人

老一代农民工大部分是"亦工亦农"，即农忙时回家种地，农闲时外出打工。他们外出打工仅仅是看到城市有用工需求，可以给他们带来经济利益，改变他们的贫穷生活，他们只是将城市作为一个赚钱的地方，而最终的归宿仍然是在家乡，即所谓的"落叶归根"。而新生代农民工流入城市，是在寻找谋生机会，由于他们不会种地，所以他们在农村无业可就，只能在城市寻找就业机会，而且随着农村人口的大量流失，大部分农村都"空心化"了。对于新生代农民工来说，他们中的许多在城市与家乡之间来回迁移，有的甚至就是在城市里长大的，因此他们对乡土的眷恋已经渐渐消失，也不知自己在哪扎根。

（四）城市中的寻梦人

新生代农民工在城市工作和生活，他们年轻充满活力，对未来充满希望，看到色彩斑斓的城市，更希望在这里施展自己的才能，实现自己的梦想，是城市中的寻梦人。20 世纪 90 年代中期的一项调查发现，92.6% 的城市农民工在消费上主张"生活上越俭越好，能省则省，多存少花"，他们进城赚钱的主要目的是寄钱回家。而新生代农民基本上不是基于"生存理性"外出的，而是更多地将流动视为改变生活方式和寻求更好发展机会的契机。

---

① 《新生代农民工：手机用最好的每月花近千元网购》，http://news.qq.com/a/20130704/008699.htm，最后访问日期：2014 年 7 月 22 日。

他们不但在城市挣钱，而且在一定程度上也要享受城市中的现代文明，也更希望在城市中寻求自我发展和立足城市的机会，变成真正的城里人。①

总之，新生代农民工这一称呼对于80后、90后的农民工来说，似乎已经名存实亡。那么何为名存实亡呢？农民工意味着兼具农民和工人两种身份和技能。而对于新生代农民工来说，他们根本不会种地也不愿种地，他们的工作和生活完全在城市，与城市里的产业工人并无二致。新生代农民工这一称谓的由来基于中国的户籍制度。

二　漂移的时空——新生代农民工的生存困境

2011年，全国农民工总量达到2.53亿，其中外出农民工1.59亿，相当于城镇总人口的23.1%。在外出农民工中，30.8%流入直辖市和省会城市，33.9%流入地级市。庞大的农民工群体为中国的城市化做出了巨大贡献，然而至今他们仍在就业、收入、教育、医疗、文化等方面受到诸多歧视，长期受到"非国民待遇"。这使得许多进城务工人员产生一种被剥夺感，滋生出对城市人和社会的不满，其中一些人在生活没有保障、利益受到侵犯、生存面临危机时，不得不铤而走险，以身试法，造成了严重的社会后果（李强，2009）。

（一）模糊的身份归属

以户口制度为基础的城乡二元结构把城市与乡村分离开来，限制城乡之间的人员流动。如今这套制度已不能阻止城乡人口流动和劳动力流动，但它所造成的后续影响是，随着农民工进入城市，这套制度的某些部分也被移入城市，从而在城市内部形成了一种二元结构，把本地居民与农民工分离在城市的不同领域。由于这种社会隔绝壁垒的存在，农民工常常难以挤入城市人的生活领域和空间，为了能在城市里生存下去，他们不得不自己创造一些新的领域和空间。

在就业和劳动力市场上，本地人和农民工之间的隔绝十分明显。农民工常常难以进入正规经济部门和一级劳动力市场，往往停留在非正规部门和次级劳动力市场，而非正规部门和次级劳动力市场就业的突出特征是低收入、

---

① 《新生代农民工：手机用最好的每月花近千元网购》，http://news.qq.com/a/20130704/008699.htm，最后访问日期：2014年7月22日。

工作不稳定、工作环境恶劣、缺乏劳动保障并且多数是体力性劳动（李培林，2011：241）。这种现象在其他国家的城乡移民过程中也普遍存在。

城市化的发展，使大批的农民被城市化的浪潮裹挟着进了城，远离了乡土文化，然而要真正成为市民还面临着不少困难，远非一朝一夕的事。他们的肉体虽然住进了城市的高楼中，享受了城市方便的生活设施，但是他们的精神没有融入城市的生活圈子，情感上仍然没有被城市接纳，无所归依，仍然漂浮在那些色彩斑斓、光怪陆离的城市"边缘"，成为"被城市化"、"伪城市化"的一群人，仍然是一群民生权利被蚕食，不完全的"乡下人"（《2013 年中国民生发展报告》，2013：43）。

（二）居无定所

农村在外务工人员在城市中本来就处于相对弱势的地位，其依靠自身能力获得的住所基本位于城乡接合部或"城中村"等欠发达地区。而当农民工进入城市居住和工作以后，其在住房、就业、医疗、子女教育等方面不但不能获得与城市户籍居民相同的待遇，还要经常受到城市居民的精神压迫，于是在农民工群体身上就产生了物质与精神的双重枷锁。这种既得不到相应的保障和承认，又要遭受群体歧视的处境，使得农村在外务工群体失去了改善其在城市中的居住和生活水平的愿望。所以说，户籍制度所代表的城乡二元体制对农村在外务工人员住宅权实现的制约是两方面的：从制度本身的直接效用来说，不赋予农民工群体获得与城市户籍居民平等的住房保障；从农民工群体对户籍制度的反馈来说，农村在外务工人员不会再将货币积累投入到提升居住和生活水平中去（金俭等，2012：214）。

由于收入水平、居住成本预算以及城市社会环境融入等因素的制约，农村在外务工人员在长期工作和居住的城市中往往居住在面积狭小、卫生、采光、通风、环境条件普遍较差的房屋里。为了能够长期在城市生活和工作，农村在外务工人员在城市中基本都有一个安身之所，但也仅限于此。事实上，这个安身之所只是农民工工作之余的休息场所，远远谈不上是在其中居住，更遑论是适合居住了（金俭等，2012：208）。

（三）精神的匮乏

由于工作强度大，并且经常加班，很多农民工根本没有双休日或者节假日，因此，可以支配的自由时间相对来说较少。那么，他们对于自由时间的又是如何支配的呢？据有关调查，上网和看电视是新生代农民工的主要业余活动。在业余时间经常上网和看电视的新生代农民工的比例分别占到46.9%和52.1%。网络已经成为新生代农民工获取信息的重要渠道，他们的思想观念和价值取向也将更多地受到网络的影响。另外，一部分新生代农民工选择了利用业余时间进行充电，业余时间主要用于学习培训和读书看报的新生代农民工的比例分别为5.5%和10.1%。

实际上，我们看到新生代农民工对于自由时间的支配，与城市里的普通市民并无二致。他们的真正不同在于，新生代农民工将网络当作聊天和游戏等消遣工具，而市民除将网络用于娱乐以外，更重要的是将网络作为一种资源工具，通过网络寻找就业和创业信息、表达意见和学习知识等。可见，新生代农民工虽然在自由时间的支配方式上与市民是相同的，但是，使用的最终目的和结果却大相径庭。因此，新生代农民工的精神生活由于缺乏合理引导，而变得愈加匮乏。

（四）梦想的破灭

美国社会学家查尔斯、霍顿、库利在他们1909年出版的《社会组织》一书中提出"镜中我"的理论，指出一个人的自我观念是在与其他人的交往中形成的，一个人对自己的认识是其他人关于自己看法的反映。人们总是在别人对自己的评价之中形成了自我的观念。城市对新生代农民工的求职、生活、交往、教育、保障等方面的偏见态度与歧视行为，尤其是日常生活中对新生代农民工群体人格的歧视，给他们以巨大的心理打击，使他们对市民与城市产生反感与排斥，强化了新生代农民工的身份意识。他们强烈地感觉到，城里人并不把他们当作自己人看待，他们自己也不把自己当成市民，认为自己只不过是这个城市中的一个匆匆过客（宋智勇，2011：229）。

新生代农民工面对城市人对他们这种内外有别的差别化待遇，渐渐疏离城市，无论从经济地位上，还是社会地位上，新生代农民工都成为社会的边缘群体。面对城市设置的种种壁垒，他们最初的梦想遭到现实的一次次打击，最终归于灭亡。他们如同孤魂野鬼似的在城市的角落中游荡，过着漂泊不定的生活，永远不知道他们未来将身处何处？

一方面，绝大多数新生代农民工的"理想归属"与"理想自我"是以城市为参照的；但是，另一方面，他们真实的生活世界却是充满着失望或者绝望，理想与现实的强烈反差，目标与达致目标之间存在的几乎是遥不可及的距离，这屡屡把他们的"城市之梦"撞得支离破碎（谢建社，2012：5）。

三 无声的反抗——新生代农民工的诉求

新生代农民工是我国社会条件下产生的一个特殊社会群体，其既为社会结构所形塑，又会影响并改变社会结构的面貌，对未来中国社会的影响不可小视。尽管新生代农民工务工与生活的城镇拓展了他们的视野，丰富了他们的人生阅历，但城乡"双重边缘化"的制度性与结构性特征，以及与此相联系的近乎凝固的阶层化事实，让他们挣扎于城市社会的边缘外（谢建社，2012：4）。特别是城市中一系列社会制度和空间排斥的文化心理，使新生代农民工感受到一种内外有别的痛楚及被那个并不存在的"中心"拒之千里的边缘体验。当这些令人不快的体验积累到一定量的时候，势必会引发一定的社会问题，新生代农民工会通过他们所能利用的"武器"武装自己，并控诉和反抗城市对他们的不公和冷酷无情，以达到自己的利益诉求。

（一）民工荒——对有尊严劳动的诉求

与老一代农民工相比，新生代农民工来城市打工是抱着远大理想的，希望在城市找到属于自己的一片天空，他们非常渴望能融入城市，有着更为强大的利益意识和精神诉求，他们以城市人为参照物，对社会福利等的要求都比他们的父辈高。但是，现实并非如此，新生代农民工在劳动过程中常常受到种种不公平待遇，使他们的权益受损，一些大中城市为了保证城市居民就业，甚至直接动用行政手段限制农民进入城市较好的行业和工种。此外，同工不同酬的现象时有发生。他们拿着低工资，有时会受到老板的歧视，没有得到起码的尊重。

近年来出现的"民工荒"，其实质是农民工对劳动关系的不平等现象的一种控诉和反抗。可见，他们不再仅仅追求工资等物质利益，而更看重精神层面的诉求，即自我的劳动是否能得到尊重。作为新生代农民工，他们的价值在农村已经无法得到体现和认可，只能在城市寻找自我价值的实现。总之，他们与自己的家乡渐行渐远，但又因种种制度性与非制度性的障碍，难以完全地为所在城市社会接纳。如果新生代农民工城市融入的问题持续下去，必将诱发一系列严重社会问题（谢建社，2012：4）。

（二）杀马特文化——对城市文化的诉求

在微博上，"杀马特"一词一直是一个高频率用词，它音译于英文

smart，意为时尚的、聪明的。但由于文化知识精英的话语垄断与价值重构，让"杀马特"从"smart"一翻译成中文，就成了其反义词。现在在微博上流行的"杀马特"，几乎都是作为审丑狂欢下的贬义词而存在。在人们的眼中，"杀马特"们是这样一个群体：留着怪异的发型，穿着夸张，佩戴古怪，浓妆艳抹，气质诡异，来自农村或城乡接合部的90后青年，即新生代农民工（张天潘，2013）。他们试图通过这种"杀马特"文化，努力构建一个心目中理解的城市人形象，然后试图模仿之，这在相似的群体中形成一种风潮。他们一直试图接近城市文化，成为城市的一员，但他们自认的流行时尚，在众多城市人看来，仍然是在哗众取宠，带着浓厚的乡土气息。他们对城市文化的向往和追求是不言而喻的，但是他们缺乏正确的引导，同时面对城市人对消费文化的不断追求他们感到无所适从，经济上的捉襟见肘，让他们无力融入这个金钱至上的文化潮流中，他们的廉价的潮流服饰，也无法使他们融入城市，反而让城市的居民更加轻视他们，因此他们成为物质上和精神上都极度缺乏的群体。从社会学意义上看，新生代农民工如何融入他们所生活的城市，如何被这座城市接纳，如何完成个人的现代化，这关系到中国未来的社会局势。

（三）城中村——对家园的诉求

城市的高房价、高房租，往往让新生代农民工望尘莫及。他们的居住区域主要集中在城郊接合部、城中村和郊区，并且这三个区域中又以城中村居多（罗大文，2012：132）。在城中村，深深缺乏安全感而又志向远大的人们迫切需要找到安全感的共同来源，从而在家庭之外发展出新的人际关系和支援体系，进而发展出融合了多种元素而又充满保护性的新文化。从这个意义上看，城中村这样的落脚地方重新定义着都市生活的本质（道格·桑德斯，2012：54~58）。

可见，选择集居或聚居的新生代农民工虽然保证了邻里的高度同质化，城中村确实成为他们在城市的新"家园"，这里的人们有着相同的经历，他们相互认同，形成了较为亲密的群体，使新生代农民工精神上的孤独感，得到了消解。这虽然从这一方面来说，是具有积极意义的。但是，他们居住在城中村，势必会与城市居民更多地处于一种居住隔离的状态，导致两类人群的相互隔膜，增强新生代农民工对城市居民的陌生感和社会排斥感，不利于他们的城市融入以及城市社会的整体协调发展（史斌，2012：53）。

四　把根留住——新生代农民工的未来

中国的城市化并不是一个自然的过程，不是由于经济发展催生的"自然城镇化"，其带有很强的"人为"因素，是无视发展规律强行推动的一种"人为城市化"，或者说是一种"伪城市化"。因此，这种"伪城市化"的主体——农民，其身份的转换显然不是因为经济发展自然催生的，而是人为强行推动的。已经失去了赖以生存的土地，身体被卷入城市这个漩涡中的这些"新市民"，没有长期、稳定的工作，也没有稳定的工资收入，没有单位为他们缴纳基本的社会保险，生存权和发展权很难得到有效保障，他们实际上成为"被城市化"的一群，成为传统意义上的"市民"和"农民"之间的隔离层，成为城市和农村都不管，也管不了的"游民"（《2013年中国民生发展报告》，2013：147）。

新生代农民工游离于城市和乡村之间，他们怀着梦想来到城市，以期找到属于自己的落脚之地，但是，在城市之门为他们打开之时，城市中有形和无形的壁垒又将他们阻隔在城市之外，使他们无法融入其中，无法找到属于他们的身体和精神的"家园"。面对那看似美丽却冰冷刺骨的钢筋水泥城市，他们选择回到本应属于他们的村庄，以期通过返乡获得"根"的体验，实现自我价值，但是，随着城市化进程的不断推进，故乡已不再是记忆中的模样，那里寻找不到昔日的小伙伴，更无法找到生存的手段，留给他们的只是孤寂和与城市生活的落差感，这些反而造成一种彻底的"失根"体验。"离乡—返乡—再度离乡"，是新生代农民工寻根的一种无奈和痛苦。

我们这个时代的文化和经济发展，已经不能单纯依靠不彻底的市场经济制度改革而完成，而改革本身也不是一劳永逸的历史片段（杨慧琼，2012：176）。如果我们无法解决新生代农民工生存之"根"的问题，使他们深深困扰在寻根过程中，势必会影响社会的稳定和发展。

（一）反思城市化

近些年来，许多地方政府将城市化简单地等同于造城运动，不断地征地，扩大城市规模，使农民的生存空间越来越狭小，大量失地农民失去了赖以生存的土地，被迫成为"城市人"。但是，简单的造城运动，并不必然会带来大量的产业，从而带来相应的就业岗位。由于缺乏相应产业的支撑，城市化仅仅是一个空壳，只是具有城市的外表，而无城市的"灵魂"。土地的不断减少，使农村出现大量剩余劳动力，他们无奈地选择城市，去寻找生存空间，但是，简单的城市化或者说是盲目的城市化，并未给他们创造更多和更好的就业机会，相反，带给他们的仅仅是城里人不愿干的活或者是简单的重复性工作。就业机会的不公平导致他们经济和社会地位的贫困化和边缘化。他们成为带给城市脏、乱、差和影响社会治安的城市的"麻烦制造者"。他们被贴上"农民工"的标签，成为"城外人"。

事实上，城市化并不总是意味着进步和发展，它只是人居环境格局改变的一个过程。过度的城市化有害无益，城市化和科技一样都是中性词，不是褒义词。城市化并不意味着钢筋水泥、高楼大厦，农民"被上楼"并不意味着市民化，房价的不断上涨并不意味着城市竞争力的提高。总之，在城市化率不断提高的过程中，我们也需要反思城市化途径之得失，城市化速度和比率，需要有个合适的度，并非越快越好、越高越好。

城市化应该是一个自然的过程，是一个地区或国家的经济发展到一定阶段的自然的过程。也就是说当一个地区的第二、第三产业不断发展，需要更多的劳动力和城市空间，农业劳动者逐渐减少，城市的发展就成为一种必然选择。也就是说，中国的城市化应该是一个主动城市化的过程，是随着经济的发展而逐步发展的，是一个润物细无声的过程，而不是声势浩大的造城工程。

总之，只有认识到城市化的渐进式发展，以及城市化发展的实质是人的城市化，才能从根本上解决新生代农民工的困境。当前，大量新生代农民工成为城市建设的主力军，城市的建设和发展离不开他们，但是，他们却无法分享到城市化发展的成果，无法享受到作为城市中的一分子应有的市民待遇，成为城市中的边缘群体。城市化应该是农村居民不断融入城市的过程。因此，在城市化发展过程中，国家和政府必须高度关注新生代农民工的发展和需求，使他们享受到市民待遇，为他们解除各种制度壁垒，提供公平的机会，从而实现结果的公平。

（二）乡土文化的重建与再造

关于新生代农民融入城市的障碍，除了各种有形的制度性壁垒以外，还存在着许多无形的文化上的阻隔。在城市市民的眼中，农村的文化代表着落后，农村人代表着素质低。由于城乡发展的不平衡，农村获取社会资源的机会很少，农村人与城市人相比，自然缺乏现代知识，对于城市的许多规范和文化也需要适应。但是，农村是中国传统文化的根基，家族观念以及邻里互助等优良的传统文化都发源于此，并且还未完全消失。这些都是中国传统文化的精髓，值得发扬和继承。然而，当新生代农民工渐渐被种类繁多的城市文化冲击的时候，他们往往无所适从，他们看到的仅仅是城市文化绚烂光彩的一面，而忽视了城市文化的阴暗和糟粕，他们不假思索地将城市文化全盘吸收进来，目的就是希望自己身体上和心灵上都与城市人一样。他们希望将自己与农村剥离，因此排斥父辈们灌输的那些思想，认为它们都是陈旧的和不合时宜的。这使中国的乡土文化渐渐失去存在的根基，最终必然走向消亡。对于新生代农民工来说，他们在否定乡土文化的同时，由于缺乏引导，也并未吸收到城市文化的精髓，相反，吸收的可能是一些网络上的低俗文化。这样，不仅会对农村的乡土文化产生强大冲击，而且对城市文化也将产生一种扭曲趋势。

因此，解决新生代农民工的生存困境的根本之道，应该是继续发扬和继承中国的传统文化，让他们充分了解自己的乡土文化，对自己的家乡和父辈高度认同，培养他们对乡土文化的自豪感，让他们带动城市市民对乡土文化进行再认识，从而改变城市人对乡土文化的盲目否定和排斥，消除新生代农民工的文化自卑感。在此基础上，他们通过吸收城市文化的精髓，达到对乡土文化的再造，最终实现农村与城市文化的交流与包容，实现城乡文化的一体化。

参考文献

姜丽萍，2010，《论"新生代农民工"的作用及面临的问题》，《全国商情（经济理论研究）》第 4 期。

李强，2009，《城市化进程中的重大社会问题及其对策研究》，北京：经济科学出版社。

李培林，2011，《中国社会》，北京：社会科学文献出版社。

北京师范大学管理学院、北京师范大学政府管理研究院，2013，《2013 年中国民生发展报告》，北京：北京师范大学出版社。

金俭等，2012，《中国住房保障——制度与法律框架》，北京：中国建筑工业出版社。

宋智勇，2011，《新生代农民工的城市融入问题研究——基于社会心理学视角》，载马雪松主编《从身份到契约：不完全城市化困局的理性思考》，南昌：江西人民出版社。

谢建社，2012，《新产业工人阶层：社会转型中的农民工》，北京：社会科学文献出版社。

张天潘，2013，《"杀马特"：一个需要被了解的存在》，《南风窗》第 4 期。

罗大文，2012，《新生代农民工市民化研究：基于西安市的实证调查》，西安：陕西人民出版社。

道格·桑德斯，2012，《落脚城市：最后的人类大迁移和我们的未来》，陈信宏译，上海：上海译文出版社。

史斌，2012，《新生代农民工与城市居民的社会距离分析》，《南方人口》第 1 期。

杨慧琼，2012，《新时期的漂泊叙事和现代性体验：对空间、时间和性别的家园体验》，西安：陕西师范大学出版总社有限公司。

作者简介

赵茜　女

所属博士后流动站：中国社会科学院社会学研究所

合作导师：景天魁

在站时间：2011. 12 ～

现工作单位：无

联系方式：zhaoqian228@126. com

社区融合测量的去经济维度?

——兼析"整合"与"融合"的概念功能*

陆自荣　徐金燕　章爱丽

摘　要：社会融合测量是农民工城市融合研究的主要内容，与社会融合相关的社区融合概念也经常被使用，独立地发展社区融合测量指标是否必要？这涉及社区融合与社会融合概念的差异。社会融合有三种理论形态：宏观的整合理论、中观族群模式、微观认同接纳理论。社会融合测量从中观和微观层面设计维度，但宏观整合理论为社会融合测量维度提供理论框架。因此，社会融合测量与整合的四个功能项是一致的，即从经济、政治、文化—心理—认同、互动—参与—交往的角度来设计。在整合的四个功能系统中，社区只是一个子系统，不可能担负整合的所有功能。社区融合测量维度应该从社区互动以及社区互动产生的结果出发进行设计，具体包括人际互动、文化适应、心理认同、社区政治参与、社区公共利益维护等。社会融合中的个人经济地位维度与社区互动缺少直接联系，更不是社区互动的结果，因而应排除在社区融合测量的维度之外。社区融合去经济维度对重新认识经济融合的基础地位以及重新划定社区建设的重点领域具有重大意义。

关键词：社区融合　社会融合　整合

---

* 本文系国家社会科学基金"农民工社区融合与城市公共文化服务体系研究"（12BSH041）阶段性成果。参与湖南省科技大学大学生研究型学习和创新性试验计划项目（201310534013）的学生参与了资料收集工作。本文发表于《广东社会科学》2014 年第 1 期。

社区融合和社会融合是近年来国内农民工城市融入研究中常用的两个概念。但就两个概念的测量而言，社会融合测量的文献很多而社区融合测量的文献几乎没有。社区融合测量是否有必要？这涉及社区融合与社会融合相比是否具有独特的概念所指。如果有，则专门就社区融合测量进行设计就有必要；如果没有，自然则无须专门设计。在此，本文对社区融合和社会融合两个概念进行辨析，进而从理论角度指出两个概念测量维度的差别。

一　国内研究使用相关概念的维度

国内农民工城市融合研究中社会融合测量的文献较多，那么国内相关研究中社会融合测量到底设计了哪些维度？在此选择五种典型的测量进行总结（表1）。

表1　国内农民工社会融合测量维度及主要指标

作者与文献	社会融合测量维度及主要指标
王桂新等，2007：94～104	经济融合：就业、职业培训、劳动时间、工作环境、收入、居住条件 政治融合：参加工会组织、参加党团组织 公共权益融合：劳动保护和福利、医疗保障、权益保障、子女入学 社会关系融合：困难求助、身份定位、人际关系与安全、社区参与
张文宏等，2008：117～141	经济融合：亲属相伴人数、添置房产意愿 文化融合：语言掌握程度、熟悉风俗程度、接受文化价值程度 心理融合：职业满意度、住房满意度、社会满意度 身份融合：职业稳定程度、身份认同程度、拥有户籍情况
杨菊华，2009：17～29	经济整合：劳动就业、职业声望、经济收入、教育培训、居住环境等 文化接纳：语言、风土人情、社会理念（婚姻观、生育观、教育观等） 行为适应：人际交往、社会网络、婚育行为、生活习惯、社区参与等 身份认同：心理距离、归属感、自己是谁、从何处来等思考与认知
悦中山等，2012：81	文化融合：家乡文化保持、现代性接受、地域文化接受（如方言等） 社会经济融合：收入、职业阶层、房产拥有 心理融合：农民工身份认同、城市归属感、与市民的社会距离
周皓，2012：27～37	定居/经济融合（居所/收入）：居所固定/稳定、收入平等 文化适应（语言外表等）：语言、外表、居住时间、饮食、风俗习惯 社会适应（心理观念）：迁入地认同、心理健康/歧视、满意度、价值观 结构融合（社会交往/参与）：朋友圈、居住社区、政治参与等 同化/身份认同：我是哪里人、留居意愿、接纳

　　表1显示：（1）"经济融合"是所有文献的社会融合维度。（2）"文化融合"是除王桂新等外其他文献的社会融合维度。（3）"心理—身份—认同"在不同文献中的表达有所不同，包括张文宏的"心理融合"、杨菊华的"身份认同"、悦中山的"心理融合"、周皓的"社会适应"和"同化/认同"。因此，"心理—身份—认同"也是除王桂新等外其他文献的社会融合维度。（4）"互动—参与—交往"在不同文献中的表达也有所不同，王桂新等的"社会关系融合"、杨菊华的"行为适应"、周皓的"结构融合"都是该维度的体现。（5）"政治融合"除王桂新等外，其他文献都未列出该维度，但周皓的"结构融合"中的"政治参与"、张文宏的身份融合中的"拥有户籍情况"多少与政治融合有所关联，至于王桂新等的"公共权益融合"，其他文献基本把其纳入"经济融合"之中。因此，纵观上述五篇典型文献，社会融合总体包含五个维度：经济融合、政治融合、文化融合、心理—身份—认同、互动—参与—交往。五个维度中，经济融合基本达成共识，所有文献都把个人经济地位（经济状况、经济条件等）作为其测量的二级指标；政治融合共识性最差，除王桂新等外，其他文献或者只有二级指标涉及此维度或者根本没有涉及此维度；其他三个维度虽然存在分歧，但总体而言五篇文献都对三个维度进行了适当的阐述。

　　相比于社会融合测量，专门讨论社区融合测量的文献很少，但提到社区融合概念的文献还是不少。纵观社区融合的相关讨论，主要有两种观点：一是把社区融合看作社会融合的浓缩，指出应该像分析社会融合一样从经济、空间、社会心理等各个方面全方位地分析村庄社区融合的困境（郑祥福、杨美凤，2012：88~94），认为"城市社区为考察社会融合提供了可操作的综合性场所"（童星、马西恒，2008：79）。二是从人文精神、价值认同、人际互动等层面来讨论社区融合，指出"社区融合是人文精神的最终体现"（唐钧，2006：1~6），认为"社区融合是心理层面的社会融入、是否了解其周围邻居的基本信息、是否到邻居家做客吃饭以及是否有困难时向邻居求助"等（崔岩，2012：141~160），强调"社区融合侧重于强化认同感和归属感、完善社区自治、构建互动网络体系、培育普遍信任的邻里关系、建立互惠互利的合作关系"（孙肖远，2010：54~57）。社区融合内容的分歧也说明对该概念进行准确界定甚至提出测量的方法是必要的。

二　整合、融合、融入：社区融合与社会融合的词源差异

　　国外"融合"研究比国内早得多，要区分社会融合与社区融合概念内

涵，必须对国外相关概念的使用进行梳理。悦中山在梳理国外"社会融合"概念时指出："social integration"和"social cohesion"都有社会融合的含义，"social integration"是社会学家眼中的社会融合，"social cohesion"是社会心理学家眼中的社会融合（悦中山等，2009：114~128）。除了"integration"和"cohesion"，国外关于"融合"的词还有acculturation、assimilation、inclusion、incorporation、interpenetration等。虽然这些词都被翻译为"融合"，但是这些词语的含义并非完全相同。其中，assimilation（吸收、同化）、inclusion（包含、掺杂）、incorporation（合并、编入）、interpenetration（渗透、相互贯通）偏向于表达"同化""融入""吸收"的含义。这些词语的含义与integration（综合、集中）还是具有一定差异的。这些词语在社会理论、社会学和社会心理学的使用中也具有区别。integration是社会理论和社会学使用的概念，被翻译为"整合"或"融合"；assimilation、inclusion、incorporation、interpenetration被翻译为"同化""融入""融合"等，往往被社会学、社会心理学所使用；cohesion被翻译为"融合"或"凝聚力"，被社会学或社会心理学使用。

国内学术界使用的"社会融合"到底是指"融合"的哪层含义？而要界定的"社区融合"又是指"融合"的哪层含义？

国内学术界"社会融合"中的"融合"既可以是integration（整合或融合），也可以是assimilation（同化）、inclusion（包含），还可以是cohesion（凝聚力）等概念表达的含义。而"社区融合"应该是assimilation（同化）、inclusion（融入）、incorporation（合并）、cohesion（凝聚力）等词所表达的"融合"的含义，更准确的表达应该是"融入"的含义①，而非"integration"所表达的"整合"的含义。

社区融合中的"融合"（包括assimilation、inclusion等）和社会融合中的"融合"（既包括assimilation、inclusion，也包括integration）的用词差异，说明社会融合中的"融合"与"整合"的含义具有更多的叠加，而社区融合中的"融合"（assimilation等）和"整合"（integration）含义的区别更明显。接下来从社会融合中的"融合"与"整合"关系和社区融合中的

---

① 区分"融合"与"融入"有两点：一是"融合"更强调状态而"融入"稍偏向过程，对此，杨菊华指出"'融入'比'融合'更适于形容乡—城流动人口在城市的适应过程及结果，社会融入不是一成不变的单维度概念，而是动态的、渐进式的、多维度的、互动的"（杨菊华，2009：17~29）；二是"融入"比"融合"更带有"中心、主位"的思想。

"融合"与"整合"关系入手说明经济维度在社会融合测量和社区融合测量中的不同地位。

三 "经济维度"的基础地位：社会融合中的 "融合"与"整合"关系的反思

"Integration"是社会学和社会理论共同使用的概念，社会理论常翻译为"整合"，而社会学多翻译为"融合"。"整合"理论提出两种不同的整合机制——系统整合和社会整合。系统整合是"经济—政治"领域的利益协调和权力制衡机制，社会整合是"文化—社会互动"领域的意义传承和共识达成机制；前者是社会集团或社会子系统的功能整合，后者是行动者生活世界的意义整合。由于integration同时被社会理论和社会学使用，既被翻译为"整合"，也被翻译为"融合"，概念上的混用足以说明"整合"与"融合"内容所指的相互交叉。"融合"与"整合"的内容交叉也被"经验测量"的社会融合概念所继承，对此，通过比较"整合类型"和"农民工社会融合的测量维度"的相似性能得到体现。对于"整合类型"，社会理论提出了两个层面的四种功能机制，即系统整合的适应（经济）与达鹄（政治）和社会整合的互动（共同体）与维模（文化）。对于农民工社会融合的类型，提出了经济、政治、文化、心理、社会互动五个维度，但是其中的"文化"和"心理"两个维度可合并为"文化心理认同"。这样得到"整合"与"融合"的维度比较表（表2）。

表2 "整合"与"融合"的概念维度及功能比较

概念维度		功能	功能承担者
整合	系统整合 经济	社会阶层（集团）之间的利益博弈	社会子系统（集团）
	系统整合 政治	社会阶层（集团）之间的权力博弈	
	社会整合 共同体	个人与个人、个人与小群体、小群体之间的互动	生活世界（行动者）
	社会整合 文化	个人与文化模式之间的互动	
融合	经济融合	个人的收入、就业、职业、社会福利等经济地位的综合反映	个人或小群体
	政治融合	个人政治参与、政治身份地位等	
	社会互动	人与人之间、个人与小群体之间、小群体之间的交往和社会参与等	
	文化心理认同	个人之间、个人与小群体之间、小群体之间的文化、心理和身份的适应、接纳和认同	

　　关于"整合"与"融合"的比较，笔者得出三个要点。第一，"整合"和"融合"的概念维度基本重叠，两个概念维度的差别主要是表达上的不同，基本含义是一致的，包括经济、政治、社会互动（共同体）、文化心理认同（文化或模式维持）。第二，从功能来看，"社会互动"和"文化心理认同"两个维度的"整合"和"融合"要解决的问题及解决问题的方式基本一致；但"经济"和"政治"两个维度的"整合"与"融合"所面临的主要问题及解决问题的方式还是有所差别的，"整合"层面的经济和政治维度是从集团或社会子系统的角度解决集团之间的利益协调和权力制衡问题，"融合"层面的经济和政治维度是从行动者角度解决行动者的经济地位和政治参与问题。第三，同为系统整合的经济和政治维度，在作为融合维度时受到的重视程度则大相径庭。经济维度受到所有研究者的高度重视，而政治维度只有极少数学者把其列为独立的维度。并且，经济维度是社会融合四个维度中内容最丰富、涉及面最广的，包括就业、收入、消费、社会保障等个人经济地位、经济状况方面的所有内容；而政治融合的内容仅仅包括政治参与、政治身份获得等极少数方面。

　　上述三个方面表明整合和融合概念既有联系又有区别。其实，在西方社会学理论中，融合理论包括宏观、中观、微观三种形态，整合理论是融合理论的宏观形态。除了宏观的整合理论外，融合理论还包括族群模式的中观理论和接纳认同的社会心理微观理论。宏观理论是从整体上把握社会的整合机制；族群模式结合社会问题研究族群或族群中的个人的互动方式、文化差异、经济地位、政治参与等问题；接纳认同则从社会心理角度研究行动者的心理认同，以及社会对个人的身份认同和接纳等微观问题。宏观整合理论是定性研究，族群模式和接纳认同理论侧重于定量的测量。社会融合测量基本立足于族群模式和接纳认同来考虑问题，是中观和微观意义上的社会融合概念。这种中观和微观意义上的社会融合概念既离不开宏观整合概念，又具有自己的特定研究对象、研究问题以及研究特征，其最明显的特征是只从行动者或小群体角度考虑问题、只研究具体的社会融合问题、以定量研究为主。虽然如此，但中观和微观的融合概念又离不开宏观整合理论的指导，宏观理论的整合机制为中观和微观的融合测量提供概念维度框架。因此，社会融合测量的具体维度还是经济、政治、文化心理、社会互动。

　　整合既为融合提供理论指导，同时整合和融合研究问题的视角又有所区别，特别是在经济和政治两个维度上，整合是从集团角度考虑问题，融合是从行动者角度考虑问题。因此，从整合到融合必须把集团层面的问题变成行动者层面的问题。对于经济而言，整合层面的问题是集团之间的利益博弈，融合则是个人收入、就业、福利等经济地位问题。个人经济地位既受制于其所属集团的利益博弈，又受制于个人的能力、努力和社会资本。对于政治而言，整合层面的问题是权力制衡，融合层面则是个人的政治参与，包括政治选举权和被选举权、政治参与的积极性等。

经济和政治都存在整合和融合两个不同层面的问题，但在国内农民工研究实践中，经济融合是主要维度，而政治融合则无足轻重。为什么会出现这一局面？这涉及现代社会政治活动和经济活动形式的不同。哈贝马斯在重构帕森斯的 AGIL 模式时，一方面根据行动的策略性和沟通性把其划分为系统（AG）和生活世界（IL），另一方面又根据社会领域的性质将其划分为私人领域（AL）和公共领域（GI）。从涉及行动者（个人）生活的广度和深度来看，私人领域的经济比公共领域的政治要深刻和广泛得多，因此，经济成为从行动者（个人）层面考虑问题的社会融合的主要维度，而政治则无关紧要。

经济融合虽然是从个人的经济地位角度来讨论，但个人的经济地位改变既受制于个人因素（个人的人力资本和社会资本），也受制于阶层身份。因此，在讨论经济融合问题时会遇到"是放在个人层面来解决还是放在集团层面来解决"的困惑。这一困惑正是社会融合理论三个流派（制度主义、现代化理论和社会网络理论）表现出的差异。制度主义认为个人的经济地位提升必须从"制度设置"的角度来解决，制度设置非个人和小群体能解决的问题，是阶层（集团）博弈的结果，其采取的路径和整合理论是一致的；相反，现代化理论和网络理论则从个人素质培养和个人社会资本培育的角度来解决问题，即从个人和小群体角度来解决问题。[①] 并且，从现有研究来看，经济融合问题的解决，制度主义一直占据主导地位。在解决经济融合问题的对策上倾向于选择制度主义这一具有"整合"含义的路径，也充分表明社会融合中的"融合"与"整合"概念的功能一致性。

制度主义占据主导地位，一方面说明经济融合中"融合"与"整合"

---

① 制度主义、现代化理论、社会网络理论虽然都力求全面解释但还是各有侧重点，制度主义的重点在经济融合，现代化理论的重点在文化心理融合，网络理论的重点在行为融合。对于经济融合而言，三种理论的路径分别是制度设置、个人素质提升和社会资本增加。制度设置是实现经济融合的主要途径，而制度设置和整合理论的阶层集团博弈途径一脉相承。因此，整合理论和融合理论的制度主义流派都表明，经济融合非社区能解决的问题；相反，行为融合和文化心理认同都属于个人生活世界，该领域也是社区建设要完成的主要任务。

的紧密关系，另一方面也充分反映经济融合问题解决的艰巨性及解决路径的复杂性。经济融合在农民工社会融合中占据的地位，以及经济融合问题涉及的面之广，融合问题解决的艰巨性、解决路径的复杂性等都表明经济融合在社会融合问题中的基础地位。

四　去"经济维度"的必要性：社区融合中的"融合"与"整合"关系的反思

"融合"和"整合"虽然存在差异，但二者的关联性使"社会融合"必定会借鉴"整合"的相关研究成果以解决"融合"问题。整合类型中，文化模式和共同体属于行动者的生活世界，与其相对应的文化心理融合和社会互动在解决问题的层次、解决的主要问题等方面基本是一致的。对于经济和政治而言，整合是从集团角度解决问题，融合则是从行动者角度解决问题。虽然有所不同，但在讨论经济融合时，制度主义又返回到制度层面来解决问题，借助于整合机制再造来实现经济融合。社会融合中的"融合"与"整合"紧密关联，这种关联在社区层面是否必要以及能否成立？

对于社区融合而言，一方面，社区在社会四个子系统中被称为整合子系统，是解决社会融合问题的功能子系统，因此，社区融合应该在主要融合场域发挥重要作用；另一方面，社区只是社会四个子系统中的一个子系统，社区融合中的"融合"不可能像社会融合中的"融合"那样与"整合"的四个方面（经济、政治、文化、共同体）发生联系。上述两个方面共同赋予社区融合以独特的身份、发挥独特的作用，其既是融合问题解决的主要场所又不能解决所有融合问题。为了更好地说明问题，我们想简单地总结一下整合与融合的关系以及社区层面能解决的问题（表3）。

表3显示：（1）社区是社会的互动子系统，其担负互动、沟通功能，因此，社会互动主要由社区完成。（2）文化适应、自我认同、个人政治参与、社区公共利益维护等与社会互动密切关联，一定意义上它们是社区互动的结果，因此，社区也是解决相关问题的重要领域。（3）个人收入、职业、社会保障等经济地位改变既非社区互动的内容，也非社区互动的结果（它们可能是社区互动的间接原因），因此，社区不能解决相关问题。（4）经济利益分配、政治权力制衡等必须通过制度设置来解决，是社会阶层（利益集团）博弈的结果，非社区（初级群体）所能解决的问题。

表 3　"整合"与"社会融合"类型关系及社区层面能解决的问题

整合	社会融合	社区层面能解决的问题
系统整合：包括经济利益协调（经济适应）和政治权力制衡（政治达鹄），由功能子系统（集团）博弈完成	经济融合：个人收入、职业、社会保障等经济地位	社区公共利益的维护
	政治融合：个人政治参与	个人参与社区政治活动，包括选举与被选举活动等
社会整合：包括社会互动（建立共同体）和文化认同（建立个人生活意义），属于个人生活世界范畴	社会互动：人际互动和交往、社会参与等	人际互动、交往、社会参与基本都在社区完成
	文化心理：文化、心理和身份的适应、接纳和认同	习俗文化适应、个人自我认同、地域归属感等都离不开交往群体和地域社会，基本都在社区完成

　　把社区融合的上述内容和社会融合相比，明显感觉到社区融合很少涉及经济因素。为什么个人经济地位提升没有成为社区融合关注的主要内容？上面的分析已给出了初步答案，即社区融合关注的是社区互动以及由社区互动导致的相关结果，也就是说，社区互动并非导致个人经济地位提升的直接原因。个人的经济地位提升取决于三大因素：一是社会制度安排，二是个人能力，三是社会资本。社会制度安排是阶层（集团）博弈的结果，集团利益博弈中的群体是利益群体（次级群体）。个人能力（人力资本）是个人潜能和教育、社会阅历的共同结果，良好的社区人际关系对个人能力的直接影响也非常有限。社区人际关系对个人社区社会资本建设具有积极意义，但提升个人经济地位的社会资本更多是在工作中建立、在职业互动中建立，职业人际关系（利益为纽带）与社区人际关系（情感为纽带）存在明显差别。因此，决定个人经济地位的三大因素与社区人际关系都没有太多的直接关系。经济因素与社区人际互动缺少直接因果联系也可以从哈贝马斯重构帕森斯AGIL 模式（图 1）中得到反映。在哈贝马斯重构的 AGIL 模式中，文化心理认同（文化维模）与社区互动（共同体）同属于生活世界，而政治和共同体同属于公共领域，"文化心理—社区互动—政治"三者之间可能因属于相同领域而发生直接关联。只有经济（A）和共同体（I）分布在对角线上，缺少共同归属领域说明二者缺少共性的东西，自然直接联系更少。个人经济地位提升与社区人际互动缺少直接因果联系，个人经济融合的内容既非社区互动本身也非社区互动导致的直接结果，自然也就不属于社区互动要解决的"问题域"。因此，无论从融合的相关理论还是从农民工社会融合的研究实

践来看，社区融合的去经济维度都是必要的。

在此还想借助图1说明一下整合、社会融合、社区融合三个概念关注的基本领域。首先，社会四个子系统的所有整合和融合问题都是整合概念关注的领域，既包括集团之间的经济利益分配和政治权力制衡，以及由此衍生的个人经济地位和个人政治参与，也包括行动者层面的文化心理认同和群体互动。其次，社会融合（中观和微观层面的社会融合）包括经济、政治、文化和群体互动四个领域，但其经济和政治领域只关注行动者层面的个人经济地位和个人政治参与，集团之间的经济利益分配和政治集团的权力制衡非其关注领域。最后，社区融合包括的内容最少，主要有群体互动以及由群体互动导致的文化心理认同、政治参与的积极主动性、公共利益维护等。

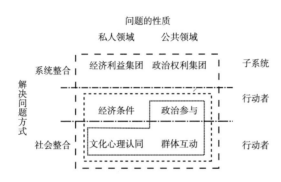

图1 整合、社会融合、社区融合关注的主要领域

对于社区融合的去经济功能，项继权、李增元在讨论温州社区重建和社区融合功能的发挥时也有所提及。他们认为，把私人的经济功能带进社区导致社区融合难以实现，指出"外来人口进入村社区意味分享原村民的土地、产权、福利等利益，不可避免遭到原村民的激烈反对"，因此，"'新居民'无法真正融入生活和工作的社区"，"社区和社会难以实现有效的整合和融合"。为了实现社区融合，温州通过"三分三改"破除村社不分、政经不分的体制，实现经社分开、政经分开；通过"转、并、联"推动村级组织的转型和农村社区的重建，将社区建设成管理、服务和自治的基础性平台（项继权、李增元，2012：1~9）。在此，其从社区自治的角度探讨了社区融合，通过社区自我管理、自我服务实现融合，要实现社区自治必须把居民私人的经济领域和社区自治的公共领域适度区分开来。

五 社区融合测量去经济维度的意义

"社区融合去经济维度"对于重新认识农民工城市融合过程中经济融合的基础地位以及当前社区建设中的社区自治具有重大意义。

第一，把经济融合从社区融合中分离出来有利于从社会视角确立经济融合的基础地位。首先，强调经济融合非社区层面所能解决的问题，经济融合问题的解决必须放在整个社会层面考虑，应该从社会制度建设、个人人力资本和社会资本建设等角度全方位地思考此问题。其次，强调健全社会保险、教育、住房、就业等各种基本社会制度是实现个人经济地位改变、缩小社会贫富差距的基础。最后，基本制度的公正也是化解社会各阶层矛盾、促进社会阶层良性互动的基础。中国当前社会建设特别要注意制度建设，为各阶层融合创建制度环境和制度平台。

第二，把经济因素从社区融合中分离出来有利于明确社区建设的主要目的、选择社区建设的主攻方向、认清社区建设能解决的主要问题。当前，我国社区建设还存在很多误区，一方面，把社区看作是基层社会行政单位，社区建设变成完善基层政府功能，因此，社区建设的摊子铺得很大、很宽，社区建设成了执行政府行政功能的底层组织。另一方面，社区建设要解决的"群体互动、群体团结、群体凝聚力以及与此关联的促进社区成员文化适应、培育社区成员的心理认同和归属感、调动社区成员参与社区事务和社区政治活动的积极主动性"等问题反而被边缘化；社区自治功能退化、空间萎缩。把经济融合问题从社区事务中分离出来（同时也把基层政府的行政事务从社区中分离出来），使社区集中精力抓好群体互动、社区文化、社区公共事务等自治性问题，促进社区自治真正实现，充分发挥社区凝聚人心、团结成员的作用。

参考文献

王桂新、罗恩立，2007，《上海市外来农民工社会融合现状调查研究》，《华东理工大学学报（社会科学版）》第 3 期。

张文宏、雷开春，2008，《城市新移民社会融合的结构、现状与影响因素分析》，《社会学研究》第 5 期。

杨菊华，2009，《从隔离、选择融入到融合：流动人口社会融入问题的理论思考》，《人口研究》第 1 期。

悦中山等，2012，《农民工的社会融合研究：现状、影响因素与后果》，北京：社会科学文献出版社。

周皓，2012，《流动人口社会融合的测量及理论思考》，《人口研究》第 3 期。

郑祥福、杨美凤，2012，《村庄社区融合的困境及其对策——以浙江省金华市高校新区周边 G 村为例》，《浙江师范大学学报（社会科学版）》第 6 期。

童星、马西恒，2008，《"敦睦他者"与"化整为零"——城市新移民的社区融合》，《社会科学研究》第 1 期。

唐钧，2006，《以人文精神为核心的社区建设：江东经验》，《河海大学学报（哲学社会科学版）》第 12 期。

崔岩，2012，《流动人口心理层面的融入和身份认同问题研究》，《社会学研究》第 5 期。

孙肖远，2010，《社区党建创新：走向社区融合的现实路径》，《社会主义研究》第 2 期。

悦中山等，2009，《当代西方社会融合研究的概念、理论及应用》，《公共管理学报》第 2 期。

项继权、李增元，2012，《经社分开、城乡一体与社区融合——温州的社区重建与社会管理创新》，《华中师范大学学报（人文社会科学版）》第 6 期。

作者简介

陆自荣　男

所属博士后流动站：中国社会科学院社会学研究所

合作导师：苏国勋

在站时间：2007.1～2010.3

现工作单位：湖南科技大学法学院

联系方式：zironglu@ sina. com

第二部分
乡村社会治理

乡村社会"空心化"及其社会风险：以J省延边朝鲜族自治州为例[*]

刘　杰

摘　要： 有关乡村"过疏化"和"空心化"的研究，学术界通常聚焦于城市化进程中的城乡关系，认为这是城市化趋势不断加强背景下都市"过密化"的必然产物，忽视了"全球化"这一当代社会发展的关键因素。本文在反思当前学术界相关研究基础上，将"城市化"与"全球化"这两大影响当今社会发展进程的关键因素结合起来，辨别乡村社会"过疏化"和"空心化"的内涵关联，以民族地区的乡村为案例基础，着重分析全球化背景下劳务输出对该地区乡村"空心化"成因及特质的影响，认为乡村"空心化"将带来一系列的社会风险。

关键词： 乡村空心化　劳务输出　社会风险

有关乡村"过疏化"和"空心化"的研究，学术界通常聚焦于城市化进程中的城乡关系，认为这是城市化趋势不断加强背景下都市"过密化"的必然产物，忽视了"全球化"这一当代社会发展的关键因素。本文将"城市化"与"全球化"这两大影响当今社会发展进程的关键因素结合起来，辨别乡村社会"过疏化"和"空心化"的内涵关联，通过对深受城市化和全球化进程影响的具体特殊案例剖析，即对J省延边朝鲜族自治州的乡

---

* 本文已发表于《人口学刊》2014年第1期。

村"空心化"趋势的分析，着重分析全球化背景下劳务输出对乡村"空心化"趋势的影响，进而分析乡村"空心化"趋势所带来的社会风险。

一　乡村社会的"过疏化"和"空心化"

现代意义上的城乡关系开始于工业时代，在走向现代化的进程中，城乡关系是世界各国最为棘手但却难以回避的重大问题。城市研究学者均对城乡关系表述了自己的观点，诸如霍华德（Ebenezer Howard）、芒福德（Mumford）、赖特（Frank Lioyd Wrignt）、沙里宁（Eliel Saarinen）、恩温（Raymond Unwin）、盖迪斯（Patrick Geddes）等，并在对城乡关系认识的基础上，建构出不同的城乡理想，发展出诸多城乡理论和城市规划思想，各个国家和地区也采取了不同的城乡建设和管理体制，实践着不同的城乡发展道路。

费孝通认为城乡关系处于一种"相成相克"的状态，一方面认为整个城乡系统的关键在于都市的"输入"与"输出"功能，城市对乡村存在"双重反哺"现象；另一方面又认为中国历史上的都市发达并未促进乡村的繁荣，相反，"都市的兴起和乡村衰落在近百年来像是一件事的两面"（费孝通，2007：253~254）。从当前中国社会发展的状况判断，"城乡相克说"更能贴近转型期城乡关系实际。一般而言，城乡关系的认识和研究需在城市化的具体进程中展开，改革开放以来城市化进程的复苏和不断加快为我们研究城乡关系提供了最佳平台。在城市化和工业化进入关键阶段的中国转型社会，城乡关系显得尤为重要。

当前学术界论述城乡关系主要围绕城市化进程中城乡社会的变迁展开，乡村社会过疏化和空心化及其后果则是当前乡村社会研究的热点所在。学术界普遍认为乡村过疏化和空心化现象的出现与当前我国持续推进的城市化密切相关，认为乡村过疏化和空心化现象是城市化不可避免的后果之一。"在工业主义和市场逻辑的主导驱动下，城市变得越来越大，而乡村世界则随着人口外流和资源锐减而不可避免地走上萎缩之路，这种两极相对的反向变化似乎已成为城市化进程中的一般法则。"（田毅鹏，2011）

"过疏"问题的提出最早源于1960年代的日本，伴随着经济奇迹的出现，日本的城市化和产业化浪潮持续加快，日本社会大量农村人口举家迁入城市，导致日本城市"过密"和乡村"过疏"问题产生。日本学界由此掀起一股"地域社会学"的研究热潮。地域社会学以地域社会为研究对象，是一种"超越都市和农村的界限，将其纳入总体视野，以研究地域社会的社会结构、集团构成以及人类行动为主要内容的学问"（田毅鹏，2012）。由此可以看出，学术界对乡村社会"过疏"现象的认识经历了由简单的人口学界定到地域社会学的综合概括，认为"过疏"是"以人口急剧减少这一环境条件为前提，在农村山村地带生活的居民意识消沉、衰退，以地域的基础单位——部落（村落）为中轴的地域社会，在生产生活的基础条件崩坏的背景下，地域居民的生产生活难以为继"（内藤正中，1996：49）。概而言之，学术界关于乡村"过疏化"问题研究局限于城乡关系理论视域，围绕城乡关系而持续展开，认为乡村"过疏化"与"空心化"现象的出现与城市化密切相关，认为在城市化进程快速推进的今天，由于"推拉"动力的作用，乡村的人力、物力和财力急剧向城市聚集，城乡社会的人口结构、性别结构、年龄结构、经济结构、文化结构等方面都在发生重大变动，城市社会在人力资源、物质资源、文化资源和社会资源方面的优势逐步加强。但在当前全球化趋势下，劳务输出亦是导致乡村"过疏化"问题出现的重要根源之一，而这一重要的社会事实恰恰被当前"过疏化"问题研究的学者所忽视。

在中国情境中研究乡村"过疏化"问题必须考虑"全球化"这一关键因素，其原因在于中国的现代化发展进程就是在全球化的强大而反复的外部冲击下不断推进的，甚至可以说是在全球化浪潮冲击的既定发展框架下进行的。劳动市场的全球化相伴于经济全球化出现，在经济全球化的作用下，"劳动成果和资本的国际流动就形成了国际贸易和国际投资，这就使得各国劳动市场彼此间发生着错综复杂的联系，构成一个彼此互动的大市场，使劳动市场全球化。"（赵永乐、尚素春，2000）项飚基于对目前的全球化和亚洲区域化的理解，认为中国向日本、韩国、新加坡三个国家的劳务输出，是亚洲日益紧密的区域化的一部分，但又是一个"劳工移植"的过程：劳工在家乡被"拔出"，直接移植在海外被严格控制的工作场所和生活空间。这种全球化和亚洲区域化背景下的劳工移植产生了新的社会后果（项飚，2011）。本文所研究的乡村"过疏化"与"空心化"就是这种"劳工移植"的社会后果之一。本文的研究地域位于 J 省延边州，该州位于中国东北部中、俄、朝三国交界的图们江地区，是中国 J 省的边疆近海地区，也是我国唯一一个朝鲜族自治州。近年来，朝鲜族青壮年劳动力不断外出务工，目的地主要为韩国和日本。在出国劳务和外出务工的影响下，延边州的乡村"过疏化"和"空心化"现象极为严重，带来了严重的社会风险。

很多学者把乡村"过疏化"和"空心化"混为一谈，认为只是概念使用上的差异。但笔者认为乡村"过疏化"和"空心化"是在社会转型时期城市化和工业化进程下乡村社会变迁的两个不同阶段，抑或是乡村衰败两种不同程度的表征。乡村"过疏化"处于乡村衰败的初级阶段，是城市化和工业化进程中城乡关系变迁初期的产物，主要表现为乡村人口大量流向城市，人口密度逐渐减少，导致乡村传统、乡村经济和乡村治理方面的问题。乡村"空心化"则是"过疏化"持续发酵的产物，其表象不仅仅是乡村人口的外流，而是乡村人口的缺失以及由此导致的乡村文明逐步终结。

笔者认为乡村"空心化"至少包括五个层面的内涵。一是人口学意义上的"空心化"，意指乡村人口特别是青壮年人口的大量外流，乡村人口结构以"389961"[①]为主体，生育率下降，人口总量大幅度减少。二是地理意义上的"空心化"，随着"村村通"乡村道路建设工程的推进，依然居住在乡村的农民不断地将房屋建于"村村通"道路两旁，或集中在集市等交通要道，农村原有的聚落点逐渐荒芜，村庄内部处于中心地带的老村址悄然变成废墟，留下一片破旧、闲置或废弃的旧房。这种内部闲置、外围新房的"内空外扩"现象我们可视为地理意义上的乡村"空心化"。三是经济意义上的"空心化"，意指农村青壮年劳动力大量外流，大部分青壮年在外长期务工，在拥有一定经济实力以后在城镇或城市租房或购房定居，乡村留居人口老龄化、贫困化趋势日益明显，人口、资金等关键生产要素流向城市，农业生产逐渐荒芜，乡村经济日益衰退。四是基层政权意义上的"空心化"，意指乡村基层政权组织中有一定文化素质的青壮年劳动力外流，造成乡村基层政权组织在人口年龄结构上出现脱节甚至老龄化，人员构成出现真空，这使政府职能在乡村基层得不到有效的发挥，各项政策无法贯彻；在城乡二元社会结构和户籍制度的限制下，乡村基层政权内部人力、物力、财力呈现流失与断层局面，基层政权职能、权力和责任逐步弱化。五是公共性意义上的"空心化"，这既是乡村空心化的表征之一，又是上述层面"空心化"的后果，意指乡村社会连接、地域文化以及公共事务层面的空心化，人口学、地理、经济以及基层政权意义上的"空心化"作用于乡村社会，不可避免地造成地域文化和社会连接的解体，乡村公共服务无力承载，公共生活无法开展。

---

① "389961"意指妇女、老年人和儿童。"38"指妇女节，"99"指重阳节，"61"指儿童节。

二　延边州乡村"空心化"成因及特质

　　延边朝鲜族自治州位于 J 省东部，面积 4.27 万平方公里，约占 J 省总面积的四分之一。该州成立于 1952 年 9 月，现辖 6 市 2 县，总面积 42700 平方公里，总人口 218.6 万，农业人口 72.0 万，占总人口的 33.0%。延边州是我国唯一的朝鲜族自治州和最大的朝鲜族聚居地，共有朝鲜族人口 79.8 万，占总人口的 36.5%。① 朝鲜族属于典型的跨境民族，因历史上的各种原因从朝鲜半岛迁入我国东北境内。因此，无论从民族的自然属性，还是从血缘关系上，他们与朝鲜半岛都有着千丝万缕的联系，有的仍然有直系亲属在韩国或朝鲜。朝鲜战争以后，韩国政府在 30 多年的时间里创造了经济社会发展的"汉江奇迹"，韩国经济条件优越性上升，因工业化的发展对劳动力的需求越来越大，再加上天然的民族吸引力和认同感，延边州乡村中的朝鲜族通过各种途径到韩国进行劳务输出的越来越多。特别是在 2007 年韩国政府对中国劳工以雇用许可制取代研修生制后，延边州朝鲜族对韩劳务输出规模越来越大。同时由于日语和韩语在语言学意义上的接近，他们出国劳务的另一重要目的地是日本。这些人要么利用各种机会留在韩国或日本，要么在打工赚钱后在州里的城市或城镇购房居住，乡村"过疏化"现象在 1990 年代后期开始出现，目前呈现典型的"空心化"趋势。

　　一是人口学意义上的空心化趋势逐步加剧。延边州乡村朝鲜族的人口流动结构从总体上表现为外向型和单向型特征，人口流向主要以流出为主，近年来虽然有部分人口迁入，但与迁出相比不值一提。有学者认为，"虽然我们无法精确地统计出流出的朝鲜族人的数量，但粗略地估计也达 40 万之众。也就是说，朝鲜族社会现有人口的五分之一左右已离开原来的集居地而流向韩国、日本等国家和中国的内陆地区"（金强一，2007）。我们可以利用 2010 年第八届村民委员会换届选举的选民登记数来初步判断延边州农村人口外流的状况。以延边州 L 市为例，2010 年第八届村民委员会换届选举应登记选民 34813 人，实际登记选民 23686 人，选民登记率为 68%，② 民政局的相关文件中特别注明，此次换届选举的选民登记率达到了近几届的最高水

---

① 此数据来源于延边州人民政府网站，http：//www.yanbian.gov.cn/tplt/xl2012031611081743.jsp? infoid＝16840。

② 此数据来源于 L 市民政局相关文件。

平，其原因是"为解决我市外出务工人员众多，参选率低的问题，充分利用清明节回乡祭祖的有利时机，加大宣传力度，使许多外出经商、务工的农民群众纷纷回村参加村民委员会换届选举工作"。值得注意的是，能利用清明节回乡祭祖的都是在省内或国内务工的，那么我们可以断言，在没有参加选民登记的32%的人中，至少有很大的比例从事出国劳务输出。笔者在调研中得到的另一组数据更能反映延边州人口意义上的"空心化"。L市下辖的白金乡，总面积为307.5平方公里，人口最多时为986户7694人，到2007年下降为480户1310人，人口流失达83%，人口密度每平方公里不到5人，流失人口中绝大多数为朝鲜族。延边州大部分边境县市，农村人口迅速锐减，这迫使部分乡镇合并。延边州外出务工和出国劳务尤以女性为主要群体，其原因在于韩国女性劳动岗位的需求量大。笔者在访谈中得知，男女两性在出国劳务中获利差距非常大：

> 农民到韩国打工，一个月五六千。两口子出去的话，一年挣10万。女的行，男的不行。女的活儿多，男的还抽烟喝酒，在家一万也挣不来。

妇女的大量流失进一步加剧了延边乡村人口意义上"空心化"趋势：

> 不生了，那妇女没有了，都出去了怎么生呢？将来这农村儿童就没有了。我估计这里许多村再过十来年二十来年就没有了，没有人了。老人都已经不存在了，又没有新生的，这个村还存在吗？

在延边州调研时，笔者曾在一个村庄和老者详谈，老者心酸地诉说道："我在这个村子里生活，已经有十年没听过婴儿的哭声了。"这是人口"空心化"的生动写照，这种意义上的"空心化"，不可避免地导致了其他类型"空心化"局面的出现。

二是地理意义上的空心化趋势明显，尤以边境乡村为最。与国内其他地区不同的是，延边州的外流人口回归本土的比例极少：

> 我们这边和南方沿海地区的情况不一样，人家能回来，咱们这都是去国外，肯定都不会回来了。就是回来的也都到城里了。他们已经不会种地了。有的回来也是因为在那边竞争太大，身体不好回来的。

从这段访谈笔记可以分析，延边州农村外流人口的归宿主要有两个，包括到国外，主要指在韩国定居和到城里购房居住。而国内其他地区的农民工，尤其是第一代农民工在沿海地区打工赚钱后首要目标是在老家重新选址兴建住房，其地理意义上的"空心化"来源于村庄内部老聚落的荒废，但在交通干线和要道两旁依然新房林立。与此不同的是，延边州外出务工人员把农村的老住房完全抛弃，任其自生自灭。笔者在乡间调研走访的过程中，不时发现空置的房屋，有些地域甚至整个村屯都是空房。

三是经济意义上的"空心化"趋势日渐加强。人口的大量外流导致乡村经济发展的人力资源严重缺失，乡村经济活动开展困难甚至无法进行。笔者在调研中对某村村主任进行了访谈：

> 我们这个村 96 户，有 286 口人，耕地面积是 150 公顷。原来村里有两项专业合作社，一个是富强，一个是稻花香，现在两个编在一块儿了。为什么呢？因为我们延边这儿基本都差不多，都是出口劳务的多。我们这个村出国的 60%，剩余 40%，其中老弱病残、低保户、五保户，这样的人在留家人员中占 20%，而且基本上是老龄化。这耕地啊，没人种。我们村都是旱田，有 125 顷。除了老年啊，残疾啊，五保户啊，剩下的劳动力只有 15%。就这 15% 里面还有老年人。没办法，村里很多地都撂荒，所以我们组建了个便利农场，农场最大的问题也是没人，效益也起不来啊。

从对该村主任的访谈可以分析，在以出国劳务为主的人口空心化趋势下，乡村经济在农业和产业方面全面走向"空心化"。笔者在调研时观察到，延边州的农地很多被抛荒，水稻种植面积逐年下降。即使依然在耕作的土地，耕种精细程度也大不如前。值得注意的是，受延边州地处环境和气候的影响，稻米产量相对较高，并且在市场上售价要稍高于周边其他地区。同时，作为亚洲最大的苹果梨生产基地，苹果梨种植面积在境内高达 4700 公顷，其产值是当地农户主要收入来源之一。但笔者在调研中得知，由于劳动力缺乏的原因，近几年来，很多地方的苹果梨疏于管理，产量和质量下降严重，其产值亦在逐年下降。

四是基层政权"空心化"程度堪忧。学术界把农业税取消后乡村基层政权的变化概括为"功能异化和结构性退化"问题，认为归纳起来有这样两种倾向：一是基层政权的"悬浮化"。主要指中西部那些缺乏资源，经济发展又相对较差的地区，在农业税取消之后，国家的转移支付成为其收入的主要来源，基层政权的主要精力用于如何维持自身的生存运转，他们既没有能力，也没有动力向农民提供公共产品和公共服务。基层政权与农民的关系日益疏离，逐渐成为"悬浮"于农村社会之上的一级政权。二是掠夺资源型"内卷化"，这反映的是社会实力貌似增强但实则衰退的矛盾现象，主要存在于有一定公共资源可以从中渔利的地区，比如城市周边的农村，土地的升值空间较大，农村黑恶势力勾结获取资源和利益的情况比较突出，这些地区的基层政权退化最为严重（于建嵘，2012）。从延边州的实际情况来看，其乡村基层政权的变化与上述"功能异化和结构性退化"类型皆不相同。上述"功能异化和结构性退化"中的两种类型的乡村基层政权，其维持和运转尚能进行，只是处于"非正常"状态下。但在人口空心化影响下的延边乡村，其基层政权面临的尴尬局面是基层政权"无人"支撑。笔者在延边州调研时询问人口结构外流对乡村基层政权的影响，T市的民政局局长满脸惆怅：

> 影响有啊，而且很大啊。我们本来培养了6个村主任和支书的后备干部，一个也没留下。你看这位村主任都53了，早就该给年轻人让位了，这也让不了了。

局长语中所指村主任所在的村庄，人口外流现象格外严重。笔者在调研中得知，该村主任现年53岁，是村里现存人员中最年轻的村民。更严重的是，由于青壮年劳动力纷纷外出，党员发展进程受阻，村内党员数量稀少，这是乡村基层政权空心化的最严峻表征。笔者访谈了主管乡村基层政权的民政部门相关官员：

> 我们当时也在农村做过调查，当时是党的基层组织也做过课题，也做过调研，觉得很严重。那么过了四年，再到我们这里调研，情况基本上还是和四年前一样。他到了一个村，就一个党员还75岁，支部都成立不了。

乡村基层政权的空心化，不可避免地带来其公共性的空心化，这既是乡村空心化的表征之一，也是乡村社会空心化趋势下的社会风险之一。乡村社会严重"空心化"现象的后果就在于"使乡村世界丧失了物质生产和人口再生产的基本能力，乡村公共事务亦处于瘫痪状态。当代中国城市化、市场化背景下乡村壮年劳动力大量流失的直接后果，是乡村组织的衰败和村庄公共性的失落"（田毅鹏，2011）。作为边境地区和朝鲜族集中居住的地区，其乡村空心化带来的社会风险，既有共性，又具有鲜明的地域特色。

三　乡村社会"空心化"趋势下的社会风险分析

在十七届三中全会发布的《中共中央关于推进农村改革发展若干重大问题的决定》中，中央明确提出"完善农村社会管理体制机制，加强农村社区建设，保持农村社会和谐稳定"是新形势下推进农村改革发展的一项重要工作。以此为背景，如何在新时期完善和创新农村社会管理体制，推进农村社会的和谐稳定，再度成为学术界关注的热门话题之一。

纵观学术界关于农村社会管理体制的研究，大多集中在传统社会管理体制与当前农村社会转型与社会变迁的不适应，甚至是冲突和矛盾，探讨农村社会结构变迁形势下原有社会管理体制的陈旧和不协调。但总体而言这些研究大都停留在宏观层面的理论分析和路径探讨上，针对具体地域和社会实际的细致解剖并不多见。波兰尼以"嵌入"与"脱嵌"为核心概念来分析人类经济与社会间的复杂关系（卡尔·波兰尼，2007：1），这为制度实践研究提供了一个新的分析视角，即以制度实践为基础考察制度的运作与实践。"就农村社会管理机制而言，它的实践亦是嵌入在农村社会结构之中，忽视农村社会自身的分析必将难以把握农村社会管理机制的实践，因为农村社会管理机制所嵌入的农村社会结构构成了其实践与运行的基础。"（钟涨宝、狄金华，2011）出国劳务和外出务工导致的延边州乡村社会"空心化"，正是影响其农村社会管理体制的具体实践。这　具体社会实践，既给"空心化"趋势下的延边州乡村社会带来了基层社会管理的困境，又造成诸多地域性的社会风险。

一是人口结构严重失衡导致社会管理主体和基础的缺失。

延边州乡村空心化的严重后果之一就是人口结构的严重失衡。首先表现在人口老龄化现象异常突出。数据显示，延边州老年人口数量逐年增加，2009 年底全州 60 岁以上老年人口达 266860 人，占总人口的 12.24%。个别县市中农村 60 岁以上老年人口已经超过 17%。笔者调研的 L 市的农村老年人口比重高达 18%。

韩国劳动力的需求集中在服务业，对女性劳动力的需求很大，再加上婚姻等因素留滞韩国的延边州朝鲜族女性越来越多，这导致延边州的人口出生率下降严重。笔者在调研时某镇镇长陈述该镇的人口现状：

> 我们现在的人啊越来越少，最典型的就是死亡率和出生率的差异，都说 5∶20∶1。这是什么意思呢？就是 5 年去世 20 个人出生 1 个小孩。中学小学的学生都少了。

社会管理，归根结底是对人的管理和服务，人既是社会管理的对象又是社会管理的主体。学术界对基层社会管理的论述存在一定的误区，认为政府才是基层社会管理的核心所在，其原因更多地在于对农民素质和参与社会管理能力的担心。但就基层社会管理的实质内涵而言，农民，特别是青壮年农民应是乡村基层社会管理的主体，同时亦是农村社会管理的价值核心。青壮年劳动力的大量流失，是延边州农村社会管理困境的焦点所在。

女性外出的另一重要后果就是"光棍村"的出现。笔者在调查中发现，受外出打工的影响，女性青年普遍外出务工，这些女性青年外出务工后很少回归老家，大部分在外地成家，这导致本地适婚男性青年找不到对象，出现了"光棍群体"，有些地方甚至出现了"光棍村"。笔者调研的一个村落竟有 80 多个 30 岁以上的"光棍"男性青年，形成典型的"光棍村"。当地政府对这种现象忧心忡忡，认为这是一个很大的也是很严重的社会隐患，这不仅仅牵涉人口再生产的无法延续，更现实的问题是无法结婚的适婚男性青年，他们主要以汉族为主，无法"成家"。

在加强和创新农村社会管理体制的过程中，我们必须重视"家文化"在中国传统文化中的根基与支配作用。中国的"家"是社会的核心，它是一个"紧紧结合的团体"，并且是建构化了的，整个社会价值系统都经由家的"育化"与"社化"作用以传递给个人（金耀基，1999：24）。旅美学者杨笑思更是认为相较于西方社会"个人—社会"两级模式的社会结构而言，中国社会结构是一种"个人—家庭—社会"三级模式（杨笑思，2001）。在这个三级模式的社会结构影响下，中国社会"举整个社会各种关系而一概家庭化之，务使其情益亲，其义益重"。由此，人们之间互有义务，"全社会之人，不期而辗转互相连锁起来，无形中成为一种组织"（梁漱溟，2005：72~73）。在走向现代化的过程中，家庭在中国社会中的作用和影响已经有所淡化，特别是在家庭结构核心化和家庭类型多样化的趋势下家庭功能逐渐改变，但家庭对于中国社会的作用和影响依然不可忽视，特别是在传统文化得以维系的农村地区。鉴于此，家庭应是农村社会管理的基础，"光棍村"中存在大量的青壮年男性无法组建"家庭"，社会管理的基础由此成为一个关键问题。延边州"光棍村"的存在有其特殊的地域原因，但就基层社会管理的"就地化"特征而言，出国劳务影响下延边州"光棍村"的存在，使其基层社会管理的基础缺失成为现实问题。

二是地区社会管理中边境安全和民族问题日益严峻。

延边自治州地处 J 省东部，中、俄、朝三国交界面临日本海，东与俄罗斯滨海区接壤，南隔图们江与朝鲜咸镜北道、两江道相望。边境线总长755.2 公里，其中，中朝边境线 522.5 公里，中俄边境线 232.7 公里，这漫长的边境线绝大部分位于乡村地区。因此，边境安全是延边州农村社会管理的重点之一，也是其农村社会管理的地区特色所在。在乡村空心化的趋势下，延边州边境乡镇人口总量逐年递减和边境村屯逐渐空心甚至荒芜，边境安全问题日益突出。延边州共有边境乡镇 22 个，边境村屯 73 个，边境村组256 个。1990 年，延边州边境乡镇人口 18 万人，2008 年下降到 14 万人；1990 年，全州边境乡镇人口自然增长率为 7.28%，2008 年下降到 -2.32%（高吉俊，2011）。笔者在延边州边境村屯中走访时，发现村屯荒芜现象非常严重，L 市的开山屯镇，原有 5 个村民委员会，36 个村民小组，截至调研时的 2011 年 3 月，5 个村民委员会大多名存实亡，房屋空置现象非常严重。因此，在延边州的边境村落，不仅仅存在人口学意义上的乡村"空心化"，地理意义上的乡村"空心化"尤为严重，在此基础上其他层面的乡村"空心化"更甚于周边地区。这种现象严重影响延边地区的边境安全问题。近年来，延边州大力推行"爱民固边"运动，旨在通过访民、知民、亲民、助民、安民、富民等途径，达到把好国门、守好边界的"固边"目标，其意义在于做到依靠党政、赢得支持，依靠社会、联动各方，依靠群众、群防群治，全力构筑边境地区安全稳定战略屏障，为经济社会发展创造平安和谐的边防环境。但在"空心化"趋势的影响下，延边州边境村落的"爱民固边"运动根本无法展开，最直接的表现就是大量人口的外流使"爱民固边"运动缺乏最基本的群众基础。

在乡村"空心化"趋势影响下延边州另一具有地域特色的社会管理困境在于民族问题。民族区域自治制度是我国解决国内民族问题的基本政策和重要政治制度，我国《宪法》明确规定："各少数民族聚居的地方实行区域自治。"但在出国劳务和外出务工的影响下，延边州朝鲜族人口逐年下降，所占比重也越来越小。数据显示，朝鲜族人口 2009 年总数比 2000 年减少41948 人，朝鲜族人口占全州总人口的比重也由 2000 年的 38.6% 下降为

36.7%。这种趋势对于其他非民族自治地域而言，可能引发的只是乡村集聚地的解体、乡村教育的衰败等社会问题，或许"这些问题是传统的农耕社会向产业化社会的转化过程中将面临的普遍问题，但在朝鲜族社会，它所带来的冲击比起其他社会仍显得异常沉重"（金强一，2007）。因为在延边州，朝鲜族出生率的减少和人口比重的下降，不仅仅是一个经济问题，也不仅仅是民族问题，而是一个重要的政治问题。

三是乡村社会公共性构建困境。

在当前社会建设与社会管理的大背景下，公共性既是社会建设与社会管理的重要目标之一，又是其基础所在。"从更宽泛角度看，公共性可被理解为参与，即民众自愿参与塑造公共空间。"（李友梅、肖瑛、黄晓春，2012）在这个意义上，农村社会管理的根本目的在于乡村社会公共性的构建。在空心化趋势下，延边州的乡村社会公共性构建存在困境。

根据公共性的承载主体，我们可以将乡村社会公共性分为自生型公共性、联接型公共性和传导型公共性。自生型公共性为"村组织承担的社会公共义务，包括村庄内部自生福利的分配和精神文化生活"（田毅鹏，2011）。但在延边州乡村空心化趋势的影响下，青壮年人口大量外流，农村社会精英随即流失，老年人成为乡村社会自生型公共性的承载主体。笔者在调研时发现，"老年协会"在延边州乡村的作用不容忽视，但需要注意的是，本应是自生型公共性的服务对象的老年人在此地却成为公共性的承载主体，存在严重的"弱势服务弱势"现象。乡村社会空心化的趋势，破坏和瓦解了传统乡村社会以血缘和地缘为基础的"守望相助"。更为严重的是，由于出生率的急剧下降，乡村社会人口再生产能力逐渐丧失，新一代自生型公共性承载主体无法正常成长，这导致延边州乡村公共事务逐渐处于瘫痪状态，乡村社会逐渐走向凋敝化。

联接型公共性的承载主体为乡村社会的各类经济组织。个体农户由于脆弱性无法直接面对市场残酷的竞争，因此，利用各类经济组织将分散的农户集中起来，共同面对市场组织农业生产，组建农产品销售网络。但是，在空心化趋势下，青壮年人口大量外流，特别是农村精英的大量流失，使乡村社会的各类经济组织无法组建。延边州原有的各类经济组织比较发达，每个村庄都有一个或多个经济组织的存在，指导和服务于延边州的苹果梨、水稻、人参等农产品的生产和销售，但近十年来，空心化趋势不断加剧，这些经济组织无法正常运转，乡村社会的物质生产和销售倒退到由分散农户承担的"原子化"状态。

　　传导型公共性的承载主体为乡村基层政权和各级政府。在乡村社会空心化趋势下，基于血缘、地缘共同体的自生型公共性逐渐衰落，以市场为对象、以各类经济为主体的联接型公共性无法延续，在此大背景下，传导型公共性本应是延边州乡村社会公共性的主导，但笔者在调研时发现，这一类型的公共性同样存在很大困境。这一困境产生的原因既有历史的背景又有现实的因素。从历史背景来看，长期以来我国乡村治理的思路基本属于发展主义的范畴，仅仅把乡村看作一个地理意义上和经济意义上的单元或区域，强调乡村经济的发展，往往通过加大经济和物质方面的投入，比如修桥修路、通电通网等基础设施的建设来加强乡村社会治理，忽视了乡村公共性的建设（黄平、王晓毅，2011：12～13）。作为边境地区的延边州，各级政府在基础设施方面的投入力度较大，相较于其他地区而言，延边州乡村社会的基础设施状况良好。同样，基于边境安全的考虑，各级政府特别注重延边州乡村基层政权的建设和巩固，只是在"空心化"不断加强的趋势下，以村委会为主体的乡村基层政权建设后继乏力。近年来，随着民政部大力推进的农村社区建设举措，延边州的乡村社会建设提上日程，但其弊端同样在于过分侧重物质层面的建设，如修路、改水改厕、旧房危房翻修以及各种类型的"村村通"等，当然诸如各类技术培训、乡村医疗点的设立和医疗服务的提供、教育补助、农村养老金的发放等社会层面的举措同时在进行，这些举措在很大程度上加强了传导型公共性的建设。但实质意义上的社会建设只是停留在修建村庄村部、村庄文化活动室、组织村委会选举、提高村委会日常活动经费等技术性层面，这些成为各级政府衡量农村社区建设绩效的主要指标。笔者在调研时反复考量，在空心化趋势影响下，我们要防止延边州乡村社会新建的村部只是成为乡村突兀的风景之一，防止文化活动室成为摆设，防止各类技术培训演变成新的"形式主义"，更重要的是，我们要防止这种以社会建设为表征的传导型公共性建设成为新的乡村社会风险。

　　"公共性"构建对于当前农村社会的重要性不言而喻，它是"促成当代社会团结的重要机制，对于抵御市场经济背景下个体工具主义的快速扩张有着实质性意义；是使个体得以超越狭隘的自我而关注公共生活的立基所在；还是形塑现代国家与民众间良性相倚、互为监督新格局的重要条件"（李友梅、肖瑛、黄晓春，2012）。因此，对于延边州而言，如何摆脱当前乡村社会公共性的困境，提升该地区公共性的运作绩效，特别是健全公共性构建的制度保障，夯实公共性运作的社会基础，是在乡村空心化趋势日益加剧的背景下加强社会管理的前提条件，亦是防范和化解该地区农村社会风险的关键所在。

参考文献

费孝通，2007，《乡村·市镇·都会》，载《乡土中国，乡土重建》，上海：上海世纪出版集团。

高吉俊，2011，《吉林省延边州农业劳动力转移研究》，吉林农业大学博士学位论文。

黄平、王晓毅，2011，《公共性的重建——社区建设的实践与思考》，北京：社会科学文献出版社。

金强一，2007，《朝鲜族社会人口流动和集居地空洞化问题的对策研究》，《东疆学刊》第 7 期。

金耀基，1999，《从传统到现代》，北京：中国人民大学出版社。

卡尔·波兰尼，2007，《大转型：我们时代的政治与经济起源》，杭州：浙江人民出版社。

李友梅、肖瑛、黄晓春，2012，《当代中国社会建设的公共性困境及其超越》，《中国社会科学》第 4 期。

梁漱溟，2005，《中国文化要义》，上海：上海世纪出版集团。

内藤正中，1996，《过疏和新产都》，鸟取：今井书店。

田毅鹏，2012，《地域社会学：何以可能？何以可为？》，《社会学研究》第 5 期。

田毅鹏，2011，《乡村"过疏化"背景下城乡一体化的两难》，《浙江学刊》第 5 期。

项飚，2011，《劳工移植：东亚的跨国劳动力流动和"点对点"式的全球化》，《开放时代》第 5 期。

于建嵘，2012，《警惕农村基层政权退化》，《南风窗》第 15 期。

杨笑思，2001，《西方思想中的"个人—社会"模式及其宗教背景》，《华南师范大学学报》第 5 期。

赵永乐、尚素春，2000，《劳动市场的全球化与展望》，《学海》第 4 期。

钟涨宝、狄金华，2011，《社会转型与农村社会管理机制创新》，《华中农业大学学报（社会科学版）》第 2 期。

作者简介

刘杰　男

所属博士后流动站：华中师范大学社会学院博士后流动站

合作老师：向德平

在站时间：2012.7 ~

现工作单位：华中师范大学社会学院

联系方式：liujie1108@126.com

农村社会工作本土化实践
若干问题的理论反思[*]

农村社会工作本土化实践
若干问题的理论反思[*]

蒋国河

摘　要： 本文通过对江西、湖南等地农村社会工作的实践与探索的考察，围绕如何构建符合本土特色的农村社会工作发展模式，从农村社会工作的基层服务模式问题、农村社会工作发展进程中的机构建设与组织体系构建以及公共财政和资源配置等问题进行了讨论和反思，并在此基础上，提出了若干政策建议。

关键词： 农村　社会工作　本土化　万载模式

问题的提出

自 2006 年以来，社会工作开始受到我国政府的重视。2006 年，十六届六中全会发布了《中共中央关于构建社会主义和谐社会若干重大问题的决定》，提出要"建设宏大的社会工作人才队伍"，以创新社会管理，促进社会主义和谐社会建设。响应中央的号召，民政部开始在全国大力推动社会工作人才队伍建设试点。在沿海城市地区，深圳、上海作为改革的先锋，继续走在了全国的前列，尤其是深圳市，将社会工作的引进作为社会管理创新的

* 本研究为国家社会科学基金青年项目"中国特色农村社会工作实践模式研究"（11CSH079）阶段性成果。

重要内容，率先颁布了《关于加强社会工作人才队伍建设推进社会工作发展的意见》及七个配套文件（简称"1+7"文件），确立了政府购买社会工作岗位的制度。在内陆地区，江西省的万载县在当时县委主要领导的大力支持下，积极开展全国首批农村社会工作人才队伍建设试点，并产生了较大影响，民政部将其树立为农村社会工作的"万载模式"①，与深圳模式、上海模式并称为全国三大社会工作发展模式。江西万载的实践和探索，有鲜明的政府主导特点，被认为对于欠发达地区和农村地区的社会工作的发展具有示范意义。②

本文关注的重点是，在江西万载等欠发达地区，财政性资源较为紧张，在这样一种受资源约束的客观条件下，地方和基层政府以何种形式运作社会工作试点项目？公共财政又是以何种形式支持社会工作项目的开展？两者间形成了什么样的互动关系？财政投入的绩效如何？是否真正破解了财政瓶颈？是否有助于实现社会工作项目的可持续发展？抑或只是表面工程、形象工程？关于这方面的研究，目前学界更多地关注深圳、上海、广州等经济发达地区的实践，这些地区已建立政府购买社会工作服务制度，如深圳的政府购买社会工作岗位制度，广州、上海的政府购买社会工作项目制度等（李迎生、方舒，2010）。一些研究者还对这两种类型的政府购买服务制度进行了优劣比较（唐斌，2010）。按照中央建立宏大的社会工作人才队伍的部署和中组部、民政部等相关文件的要求③，近几年内，社会工作将逐步在全国，包括农村地区全面开展起来，因此，财政实力较弱的广大中西部地区和农村地区的实践也亟须得到关注和重视，这类地区的社会工作能否发展起来，决定了中国社会工作是否真正得到全面发展。已有一些研究关注到江西万载等类似地区的社会工作更多的是以一种"项目制"的方式运作（陈家建，2012）。这种政府主导型的项目制显然不同于广州等地以机构为政府购买社会工作服务项目对象的制度，它建立在政府主导的基础上，而不是如深圳、广州等发达城市一样，建立在以民间机构运作为导向的基础上，其在项目的组织管理、服务输送、资源配置和公共财政的投入策略上必然有其自身的特点。尤其是在资源紧缺的现实条件下，这种行政主导的项目化运作与公共财政等资金资源的配置优势与局限是什么？是否形成了可持续的互动关系？是否真正接了地气，面向基层社区有效地开展了服务，获得了基层认同？对此，当前的研究很不充分。城乡差异是中国的特色，在某种程度上上，对农村地区社会工作实践模式的关注，实则是对中国特色的社会工作理论模式的思考与建构。本文将结合江西万载和湖南等地的农村社会工作实践对此问题加以反思。

二　农村社会工作的基层服务模式问题

中组部、民政部、人力资源和社会保障部等 19 个部门和群团组织于 2012 年 4 月联合发布的《社会工作专业人才队伍建设中长期规划（2011 - 2020 年)》（以下简称《社工规划》）指出，要依托社区服务中心或新建等方式培育发展农村社会工作服务站。但对如何依托社区服务中心开展社会工作并未明确，社区社会工作的运作机制还比较模糊。由于社会工作和社区建设分属于民政部人事司（社会工作司）和基层政权和社区建设司，两司对两项工作的开展往往各行其是，虽然民政部李立国部长曾提出，要实现"三社"（社会工作、社区建设与社会组织）联动，但至少从目前的实践来看，并没有多大改观。如何将社区建设与社会工作相结合，就城镇的实践而言，有三种做法。一是深圳模式，由民政部门就社区的部分服务项目（有关老年、儿童、学校等）向社工机构购买服务，此种方式下，社会工作者以提供专业服务为主，职能更为清晰，在与社区的关系上，社会工作者一般仅由社区街道办或居委会授权其依托社区服务中心的场所开展服务，并无责任关系，资源依附关系也较弱，属松散型。二是广州的家庭综合服务中心模式，这是一种类似香港长者综合服务中心之类的综合化、全能型社区服务模式。自 2011 年起，广州推动建设家庭综合服务中心，该中心虽然也通过政府购买服务形式由社工机构承接运营，但该中心除了提供专业的社会工作服务，还需要提供家政服务等一般的社会服务项目，其对人员配备的要求是，工作人员总数的 2/3 以上为社会服务领域相关专业人员，1/2 以上为社会工作专业人员，政府投入力度也大，每年 200 万经费，在与社区的关系上，家庭综合服务中心与社区街道办关系较紧密，前者是后者设置的一个服务平台，需要接受后者的考核与监督，并由后者提供专门的服务场所等各种资源，资源依附关系紧密。三是民政部基层政权和社区建设司在城镇社区建设中提倡的设立社区专职社会工作者岗位，这一模式在浙江的嘉兴地区得到一定推广，这种模式与前两者的一个重要区别是，不存在一个独立的社会工作系统，社会工作者仅是社区居委会的一个成员，完全在居委会领导下开展工作。由于目前居委会的行政职能大于服务职能，所能给予专职社会工作者的资源有限，专职社会工作者的社会服务职能发挥的空间较小，从实践来看，这一模式所取得的成效及其影响力都较小，或流于形式，专职社工的"专职"有名无实。

农村尤其是广大的欠发达农村地区如何构建社会工作者与社区的关系，开展社区社会工作服务？从农村地区的财力而言，职业化取向的深圳模式和广州模式对绝大部分的农村地区来说均不现实，而嘉兴模式虽然投入低，但流于形式，没有实际成效，也不值得效仿，因此需要探索独特的本土化模式。这方面，江西万载的本土化实践经验值得推广。

现阶段，农村社区社会工作的发展要取得实效并可持续发展下去，必须坚持以社区为本、问题为本，而不是以专业为本。在具体的策略上，参照江西万载的经验，以项目建设为纽带，以培育社区自助团体为核心，以发展本土化社会工作者和志愿者队伍为根本，构建项目化、本土化、参与式发展的农村社区社会工作的服务模式。

一是项目化运作。鉴于目前的财力，且农村社区多分散、偏远，难以在农村社区实行政府购买社会工作岗位以实现驻村或驻乡工作。因此在服务方式上，应充分吸收江西万载永新村等地的经验，以项目式服务为主，将基层社区社会工作项目纳入县级社会工作组织行动体系，实现垂直型社团化管理、项目式运作和参与式发展。项目化运作还有利于避免社会工作的行政化倾向，保持社会工作的专业自主性。政府介入与专业自主性的张力是国内外社会工作发展的一个永恒的主题，在强政府、弱社会的中国农村，这一矛盾更是突出。从资源依附视角以及强政府、弱社会的现实看，农村社会工作发展离不开政府的资源支持，但政府主导的社会工作实践模式又必然影响专业自主性。而项目化运作有利于建立一套既能有效吸纳政府资源，又能避免行政导向的行动体系。以共同资助一批社区发展项目为纽带，促进县级社会工作机构（如县级农村社会工作服务站）与乡、村基层组织合作，社会工作者引领，政府助力，社区为主体，助人自助，培育社区自助团体，发展农民经济合作组织，开展社区教育，促进社区文化建设，促进社区团结、合作与发展。按照此种模式运作的社会工作机构，在岗位设置和运作上可大大节约经费，万载的经验表明，社会工作者并不需要驻村工作，县城的社会工作者可以同时负责很多个点的项目督导工作，这既能够适应农村地区的财政水平，又能发挥社会工作的实效。在项目的选择上，要贯彻优势视角，与农民的生产生活相结合，与本地的特色产业（如万载县白水乡永新村的百合种植）相结合，与农村特定群体的服务需求相结合，留守老人、留守妇女、留守儿童群体应该是农村社会工作的主要服务对象。

二是以培育社区自助组织为核心。农村社会工作者要特别注重社区组织的培育与能力建设，使社区组织能够成为带动社区发展的主体，而社会工作者在其中起到引领和指导作用。社区组织的自助能力、自我管理能力发展起来了，真正实现了"助人自助"，才能实现可持续发展，才不会出现众多其他项目点所出现的情况：社会工作者在，社会工作活动就开展，社会工作者离开，社会工作活动就停止。比如万载县白水乡永新村的妇女互助储金会、老年协会均是这种具有生命力和带领能力的社区组织。

三是发挥农村社区精英和"五老"的作用，发展本土化社会工作者和志愿者队伍。作为农村社会工作发展时期的一种过渡，并不一定要拘泥于专业化，关键是要落实好本土化和利用好优势资产。比如万载县永新村妇女主任、妇女互助储金会主席王华莲，在县社会工作协会秘书长张菊萍的帮助下，领悟了社会工作的理念和方法，并把它们运用到日常工作中，成长为一个本土的社会工作者。虽然不够专业，但由于这是她们所熟习的社会、生活圈子，开展的活动往往更能结合社区群众的实际需求，呼应群众的心声，唤醒更多的社区活跃分子，动员更广泛的社区参与，激发社区发展的动力。同时，包括"老教师""老干部"在内的农村"五老"热心村落社区公益事业，有奉献精神，有服务热情，也是社区社会工作可资利用的宝贵志愿者资源，如万载县永新村的许国兰、婺源县"少年之家"的创办人孙灶森老先生等。

四是以综合化发展取向为目标，以适应城乡一体化的大势和基本公共服务均等化的需要。随着新农村建设和城镇化建设的双轮驱动，城乡经济社会实现一体化是必然的趋势，城乡基本公共服务均等化也将从教育、医疗等领域扩展至社会服务领域，农村社区服务中心等规划中的公共服务项目将日益健全，农村社会工作的发展要适应这一大势，逐步提升服务能力，满足农村居民更多层面的服务需求。随着新农村建设的推进和农村社会工作人才队伍建设的发展，一方面可根据条件适时推进综合化社会工作服务项目建设，如英国的社区照顾体系，融老年人、儿童、妇女等社会服务对象于一体；另一方面逐步扩展和深化特定领域社会服务的内容与水平。如可进一步推进诸如婺源"少年之家"等留守儿童社会工作机构的专业化甚至综合化，在服务内涵上实现社区照顾或托管、教育与心理辅导、素质拓展于一体，在社区建立一体化的社会工作综合服务中心，使农村社会工作、社区教育与学校社会工作齐头并进。

三　机构建设问题

与城市地区相比，农村地区的社会工作发展必然会受到更多的结构性约束和资源条件限制。农村社会工作发展的这个制约性特点，不仅在中国有，英、美等发达国家也不例外①，只不过，城乡二元结构特点显著的中国表现尤为突出。针对类似的问题，英国的农村社会工作服务机构主动与当地政府主导的农村发展战略和其他发展计划对接以拓展服务资源（Richard Pugh，2000）。基于中国社会工作发展面临的诸多结构性约束，我国社会学家王思斌教授也提出社会工作必须"嵌入式发展"的理论（王思斌，2009）。这些政策思想均揭示了农村社会工作发展离不开政府的资源支持，事实上，目前在江西万载等地开展的农村社会工作试点，均由政府主导和推动。在这种情况下，社会工作组织的独立性问题值得特别重视。

《社工规划》中提出，"2015 年在国家扶贫开发工作重点县通过依托社区服务中心或新建等方式培育发展 200 个农村社会工作服务站，到 2020 年基本实现每个国家扶贫开发工作重点县有一家社会工作服务站"，即一县一社会工作服务站，但尚未明确农村社会工作服务站的性质及如何设置。农村社会工作服务站设在哪里，县城还是农村社区？属于正式登记注册的社会工作机构吗？是独立机构吗？或者仅是政府办事部门——民政局社会工作部门或相关科室的职能的延伸，两块牌子，一套人马？笔者提出这些问题，是因为目前的农村社会工作试点中存在一些不好的苗头，并不利于农村社会工作的持续良性发展，包括农村社会工作发展较好的示范点也存在这一问题。

以江西万载县为例。万载县的农村社会工作取得了较大成就，在全国起

---

① 英国农村社会工作研究专家 Richard Pugh 的研究表明，无论是美国还是英国、澳大利亚，农村社会工作的开展均要面对交通、资源、人员和日间照顾中心等设施设置不足的问题（Richard Pugh，2000）。

到了示范效应，但其机构建设上存在的问题为其后续发展带来了隐忧。万载县目前的社会工作体系或架构是这样一个状况，在县一级，有民政局设立的社会工作股以及行业协会性质的社会工作协会（由民政局副局长任会长），但这实际上两者是合署办公，两块牌子，一套人马，社会工作股股长也担任社会工作协会秘书长。不仅如此，社会工作协会名义上还管理着一家经过注册的社会工作机构——"百合服务社"，但该机构与民政局社会工作股以及社会工作协会秘书处也几乎是同一套人马，以至于很少有人知道万载县有这么一个机构。万载在乡镇一级，挂牌成立了所谓的"社会工作服务中心"，该中心并无实际职能，仅仅是县民政局与各村项目点之间的联络或协调单位，人员也由各路人马拼凑而成，实际的联络人为乡民政所的干部。在村一级，凡是民政局设立了社会工作项目试点的村，均设有相应的社会工作服务站，但该服务站并无专门的社会工作服务人员，只有一名社会工作督导，由民政局社会工作股干部担任，不定期地下村来指导工作。从这点而言，万载县所谓的"农村社会工作服务站"显然与《社工规划》中明确要设立的"农村社会工作服务站"不是同一性质的，万载县的"农村社会工作服务站"只是一个项目点，而不是一家机构。而万载县的社会工作协会秘书处或社会工作股，在职能上却类似"农村社会工作服务站"，但它无疑不是一家真正意义上的社会工作机构，而只是政府的一个办事部门。现在尚不清楚《社工规划》所提的"农村社会工作服务站"是否就是以万载县的社会工作协会秘书处为原型或者参照这一机构设立的，如果是的话，这将会带来诸多问题。因为，万载县在社会工作体系上既当"裁判员"又当"运动员"的形式，虽然由于政府的强势推动和介入，调动了资源，促进了农村社会工作在全县的开展，但也带来了诸多弊病。一方面，行政化、形式化倾向越来越突出。目前，万载县每年以增加十多个点的速度扩充社会工作项目点，据相关负责人介绍，近两年要达到上百个项目点，但大部分新扩的点有名无实，只是蜻蜓点水般地做表面文章，由于忙于扩新，一些原来开展得较好的老点却停滞或中断了，只有少数几个社会工作本土化做得比较好的项目得以保留，未从中断。之所以要规模化扩点，据相关负责人说，是因为不扩点，上级部门考核时，不知道他们做了什么工作，现在行政导向的考核往往数量化、表面化，他们苦心把几个点经营得再好，上级部门也没时间去看；另外，不扩点，就拿不到更多的经费，因为经费预算是项目制，按项目数量决定拨款，而不是按项目质量，所以扩的点越多，给的经费越多。由于社会工作岗位并未增加，仍然是两到三人，根本无力顾及这么多点。且民政部门既当"裁判员"又当"运动员"，缺乏实质的考核与评估，因此盲目扩点必然导致质量下降、表面化、形式化，有增长无发展，形成"内卷化"现象。另一方面，由于社会工作协会的官办身份，海内外的一些基金会或者 NGO 组织也不愿意为其提供捐赠或资助。万载县民政局负责人曾接触过基金会，但对方一听说他们是民政局的，就拒绝，理由是"民政局的，哪会没钱"？如果该机构是独立的民办机构，就能争取到更多的外部资金支持，因为基金会一般资助的对象以民办机构为主。

因此，笔者关于农村社会工作机构建设的具体建议是：县级农村社会工作服务站建设方向应该是独立的专业化社会工作机构；社会工作协会可以与社会工作股合署办公，但作为社会工作机构县级农村社会工作服务站必须独立，两者分工合作，社会工作协会是管理者、考核者，机构的职能是为各项目点提供社会工作服务和指导，改变既当"裁判员"又当"运动员"的状况，加强对服务质量的监督与考核。建议每个县设立一家社会工作机构，由政府向其购买社会工作服务。以万载县为例，目前该县一年的社会工作经费已达到 36 万元，如果实行机构化运作，应当可以取得更好的实效。该社会工作机构还可积极争取外部资源的支持。机构运作模式可灵活多样，民办、民办公助或公办民助均可，甚至在创立时期为扶持社会工作机构发展和机构稳定的需要，还可给予其半事业单位的待遇，机构负责人给予事业编制，以保持机构领导者的稳定性。在政府购买服务方式上，可将岗位购买与服务项目购买相结合。在服务方式上，应充分吸收江西万载永新村等地经验，机构应以项目式服务为主，将基层社区社会工作项目纳入县级社会工作组织体系，实现垂直型社团化管理和项目式运作。以项目为纽带，助人自助，培育社区自助团体，发展农民经济合作组织，开展社区教育，促进社区文化建设，促进社区团结、合作与发展。按照此种模式运作的社会工作机构，在岗位设置和运作经费上可大大节约，既适应农村地区的财政能力，又能起到事半功倍的效果。

四　公共财政等资源配置机制问题

鉴于农村地区的财力，政府在农村社会工作发展方面的财政投入不可能像深圳、广州等发达地区那样多，必然有一个发展的阶段性问题。所以类似广东等地的政府购买社会工作服务的制度一下子很难在农村推广，必须梯度实施，分步推进。要建立健全福利彩票公益基金按比例投入，财政预算的固定投入、专项投入等政策机制，有条件的地区要先行先试政府购买农村社会工作服务。首先，试点地区应建立福利彩票公益基金按比例投入农村社会工作发展的经费制度。目前，江西万载等地的农村社会工作经费主要来源于福利彩票本级公益基金的30%的投入，目前年投入经费已达到36万元，为万载社会工作的发展提供了较为稳定的资金保障。其次，建立健全财政预算的固定投入、专项投入等机制。逐步将农村社会工作的发展基金纳入公共财政预算。财政拨付方式要从"人头预算"方式向"项目预算"方式转变。在财政部门年财政支出的公共服务项目预算中，划拨一定比例的经费用于社会工作事业的固定投入。同时，设立专项资金，根据社会发展需求，参考GDP增长情况，按比例逐步提高社会工作经费的投入比例。再次，要建立对农村社会工作人才队伍建设的中央财政转移支付制度。可借鉴普及和发展义务教育的经验，建立和完善中央对农村地区尤其是欠发达农村地区社会工作人才队伍建设的财政转移支付制度，保障这些地区社会工作者的待遇和运转经费。最后，有条件的地区要大力推动政府购买服务制度，通过项目发包的方式，吸收有资质的社会工作机构承接政府委托的社会管理和公共服务。在课题组对一些专家、学者和官员的访谈中，多数人认为，目前我国的发达地区以及欠发达地区的经济发展较快县市已在财政能力上具备了政府购买社会工作服务的条件，关键是要转变观念。

农村地区的财政能力毕竟有限，除了逐步加强财政预算等专项投入，还必须改善资源配置机制，对接新农村建设、农村社会保障体系建设等公共服务项目预算，统筹安排新农村建设与农村社会工作发展，拓宽农村社会工作资源。为拓展农村社会工作的资源，英国的坎布里尔郡（Cumbria）、波尔斯郡（Powys）的社会服务机构把社会工作与当地政府主导的农村发展战略和其他发展计划联系起来拓展服务资源，如依托农村数字化工程建立儿童信息数据库和儿童救助热线。我国农村社会工作的发展也要吸取国外经验，对接政府大力推进的农村各项发展战略，拓宽农村社会工作资源。新农村建设和适度普惠的农村社会保障体系建设是当前我国政府集中财力物力大力推动的两项宏大的农村发展战略。推动社会工作服务新农村建设，亟须改善资源配置机制，对接新农村建设、农村社会保障体系建设等公共服务项目预算，统筹安排新农村建设与农村社会工作发展。第一，在每年财政支出的新农村建设项目和农村社会保障等公共服务项目和预算中，要划拨一定比例的经费用于社会工作事业。第二，要改善新农村建设和农村公共服务项目的资源配置机制，推动政府购买服务和新农村建设有关项目招标，县农村社会工作服务站其或城市社会工作机构可下乡竞标或委托代理社会服务项目，建立可持续合作平台。第三，加快成立农村社会工作发展基金，广泛吸纳社会资金、社会捐赠支持农村社会工作和新农村建设，弥补财政投入的不足。

参考文献

卡尔·波兰尼，2007，《大转型：我们时代的政治与经济起源》，冯钢、刘阳译，杭州：浙江人民出版社。

陈家建，2012，《项目制与基层政府动员——对社会管理项目化运作的社会学考察》，《中国社会科学》第 2 期。

江波、杨晖，2007，《农村社会工作：实践与反思》，西安：西安出版社。

李培林，2011，《创新社会管理是我国改革的新任务》，《决策与信息》第 6 期。

李汉林、渠敬东等，2005，《组织和制度变迁的社会过程》，《中国社会科学》第 1 期。

李迎生、方舒，2010，《中国社会工作模式的转型与发展》，《中国人民大学学报》第 3 期。

民政部社会工作司，2011，《农村社会工作研究》，北京：中国社会出版社。

皮埃尔·布迪厄、华康德，2004，《实践与反思——反思社会学导引》，李猛、李康译，北京：中央编译出版社。

滕尼斯，2010，《共同体与社会》，林荣远译，北京：北京大学出版社。

唐斌，2010，《社会工作机构与政府组织的相互嵌入及其影响》，《社会工作》第 7 期。

王思斌，2009，《和谐社会建设背景下中国社会工作的发展》，《中国社会科学》第 5 期。

徐震，1985，《社区发展：方法与研究》，台北：中国文化出版部。

徐永祥，2001，《社区发展论》，上海：华东理工大学出版社。

詹姆斯·C. 斯科特，2011，《国家的视角：那些试图改善人类状况的项目是如何失败的》，王晓毅译，北京：社会科学文献出版。

张和清、杨锡聪、古学斌，2008，《优势视角下的农村社会工作》，《社会学研究》第 6 期。

David. Hardcastle. 1997. *Community Practice: Theories and Skills for Social Workers*. Oxford University Press.

Lohmann. 2005, *Rural Social Work Practice*. New York: Columbia University Press.

A. Morales & B. W. Sheafor. 2004. *Social Work: A Profession of Many Faces* (13 ed). Boston:

Allyn and Bacon.

Richard Pugh. 2000. *Rural Social Work*. Russell House Publishing Ltd.

Richard Pugh & Brian Cheers. 2010. *Rural Social Work*：*An International Perspective*. Policy Press.

作者简介

蒋国河　男

所属博士后流动站：中国社会科学院社会学研究所

合作导师：李培林

在站时间：2012.9 ~

现工作单位：江西财经大学

联系方式：jgh309@163.com

以民为本：农村征地冲突的
调适与化解机制*

孟宏斌

摘 要：在城镇化急剧推进进程中，农村土地征用非农化倾向严重，多方面诱因的综合作用使农村征地对抗性冲突的发生在所难免。为此，可在对征地冲突的制度根源、动力机制及事件演化升级机理进行重点研究的基础上，通过探索多渠道争端解决机制的路径，最终构建出融合利益协调机制、诉求表达机制、矛盾调节机制、权益保障机制在内的科学有效的冲突事件预防与化解并重的危机管理体系，既化解农村征地对抗性冲突，又切实维护广大农民的权益。

关键词：土地征用 社会冲突 调适化解机制 以民为本

党的十八大报告提出工业化、信息化、城镇化与农业现代化"四化"同步协调发展的战略构想，将新型城镇化作为着力解决制约经济持续健康发展的重大战略。为应对"中等收入陷阱"，地方政府亦纷纷出台举措推进城镇化战略的发展。但在实施过程中，出现忽略农民主体地位、违背农民意愿、追求速度扩张的跃进式城镇化现象，主要表现是大量农用地转变成为居住、交通、工业、服务业等城乡建设用地，即农地

* 本文系教育部人文社会科学研究青年项目成果"农村征地对抗性冲突：内在形成机理及调适化解机制研究"（10YJC790193）；中国博士后科学基金第四批特别资助项目"诱因机会、形成机理及调适机制：农村征地冲突的经济学分析"（201104174）成果。

非农业化。因此，在城乡一体化战略实施过程中，如何处理城镇化与农村发展、农地非农化征用与失地农民权益维护的关系，成为不可回避的现实问题。

20世纪90年代以来，随着城市化进程的加速推进，因征地引发的群体性冲突事件比例极高，媒体报道的征地冲突在数量、规模、程度上都有增加的趋势（表1）。征地过程是土地权益关系调整的过程，征地矛盾冲突的实质是土地所承载的潜在权益问题积聚激化后的表现形式。在征地冲突初期，作为抗争方的农民常常试图通过多种渠道向社会、媒体、法院及各种维权组织求助，或者利用非制度化的政治参与方式，促成政府重视、社会关注、舆论支持。在征地冲突后期，政府可能因为事件的突发性与难以控制而采取非常规武力方式强制镇压。双方的非制度化行为往往发生激烈的警农冲突，并可能上升为严重的群体性暴力对抗，给脆弱的农村社会带来巨大威胁，甚至可能引致更剧烈的社会动荡。地方政府对征地冲突采取的简单压制措施，既无益于冲突事件的解决，也不具有可持续性。因此，迫切需要转变思路，在以民为本的基本原则基础上，探寻征地冲突事件的预防与化解机制。①

表1　近几年由征地引发的较大规模的群体性事件

征地时间	征地规模	冲突时间	冲突地点
2002年~2004年	48000亩	2007年	内蒙古自治区鄂尔多斯市康巴什新区
1992年3月~2005年3月	10000多亩	2005年7月2日	广东省佛山市南海区
1992年~2003年5月	7770多亩	2003年5月~7月	四川省自贡市高新区
2003年	6257亩	2008年10月	安徽省砀山县
2002年8月2日	3000亩	2002年11月22日	江苏省灌云县
2003年	2500多亩	2010年1月7日	江苏省邳州市河湾村
2004年4月5日	1748亩	2005年6月11日	河北省定州
2008年11月	300多亩	2009年7月31日	四川省自贡市荣县
2009年10月	300多亩	2009年10月16日	湖北省宜昌市长阳
2003年11月20日	100亩	2004年11月5日	浙江省仙居县官路镇
2008年11月26日	30多亩	2008年11月26日	广东省廉江市河唇镇

资料来源：根据相关资料综合整理。

---

① 本文的"冲突调适化解机制"，并非意味着防止冲突出现或者彻底消灭冲突，其真正内涵是通过制度调适、利益平衡，疏导与缓和冲突，控制冲突的负面影响，将冲突的不利因素转化为积极因素。

一 规范征地制度 调适补偿安置

法律制度所具有的规范、约束、激励、保障等功能，使得加强法律制度调适成为预防征地冲突的理性选择。因此，完善和改进现行征地相关法律制度成为征地冲突调适的关键。

（一）明确农地产权归属

完善农村土地制度是从根源上防止农村征地冲突发生的关键，主体明确、界定清楚的土地产权是运用市场机制配置集体土地资源的前提。因此，可以建立以"农民为本位"分层式的复合产权制度，明确农户对农村土地的产权主体地位，明确界定农民行使充分的占有、使用、收益以及依法处分四种权利统一的承包经营权。具体地说，在宏观层面，国家是农地产权的终极主体，剥离集体组织对农地的模糊所有权；在中观层面，取消农地集体所有，赋予其产权管理主体身份；在微观层面，农民（群体）是农地产权的实际主体，拥有完全的承包经营权，甚至拥有土地的抵押权、继承权及发展权。农地发展权亦称农地开发权，是一种农地可转为建设用地进行开发利用的权利，是所有农业经营者都应当参与分享的权利，应该让农民集体分享农地转用过程中的土地增值收益。

（二）规范农地征用制度

根据国际经验，公正合理的征地程序应该建立从申请批准、事前调查、目的性批准到征用实施反馈的合理法定程序，特别是要建立健全征地目的性审查制度、征地公告制度及征地补偿申诉制度。完善中国征地制度的关键，就是要厘清公共利益的合法边界。尽管严格界定"公共利益"存在相当大的困难（钱忠好、曲福田，2004），但可采用概括式与列举式相结合的方式，界定公共利益的范围。具体可分为以下几类：①国防、军事建设用地；②交通、水利、能源建设基础设施用地，如水库、防护林、绿地等用地；③公共事业，包括公共卫生事业、教育、福利、慈善事业用地；④政府机关、地方自治组织机关及其公共建筑用地；⑤公共设施用地，如水、电、油、气管道及其附属设施用地等；⑥享受特殊政策优惠的用地，如经济适用房建设用地等；⑦其他由政府兴办以公共利益为目的的事业用地（贾生华，1996）。

同时，严格区分公益性和经营性建设用地。明确规定只有公益性建设用地，才允许通过土地征收获得土地，对出于商业目的的征地（即经营性用地），应按市场规则运作，引入竞争机制和谈判机制，建立健全农民集体建设用地使用权与国有土地使用权并轨入市的交易制度，保证农民分享土地增值收益（李亚华，2004）。

（三）建立市场化的补偿安置制度

征地补偿是因国家或政府征地权的行使，特定人发生经济上的特别损失，由国家或政府给予的资金补偿。关于补偿标准，可以从西方发达国家的征收补偿制度得到启迪：以公平合理的理念作为补偿原则，以市场价格作为补偿标准，补偿范围覆盖面广和补偿形式多样化，以专门立法规范土地征收补偿行为，以严格的程序性规定确保实体法和程序法的统一，着重强调公共利益的同时，保护被征收者的利益。

据此，近年来国家出台系列政策，制定的征地补偿标准不断提高。2004年国务院发布《国务院关于深化改革严格土地管理的决定》，明确规定年产值标准和征地补偿倍数可以突破二十倍，成为我国征地补偿制度改革历史上的里程碑。2005年国土资源部出台《关于开展制订征地统一年产值标准和征地区片综合地价工作的通知》，明确了征地补偿以统一年产值标准和区片综合地价①为标准计算。在同一区片内，无论是耕地还是林地、园地或者未利用地，都实施统一标准的征地价格。相对于年产值倍数法，综合区片价补偿法的最大特点是提高了被征地农民的补偿标准。从全国实施综合区片价的数据来看，平均提高的幅度接近50%（表2）。

确定征地补偿标准包括补偿总量和补偿分配两方面：补偿总量应以非农用途的市场价值②为基准，补偿分配应将更多的份额留给农民。我们可借鉴国外发达国家征地补偿的实践经验，不仅要考虑土地的生产性收益，而且要考虑土地的非生产性收益（钱忠好、曲福田，2004）。应在确保农民生存权的

---

① 征地区片综合地价是指在综合判定的基础上把城市划分为若干个区片，在同一区片内综合考虑了土地区位、农用地等级、人均耕地数量、土地供求关系、当地经济发展水平等多方面因素确定的征地标准。

② 理论上土地的价值是指土地肥力和位置带来的自然价值及土地改良增值、外部性增值、供求性增值、用途转用性增值及通货膨胀增值五种类型的土地增值。

表 2　年产值倍数法与综合区片价补偿标准比较

省份	所在地	按照年产值倍数补偿标准（元）	综合区片价补偿标准（元）	变化幅度（%）
河北省	沧州市黄骅市	14607	28968	98.32
	邯郸市丛台区	110000	143216	30.20
云南省	红河州绿春县	14000	19890	42.07
	昆明市西山区	65000	73353	12.85
浙江省	金华市武义县	18334	33293	81.59
	杭州市区	136250	196250	44.04
山东省	济南市历下区	36000	80000	122.20
	枣庄市薛城区	21000	42000	100.00
辽宁省	沈阳市沈北新区	29300	46800	59.73
天津市	宁河县	19478.50	20157.90	3.49
	西青区	80333.40	84238.44	4.86

资料来源：根据相关资料综合整理。

基础上，对被征用土地本身的补偿采用收益还原法评估，以土地的原农业用途为基础并按照市场价格给予补偿。补偿标准应以公平市场价为基准，同时规定最低补偿标准，根据保障被征地农民合理利益的成本确定合理补偿标准（常进雄，2004），或者以被征地所承载农民安置的实际社会成本为依据制定征地补偿标准（卢海元，2003）。

（四）建立完善被征地农民安置制度

目前，征地补偿安置一般包括货币安置、择业安置、投资入股安置、农业安置、留地安置、住房安置、社会保障安置等基本方式，各种安置方式有其适用条件、优缺点，也应对防范不同的风险效用（张晓玲、卢海元、米红，2006）。因此，要根据不同地区不同群体面临的不同风险及程度，因地制宜，开拓多种安置途径（表3）。

根据农户的不同类型，采用不同征地补偿方式（韩纪江、孔祥智，2005）。对于具有参与非农工作条件的纯农户可以安排他们到其他行业就业，对不具有参与非农工作条件的纯农户可以进行货币补偿与社会保障安置相结合或者以农业安置的方式进行安置；对于农业兼业户，可以进行就业培训，让其从事较稳定的非农业工作，也可以在其保持现有工作的条件下对其进行货币补偿结合社会保障安置或农业安置的方式；对于非农兼业户，可以

表 3　不同安置方式的优缺点、适用条件

安置方式	优点	缺点	适用条件
货币安置	操作简单,农民心理上容易接受	标准不高,难以解决被征地农民的长远生计	经济发达地区;年轻人和外出农民工
择业安置	被征地农民能及时就业,有较稳定的收入	文化素质偏低,面临重新失业和陷入贫困风险	用地单位能够安排在用地单位就业
农业安置	被征地农民重新获得土地	实施农业安置,既受人多地少的限制,又受政策的限制	在人均耕地相对较多地区,调整土地安置的人数所占比例较高
投资入股安置	可为被征地农民提供长期收益	被征地农民面临市场风险和经营风险	适宜经济发达地区
留地经营安置	可通过发展第二、三产业解决部分被征地农民就业	受到留置地块区位的限制	主要在城市郊区和经济较发达地区,地价较高
社会保险安置	使被征地农民分享工业化、城镇化和现代化成果	处理好失地农民的近期生活与长远保障的关系	经济比较发达,较强的财政实力

采取完全货币补偿的方式帮助其扩大生产规模或者供其自行购买社会保障,帮其解决后顾之忧。由此,通过采取多元化的补偿安置途径,既能让失地农民基本生活有保障,又能激发其谋取自身发展的动力,从而避免了征地矛盾的激化,降低了农民维权抗争的动力。

二　健全社保制度　增强可行能力

可行能力是 1998 年诺贝尔经济学奖获得者阿玛蒂亚·森（Amartya Sen）提出的概念,主要指个人能够实现某种行动或状态的能力指向,也就是个人潜在的能够选择某种行为并实现其目标的能动状况。可行能力与森强调的自由、人的差异性与机会等概念密切相关。

（一）完善被征地农民权益的权利救济制度

建立合理科学的诉讼救济体系,对纠正土地征收偏差、维护农民利益具有重要作用。要完善被征地农民的救济制度主要包括行政救济制度和司法救济制度。

完善行政救济制度包括完善行政复议和信访制度。根据征地的立法规定,一切受征地影响的利害关系人,对征地目的正当性、征地补偿方案、安置方案有异议的，或对补偿标准制定、补偿费分配、安置方案实施有异议或发生争议的，可在相关公告之日起或接到通知之日起一定期限内，向征地决定机构或实施机构提出异议申请或争议解决申请。也可以直接以信访的形式，到有关政府机关走访。同时，针对土地征收的合法性纠纷、程序违法性纠纷和征地调查纠纷，建立健全行政复议救济制度。要加强对行政机关履行行政复议职责的监督，促使行政机关积极履行征地争议的行政复议职责。

建立失地农民权益的司法救济制度主要包括三方面。一是建立对征地目的正当性的司法审查制度。在土地征收中，各地方政府在制定征地补偿标准时往往行使不当裁量权，严重损害被征地农民的利益。应建立司法审查制度，赋予一切受征地影响的利害关系人向法院起诉并要求其审查征地目的是否符合公共利益的权利，并规定争议解决期间暂停征地活动。二是建立对补偿和安置方案的听证审查制度。改变目前单纯由土地管理部门主导征地补偿安置行为的单方模式，引入补偿安置标准的评估机制和补偿安置措施的公开听证机制，确保补偿安置行为的合法规范，维护被征地农民的基本权益。三是赋予农民征地补偿安置的诉讼权。针对征地补偿安置争议的相对人遭遇的法律困扰，立法机关要尽快根据《行政复议法》和《行政诉讼法》，明确规定对拟订方案行为、审批行为、执行方案行为、征地补偿安置方案有争议的，由县级以上地方人民政府协调；协调不成的，争议一方农民可提起行政复议；对行政复议决定不服的，申请复议方可提起行政诉讼。对经过行政裁决的民事性质纠纷可提出民事诉讼，对土地征收中的违法犯罪行为可以移送检察院提出刑事诉讼（程洁，2004），从而将对征地补偿和安置的最终审查权交给司法机关，为被征地农民获得权利救济提供了公正的途径。

（二）健全社会保障体系

近年来，被征地农民社会保障制度越来越受到政府和社会各界的关注和重视，中央的一号文件明确提出，按照"先保后征、应保尽保"的要求，强化被征地农民社会保障，国家和地方都相应出台了多项相应的政策法规。为解除农民后顾之忧、缓解农村征地过程中的利益冲突，必须建立健全包括最低生活保障、养老保障、医疗保障、教育培训保障机制以及再就业创新保障等在内的完整的失地农民社会保障制度。

一是失地农民最低生活保障制度。最低生活保障制度是公民生存权得到保障的重要体现，也是宪法所规定的"物权帮助权"的必然要求。1999年国务院颁布的《城市居民最低生活保障条例》，其适用范围仅仅限于城市居民，作为弱势群体的农民，其最低生活保障的权利往往被剥夺。国家赋予农民的最低生活保障为土地，政府理应将其纳入最低生活保障体系，保证农民的最低生活水平。关于保障对象，只有那些无法再就业、基本生活有困难的被征地农民才能界定为保障对象；关于保障来源，"低保"资金主要来自被征地农民社会保障基金，并辅之以社会募集资金；关于保障线标准，要在综合考虑维持基本生活需要、人均纯收入及地方财政承受能力等因素的基础上确定。

二是被征地农民养老保障制度。关于保障对象，已经就业的被征地农民，应将其纳入城镇职工养老保险制度，对因身体素质或客观原因无法就业的被征地农民，应建立有别于城镇的养老保险模式（杨燕绥、赵建国、韩军平，2004）。关于资金缴纳，要根据农民需求、承受能力和目前条件，按分类分层保障原则扩大农村社会保险的覆盖面，并相应提高参加保险费率的基数。关于待遇，处于劳动年龄段的被征地农民交满 15 年养老保险后，享受城镇职工养老保障金待遇；已经超过退休年龄的被征地农民，由各村集体经济组织发放最低生活补助，维持基本生活水平。关于基金管理，参照城市养老保险管理办法，建立养老保险的统筹账户或养老保险基金，交由商业保险公司托管。

三是被征地农民医疗保障制度。在建立完善新型农村合作医疗基础上，以被征地农民社保基金为主，吸收社区、企业、慈善机构及个人等捐助，建立被征地农民医疗救助基金，解决基本医疗保健开支和大病风险医疗问题。

关于被征地农民的社会保障基金，采取"政府补贴一块、集体出资一块、个人负担小部分"的筹集办法，基金运营可交由国有银行和私营金融机构共同经营管理，确保基金的保值增值。必须健全监管体系，成立专门的基金监督委员会，逐步构建一个被征地农民的社保基金监管网络。积极探索基金监督的方式，加强政府监督、内部监督和社会监督。

（三）完善（再）就业保障制度

建立被征地农民就业保障制度包括提供就业机会与进行技能培训两方面。关于提供就业机会，政府在保障被征地农民基本生活的同时，必须采取多种形式为其创造就业机会。首先，要按照市场化原则，制定城乡统一的劳动就业政策。建立和完善城乡一体化的劳动市场体系，培育各种劳务中介机构，及时提供各类就业信息，并运用计算机网络技术使各个劳动力市场互相连接，为被征地农民提供迅速、正确、完整的信息，积极拓展被征地农民的就业途径，使其能尽快找到适合自己劳动技能的工作。

其次，加强对被征地农民的职业教育和职业培训。政府应主动增加对农村人力资源开发的投入，鼓励包括被征地农民在内的农村劳动力对人力资本的投入。建立以劳动保障部门培训机构为龙头，就业训练中心、成人学校、职业学校和技工学校为阵地，社会力量办学、实体参与和用人单位为补充的多层次的就业培训体系，根据不同的年龄阶段和文化层次对被征地农民进行针对性培训。为调动被征地农民的培训积极性，可采用向因被征地无法就业的农民发行"技能培训券"的方式，选定培训机构进行培训。实行训证结合、训考分离，让失地农民真正掌握一门非农职业技能，提高就业能力。①

最后，建立被征地农民就业保障金，用于被征地农民职业技术培训费用的补贴，对安排被征地农民就业工作突出的单位进行奖励，有偿扶持被征地农民集体就业、个体经营和自主创业。

三　利益协调整合　提升政治参与

利益问题是社会发展的核心课题，利益格局变动是社会矛盾的主导诱因。调适化解群体性事件发生，就必须构建利益整合机制，在全社会范围进行合理的利益分配和利益协调，形成相对稳定而合理的利益格局。

（一）建立利益维权组织

研究表明，当利益诉求渠道不畅，利益失衡所产生的结构性压力得不到释放时，就会导致突发性群体事件。要让农民同政府及其他利益集团进行博弈，最重要的是赋予农民集体谈判的权利（姚洋，1998），必须有一个代表农民利益的组织，这是对弱势群体保护的有效手段之一。农民组织的功能包括经济功能（解决农民与其他利益集团的经济关系问题）、法律功能（解决农民与其他利益集团的矛盾和冲突）及政治功能（积极地参与政治，影响政府决策活动）。整合农民利益、疏导农民不满、实现有组织的合法参与，

---

① 例如，绍兴市被征地农民在办理"就业（失业）证"后，可享受一系列的就业扶持政策；建立就业专项资金，鼓励被征地农民参加各类职业技能培训，积极实施就业援助；鼓励被征地农民自谋职业和自主创业，大力鼓励企业吸纳被征地农民。

可提高政治参与的广度和深度及利益表达的层次和效能，扩大社会影响力和谈判能力，迫使政府做出相对公正的决策。当地方政府违规征地、村集体剥夺农民权益时，农民代言组织要把农民的利益诉求和主张聚合起来，采取与政府和村集体对话、谈判等形式平等表达自我权益，既避免暴力冲突，又有效保护自身权益。

基于建立农民自身利益代言组织的积极意义，地方政府不仅要给予政策环境上的支持，更应该在组织管理和相关技术方面给予充分帮助。另外，农民利益代言组织建设是一个长期过程，其作用的有效发挥还有赖于农民自身素质的提高。要充分发挥组织在集体行动中的作用，必须要区分组织内外农民集体中不同成员扮演的角色和作用，促使维权组织真正成为代表全体农民利益的相容性行动集团。挑选农民群体中的核心成员作为集体土地产权保护行动中的精英领导者，并确保其获得必要的社会"报酬"，从而确保其发动集体行动的"选择性激励"；依靠农民群体中的积极成员作为集体行动组织中的执行成员，并为之提供适当的物质激励，激励其尽心尽力地办事，成为组织进行集体行动的骨干；团结农民群体中的普通成员，建立更广泛的群众信任基础。

（二）推进村民自治组织建设

要有效预防和减少农村征地冲突的发生，就必须完善现有的乡村基层民主制度，推进村民自治制度建设（胡永佳，2000），逐步建立起决策有程序、办事有章程、失职有追究的新型村民自治。为此，一要提高村委会自我管理能力。把村民选举和民主监督统一起来，促使村委会的自治功能得到强化，使村干部的合法性不再来自于上级政府，而是源于普通村民，鼓励他们参与到村务管理事业中，扩大基层民主，减少矛盾冲突。二要加强内部监督和外部监督。内部监督是指加强村党支部组织、村民大会组织对村民自治的监督。对涉及村民公共利益的事情，要按照程序，召开村民大会进行表决，对部分滥用职权的干部，要提议罢免其职务。此外，每年召开二至三次村民大会，成立村民监督小组对村委会的财政报告进行评估，对有问题的相关人员进行质询和问责。外部监督是指来自乡镇基层政府的监督，乡镇政府对于村民自治中存在的问题，要直接向村民大会提出建议，或者通过对村党支部的影响来发挥作用。三要依法建立村规民约。村规民约是村民自治的一种表现，从理论上讲，国家法与村规民约之间存在相互替代和互补的可能性（吴振宇、俞洁，2008）。在保证与国家法律统一的前提下，在全体村民都积极参与的情况下，维护农民合法权益，促进村规民约与国家法律的协调发展，减少冲突的发生。

（三）建立利益表达机制

达伦多夫的冲突理论和治理理论都强调了公共事务中公民参与的重要性，认为民众不满情绪的适当发泄会起到"社会安全阀"的作用。疏通农民参与的渠道和建立利益表达机制，关键是政府与被征地农民之间要有协商谈判的对话机制。建立畅通的利益表达机制可从四方面入手：一是拓宽群众政治参与渠道。充分发挥人大代表和政协委员同人民群众密切联系的作用，做好上传下达，及时传递反馈群众的利益需求，畅通各阶层群众通过人大代表和政协委员进行利益表达、参与政府决策的渠道。二是建立健全社会基层议事制度。实行村务公开、政务公开、民主评议、听证会等制度安排，维护各阶层的知情权、发言权和监督权。三是探索新的利益诉求渠道。尽快建立民意调查、公民投票、信息公开、协商谈判、听证会等民主科学的利益诉求制度。四是培育和增强社会中介组织的协调沟通能力。充分发挥社团、行业协会、其他社会中介组织在表达意愿、参与公共政策制定层面的作用，化解社会各阶层的利益矛盾和冲突。

四　完善公共服务　改进危机管理

政府的基本责任是运用公共权力管理公共事务，以保证社会经济生活的有序运行。从管理职能看，政府要着力转变管理方式，建立公共服务型政府，实施有利于保护弱势群体的公共政策。征地冲突化解方面的公共政策，主要是指政府为维护和协调整体土地利益，而对土地利用与农村土地纠纷化解所规定的主要目标、任务和行动准则，及由此形成的系列措施、条例、法律等，比如农村征地权属纠纷调处、征地损益补偿及配套措施、社会保障等的建构。

（一）转换政府征地角色

土地市场建设必然要求建立政府和市场合理分工的资源配置机制。必须设定政府和市场的边界，市场的功能是提供平台，政府的职能是指导而不是替代。要抑制权力进入市场，切断政府征地收益的利益链条，降低政府官员征地冲突的内在动力。

为此，一要阻断地方政府的土地出让机制。必须打破政府垄断土地一级市场的格局，改变地方政府作为建设用地的土地经营者角色。二要创立土地财产税。将现行与土地财产相关的各种土地税费合并为土地占用税（对土地农转非的行为征税）、土地保有税（对持有建设用地者的征税）和土地交易税（对建设用地的交易行为征税）三个税种。三要增强政府服务职能。地方政府要担负起保护和维持农地总量平衡的职责，成为提供公共产品的纯粹管理者、服务者、监督者，从而减少谋求预算外收入的动力，杜绝过量征用农地。四要建立征地责任追究机制。转变政府职能的关键是尽快完善行政责任体系，使征地过程中的责任明晰，增强征地权执行者责任感、使命感和危机意识，减少冲突的动力。特别是要坚持"预防为主、事前防范和事后查处相结合"的原则，构建预防违法的执法监管体系，充分利用卫星遥感监测等信息化技术，加大动态巡查力度，加强执法监察，真正做到及时发现、及时制止，建立公检法、纪检监察、工商、财政、城市规划等部门土地执法联动机制，有效避免土地冲突的发生。

（二）构建危机管理机制

当前地方政府对于征地冲突的"压制"态度，既无益于冲突事件的解决，也不具有可持续性，迫切需要转变思路，寻找真正有效的冲突化解机制。危机管理系统是指政府所建立的一整套社会危机检测、预防和快速反应的制度和运行体系。通过有效的危机管理系统，政府对危机的管理被纳入一个有步骤、有条理的进程中，最大化地减少危机给社会带来的各种影响。

首先，要建立危机预防系统。"凡事预则立，不预则废"。社会预警机制是防范和解决社会矛盾的基础，是社会稳定和发展的指示器，是科学决策的可靠手段。如果我们对社会偏离现象做到有效监控，反应及时，做出科学正确的判断，就能及早地预防和纠偏，为解决、防范社会问题提供先决条件，防患于未然。

其次，要制定科学合理的应急预案。大部分群体性突发事件是很难准确预测的，必须事先做出周密的部署安排。应急预案的启动应按照分级管理、分级反应、自下而上的程序进行。针对各类事件的性质，尽可能多地假设并拟订具体的处置决策和应急措施，有效避免指挥不当、配合失误等混乱状况的发生。

再次，建立群体性突发事件的应急处置。通过国家管理者的系列有效管理行为，对社会秩序及时控制、对群众情绪有效疏导、对社会矛盾和问题妥善处理，对民众与政府及政府管理者的对立关系积极改善等，完成对群体性突发事件的应急处置。政府还要注重发挥社会自治功能，调动社会的自治能力，降低救治成本。同时，建立常设的制度化的网络状反危机机构，强化政府处理危机的能力，保证指挥有力、协调有方、最大化减少危机带来的损失及负面影响。

最后，建立危机总结评估机制。危机消除后，各级政府要认真分析危机事件产生的原因、条件，及时总结经验、吸取教训、科学评估各种应对危机的处理措施，并不断加以改进、完善。

五　结论

农村征地冲突的解决，是实现一定条件下各种利益主体相互妥协的复杂的系统工程。为改变政府充当"消防队"的被动应付治理模式，征地冲突的有效调适化解，应着眼于减少冲突诱因和降低冲突动力两个层面，蕴含着利益调适、行为调适、目标调适及制度调适等策略。特别是在国家实施新型城镇化战略的大背景下，从城乡统筹角度研究农地非农化的制度完善和相应配套改革，可通过探索多渠道争端解决机制的路径，最终构建出一个融合利益协调机制、诉求表达机制、矛盾调节机制、权益保障机制的合理调适机制，化解农村征地冲突，真正确保农民权益得以维护。

参考文献

常进雄，2004，《城市化进程中失地农民合理利益保障研究》，《中国软科学》第 3 期。
程洁，2004，《土地征用纠纷的司法审查权》，《法学研究》第 2 期。
韩纪江、孔祥智，2005，《不同类型的失地农民及其征地补偿分析》，《经济问题探索》
　　第 6 期。
何建华、于建嵘，2005，《城市化进程中的农民权益保护问题》，《华中师范大学学报
　　（人文社会科学版）》第 2 期。
胡永佳，2000，《村民自治、农村民主与中国政治发展》，《政治学研究》第 2 期。
黄祖辉、汪晖，2002，《非公共利益性质的征地行为与土地发展权补偿》，《经济研究》
　　第 5 期。
贾生华，1996，《论中国农村集体土地产权制度的整体改革》，《经济研究》第 12 期。
孔祥智，2004，《我国城镇化进程中失地农民的补偿》，《经济理论与经济管理》第 5 期。
李亚华，2004，《解决失地农民保障问题的几点思考》，《武汉大学学报（哲学社会科学
　　版）》第 3 期。

卢海元，2003，《土地换保障：妥善安置失地农民的基本设想》，《中国农村观察》第 6 期。

钱忠好，2004，《土地征用：均衡与非均衡——对现行中国土地征用制度的经济分析》，《管理世界》第 12 期。

钱忠好、曲福田，2004，《规范政府土地征用行为　切实保障农民土地权益》，《中国农村经济》第 12 期。

吴振宇、俞洁，2008，《在民间法与国家法之间博弈——论宁波新农村建设中的村规民约》，《宁波经济（三江论坛）》第 10 期。

杨燕绥、赵建国、韩军平，2004，《建立农村养老保障的战略意义》，《战略与管理》第 2 期。

姚洋，1998，《农地制度与农业绩效的实证研究》，《中国农村观察》第 6 期。

应星，2007，《草根动员与农民群体利益的表达机制——四个个案的比较研究》，《社会学研究》第 2 期。

于建嵘，2007，《利益表达、法定秩序与社会习惯——对当代中国农民维权抗争行为取向的实证研究》，《中国农村观察》第 6 期。

张晓玲、卢海元、米红，2006，《被征地农民贫困风险及安置措施研究》，《中国土地科学》第 1 期。

郑风田，1995，《我国现行土地制度的产权残缺与新型农地制度构想》，《管理世界》第 4 期。

Kevin O'Brien & Lianjiang Li，2006，*Rightful Resistance in Rural China*，Cambridge University Press.

Scott Rozelle & Guo Li.，1998，Village Leaders and Land-Rights Formation in China，*American Economic Review*.

作者简介

孟宏斌　男

所属博士后流动站：中国人民大学农业与农村发展学院

合作导师：郑风田

在站时间：2009.9 ~ 2011.7

现工作单位：陕西师范大学政治经济学院

联系方式：mhb1009@163.com

草原社区的空间过程和地方再造：基于"地方—空间紧张"的分析进路[*]

郑少雄

摘　要： 本文从自下而上的文化理解出发，分析了近年来内蒙古巴肯嘎查遭遇的分割（草场承包）、排除（禁牧）、占用（气候干旱）等空间过程。一方面社区的应对方式是草场开垦及流转，使草原景观发生变化，传统社区面临消失的危机；但另一方面社区也通过开展文化批评、区分经济理性与文化理性、恢复公共仪式生活等形式，展开地方再造的努力。通过"地方—空间紧张"的分析进路本文认为，草原社区的命运取决于外部力量与社区双方更精细的空间协商机制。

关键词： 草原政策　地方—空间紧张

一　问题与解释进路

（一）草原危机及其地方解释

2012 年夏天，摄影师卢广的一组内蒙古草原的照片在媒体上引起了广泛关注。照片显示草原的整体空间被煤化工项目大规模挤占，剩下的草原也

---

* 本文已发表于《开放时代》2013 年第 6 期，略有改动。

被挖得千疮百孔，仿若巨大的天坑群。具有讽刺意味的是，为了装点生机，地方政府在被破坏的草原上布置了大批牛羊雕塑。①

从直观上看，草原社区潜在的消失危机可以直接归结为外来资本的强势进入，将草原改造为更具盈利能力的工农业生产项目。但地方牧民的配合也不可忽视，以笔者研究的内蒙古鄂尔多斯市 D 旗巴肯嘎查②为例，不但草场质量严重下降，草原面积也急剧缩小，2010 年的草原面积大约只相当于1980 年的 1/3，其余 2/3 或因牧民开垦导致严重沙化，或者已将使用权让渡给了工农业开发。

既然"风吹草低见牛羊"是一种普遍欲求（desirable）的生产、生活景观，为什么一边是国家大力推行旨在改善草原生态的经济、环境政策③，一边是放任草原破坏，草原状况不断恶化呢？更重要的是，传统上被认为是草原价值观维护者的蒙古族牧民为什么心甘情愿地"开/卖"草场？

常规场合下，巴肯居民给出的理由包括：禁牧圈养，草场面积小质量差，种植经济作物，进城定居，缺乏劳动力，经济利益诱惑等。但是 2011年社区"宝日敖包"祭祀结束后，一个完全开放性的酒桌访谈让笔者获得了另类的答案：

> 我们的敖包才恢复几年？上面怕出事，就不让闹红火了。④ 政府把草场分了，现在沙漠怕也要分了。草场分得就像豆腐丝，把蒙（古族）人打成了一盘散沙。豆腐丝有什么用，羊都放不了。现在还禁牧，叫我们像养猪一样养羊，我们蒙（古族）人哪有这样养羊的？
>
> 天气旱，知道为什么天旱吗？梁外的煤矿打吹云炮，不让下雨，草就长这么高，不种玉米牲畜根本就不够吃。可不就得开地啊？现在，地也快种不成了，水都叫东胜给抽去了，南边的煤矿也用水，没法浇地了。不要说浇地，我们人都快没水喝了。水抽完了，我们这些老头不想

---

① 参见卢广、张家安，2012，《草原之殇》，《南方人物周刊》第 28 期。

② 巴肯嘎查的名字，以及后面涉及的人名、地名按照人类学的通行做法进行了匿名处理。嘎查是内蒙古牧区的基层单位，相当于农区的行政村，苏木、旗相当于乡（镇）、县。

③ 如草原承包、草原围封、禁牧（退牧还草）、禁垦（退耕还林）等。

④ 2011 年 5 月 11 日、15 日，锡林郭勒盟连续发生煤矿企业和当地牧民冲突致死案件，导致部分蒙古族群众游行抗议。自治区地方政府迅速采取措施，并通过媒体和手机短信呼吁群众维护社会稳定，事态较快平静下来。宝日敖包祭祀与游行事件相隔不到一个月，因为担心群众聚集发生意外，据说当地政府曾致电主要组织者，要求"今年的活动要收一收"，最终传统的摔跤、赛马和二人台演出都没有举行，到场干部群众数量也大为减少。

搬怕是也得搬走了。反正我们这里现在也不叫苏木了。草场留着有什么用？开了算球，卖了算球。

牧民的话尽管不乏以讹传讹的成分，但所涉及的大部分内容在现实生活中可以找到对应。环境的文化建构只有在和土著交谈中才能获得理解（Basso，1996：68），这些言论指向了牧民自我理解中的族群社会遭遇：（1）外来空间生产策略（草场分割，禁止放牧，"吹云炮"天气干预）；（2）地方认同改变（原子化的蒙古族人，养猪的蒙古族人，限制敖包红火）；（3）去地方化（苏木撤销，草场消失，人口外迁）。换句话说，空间策略以及空间策略带来的认同改变可能将导致草原社区的消亡。

（二）"地方—空间紧张"的分析框架

在内蒙古草原环境与认同研究中，人类学家威廉姆斯认为当代国家在归责生态危机时，同时使用了空间和时间上的两种修辞策略：空间上认为是少数民族过牧滥垦行为导致了土地退化；时间上把主要过错归咎到前代的社会剥削或错误政策身上，借此掩盖了当代国家的环境野蛮主义趋势（Williams，2002：24－40）。这一洞见促使我们思考环境变化的政治化维度：除了自身的权力和知识优势之外，当代国家凭借什么样的深层机制实现免责？

地方与空间是人类学与人文主义地理学常用的两个基本概念。自 1970 年代社会理论的空间转向以来（何雪松，2006；汪民安，2006），空间成为宰制性的概念，地方则不再受重视（Taylor，1999：13）。传统上认为地方是具有特殊性的意义中心，而空间是抽象和理性化的；地方具有使用价值，空间具有交换价值；空间包含地方（Tuan，1977）。但是段义孚认为地方和空间同等重要，二者相互定义、相互补充和相互转化（Tuan，1977）。在这个基础上泰勒提出，"取决于不同的视角，任何一个特定区域潜在地既是地方，也是空间，因此空间生产者（space producer）和地方创造者（place maker）"之间的关系就构成了"地方—空间紧张"（place-space tensions）。最典型的例子是现代民族—国家：作为国家，它确定和承认主权边界，因此国家是空间生产者；作为民族，通过形成"想象共同体"的过程，国家的主权领土被转化为神圣祖国（sacred homeland[①]），空间被转化为"想象的

---

① 不管是称 fatherland 还是 motherland，都表明了共同体和领土之间类似于血缘关系的情感关联。

地方"。

从国家空间到民族地方，是一个向空间容器内注入文化内容（filling the container）的过程，也就是民族—国家首先必须排除原有地方世界之间复杂的社会联系，创造出一个"空的空间"（empty space），从而实现注入新的现代性内容的目的。在从空间转化为地方的过程中，为了实现内部匀质性，民族—国家对社会生活进行重组，如重新划分政区，以自然特征而非社会联系对其重新命名，改造生产、生活方式等，经典的例子是欧洲殖民者对北美、澳洲以及非洲进行内部区域重组时划定的那些笔直边界。通过自上而下的政治过程，民族—国家将新的空间感和地方感强加给了内部的不同地方。这就是民族—国家的"地方—空间紧张"：从空间转化为地方的过程中消解了次级区域的地方性。民族—国家既是能动的（enabling），也是抑制性的（dis-enabling）。[①] 这样的"地方—空间紧张"，在从家庭到国家乃至全球的不同层面上都存在（Taylor, 1999: 12 - 14）。

传统草原社区遭遇到民族—国家"地方—空间紧张"的挑战更甚。威廉姆斯认为当代国家主导下的草原政策，既有政治经济学领域的考量，同时也秉承着汉人文化中的空间认同。儒家价值观偏好等级性、定居化、封闭型的空间（以宫墙、城墙和长城为其最重要的表征），基于这个认识论基础上的国家草原政策就不可避免地与蒙古族人对移动性、开放性、易变性的空间偏好和生产实践相背离（Williams, 2002: 61 - 72）。蒙古族牧民与国家空间观念的差异还显示在朱晓阳（2007）所提出的"两幅地图"上。在草场承包过程中，政府使用一份定位精准却不工作的"国家标准地图"，当地的牧户则根据另一份"实际的土地使用和地方社会—文化关系的地图"行事，因为后者承载了地方的社会历史实践和在空间中已然形成的惯习。这两幅地图之间的矛盾表征了草原共有地分配管理过程中的"法律语言混乱"和社区失序。宝力格（Bulag, 2002）也认为现代民族—国家建设过程就是要将"游牧的他者"转变为"祖国多民族大家庭中的一员"，这直接导致了国家对于草原生计、景观以及空间模式的新的想象和规划。但牧业经济除了具体维持生计的功能以外，还是维持民族性和蒙古族人群体认同的重要象征手段。因此改造牧业经济带来的后果与朱晓阳（2007: 43）的困惑一致：合乎经济理性的政策遭到了地方农牧民的抵制。

---

① 用马西（Massey）的分类来说，就是"地方进步性"（progressive place）与"空间抑制性"（repressive space）之别（参见 Taylor, 1999: 13）。

上述讨论都触及草原地区空间模式改变这个面向，但没有明确将之作为一个空间问题提出来，也没有精细描绘改变的过程、途径以及地方社区应对的多重进路。在笔者看来，空间问题是当代草原困境的深切根源。以下笔者讨论的民族—国家（包括它的代理人各级地方政府）与次级区域（如巴肯嘎查）的关系中，一方面，笔者将侧重强调国家作为空间生产者的角色①，另一方面，笔者将平衡巴肯嘎查作为地方与空间的双重面向：作为地方，它被自上而下的空间过程所改造，从而丧失地方感（senses of place，Feld & Basso，1996）；作为空间，它同样通过填充文化内容的多重实践，重新塑造地方。

（三）研究方法与材料获得

本研究基于笔者 2010 年、2011 年在巴肯嘎查为期约一百天的人类学田野工作。笔者绝大部分时间住在嘎查办公室或下属召北社的一个蒙古族牧民家里，广泛参与社区的日常生活与劳动，和当地干部群众形成了密切的联系。主要信息来源包括：（1）书面材料：嘎查近十年来收到的上级文件和会议记录笔者都可以自由查阅，另外通过访问旗、镇政府有关部门，获得了许多相关文件资料；（2）参与观察和开放式访谈：除了日常生活劳动以外，笔者还参加了诸如嘎查党员大会、召北社员大会、集体上访、敖包祭祀等公共活动，形成了丰富的田野笔记；（3）针对部分数据进行了小规模问卷调查。

二　地方感

（一）社区简介

巴肯嘎查是一块微型草原绿洲，在黄河几字湾内，距黄河 20 公里，总面积约 225 平方公里，分成面积约略相等的沙漠和草原两大部分，中间被锁边林带②隔开。

巴肯嘎查曾经是一个以蒙古族为绝大多数的牧业社区，随着汉族移民数

---

① 如前所述，国家当然也是地方创造者，但它转变为地方的过程，对于次级区域而言就是空间强加的过程。

② 锁边林营造于 1980 年代初，也是"三北"防护林的一部分。

量的增加，蒙古族人口逐渐下降到一半左右，但仍然远高于全市9%、全旗4%的蒙古族人口比例（2010年数据）。在2000年全旗禁牧之前，巴肯嘎查的生计方式是以牧业为主，辅以少量种植业。

表1　巴肯嘎查2010年各社户数、人口、民族分布

	户数	人口	蒙古族	汉族
召前	66	214	86	128
召后	63	183	22	161
马驹	77	227	120	107
召南	43	132	95	37
召北	85	253	183	70
合计	334	1009	506	503

（二）历史记忆与空间观念

1. 历史记忆及其当代回响

D旗民间流行着一句俗语"走胡地，随胡礼"，"胡"意味着这里原是北方游牧之地。尽管随着历代汉人的不断开拓，到清末民初汉人已经在鄂尔多斯高原尤其是河套地区广泛扎下根来（陈育宁，2002），但D旗中的西部地区仍然被认为是蒙古族放牧者的世界，鄂尔多斯历史上著名的独贵龙运动①，就是以巴肯草原为基地的（白玉山、刘映元，1964）。日本人投降以后，巴肯人又发起反对王公招徕汉人垦殖的斗争，迫使王公宣布以穿过巴肯的"骆驼大道"为界，南面的草原永久禁垦（金宝山，1995）。巴肯境内原来有两个喇嘛寺庙大召和小召（后者一直保留到"文化大革命"前夕），因此它下属四个社的名字里含有"召"字。巴肯历史上的范围还包括现已划出去的宝日敖包所在地敖包梁社。敖包是蒙古族的宗教生活中心，因此在巴肯人心目中，敖包梁仍然应该是巴肯的地方。②景观与历史资源的结合表明巴肯草原一直是蒙古族人物质和精神世界的结合体，在当代实践中也被反复引用。在解释巴肯的房子绝大多数分布在骆驼大道北面的原因时，老人们说："南坂的那些都是新户，老户不会在草原上盖房子。"近几年部分巴肯

---

① 独贵龙运动是清末到民国年间，发生在伊克昭盟（今鄂尔多斯市）反对草原开垦和王公统治的蒙古族群众运动。

② 巴肯人2007年在此地重建敖包并恢复祭祀，而不肯另行择址。

人不服锁边林补偿款的分配结果，他们在上访材料里就不断强调巴肯是独贵龙运动发源地，暗示他们以少数民族身份进行抗争的决心。① 可见历史记忆与景观持续不断地卷入地方的创造与再创造过程中（Steward & Strathern，2003）。

2. 草原的整体主义视角

牧民是在两个不同的层次上评价地方好坏的：一是草原世界本身的完整性，二是草原与外部的关系模式。关于前者下面还将继续论述，后者也是理解草原自我认同的重要尺度。

巴肯草原处于黄河沿滩农区（河套平原）包围之中。从长时段的历史来看，农耕与畜牧始终被看作一对不能相互兼容的土地利用制度（王建革，2006）。但本地居民的认识与此略有些细微的差别。贯穿巴肯的骆驼大道据说是历史上宁夏回商的驼队到包头等地贩运物资形成的，巴肯人也借助这条大道与黄河岸边的农区和市镇形成交换关系。此外，巴肯在黄河岸边曾经拥有一块 1400 亩的飞地，是土改时应牧民的生活需求分配给他们的"口粮田"：

> 守着草原有肉吃，但是沿滩的土地也不错，我们的人可以去那里种糜子和小麦。蒙（古族）人爱喝奶茶，奶茶里放糜子多好啊……每年春季嘎查轮流派人去那里耕种，秋收以后把粮食拉回来。后来上面嫌这样太麻烦，1972 年移了十几户人家过去，一户是汉族，其他的都是蒙（古族）人，把户口也迁去，在那里搞一个生产队。到 1977 年、1978 年的时候，除了这户汉族，蒙（古族）人全部跑回草原来了（原嘎查书记 AG）。

这个事例说明，耕地与草原的关系是辩证的。蒙古族的景观认同里，并没有绝对排斥耕地，而是把农耕视为草原牧业生计的有益补充（王建革，2006），只是在空间上耕地不应当直接出现在草原上。而且，从时间上说一旦农耕成为生活的全部，本身也并不美妙，就像许多人观察到的，蒙古族牧民尽管也欢迎农产品，但却不愿意投入过多的密集农业劳动（Williams，2002：70 - 71）。换句话说，耕地这个"他者"也可以外部存在、部分存在的特殊方式纳入自身认同，成为草原"自我"的一部分。

---

① 上访人向笔者出示过他们的全部举报材料，并允许笔者拍照存档。

自段义孚提出"恋地情结"（topophilia）概念开始，地方被定义为"感知的价值中心"，以及社会与文化意义的载体。主观性与日常生活体验是建构地方最为重要的特征。本质上说，地方是一个和海德格尔的"栖居"视角联系在一起的概念（朱竑等，2010：2）。栖居是"活关系"（lived relationships）生产的过程，地方感是栖居实践的产物，人与地方是同构的（Feld & Basso，1996；Basso，1996）。不管是历史记忆、草原内部完整性，还是草原与外部的关系模式，都是在漫长栖居过程中建立起来的社会文化联系，这些联系是评价地方好坏的依据，以及建立生活意义的基础，但同时也成为自上而下的空间过程试图改造的对象。

三　空间过程

（一）分割：草场承包与撤乡并镇

作为一种从农业区移植过来的土地政策，草原承包经历的曲折更多。[①]巴肯嘎查承包责任制分两步进行：第一轮承包发生在 1980 年代初，首先把耕地，数年后又将集体牲畜作价划分到户，草场也进行了划片联合管理。第二轮承包从 1996 年开始，一方面延长了原耕地承包时间，另一方面实现草场到户。草场划分的过程并不顺利：

> 巴肯人口多，草场面积小，这么一分，每家的草场就像豆腐块一样，利用价值不大。有经验的牧民都知道，牛羊不能固定在一块地方放，羊和人都要动的。所以政策下来要搞承包到户，蒙（古族）都想不通，从成吉思汗以来草场就是公用的。但是既然上面有要求，咱们也得照办。我那时是召后的社长，我胆子比较大，不怕事，召后1996年在全嘎查第一个把草场分了，领导很满意。别的社麻烦就多了，1997年是召南，1998年马驹，1999年召前，到2000年召北才最后一个把草

---

① 草原承包、撤乡并镇，以及下述的"两禁"、"两种"、能源开发等现象，都应放在1980年代以来农村整体经济改革、西部大开发以及国家环境政策等大背景下进行审视，才能获得完整的理解，达林太、郑易生（2010）在《牧区与市场：牧民经济学》中曾经做过出色的综合。但正如波兰尼（2007）认为，经济嵌入（embedded）在社会体系中，所谓自由调节的市场从来都是有计划的，基于此，笔者在本文中将分析的对象主要聚焦在国家计划（特别是空间策略）上，而非以达、郑标题中的"市场"一言以蔽之。

场分下去，分了 5 年，吵了 5 年（现嘎查长 QEH）。

为了实现最大程度的公平，召北社最终把草场分成三类：（1）房屋周围的；（2）寸草滩；（3）碱滩。每个家庭都公平地拥有三类草场，与其他社相比召北的草场更破碎，嘎查"每户一块豆腐块"、召北"每户三条豆腐丝"也就成了巴肯的笑料。豆腐块和豆腐丝并非刻薄的挖苦，第二轮土地承包后，少的社人均 37 亩（汉）、47 亩（蒙），多的社人均 55 亩（汉）、65 亩（蒙），全社不分蒙汉的话人均约 55 亩。[①] 以 6 口之家算户均 330 亩，如果分成三块，每块 110 亩。对牧区稍有了解的人大致都能理解，330 亩草场是一块微不足道的面积，如锡林郭勒盟某嘎查的户均草场面积达到 1 万多亩，丈量误差就可以达到数百亩（张倩，2011）。

草场承包不但导致实际使用价值下降（Williams，2002；王晓毅，2009；张倩，2011；韩念勇，2011），也引起了社会景观的重大变化。2004 年旗政府规定只有和农牧局签订了网围栏建设工程的牧户才可以享受禁牧补贴，富裕家庭迅速完成了水泥桩和铁丝网搭建，经济条件差的家庭则随意拉几条木桩、绳子应付了事。草原围封意味着对合作与开阔空间里自由移动的拒绝。在这个意义上说，网围栏的社会景观意义至少体现在两个方面：一是贫富分层的自然化（naturalization），二是社区碎片化的自然化（Williams，2002：138~173）。关于后者，召北社出现了这样一个案例：

> DLG 和儿子矛盾很深，生病期间主要靠女儿照顾，死后把自己和老伴的大部分草场都留给女儿，导致儿子不但不为其操办后事，甚至拒绝在葬礼上出现。葬礼结束几天后儿子就在分给自己的草场上又圈了一道带刺的网围栏，目的只是为了挡住女儿进出她的草场的道路。真正把舆论引向高潮的是，2011 年夏天，女儿一家要求从召北社分得属于自己的沙漠承包款时[②]，因为其可疑的户口来回迁移经历激起社员的坚决

[①] 嘎查干部承认，因为缴纳牧业税的缘故，当时报上去的面积打了折扣，巴肯真正可使用的草场 8 万~10 万亩，人均 80~100 亩。

[②] 随着开发步伐加快，沙漠也成为外部资本的投资对象，到 2012 年夏天，巴肯至少有 3 个社将沙漠转让出去。巴肯沙漠从未像草场一样在社员中承包过，但 2011 年召北社转让沙漠时，由于对操作过程不满，小部分社员拒绝签字同意，社里把这些社员的沙漠份额单独划出来，剩下的卖给了投资商。沙漠流转带来的后果一是生态的，即可能减少社区水源；二是社会的，即被认为出卖了祖宗。

反对，但是女儿通过打官司成功得到了这笔款项。社员集体去镇里上访，要求撤销女儿的户口登记。儿子不但积极提供内幕消息，甚至驾驶自己的人货两用车义务把社员们送到镇上。①

尽管这个例子过于极端，而且兄妹间争夺的实际上是利益本身②而非草场空间，亲属关系破裂并不能直接归因于草场承包事件，但巴肯人仍然把社区内部团结和道德感遭遇挑战与草场分割联系起来。包括召北社也因为分草场争吵不休五年，巴肯嘎查为了恢复"宝日敖包"遭到承包户的漫天要价，部分人将草场卖给煤老板给草原景观带来的广泛破坏，以及随着地价上升沙漠也面临着被分割和出卖的局面。巴肯居民将物质空间分割和社会空间分割联系起来，这种联系被2011年敖包祭祀的遭遇进一步证实了。正如开头引用的言论所提到的，分草场（沙漠）、建网围栏以及限制敖包祭祀，都被理解为使得蒙古族丧失了社会团结的机制。

巴肯蒙古族遭遇的空间分割进程不仅限于草场。草原与其他景观共同构成的更大的物质与意义空间同样经历了漫长的分割与重组过程——撤乡并镇。虽然撤乡并镇的总体趋势是合并，但合并首先是以必要的分割为前提的。

1950年代巴肯西部的敖包梁社被划给当时的M大队。1980年之前，巴肯先是属于SC公社，后来随SC公社一起并入ZJF公社。不管是SC公社还是ZJF公社都以河套灌区农业生产为主，巴肯处于附属和补充地位。那时候去公社开会，沿滩的大队长们争论得热火朝天，巴肯人根本插不上话。领导提到巴肯通常也就是在会议结束的时候："牧区的同志还有什么看法没有？没有我们今天就散会了。"

1980年巴肯迎来一个重大转变，D旗决定划出包括巴肯和M在内的3个大队，与另一公社的2个大队共同组成Z苏木，以发展畜牧业为主，驻地就设在巴肯：

> 为什么成立Z苏木？"文化大革命"结束，邓小平搞改革开放，开始重视少数民族权利了嘛。D是个旗，上面是伊盟，盟、旗、苏木、嘎查是蒙古族地区传统的行政建制，四级都有才完整嘛。那个时候D旗下面没有苏木，这怎么能行呢？……苏木驻地为什么选在巴肯？巴肯草

---

① 笔者参与了这次上访，并复制了诉讼材料。
② 女儿嫁给国家干部，在城里居住，儿子也有公职（已内退），两方都没有从事牧业。

场好，牧业基础好，蒙古族人口最多（前副苏木长 CZY）。

苏木成立以后，政府及下属"七站八所"的院子沿着骆驼大道背面一字排开，原来冷清的巴肯嘎查兴旺起来。苏木政府给巴肯人带来了切实的便利，学校、医院和供销社都是巴肯人所盼望的，谁家丢了羊，派出所民警转眼的工夫就到了。最重要的是，在苏木的名义下，畜牧业是最具正当性的生计手段，巴肯人不再需要面对和农区干部一起开会的尴尬了。因为是苏木驻地，巴肯人也自认为是整个草原绿洲的中心。

2000 年旗政府发布"禁牧令"，让巴肯人引以为傲的草原放牧从制度上说终结了。2002 年，苏木驻地搬到 20 公里外的另一个嘎查，原因是"依托 XSW 沙漠旅游区扩大 Z 苏木的知名度，招商引资，带动地方经济发展"①。这一变故让巴肯人深感惆怅，一方面是苏木驻地搬走以后，所有曾经享有的便利条件随之消失；另一方面意味着，即使被强行转变成以饲草料种植为支撑的集约化畜牧业，畜牧业的核心地位已经遭到动摇，政府的经济偏好转向了旅游等新兴行业。

2005 年 D 旗又启动了一次大规模的机构改革，以境内 8 条南北纵贯的河道为边界，将全旗 20 个苏木、乡、镇合并成 8 个，每个苏木、镇都公平地拥有丘陵、沙漠和黄河沿岸平原三种地貌，成为 D 旗的缩微版。② 巴肯重又划归 ZJF 镇。新 ZJF 镇总人口为 38274 人，蒙古族只有 913 人，发展思路是"把全镇经济布局划分为三个发展区域：南部工矿区、北部现代农业区和中部生态旅游区"③，这表明新政府首先关心工矿、农业的产值和利税，最后才会留意到沙漠边缘的巴肯草原。

撤并之初曾经遭到巴肯人的反对。部分群众向上级写信称：Z 苏木组建时经过国务院"批准备案"，是 D 旗唯一的少数民族牧业苏木，对于尊重蒙古族的风俗习惯和生计差异、落实党的少数民族政策起到了重要的作用。应该保留"苏木现有行政区划，必要时将版图扩大，因为'苏木'是'旗'的基础"④。这份申诉材料起到的作用有多大很难证实，Z 苏木的名称虽然保留了下来，但新的 Z 苏木和其他镇在人口民族比例、景观构成、生产方

---

① 《在 Z 苏木第八届人民代表大会上的工作报告》，2002 年 11 月 21 日。
② D 旗的地貌景观可以简单归结为三山（丘陵）、五沙（中部沙漠草原）、二分田（黄河沿岸平原）。
③ 镇政府大楼里的宣传喷画。
④ 该信保存在嘎查文件柜里。

式上并没有任何区别，而且巴肯被抛向了西岸的 ZJF 镇，而其属下的柳沟社则被留在东岸 Z 苏木。

近 60 年来，巴肯从一个从属于农业的牧业大队，一度变成牧业苏木的中心，再变成旅游业的附属，最后退居工矿和农业的双重边缘。社区内部景观由此也充满不确定性，比如遗留在巴肯的苏木机关院子大都荒废了，既不能牧也不能耕；敖包梁划给 M 嘎查，这使巴肯居民失去了宗教生活中心；鄂尔多斯城市供水工程的取水点在东岸，但对巴肯地下水的影响同样巨大，由于柳沟社已经不属于自己的地界，巴肯人的权益抗争变得困难重重。刚开始他们去上访时，人家甚至反问：在 Z 苏木取水和你们巴肯有什么关系？

（二）排除：从"两禁"到"两种"

2000 年 4 月起，D 旗政府在全旗实施"禁牧令"：

> 我旗是沙化和水土流失较为严重的地区，长期以来，由于畜牧业生产中的粗放经营，超载过牧以及不合理的垦伐等原因，致使全旗植被严重破坏，生态环境急剧恶化，农牧民收入增长缓慢。因此，恢复植被，合理开发利用草牧场，保持草畜平衡，提高畜牧效益，有效制止风蚀沙化和水土流失已成为全旗人民的历史重任。为积极有效地实施生态建设工程，绿化富民……全部实施禁牧。①

为了配合禁牧，旗政府第二年又出台禁垦措施，合称为"两禁"。但是禁牧和禁垦的执行力度几乎是天壤之别。

禁牧是 2000 年以来巴肯生活中的关键词。不但骆驼大道边的围墙上刷满了禁牧的标语口号，"两禁办"的执法巡逻也异常频繁，巴肯的大部分家庭都有因为偷牧被抓羊、罚款的经历。巴肯人之间流传一个玩笑："我们的羊只是喜欢在草原上散步，但是禁牧队的人却把它们训练成了刘翔。"在严密的监管下，巴肯人还曾一度转入夜间偷牧。笔者在召北社的房东 JQL 是舍饲养殖示范户，但也曾因为夜间偷牧两次摔进壕赖沟里。

为了厉行禁牧，旗政府大力推广舍饲圈养示范小区建设。政府选择一些善于接受新鲜事物的牧民，出借周转金鼓励他们建设标准化棚圈，某个社区拥有的标准化棚圈达到一定数量（20～30 户），养殖牲畜达到特定规模（户

---

① D 旗人民政府文件 D 政发〔2000〕3 号，2000 年 3 月 10 日。

均基础母畜 30～50 只），并且拥有至少 1 户饲草加工专业户时，该社区便可以被命名为示范小区。2005 年前巴肯嘎查有过 2 个示范小区，撤乡并镇以后，随着政府工作思路的变化，示范小区也就无疾而终了。

仅就实用性的评价而言，彻底禁牧给草原带来了负面影响。牛羊粪便本身是草原的养料，而且没有牛羊啃食的话，巴肯草原著名的竹芨（芨芨草）滩就会彻底衰败，因为残茎会影响新芽生发，用巴肯人的说法是被"钉死"。

被排除了牛羊的草原从景观美学的角度而言也"死"了。有一个黄昏笔者和一群召北老汉坐在骆驼大道旁看公路施工，有人赶着羊群从远处经过。几个老汉手搭凉棚，眯着眼睛，目光随着羊群的身影在阳光下移动，直到羊群逐渐成了白点点才收回来。有个老汉说："草原上得有牲畜才红火。""红火"是巴肯人的常用词，参加祭敖包也叫"看红火"，是草原生活中不可或缺的。对草原生机的追求其实是普遍性的，前述地方政府在草原上布置牛羊雕塑的道理也与此相仿。

禁垦的实施状况则大相径庭。"两禁"并不意味着禁止畜牧业本身，相反出于"禁牧令"中提到的"收入增长、提高效益、富民"等目标，政府极力鼓励牧民扩大养殖规模[①]。养殖业规模扩大，意味着要为更多的牲畜提供饲草料，政府推广的解决方案是"以牧为主，为养而种，以种促养，以养带种"[②] 的经济工作思路，鼓励农牧民大力开展"两种"（饲用玉米和优质牧草），并规定"两种"大户可以获得"免征农业税，无偿提供草籽，饲用玉米在种子价格上进行补贴"[③] 等优惠。种植业作为支撑手段，在畜牧业社区得到了空前的强调。

"两种"导致开荒。政府认为巴肯等三个西部嘎查"贫困原因主要是人口多，耕地面积少"[④]，在这种观念指导下，1999 年"全苏木先后开发宜农荒地

---

① 《政府工作报告》（Z 苏木八届人大二次会议文件，2005 年 3 月 20 日）提到："2004 年苏木筹措资金调进肉羊 1 万只，使牲畜总头数达到 10.3 万只，比上年增加 2.5 万只……力争2005 年牲畜总头数达到 17.5 万只，比上年增加 7.2 万只。"

② 《政府工作报告》（Z 苏木八届人大二次会议文件，2005 年 3 月 20 日）提到："2004 年苏木筹措资金调进肉羊 1 万只，使牲畜总头数达到 10.3 万只，比上年增加 2.5 万只……力争2005 年牲畜总头数达到 17.5 万只，比上年增加 7.2 万只。"

③ 《政府工作报告》（Z 苏木八届人大二次会议文件，2005 年 3 月 20 日）提到："2004 年苏木筹措资金调进肉羊 1 万只，使牲畜总头数达到 10.3 万只，比上年增加 2.5 万只……力争2005 年牲畜总头数达到 17.5 万只，比上年增加 7.2 万只。"

④ 《政府工作报告》（Z 苏木八届人大二次会议文件，2005 年 3 月 20 日）提到："2004 年苏木筹措资金调进肉羊 1 万只，使牲畜总头数达到 10.3 万只，比上年增加 2.5 万只……力争2005 年牲畜总头数达到 17.5 万只，比上年增加 7.2 万只。"

1.2万亩"①；旗"两禁办"正式成立的同一年，苏木政府启动了大淖湿地牧场改造工程，目标是将其"改造成高产农田，使西部三个嘎查，人均增加水浇地近3亩"②；旗政府还提出"保粮（食）、扩经（济作物）、猛增草"③的调控思路。上述实践表明，在"两禁"的话语修辞下，草原开垦实际上是地方政府公开鼓励的事情。

"两禁"与"两种"的内在矛盾，在政府和社区里各有解释。旗里一位干部说，"禁牧和禁垦两手抓，但要一手硬，一手软。禁牧要硬，禁垦要软，这是个辩证法"，这一方面表明地方政府面临发展经济的巨大压力，因此才会不断加大畜牧和种植规模，另一方面也暗示，官员潜意识里认为过牧而非农耕是草原生态退化的罪魁祸首。社区的解释要点则在景观和文化空间上。草原的开阔性让禁牧执法可以轻易地"人赃俱获"。巴肯居民说，"开个小车在草原上转一圈，看见羊抓了往车上一扔，就等着牧民乖乖地一手交钱一手交货，生意好做得很"。相比之下，开荒是一个难以觉察的行为，而且不能有效扣押有价物品，因此政府对于小规模开荒几乎放任不管。更重要的是，真正的开荒者是政府本身，老书记AG说："康巴什④那么大的新城，不就是开垦草原来的吗？'两禁办'的人怎么不去管？草原不值钱，种粮、挖煤、盖楼房才值钱。"地方政府的深层逻辑正是如此，在正式表述里，D旗就是将草原禁垦定义为"在本旗境内禁止开荒"⑤，换言之，正如威廉姆斯曾经指出，在国家的生态认同中，未经人类劳动投入的草原被视为"荒""芜""穷"，"荒"意味着无价值，必须加以改造，因此"开荒"具备天生的经济、文化正当性（Williams，2002：65-66），就像政府认为按养猪的方式养羊具有优越性一样。

（三）占用：干旱与"煤矿的吹云炮"

空间进程是立体式的。除了地表空间外，天空也成为改造的对象。

近半个世纪以来，尤其是进入21世纪以后的十年来，内蒙古地区气候干旱化的趋势越来越显著（张倩，2011）。与其他地区一样，巴肯居民也切身感受到降雨剧减的危机。召北社长JLB专门加工竹茇扫把卖给各旗的环卫

① 《Z苏木第七届人民代表大会第一次会议上的工作报告》，2000年1月1日。
② 《在Z苏木第八届人民代表大会上的工作报告》，2002年11月21日。
③ D旗旗委、旗人民政府：《全旗农牧业经济工作情况通报》，2004年8月8日。
④ 鄂尔多斯新城，因美国《时代》杂志的报道以"鬼城"闻名于世。
⑤ 《D旗人民政府关于印发禁牧禁垦管理实施办法的通知》，D政发〔2005〕68号，2005年9月30日。

局，但是近年订单大幅下降，原因就是竹芨杆越来越短，扫把不经用。牧草变短是草原居民的共同印象：

> 我刚嫁到巴肯的时候（1970 年代），雨水还很好。下了雨过后，草原上湿湿的、绿绿的，到处是水，人站在草原上，能听见竹芨吱吱地长，牧民心里就高兴啊……竹芨长好了，牲畜也平安，夏天躲太阳，冬春避风。现在国家叫禁牧，禁了十年了，你看草还是长不起来（KHL）。

草长不起来，除了被"钉死"的原因外，还与降雨减少有关：

> 咋介不下雨？不是老天爷不下雨。我们连续五年祭敖包，只要有一年老天爷答应，下一场透雨，草原不就好了吗？是叫梁外那些煤矿、砖厂给害的。他们偷偷打一种吹云炮，把云给打开，硬是不让下雨。煤矿老板有南方人，也有内蒙（古）人，他们侉得很。
>
> 政府为什么不管？政府支持他们放炮。下雨了砖厂煤矿就不能开工，不开工政府口袋里就没钱，没钱就不能买小车。你看旗里的干部、镇上的干部，他们只会往梁外地区跑，那里有煤矿，钱多。现在谁还关心牧区？（KHL）

在宝日敖包祭祀上，笔者也听到众人关于吹云炮的议论，这使我意识到流言在社区具有广泛的心理基础。[1] 联想到 2009 ~ 2013 年云南连续四年干旱，网络上流传的地方政府发射防雹弹的谣言[2]以及政府的辟谣[3]，我们不难发现民间社会面对气候异常时独特的想象力及其普遍性。就像斯特拉森和斯图瓦德（2005：29，19）指出的，"想象力作为一种解释世界的能力和倾向，是任何社会生活的前提"，"过去的思想和实践可以融入当前世界。不同的历史阶段彼此纠结，构成了一个新的过程变异"。

吹云炮流言与现实生活中天空受到的挤压和占用有关。在蒙古族人的分

---

[1] 无从考证谣言的源头和演变过程，但笔者发现本地居民普遍对中国人工气候干预技术充满信心，2008 年奥运会和 2010 年世博会期间，电视上关于北京和上海两地人工天气干预的报道，激发了他们的想象力。

[2] 参见 http://gzdaily.dayoo.com/html/2012 - 02/27/content_ 1624075.htm，原载 2012 年 2 月 27 日《广州日报》。

[3] 参见 http://roll.sohu.com/20120312/n337482152.shtml，原载 2012 年 3 月 12 日《云南日报》。

类图式中，天上是最高神“长生天”（蒙语称为“腾格里”）居住的地方，长生天掌管雨水以及人类的其他福祉，人类通过敖包和“苏勒德”[1] 祭祀与之形成互惠交换。敖包通常建在开阔地的最高处，上立苏勒德，按照蒙古族的传统，敖包周围不得出现比苏勒德更高的物体，以保证敖包的尊贵地位以及与长生天沟通的有效性。D 旗移动公司近年在宝日敖包近旁修建了一座高耸的信号发射塔，这曾引起巴肯居民的抗议，要求其迁址另建。[2] 关于天空的独特观念还体现在巴肯人的生态实践上：巴肯汉族居民的房屋周围通常遍植杨树，形成舒适的树荫，而绝大多数蒙古族人的房子四周却是空荡荡的。前副苏木长 CZY 告诉我，“蒙（古族）人一般不会在房子周围种树，他们不喜欢树木高过苏勒德”。

吹云炮、发射塔以及房屋周围的树木表明，空间作为社会的产物，已经从本地日常生活中的“绝对空间”——这种空间具备固有的特质，是血缘、土地和语言纽带的产物，转变为容纳现代性生产关系的“抽象空间”（Lefebvre，1991）。这则谣言所反映的实质是，随着社会工程（social engineering）的展开，以及鄂尔多斯成为煤炭基地，相互扶持的国家力量与煤炭资本已经深入影响巴肯社会生活的各个角落，改变了巴肯的空间性质与结构，完成了对巴肯草原的“景观驯化”[3]。

四　去地方化与再地方化

（一）压力下的地方

自上而下的空间过程结合起来，给巴肯草原带来的最大变化首先是开草场与卖草场。1980 年代初巴肯嘎查还是一个比较纯正的牧业社区，人均耕地面积很小[4]（表 2）。

---

① 通常在敖包顶上或院内西南角处竖立一根一丈多长的柏木杆，顶端是三叉状兵器（苏勒德），下悬一面小旗帜，再饰以马鬃和五色风马旗，相传苏勒德是成吉思汗的兵器。

② 由于处在另一个嘎查的地界，而且移动公司和草场承包户早已签好租地协议，抗议最后不了了之。

③ 景观驯化（taming landscape）指的是国家通过自上而下进行整合的过程，把霸权式意识形态刻入地方的物质性景观（Yeh，2003：8）。

④ 沿滩的飞地没有承包，由嘎查统一对外出租。

表 2　巴肯嘎查人均耕地面积

单位：亩

	召前社	召后社	马驹社	召南社	召北社
汉族	2.0	2.0	0.9	1.5	1.1
蒙古族	2.2	2.2	1.1	1.7	1.3

　　以当时嘎查人口总数 800 人计算，耕地面积为 1200 亩左右，仅占嘎查 10 万亩草场面积的 1% 左右。禁牧与扩大养殖规模使得草原开垦成为必需。除了前述举政府之力进行的土地开垦以外，巴肯社区的牧民开荒潮热情也逐渐高涨：2003 年嘎查耕地总面积为 5000 多亩[①]，2005 年为 6600 亩[②]，2008 年为 10091 亩[③]，2011 年可能达到了 15000 亩之多[④]。与第一轮土地承包时相比，增加了十几倍，且新开辟的耕地大部分集中在骆驼大道以南。

　　开荒并不仅限于把草原变为耕地，鱼塘也开始在草原上涌现。第一口鱼塘 2010 年在召北社出现，一年之后全嘎查已经拥有 5 口鱼塘，面积大的达到 30 亩，小的也有 10 来亩。鱼塘在草原上出现是破天荒的，一方面蒙古族人受藏传佛教影响，原本没有养鱼吃鱼的传统；另一方面草原上的鱼塘使用地下水，地下水蒸发以后，鱼塘周围的土地容易发生重度盐碱化而降低甚至失去使用价值。鱼塘的出现至少从一个侧面表明，不顾及长远经济利益和生态利益的观念已经开始在草原居民中蔓延。

　　其次是草场流转。承包使牧户拥有了对草场的独立支配权，禁牧使草原失去了理论上的使用价值，加上政府鼓励草原"流转"[⑤]，以及外来煤炭资本[⑥]的强势进入，使得巴肯草原卷入草场外流的狂潮之中。草场价

---

① 《鄂尔多斯市民政局帮扶 D 旗 Z 苏木巴肯嘎查实施方案》，2003 年 8 月 27 日。

② 当年国家发放"粮食直补"和"农资综合直补"，巴肯嘎查以人均 6 亩的标准发放。嘎查干部表示，由于此前耕地征收农业税，因此人均 6 亩的数字打了一定的折扣。

③ 巴肯嘎查党员电教室内宣传栏。

④ 笔者在召北社进行了 20 户抽样调查，人均耕地面积约 15 亩。如果其他社情况与此相当，则全嘎查耕地面积约 15000 亩。

⑤ 《内蒙古自治区草原管理条例实施细则》提倡草原承包经营权流转，市、旗政府也先后出台了多份文件。

⑥ 严格来说，外部资本进入（包括"吹云炮"的谣言）本身并非国家行为，但是当代广泛存在的"政府招商引资"的话语和实践导致了两者在社区的观念中被混杂在一起。社区认为政府为了增加财政收入，既支持土地集约化过程，也纵容煤矿的"气候干预"，因此他们的应对方式也是混杂的，比如他们往羊毛里掺沙子的时候，会向笔者调侃说"不掺对不起政府呀"，而不觉得是伤害了羊毛收购者的利益。

格上升很快，2008 年前还只在 300～500 元/亩，2010 年涨到 1500～2000 元/亩，2011 年飙升到 2500～3000 元/亩，最高成交价达到了每亩 5000 元甚至 8000 元。同一时期价格不同的原因，主要看交通便利程度，和草场质量本身没有任何关系。草场流转后的用途多种多样，包括开办苗木场、养殖场、大棚蔬菜，乃至工厂、度假村、加油站，或者仅仅是为炒卖土地。

在笔者田野调查期间，隔三岔五就有外面的越野车开进来，到处打听卖草场的家庭。据不完全统计，截至 2011 年 7 月，大约 20% 的巴肯家庭已经卖掉了部分或全部草场，其中马驹社的比例最高，卖草场的家庭约 30 多户，召前社、召后社次之，各有 13～14 户，召南社和召北社较低，各有 4 户和 6 户人家出卖草场。以笔者在嘎查长 QEH 家查阅到的 13 份流转合同为例，全部签订于 2010 年和 2011 年，共涉及草场面积 1701 亩，金额 632 万元，平均每亩价格约为 3715 元。

在投资者手里，草场完成了资本化转型。流转是官方话语，参与交易的双方都更习惯于称"卖"，巴肯居民常见的说法是"卖给煤老板搞开发了……牲畜在自己家棚圈里的时候，宝贝得不得了。羊贩子一抬上车，你就管不着了。草场也一样，卖掉就是人家的了"。在这个意义上说，"卖"字显然比"流转"的官方用语更准确。[①] 处于边缘化地位的巴肯居民被裹挟进一个更大的外部经济循环体系，他们获得经济利益，但却必须彻底切断与土地乃至社区权利和情感上的关联。不管是开草场还是卖草场，对于一个以牧业为主的社区，都意味着地方的潜在终结，或者说，变成了空间过程所希望形成的另一种地方的一部分。

（二）地方再造

1990 年代以来，人类学对地方创造（place making）的关注达到一个新的高度。人们在特定的地域空间中创造地方时，文化是必备的要素，地方创造被视为对空间的"文化区域化"（cultural territorialization of space）实践（Gupta & Ferguson，1997：4，6）。考察地方创造需要特别关注本地居民的文化实践，以及文化实践如何通过特定的景观体现出来。正如前面已经述及的，社区具备通过话语实践和社会行动来"填充容器"的能力，从而实现

---

① 巴肯居民谈论他们参与的民间高息借贷时，称之为"租钱"，表明民间词语往往更形象也更接近事情的本质。

地方再造。

1. 流言蜚语中的身份重建

除了吹云炮，巴肯日常生活中的流言蜚语还通过对生计、身体、食物、动物等不同角度的感受，来表达空间过程导致的族群认同迷失和社会张力。

> 笔者的房东蒙古族妇女 BM 有一次抱怨老两口身体不行了：蒙（古族）人好好的，偏要学汉人种地，做受苦人。这几年上面叫牧民圈养，叫种饲料地，我们蒙（古族）人不会种，身体（也）弄坏了。我们家老汉，叫抓禁牧的人追得摔到壕赖沟里，腿脚都不行了。

BM 试图表达的，一是诉说病痛的社会根源，二是把生计方式与族群身份联系起来，认为耕种是"他者"的事，和蒙古族人的身体不能兼容。族群间的社会张力还表现在，由于 Z 苏木是牧区，对生计影响较大，因此上级同意其实施禁牧的时间比其他乡镇晚半年，这半年被巴肯人戏称：少数民族比汉族落后得不多，也就半年。巴肯土地承包时，为了落实少数民族优惠政策，蒙古族人比汉族人均多 10 亩草场、0.2 亩耕地，有些人觉得不公平，认为是在照顾懒人，蒙古族人回应道：都说蒙（古族）人懒，但是我们的牛羊勤快；汉族倒是勤快了，那是因为你们的牲畜（猪）懒。今天巴肯居民谈起在社区里存在过的养殖小区时，大多是一副揶揄的语气：城里有小区，巴肯草原也有小区，我们这里是羊住在小区里。就像巴肯老人经常挂在嘴边的话——牧民住牧区，城里人住小区，牧民进城住楼房容易生病——那样，羊住在小区里也是一种不合理的形式：羊又不是猪，怎么能一天到晚关在圈里？猪不爱动、懒、脏，一年到头吃一样东西也行，躲在一个角落里也行。羊就不一样，羊要吃各种各样的草，它得到处走，到处找。把羊关在棚圈里，就是天天吃紫花苜蓿也不行啊。

埃文斯－普里查德（2002：46）曾经指出："努尔人与牛的这种关系是共生性的：通过彼此之间互惠性的供给，人和牛维持着各自的生命。在这种亲密的共生关系中，人和牛之间形成了一种最为紧密的统一的社区共同体。"蒙古族人区分勤快干净的羊、懒惰肮脏的猪，不但与这两种动物的食物不同有关，与藏传佛教的教义相关，也与蒙古族人对自己身体力量的想象相关，甚至还成了文化排斥手段（Bulag，1998：200–214）。可见蒙古族人并不是在纯粹自然的意义上区分羊和猪，而是将其与蒙汉的文化形象绑定在一起。①

谣言作为一种话语实践，具有重要的分析价值。话语是最敏感的社会变化的标志，话语分析实质上是一种或隐或显的权力关系分析，也是话语所产生的社会历史背景分析（福柯，1998）。斯特拉森和斯图瓦德认为，谣言兴盛于不确定、紧张和危机的状况中，反映了社会内部的冲突和矛盾，"每个人都想告诉我们他们对事件的看法，为的是让我们知道他们在社会戏剧中的立场"（安德鲁·斯特拉森，帕梅拉·斯图瓦德，2005：23），"缺乏信息和事件难以解释都可能涉及……谣言代表人们试图找寻或创造与事件有关的'真实'，这帮助他们描述社会价值，评判他人道德"（安德鲁·斯特拉森，帕梅拉·斯图瓦德，2005：98）。巴肯社区的流言蜚语，将矛头指向了虚泛的汉人、地方政府和工矿企业，这实际上是对当代空间过程的一种总体批评，通过这些批评，他们确认自身的族群身份和地位，并以此为基础寻找应对之道。

2. 案例一：养殖场的经济与文化理性

蒙古族青年 NH 从东胜引进资金，向其他社员转包了 2000 亩草场，引进 1000 只小尾寒羊，开办了一家大型养殖公司。草场大部分已经开垦出来，除了建厂房棚圈，剩下的种紫花苜蓿和玉米。

筹备公司的同时 NH 结婚了，妻子是来自 E 旗的蒙古族人。妻子家陪嫁了 100 只羊，但这 100 只羊跟 NH 家自有的 100 多只羊一起，关在家庭棚圈里，由一位来自 H 旗的蒙古族羊倌单独照管。E 旗和 H 旗是鄂尔多斯西部的纯牧业旗，巴肯居民提起他们早年去西部调羊的经历时，常常强调那里牧区上的人说不好汉话，言下之意是那里比 D 旗这样的半农半牧地区更"蒙古"。NH 家自有的 500 亩草场没有开垦的迹象，打算用来偷牧自己家的羊。生物属性完全一致的羊和草场，在这里被划分成了迥异的两类（表3）。

---

① 评审人提醒笔者注意蒙古族人对待变迁有多样的反应，比如部分蒙古族人就主动种植农作物及养猪。的确，王晓毅（2009）和 Jiang（2004）在鄂尔多斯地区的研究对此就多有涉及，尤其后者详细描述了改革开放以来，乌审旗蒙古族人主动向汉族学习先进农耕技术、改变土地利用方式和经济状况的"合作政治"（cooperative politics）历程。但 Jiang 同时也指出，蒙古族维持文化认同的核心从土地利用方式转向了语言和文化遗产等象征层面，这从另外一个角度说明，如格尔茨（1999：174~204）所强调的，在解释社会变迁时，必须意识到社会（因果—功能性整合）与文化（意义—逻辑性整合）两者之间可能发生的断裂，即社会结构已经发生变化了，但是文化意义框架仍然在起作用。蒙古族一边在实践中种植、养猪、卖沙漠草场，一边开展文化批评也就显得容易理解。

表3　羊在社会生活中的不同意义

	公司的羊	家庭的羊
来　源	从包头的养殖场购进	自有＋陪嫁（E旗）
住　处	公司厂区内	家庭棚圈
承载基础	流转来的草场开成饲料地	自有天然草场
喂饲方式	完全舍饲圈养	放牧＋部分舍饲
管理人	汉族工人	H旗来的蒙古族羊倌
属　性	商品	家庭财富
去　向	快速出栏，抢占市场	重要人生阶段的社会交换和消费

　　从管理效率来看这样的划分简直毫无必要。公司的棚圈、饲料地和人力资源都还有足够大的利用空间，事实上NH也打算继续扩大存栏量，因此把畜群和草场合并起来，显然可以进一步降低养殖成本，提高集约化程度。人为分开两个畜群背后，隐藏着另外一套文化逻辑：

　　　　牲畜是蒙（古族）人的宝贝。我们亲家，你看，给他们女子的陪嫁就是100只羊。现在的人慢慢变了，很多人直接给钱、首饰、电器。但我们亲家不，他们是E旗的，祖祖辈辈是牧民，坚持要给女子陪（嫁）羊……钱一下子就花没了，但是母羊会下羔，羊照顾好了，蒙（古族）人生活就不发愁了。我这亲家是有头脑的蒙（古族）人……NH要把自己家的草场开了种饲料，我不肯。NH后来认识了一个东胜的煤老板，人家愿意给投钱我拦不住，别的社员愿意把草场卖给NH我也拦不住，但是我自己的草场我必须留下来……生意的事情不好说，今天赚明天赔，等他赔了，家里的草场还在，自己的羊还在，也有个退路。我得照顾好（陪嫁的羊），对我们亲家也有个交代（NH的母亲KHL）。

　　放牧的羊与天然草场已经超越经济财富而上升为一种文化价值，羊与天然草原相结合的景观，成为社会关系和文化认同表达的象征工具。这个案例表明，通过经济理性与文化理性的准确区分和共存，巴肯蒙古族人创造了一套崭新的文化并接结构（萨林斯，2003），一方面得以部分维持自己的"蒙古性"，另一方面使自己在进入抽象空间的过程中，重新开辟出了一部分绝对空间。

3. 案例二：敖包祭祀中的时空恢复

随着政区变动，敖包所在地敖包梁被划给了 M 大队，1952 年最后一次祭祀后，敖包在社会主义改造运动中被彻底毁弃。在这个意义上说，2007年敖包重建并恢复祭祀是巴肯蒙古族人对空间和时间的双重回归。

首先，重建宝日敖包恢复了巴肯草原的空间完整性。敖包梁 1970 年代初开办了 D 旗种羊场，迁来几十户汉族职工。1980 年种羊场倒闭后，这些职工就地安置承包草场和耕地，并入敖包梁社。作为汉族人占绝对多数的地界，敖包梁草场开垦的时间更早也更彻底，宝日敖包的位置承包给了一户刘姓人家，四周已经是大片的玉米地和小树林，并且还在敖包原址边上盖了一座小狐仙庙。作为蒙古族人的宗教生活中心，宝日敖包沦落到这种"乌烟瘴气"（HDG 的描述）的状况，成了巴肯牧民的一块心病：

> 前些年政策宽松，到处敖包都恢复起来了。银肯沙的敖包，据说是全世界最大的敖包，那是煤老板搞旅游的，我们宝日敖包这是真正的百姓敖包。我们几个老牧民一商量，人家都搞起来了，咱也不能太落后……我们和 HNS 一说，他是原来咱们马驹牧业队的队长，他小子（即儿子）出息了，是大老板，HNS 叫他小子前后捐了十几万，赔了地价、树钱、青苗钱，从塔尔寺请了喇嘛和宝瓶，石头也是（从）山西高价拉回来的，就这样闹起来了（HDG）。

受制于林业政策的限制，巴肯人不敢把敖包周围已经成材的杨树林砍掉，重新恢复的宝日敖包实际上并不如我们印象中的敖包那么突出显眼，但由于紧邻乡村公路，路过的人一眼就能看见并意识到"这是巴肯的敖包"，在这个意义上说，重建宝日敖包实现了巴肯人对失地的象征性收回。

其次，恢复敖包祭祀意味着传统（时间）的接续，巴肯人借此重塑社区的空间结构。祭敖包是蒙古族人祈雨传统的一部分：

> 草原上有了敖包，群众心里也踏实，我们蒙（古族）人习惯就是这样的，就像你们汉人有寺庙祠堂一样的。那几年天旱得厉害，老百姓心里急，觉得这么多年没有祭敖包，老天爷肯定是生气了。要对付侉子的"吹云炮"，也只有求老天爷帮忙（HDG）。

在与老天爷沟通的过程中，如何处理近在咫尺的狐仙庙一度成了巴肯人的难题，2011 年笔者在现场看到，巴肯群众装饰敖包时，特意用风马旗把狐仙庙也密密麻麻地绕了进去，按 HDG 的说法是为了"杀一杀狐仙的邪气"。巴肯人通过这一象征仪式来净化敖包梁的空间，恢复敖包梁的草原特性。可以看出，敖包祭祀的核心机制是恢复被"吹云炮"、信号塔、狐仙庙，也就是当代政治经济进程改变了的空间结构，完成勒菲弗尔意义上的"空间的生产"（Lefebvre，1991）。

最后，敖包祭祀成为社区生活的公共中心。草场承包以后的巴肯嘎查经历了离心化的过程，年轻人普遍离开草原到城里寻找机会，留在巴肯的中老年因为缺少生产合作机会也成了"一盘散沙的蒙（古族）人"。嘎查召开几次党员会，最多的一次 48 名党员来了 27 名，书记在镇上来的领导面前直骂缺席的党员"不够意思"。召北社商议去镇里上访的社员大会，85 户人家也只来了 20 多名代表。敖包祭祀则是另一种局面，虽然出席意味着一笔不小的开销（祭品和捐款），但是接近一半的在城里的年轻人回家参加，留在嘎查的老人们几乎倾巢而出"看红火"。更重要的是，敖包祭祀构成了重要的言论表达空间，关于社区公共事务的话题（包括谣言）在这里传递、辩论并形成共识。敖包祭还是巴肯嘎查几乎唯一能看到蒙古族传统服装的仪式场合，成为确认蒙古族人身份的重要象征。

一个社会的成员如何构造自己的社会，他们就会以同样的文化材料构筑自己的景观（Basso，1996：102），环境想象（environmental imaginaries）[①]与地方建构实践的方式是内在一致的。重建敖包是草原社区恢复自然和社会生机的一种象征努力，其目的是实现地方重建。

五　小结：草原社区会消失吗

这是一个从自下而上的文化理解出发的空间与地方关系研究。在国家层面，为了实现现代民族—国家塑造，国家必须经历从"国家空间"到"民族地方"的转变过程，这个过程是通过把国家内部改造为"空的空间"再向其填充新的文化内容来完成的。这就是巴肯嘎查这样的蒙古族牧业社区正在遭遇的空间过程，主要包括分割、排除以及占用等形式。在多形式、立体化的空间过程之下，草原社区的生计、景观与社会文化联系受到广泛的影

---

① 想象自然的方式，包括把那些针对自然的社会和个体实践想象为符合其族性身份或是道德正确（Yeh，2003：8）。

响，其后果表现为地方感的丧失。

与现代民族—国家一样，社区也具备地方再造的能力。地方再造的表现形式包括：以流言蜚语表达对空间过程的文化批评，确认自己的文化身份和状态；在参与现代性重组过程中，明确区分工具理性与文化理性；通过恢复传统资源，完成对空间与时间的象征性重组。通过上述实践，社区在一定程度延续其价值和存在。

空间与地方关系引发的是对现代性条件下人的生存状态的思考。当代人类学倾向于把地方塑造成逃离"无人情味的交换、市场理性、工业化时代异化"、实现"意识形态和情感满足"的场所，而环境（空间）则意味着腐化、疏离和污染（Dole，2012：231）。本研究试图突破这种对立框架的不足，指出在空间过程中，国家与社区各有其灵活的让渡机制，国家表现出对次级区域社会文化联系多样化的兴趣和宽容，比如关于苏木、嘎查的设置，对敖包的重新鼓励，延后实施禁牧政策等；社区也能迅速接纳并创造出并接的空间形式，比如新生代蒙古族人开办的养殖公司与家庭草场共存，重建敖包、恢复祭祀时的时空象征资源重组、仪式性净化等。但不可否认当代抽象空间仍然居于支配地位，空间改造的进程也远远没有结束，巴肯嘎查的个案揭示了乡村社区生态退化的深层原因，描绘了当代对地方性（locality）缺失的普遍焦虑，表明国家与社区之间需要建立更为精细的空间协商机制。

参考文献

埃文斯－普里查德，2002，《努尔人》，褚建芳等译，北京：华夏出版社。

白玉山、刘映元，1964，《达拉特旗的"独贵龙"运动》，《内蒙古文史资料》第3期。

卡尔·波兰尼，2007，《大转型：我们时代的政治与经济起源》，冯钢、刘阳译，杭州：浙江人民出版社。

陈育宁，2002，《鄂尔多斯史论集》，银川：宁夏人民出版社。

达林太、郑易生，2010，《牧区与市场：牧民经济学》，北京：社会科学文献出版社。

福柯，1998，《知识考古学》，谢强、马月译，北京：三联书店。

克利福德·格尔茨，1999，《文化的解释》，韩莉译，南京：译林出版社。

韩念勇，2011，《草原的逻辑》（1~4辑），北京：北京科学技术出版社。

何雪松，2006，《社会理论的空间转向》，《社会》第2期。

金宝山，1995，《草原上的浩劫》，载《达拉特文史》第1辑。

马歇尔·萨林斯，2003，《历史之岛》，蓝达居等译，上海：上海人民出版社。

安德鲁·斯特拉森、帕梅拉·斯图瓦德，2005，《人类学的四个讲座：谣言、想象、身体、历史》，梁永佳、阿嘎佐诗译，北京：中国人民大学出版社。

王建革，2006，《农牧生态与传统蒙古社会》，济南：山东人民出版社。

汪民安，2006，《空间生产的政治经济学》，《国外理论动态》第 1 期。

王晓毅，2009，《环境压力下的草原社区：内蒙古六个嘎查村的调查》，北京：社会科学文献出版社。

张倩，2011，《牧民应对气候变化的社会脆弱性——以内蒙古荒漠草原的一个嘎查为例》，《社会学研究》第 6 期。

朱竑、钱俊希、陈晓亮，2010，《地方与认同：欧美人文地理学对地方的再认识》，《人文地理》第 6 期。

朱晓阳，2007，《语言混乱与草原“共有地”》，《西北民族研究》第 1 期。

Kelth H. Basso. 1996. "Wisdom Sits in Places: Notes on a Western Apache Landscape", in Steven Feld & Keith H. Basso (eds.), *Senses of Place*. Santa Fe: School of American Research Press.

Uradyn E. Bulag. 1998. *Nationalism and Hybridity in Mongolia*. Oxford: Clarendon Press.

Uradyn E. Bulag. 2002, *The Mongols at China's Edge: History and the Politics of National Unity*, Rowman and Littlefield Publishers.

Christopher Dole. 2012. "Revolution, Occupation, and Love: The 2011 Year in Cultural Anthropology", in *American Anthropologist*, 114 (2).

Steven Feld and Keith H. Basso. 1996. "Introduction". In Steven Feld & Keith H. Basso (eds.), *Senses of Place*. Santa Fe: School of American Research Press.

Akhil Gupta and James Ferguson. 1997. "Culture, Power, Place: Ethnography at the End of an Era". In Akhil Gupta & James Ferguson (eds.), *Culture, Power, Place: Explorations in Critical Anthropology*. Durham: Duke University Press.

Hong Jiang. 2004. "Cooperation, Land Use, and the Environment in Uxin Ju: The Changing Landscape of a Mongolian – Chinese Borderland in China", in *Annals of the Association of American Geographers* 94 (1).

Henri Lefebvre. 1991. *The Production of Space*. New York: Wiley – Blackwell.

Pamela Steward & Andrew Strathern. 2003. "Introduction". In Pamela Steward & Andrew Strathern (eds.), *Landscape, Memory and History: Anthropological Perspectives*. Pluto Press.

Peter J. Taylor. 1999. "Places, Spaces and Macy's: Place – Space Tensions in the Political Geography of Modernity", in *Progress in Human Geography*, 23 (1).

Yi – fu Tuan. 1977. *Space and Place: The Perspective of Experience*. Minneapolis: University of Minnesota Press.

Dee Mack Williams. 2002. *Beyond Great Walls: Environment, Identity, and Development on the Chinese Grasslands of Inner Mongolia*. Stanford, California: Stanford University Press.

Emily Ting Yeh. 2003. *Taming the Tibetan Landscape*. U. C. , Berkeley, Ph. D. dissertation.

作者简介

郑少雄　男

所属博士后流动站：中国社会科学院社会学研究所博士后流动站

在站时间：2010.7～2012.12

合作导师：罗红光

现工作单位：中国社会科学院社会学研究所

联系方式：zhengsx@ cass. org. cn

生态、科学与权力：基于内蒙古 B 国营牧场畜种改良工作的人类学观察[*]

赛　汉

摘　要：草原生态具有整体性，是人—草—畜组成的三位一体。笔者以不常被从社会科学角度分析的畜种改良为切入点，通过回顾内蒙古锡林浩特 B 国营牧场 60 年畜种改良史，讨论了一系列看似难解的问题：锡林郭勒草原上的畜种为何总是改而不良？为何牧民一旦有了自主权就选择土种牛羊？为何畜种改良总能得到当地政府的资金支持、政策配套的扶持？笔者通过分析畜种改良、科学及权力三者的博弈关系，试图为读者理解今日内蒙古草原面临的生态与文化困境的根源提供一种牧民本位的观点和思路。

关键词：畜种改良　历史　科学　知识

近年来大量关于草原生态与移民，草场使用制度及其生态、文化影响的学术研究公认"人—草—畜"是健康的草原生态系统必须具备而且必须和谐共生的三个要素。对于前两者的著述近年来颇多，而对于草原上牲畜品种改良的研究往往局限于生物科技领域，对此的人文观察甚少。笔者认为锡林郭勒盟的畜牧科技与今日内蒙古草原政策的形成有着密不可分的关系。文献分析显示新中国成立之前，种畜场对草原蒙古族人来说是闻所未闻的新生事物。但是从 1953 年之后的短短 7 年间，仅锡林郭勒盟就建立了 14 个国营种

＊　本文已发表于《前沿》2013 年第 17 期（总第 343 期）。

畜场，其扩散速度之快、规模之大都要归因于内蒙古自治区第一个种畜场即锡林郭勒种畜场（1950 年）及其运行模式的示范作用。据此，锡林郭勒盟种畜场及随后转制的 B 国营牧场成了本课题研究绝佳的田野点。

一　调查点

锡林郭勒盟是距离北京最近的内蒙古草原，笔者的田野调查点 B 牧场距离锡林浩特市东南 55 公里，是国际上公认的欧亚大陆典型草地样板，是全国第一个国家级温带草原自然保护区。该牧场北与毛登牧场毗邻，西与锡林浩特市达布希勒特苏木和贝利克牧场接壤，南与白银库伦牧场，东与西乌珠穆沁旗和赤峰市克什克腾旗交界。全场总面积 3730 平方公里，其中草原 3203 平方公里，耕地 244905 亩，林地 98430 亩，水面 90000 亩，草原占总面积的 80% 以上。当地年平均温度 – 2°C，日平均气温 ≥ 10°C，无霜期 90 ~ 110 天，平均光照 2673 小时，70% 集中在夏季，积雪期 200 天。境内锡林河纵贯中部 80 公里，其支流有好来土河、倡图河等。牧场有泉水 18 处，大小湖泊 11 个，其中扎格斯太湖面积 1.68 平方公里，容积 220 万立方米。据中科院草原研究中心统计，当地草原资源丰富，有种子植物 650 种，天然一等草场约占 49%，二等草场约占 43.5%，三等草场约占 7.5%。

场部境内有云杉林木 800 棵，有些云杉的树龄达百年以上。1985 年"锡林郭勒草原自然保护区"（其核心地带在白音锡勒牧场境内）成立以后，云杉林成为保护重点。该牧场牧区交通、通信、能源条件良好。纵穿总场部和五个分场的 303 国道于 1998 年建成。

二　畜种改良概况

"畜种改良"在不同语境下有不同含义，本文的"畜种改良"主要是指引进外来品种与本地品种杂交的改良方式。白音锡勒牧场在 1950 年 10 月 1 日成立之初名为"白音锡勒公营牧场"。它作为全国第一个国营牧场开了国营畜牧经济的先河。1957 年，改称"地方国营锡林郭勒种畜场"。几年后，它成为全国农业十大样板之一。"文化大革命"时期被兵团接管改称"31 团"。1976 年兵团撤离后划归地方，改称"白音锡勒牧场"，恢复了地方国营农牧场体制。

《白音锡勒牧场经济社会发展战略规划》记载，该场 1950 年代就形成了以八大畜牧兽医和五大机械技术员为代表的第一代科技队伍。这为白音锡勒牧场 1957 年改名后成为内蒙古自治区最先进的畜种改良牧场提供了技术基础（内蒙古大学经济学系白音锡勒课题组，1993：6）。齐伯益编著的《锡林郭勒畜牧志》用 26 页（370~395）讲述畜种改良的内容，其中有羊改良、马改良、牛改良及军马军骡改良四类。

畜牧场的畜种改良始于 1952 年的绵羊改良（齐伯益，2001：337~370）。其序幕是用考利代半细毛羊做人工授精的种羊来改良传统蒙古羊。同年，内蒙古察哈尔盟公营牧场采用茨盖半细毛羊人工授精改良蒙古羊（齐伯益，2001：338）。本文根据《锡林郭勒畜牧志》和《白音锡勒经济社会发展战略规划》把包括白音锡勒在内的内蒙古 60 年畜种改良分为试点时期、大集体推广时期、分户经营推广时期和新时代的生态保护时期。因为畜种改良涉及范围广、跨越时间长，本文仅叙述绵羊改良过程。它同样历经试点、推广、整顿提高、培育本土细毛羊、建设基地旗等多个阶段，时间跨度将近 60 年。

1. 试点阶段

1950 年代的内蒙古畜种改良集中在内蒙古的锡林郭勒盟进行，且主要集中在锡林郭勒种畜场、太仆寺旗和黄旗这几处。当时当地引进了高加索美利奴和苏联美利奴公羊做种，目标是改良传统的蒙古羊。1952~1954 年共建成配种站 6 个。《锡林郭勒畜牧志》记录了一个典型案例：

> 1954 年秋，锡盟（锡林郭勒盟）西联旗特莫勒互助组从锡盟种畜场买了两只考利代种羊，盟政府派去 3 名畜牧兽医技术干部给旗蒙古羊试点人工授精 70 支（只），除 2 只母羊流产外，60 只母羊次春天产羔 102 只，受胎率达 88%，繁殖率达 170%，保育率 100%。秋 8 月下旬，杂种羔体重最高达 37.5 公斤，剪毛 0.75 公斤，同旗蒙古羔 36 公斤，剪毛仅 0.35 公斤。牧民高兴地说："这是人畜两旺进入社会主义社会的象征。"（齐伯益，2001：370）

2. 推广阶段

绵羊改良经过互助合作由点到面逐步推广。1958 年，农业部提出"书记挂帅，全党动员，全面动手大搞绵羊改良工作"的口号。内蒙古自治区党委在锡林浩特召开了第七次牧区工作会议，下达锡林郭勒、察哈尔两盟绵羊改良任务 74 万只。10 月，锡林郭勒、察哈尔两盟合并，盟委发出"加强畜牧业生产领导的决定"，把绵羊改良列为政治任务。1958 年一年内，自治区在原有种羊 363 只的基础上新拨种羊 1325 只，分配人工授精器 596 套，显微镜 50 套，辅助器材料费 13120 元。1960 年，绵羊改良大跃进，全盟调查数字显示：改良羊达到 70.32 万只，占小畜总数的 15.75%。

3. 整顿提高阶段

1963 年，内蒙古召开家畜种改良辅导站站长会议，锡林郭勒盟确定了"以养好畜种为纲，继续巩固与提高家畜改良效果，集中改、重点改的工作办法"。

1965 年春，锡林郭勒盟召开家畜种改良座谈会，盟长总结四条经验：领导重视、群众运动、技术保证、培养重点和以点带面。畜种改良几年后，出现了发展数量和提高质量与饲料生产棚圈建设不足的矛盾，锡林郭勒同时提出了合理利用草原水利建设以保证畜种改良工作顺利进行的要求。

4. 培养细毛羊，建立基地旗阶段

尽管培养细毛羊新品种在 1960 年就已在畜场开始，但其大规模推广和基地旗的建设却是在分产到户之后才形成势头。1986 年，正蓝旗被列为国家细毛羊商品生产基地县。1987 年，多伦县、太仆寺旗被列入基地县。基地建设资金由国家出大头、地方出小头、牧民自筹资金构成。锡林郭勒盟还在同时进行了澳美种羊杂交技术推广、绵羊改良集团承包等创新活动。

三　分析和讨论

蒙古族在千百年历史中形成了独特的民间选育技术。新中国成立前，蒙古族能很方便地通过远距离游牧来创造引种和选种的机会。当地牧民向来注重畜种群中的公畜管理和公母比例。当地牧民把每年的农历四月初三和十一定为"去势留种日"，在此期间，由老牧民把评定留种的牲畜烙印入群，不能留种的小公畜则做耳记准备去势淘汰。去势手术由伶俐手巧的牧人担当。一人一天可为牛马几十头、羊几百只实施去势。此外，串换畜种的工作还能在那达慕、修庙宇、祭祀敖包等活动后进行（齐伯益，2001：370）。

新中国建立成立后由国家倡导的畜种改良于内蒙古草原意义何在？从前文"推广阶段"提到 1954 年的事件来看，内蒙古 1947 年成立民族自治地方政府后，草原牧民对新生活充满憧憬，也充满了建设现代化国家和自治区的热情。在当地人眼中，国家和自治区现代与否的标志是畜牧经济能否大发展，而要实现发展就必须选择现代科学技术。由于现代科学技术发源于现代

西方，而现代西方又代表强权国家，所以现代科学技术在内蒙古草原上既有着令人眩目的诱人光环也有令人想象的神秘面纱。既然草原人把光荣与梦想寄托于它，它也就能实实在在地主导人们的思想和活动。新中国建立之初，在传统落后与现代先进、科学真理与封建迷信在大草原上共生时，得到国家、政府和主流社会知识界支持的科学从来到内蒙古草原与当地人见面之初，就博得了各方的青睐和支持。

到了整顿提高阶段，畜种改良的可靠性问题已经出现，包括新畜种所要求的"生产棚圈的建设跟不上"。这是当地牧民难以想象的现象：改良畜不适应当地气候且需要更多专人看护。据当地牧民所说，改良羊属外地物种，不适应当地寒冷气候。羊下羔子时身边若无人看护，半小时内就会冻死。这种羊羔落地后的最初几天还要穿一种特制的坎肩保暖。相比之下，本地羊就省事多了：苏尼特羊羔出生2天就能跟着母羊下地。改良羊则要1个多月。费事就意味着生产成本增加（新羔更要牧民在夜里每2个小时起来照看一次）。此外，改良羊不仅不耐寒，而且食草量大，最终需要舍饲圈养，成本因而急剧增高，这最终导致牧民不满。这一阶段的畜种改良在资金补助和思想动员的双重保障下进行。

但仅能满足单方需求的博弈结果毕竟不圆满。畜种改良的阶段性成果，甚至所有阶段的胜利都不能扭转其失败的结局。笔者最近收集到的如下案例颇能说明这种情况：

> 牧民苏以拉巴特尔住在东乌珠穆沁旗最东端的乃林高勒，那是个风景如画的地方。他开车接笔者去他家的路上，发现路边有一头种公牛。苏以拉巴特尔下车说："哎呀，这牛好！这是本地的土种公牛。现在越来越少了。"我们下车靠近这头庞大如小山般的牛。它的眼神并不友善，正把脸上一种特殊腺体在草上蹭，大概是为了在那里留下气味。苏以拉巴特尔说："乌珠穆沁本地牛能吃苦耐劳也能忍耐严寒。它在本地经过上千年演化，适应气候和草情。这几年为了畜种改良，很多本地畜种都被强行去势。乃林高勒也许太远，所以少数本地畜种还能逃过此劫。"
>
> 据苏以拉巴特尔说："我也引进过西门塔尔牛，前年冬天还引进了十头，但当年冬天就被本地牛顶死了一头。那牛肉多也算有优点。每头能多卖一千多块。但它不耐寒，要人伺候。冬天不能放出去，而要人喂。费的人工算起来也跟多卖的钱差不多。那牛的肉也松。我们本地人

还是喜欢吃土牛肉，土牛肉香啊。"

　　这跟《锡林郭勒畜牧志》和各类畜牧生产报告讲的是两个不同的故事。现有资料对畜种改良都按牲畜种类划分。畜种改良的大集体时期（1956～1982）相当于前文的试点、推广和提高阶段。包产到户阶段（1984～2000）则相当于前文的建立基地旗和目前的生态保护阶段（2001～2008）。尽管畜种改良的内容始终如一，但动员的类型却不同，依次为政府推动、市场拉动和生态保护驱动三种。

　　大集体时期的畜种改良有着强烈的行政色彩。正如前文"推广阶段"所述，政府帮助并鼓励建立专门的人工授精站。1959 年政府要求"人民公社建立家畜改良委员会、指挥部等形式的机构，由各级党政领导挂帅，坚决贯彻、全民动员、畜牧兽医干部全体参加，分片包干，定期检查，大搞家畜改良"。随后，内蒙古自治区畜牧厅下发了《关于 1959 年家畜改良辅导站设置办法方案》，要求在全区建立家畜改良辅导站 50 个，精液供应站 8 个，其性质为国家事业单位，由当地党政统一领导，经费由自治区划拨预算。这就为畜种改良能够推广下去提供了最后的保障——经济资助。此外，政府还在人、财、物等方面提供了种公羊、授精器材等方面的帮助，这些措施使改良畜比例逐年上升。最极端的时段是 1960 年：

　　　　我区的绵羊改良工作经过连续两年大跃进，已经取得了很大的成绩，去年全区适龄母绵羊约有 70% 进行了改良和杂交，头数达到 326 万只……根据内蒙古党委召开的农业书记会议确定牧区 40% 的母羊要在七月份全面开展夏季配种接羔（部分旱灾严重，母羊膘情不好的可以缓配），无论农区或者牧区配冬羔工作都必须用细毛羊种公羊配种改良。（齐伯益，2001：460）。

　　但这种做法的水土不服也逐渐显现。首先是畜牧业成本大幅上升。尽管改良羊的个体产值高（某些单项指标如产毛、奶或肉），但其需要配套的饲养条件，如水资源、草料等，这些都是内蒙古草原最珍贵稀缺的。舍饲圈养这些牲畜会导致定居并引发草场退化等严重后果（后果在"生态驱动的畜种改良"部分分析）。内蒙古各地土产戈壁羊和乌珠穆沁羊则完全可以在自然条件下实现繁衍。

　　包产到户阶段的畜种改良更有了明显的市场导向性，这与 1980 年代草场承包到户后，牧民的放牧空间受到限制且有一定的自主选择权有关。畜种改良从此开始走下坡路。白音锡勒牧场退休场长谈到滑坡原因时说：

> 我们当年多辛苦啊，从新疆、澳大利（亚）羊引进种羊，没日没夜地干，（引进）有利木赞（母牛），黑白花（奶牛），考利代（羊），美利奴（羊），（培养出本地）细毛羊。你看这一包产到户，没人管了，这些人（牧民、牧场职工）乱（配）养，看啥值钱养啥，一下子又都回去了。①

此时的畜种改良无法持续的原因有二：一是制度变化，即包产到户、发展市场经济等原因导致各级政府的工作重心转移，大集体时期建成的配种网点也多呈瘫痪状态；二是此时在畜种改良博弈中占主导地位的是市场而非行政命令。尽管这位前场长没提到生态问题，但是养殖改良畜所要付出的资金和环境代价应是最直接的原因。

虽然大集体时期的畜种改良也受经济因素影响，但是比较间接。当时的牲畜由政府统一收购销往国内外。例如，政府倡导阿拉善牧民养殖卡拉库尔羊，称可出口中东赚取外汇。当地蒙古族牧民最初也抵制把刚出生7天的卡拉库尔羊羔杀死剥皮的做法，但后来也把羔羊卖给宁夏或甘肃过来的汉人执行宰杀工序。基层政府也照顾养殖卡拉库尔羊的牧民，每天多给他们记一个工分。分产到户后，由于卡拉库尔羊体形大，吃得多，活动范围也大，加之政府不同意组织羊皮羊毛出口，当地人就重新养起了传统的戈壁羊。草畜承包到户后，市场的调节作用更为直接明显。1980年代，山羊绒价格暴涨，一些地方就引进辽宁盖州市山羊与当地山羊（与鄂尔多斯山羊产绒量相同）杂交，结果险些使当地优质的阿尔巴斯山羊种系遭受灭绝之灾。但在所有制约因素中，生态环境是最大主因。白音锡勒牧场虽然被设计成细毛羊研发基地，但其自身条件并不适合养殖细毛羊。它是一块针茅草原，针茅很容易附着在细毛羊的长毛上并旋转扎入体内，不但影响羊皮质量，还会导致羊的死亡。草畜承包以后，牧场职工自主决策，不到三年就将细毛羊全部淘汰，改回土种羊，原因是"太难养了"。

内蒙古白治区2000年开始实施围封禁牧。牧民在此背景下为使生活不受影响，就开始对牲畜"压缩数量、提高质量"。这等于开始新一轮的畜种

---

① 素材来自2009年8月与牧场老场长的谈话。

改良。地方政府这次提供了草场优惠、低息贷款，采取了其他很多配套措施。政府推动这轮畜种改良的逻辑是：好的牲畜品种能提高生产率，即在不增加牲畜头数，不给草场增加压力的前提下，牧民的收入也能提高。

地方政府出台了许多优惠政策。例如在有些地区，养殖了改良畜的牧户可不受草场全年禁牧的限制，春季过后即可在草地上放牧羊群。养土种羊的牧户就不能享受这种优惠。改良畜盗牧的罚款也比土种羊低得多。一些地方政府还用各种项目为牧民改进基础设施，如暖棚、沼气、厕所和牧草籽等。畜种改良技术由政府免费培训。政府还通过了国家良种畜补贴项目，但牧民对饲养改良羊仍无热情。

这一轮畜种改良有两点不同于前两次。第一，它在保护生态的口号下进行。在当今舆论大讲全球气候变暖的背景下，保护生态关系到国家和民族的生存，从而具有更大的公益正当性。正如当地官员所讲："我们会一直扶持下去，因为保护生态是公益事业。"第二，它对草原生态的风险性其实更高，因为它导致了新一轮的草原开垦。内蒙古的生态系统无法为改良畜提供充足的饲料，政府只能购买和种植饲草料来保障供给。由于内蒙古地广人稀，土地资源丰富，所以在当地种植饲料更为可行，因而也更通用。总之，此轮畜种改良试图将牧业嵌入市场经济体系，再用外部农业系统解决干旱草原的脆弱生态对改良畜的限制。但因外部系统也受市场驱动而无法为改良的新牧业提供长期保障，所以此轮改良弱不禁风。

生态学家刘书润研究过白音锡勒牧场的草原植物分类，因而对当地畜种有独到见解：

> 蒙古族牧民说，我家的羊有 18 个爸爸，本区家畜应以本区品种为主。蒙古牛、蒙古马、蒙古羊，还有本地骆驼经过千百年选育，最适合本地自然环境，也最适合游牧。它们是牧民生产、生活、战斗、交通的必需品，是移动的商品、行走的银行，还寄托着牧民的文化和情感。本地畜种是蒙古族牧民的朋友，也是草原生态系统的成员。只有这种适合蒙古族草原游牧文化的牧畜才能受到牧民的欢迎。家畜改良和引种，不能拉游牧的后腿，不能成为定居、舍饲的借口。只考虑眼前利益，抛弃和我们共同生活了几千年的当地优良牲畜品种，与丢弃传统文化同样可悲。①

---

① 素材来自与刘书润老师的谈话。

四　讨论：科技知识与权力

　　白音锡勒牧场成立之初以建立现代化的国营牧场为目的。建场文件中写道，"科技是第一生产力。坚持用科技武装农牧业生产，是白音锡勒牧场的一大优势。'科技兴厂'是种畜场的重要发展方针"（内蒙古大学经济学系白音锡勒课题组，1993：4）。本章的三个主题：畜种改良、经营模式的转变以及"畜南下、禽北上"（将牧民从草原上迁出之后进行草原动物迁移的设想）均基于两个命题展开，即科学与发展——其中科学是手段，发展是目的。发展的主体是牧民，目的是让牧民"腰包鼓起来"。实现这一目的的路径就是现代化——包括产业结构现代化和畜种现代化。通过改良畜种，使高产（奶、肉和毛）且适应市场的外来畜逐步淘汰本土牛羊。生物科技通过这种方式深入到每个牧民的生计。但改良畜种无法适应寒冷干燥的气候，还有食草量大和抗病能力不强等缺点。科学又用建棚舍、用喷灌农业人工种草、推广兽医技术等手段来解决。牧民世代积累的走场、去势留种等传统畜牧知识就这样在自己家里被一步步地淘汰出局。

　　阿瓦雷斯（Claude Alvares）在《发展字典——"作为权力的知识"引论》提出，科学与发展有着与生俱来的权力关系；古斯塔夫·伊斯特瓦更进一步解释说"发展意味着从当前这种卑微的欠发展状态中解脱出来"。现代科学承诺人们既能摆脱这种状态，又能保持传统地方知识，实则大谬。

　　后现代学者福柯认为，权力不是传统意义上的国家宏观统治工具，不是一部分人或某个组织、集团影响控制支配其他人或组织、集团的能力和力量，也不是"由谁掌握统治权，如何运用统治权，如何保护、巩固统治权，对谁施行统治权"等，而是与人们的日常生活紧密相关的东西。他认为权力与知识相生、相养并相互为用，两者相互蕴含；没有系统的知识领域，就没有权力的用武之地。同理，没有权力的支持，知识即使产生也得不到传播和应用（劳斯，2004：12）。福柯认为知识和学科都是科学知识纪律化导致权力集中的产物。福柯在《词与物》中研究了科学、发现、发明的规则类型，提出了特定时空中具有特定认识型（episteme）的概念。他论述知识生产是一种集体实践。个体及其知识在实践中得到重新定位。这种认识使他怀疑科学和知识都是循着某种进步路线、服从某种成长规则的习惯性认识。他据此得出科学知识乃"集权"手段的结论。他认为知识的纪律化受制于国民教育，因而主要在大学里完成。由于科学知识占据着大学文化的主导地位，又因为大学生是社会的后备军，所以现代科学与国家异曲同工（劳斯，2004：24）。

　　锡林郭勒草原上的畜种总是改而不良。牧民一旦有了自主权就选择土种牛羊，但畜种改良还是总能得到地方政府的资金、政策相配套的扶持和倾斜。

　　草原生态具有整体性，是人—草—畜组成的三位一体。现代科学用理性切分三者并据此制定生态环境对策，因而政策也跟着科学而缺少全局观。知识既然等于权力，权力就能决定什么"是"与什么"不是"知识。现代科学的权威知识能压倒一切，包括人们的宇宙观和人与自然的互动方式。这些被压倒、替代和围剿的传统知识本来不是现代科学的对立物，它只是因为具有"整体性"而不同于现代科学知识。

　　内蒙古草原有问题，但不是内蒙古草原的问题，其根源也不在于内蒙古牧民的生计方式和传统文化，而在于现代科学忽视了蒙古族牧民的主体性和传统畜牧生计及知识的权威性。这种主体性和权威性在于：不能用现代科学擅长的方法画地为牢，用科学家孤陋寡闻的"想当然"来人为割裂草原上固有的人—草—畜三位一体，而应该对此做出通盘考虑和统筹安排。

参考文献

内蒙古大学经济学系白音锡勒课题组，1993，《白音希勒经济社会发展规划纲要》，呼和浩特：内蒙古大学出版社。

齐伯益，2001，《锡林郭勒盟畜牧志》，呼和浩特：内蒙古人民出版社。

约瑟夫·劳斯，2004，《知识与权力：走向科学的政治哲学》，盛晓明等译，北京：北京大学出版社。

作者简介

赛汉　女

所属博士后流动站：中国社会科学院社会学研究所

合作导师：王晓毅

在站时间：2012.11 ~

现工作单位：北京语言大学

联系方式：saihan71@gmail.com

农村基层医疗卫生机构综合改革：改革新思路

张奎力

摘　要： 转变基层医疗卫生机构的运行机制，必须进行以破除以药养医机制为核心的一系列体制机制的综合性、根本性变革。如今，农村基层改革的路径选择上有一种占主流地位的思路，即坚持政府主导、回归公益性。循此改革思路，新医改将可能再次面临"基本不成功"的命运。在农村基层医疗卫生机构综合改革实施过程中，不妨尝试一条"去行政化"的改革新路，破除行政性垄断并实行"重新管制"，让政府和市场各居其所、相得益彰。在此前提下，进行合理的农村基层医疗卫生机构体制机制构建。

关键词： 基层医疗卫生机构　综合改革　去行政化

一　引言

以药养医机制是多年来基层医疗卫生机构重要的运行机制，这一机制导致基层医疗卫生机构偏离公益性方向。不彻底破除以药养医机制，就难以使基层医疗卫生机构回归公益性，难以从体制机制层面解决看病贵、看病难问题。要转变基层医疗卫生机构的运行机制，就必须进行以破除以药养医机制为核心的一系列体制机制的综合性、根本性变革。然而调查发现，一些基层医疗卫生机构只是简单地实行药品零差价销售，没有按照国务院补偿机制文件要求实施综合改革，机构仍旧在原有的体制机制下运行，看病贵、看病难问题没有得到有效破解，人们没有从中得到真正的方便和实惠。基本药物制度不仅制度设计本身存在不少弊端，更重要的是我们要认识到它并非一剂灵丹妙药，仅仅服用了它就可以治愈身染重疴的医疗卫生体制。如果我们不采取果断有效的措施，扭转机制建设滞后局面，将严重影响医改的深入推进和实际效果。地方医改经验也显示，基层医疗卫生机构改革可谓牵一发而动全身，只有进行综合、系统、全面的改革，才能建立起新的体制机制。因此，推进与基本药物制度相配套的一系列体制机制综合改革势在必行。

在推进农村基层医疗卫生机构综合改革的路径选择上，如今流行着一种具有浓厚官方色彩的观点和思路——坚持政府主导、回归公益性。孙志刚（2011）认为，实施综合改革，以下五个方面不可或缺，即管理体制、用人机制、分配机制、药品采购机制和补偿机制；通过五项改革旨在实现"三个回归"，即基层医疗卫生机构回归公益性、医务人员回归到看病防病的角色、药品回归到治病的功能。刘文先（2011）在总结安徽基层医改经验时认为，安徽医改是一次以政府为主导、以广大群众利益为导向的制度变革，是"去市场化"和"公益性"的回归。李玲（2008）也认为，公立医院是维护医疗卫生事业公益性的主力军，维护公立医院的公益性是医疗卫生体制改革的关键。在这种改革思路的指引下，政府强化了对于基层医疗卫生机构全方位的直接行政管制，由此造成各种行政性垄断和不当行政管制。如果不能在打破垄断和解除不当管制上有所作为，那么新医改将可能再次面临"基本不成功"的命运。因此，农村基层医疗卫生机构综合改革不妨尝试一条"去行政化"的改革新思路，并且在这一思路指导下进行合理的体制机制设计。

二　管理体制改革：管办分离与法人治理结构

公立医院管理体制改革涉及三个不同层次：一是政府行政管理体制改革；二是医院组织改革或医院治理改革；三是医院内部管理体制改革。作为公立医疗机构的重要组成部分，农村基层医疗卫生机构综合改革也不外乎从这三个层面展开。

（一）政府行政管理体制改革

政府行政管理体制改革包括两个层次，即对公立医院的行业监管或宏观管理（管办分离中的"管"）和对公立医院的运行管理或微观管理（管办分离中的

"办"）。政府行政管理体制改革的实质就是实行"管办分离"，将对公立医院的微观管理权下放给医院本身，政府专注于公立医院的宏观管理。从世界范围来看，目前各国政府管理公立医院的模式可以分为两大类：一类是政府直接管理公立医院（又称为"管办合一"模式），另一类是政府间接管理公立医院（又称为"管办分离"模式）。"管办合一"模式中，"单一政府机构"又是非常典型的计划经济管理模式。我国绝大多数公立医院的管理模式基本上就属于这种类型。[①] 相对于"单一行政机构"的管理方式，"分离行政机构"代表了一种进步。"管办分离"模式根据公立医院的组织形式可以分为公立医院集团和单一医院法人两种具体的管理形式。公立医院集团管理，即政府通过整合的公立医院集团董事会，对公立医院进行间接管理。因此这种模式也可以说成是在董事会（监事会）领导下的院长负责制。英国、澳大利亚、新加坡等国就组建了这样的公立医院集团。可是在美国、德国等国家，公立医院并没有重组成为医院集团，而是单个公立医院作为一个公共实体，在保证自身公立地位的同时，在法律上同政府脱钩，另外成立独立自主的管理委员会。政府通过管理委员会对医院的经营活动保持某种程度的控制权。总之，世界各国政府将公立医院的举办权和管理权分离，这是一个普遍的发展趋势。不同国家的不同之处在于，分离后医院的管理权流向了哪里？是流入另一个政府机构（或准政府机构），还是流入企业化的医院管理集团或医院本身？从各国的实践经验和教训来看，公立医院的管理权直接交给企业化的医院（或集团）来管理，更能够提高医院的经营效率，并且能够更好地满足病人和社会的需要。

　　由于我国长期以来实行"管办合一"，暴露出来的弊端也很多，如公立医院产权主体缺位、职责分散和多层级多委托人的委托代理问题，以及公立医院缺乏明晰的权益界定，国有资产产权、政府监管权和法人经营权之间存在缺位、越位和不到位等问题。因此，必须实行以"管办分离"为核心的政府行政管理体制改革，弱化其直接提供医疗卫生服务的微观管理职能，强化其在卫生筹资、监管等方面的宏观管理职能。另外，将分散在各个政府部门的政府职能集中统一，形成大卫生管理格局，使得对卫生行业的管理及对公立医院的管理更加统一有效。针对农村基层医疗卫生机构而言，一方面，政府行政管理体制改革方向应是改变在"公益性"幌子下不断加强其行政控制力的趋向，为捆绑在农村

---

① 不同之处在于，由于我国目前公立医院的收入主要靠自己创收，而不是来自政府预算，因此公立医院已具有相当程度的经济独立性。但是，我国公立医院离"独立经营的法人"还有很大距离，不具备一些重要的经营管理权限，如人事权和定价权。

基层医疗卫生机构身上的各种行政性束缚松绑，还原其"带有公益特征"的医疗卫生服务提供主体的身份和地位。另一方面，政府需要重点发挥作用的领域包括巩固和拓展新农合的覆盖面、提高保障范围和水平、完善医保付费机制建设；此外，通过加强监管来提高农村基层医疗卫生服务[①]的供应能力，可以采用的监管手段包括合同考核制度、绩效指标体系和数据信息系统等。

（二）公立医院治理改革

公立医院管理体制改革涉及的第二个层次是医院治理改革。该层次改革的实质在于如何处理权力在政府（所有者）与医院（经营管理者）之间的划分。医院治理结构具体可以采取四种不同的组织形式：预算组织、自主组织、法人组织和私人组织。这四种组织形式之间的关系反映了医院的治理权从政府行政机构手里逐步让渡给医院的不同程度，政府对于这些组织的管理由直接管理逐步过渡到间接管理。当改革的方向从权力集中到权力分散时，又称为市场化的组织改革，具体表现为自主化、法人化和私有化三种方式。

我国公立医院管理体制改革就是一种市场化的组织体制改革，涉及以上两种中间形式的医院组织形式，即自主组织（事业法人）和法人组织（公司法人）。目前我国的公立医院基本上处于预算组织与自主组织之间的状态，享有的自主权还非常不充分（蔡江南，2011）。一方面，在经济上，公立医院享有相当大的自主权，主要靠自己创收而不是政府预算来生存和发展；但另一方面，在人事权和其他一些重大管理权上又受到政府的很多约束和限制，无法真正发挥医院自护管理的作用。因此，我国公立医院改革的方向是向自主组织和法人组织的转变。需要指出的是，自主化和法人化改革是程度不同的放权改革，并不存在孰优孰劣的问题，而是与国情适不适合的问题。因此，到底适用于哪种方式的改革应该从纵向的时间维度和横向的地理维度来衡量。从纵向的时间维度看，由于我国大多数公立医院还处在预算组织与自主组织

---

① 需要引起注意的是，医疗卫生服务是否具有公益性特征，与医疗卫生机构是否具有公益性完全是两码事。公益性不是基层医疗卫生机构的天然属性，医疗卫生公益性也并不必然只能由公立医疗机构来实现。如果我们赋予医疗卫生公益性一个明晰的含义，那么它应该指的是基层医疗服务的普遍可及性（即居民看病方便）和可负担性（即居民看得起病）。根据这个定义，要实现医疗卫生服务的公益性，一是让医疗机构自主发展，切实增加医疗服务有效供给，解决看病难问题；二是让所有居民能够以可承受的价格看病，解决看病贵问题。从这个意义上看，关于公立医疗卫生机构"回归公益性"的说法是站不住脚的。

之间的混合状态，政府监管的不充分与医院自主权的不充分并存。在这样的情况下，可以考虑分两个阶段循序渐进地推进公立医院治理结构改革，即自主化改革阶段和法人化改革阶段。从横向的地理维度看，可以考虑在经济较为发达、公立医院数目较多的地区进行治理结构的法人化改革；而在欠发达地区，由于管理人才不足，难以进行治理结构的法人化改革，应重点完善自主化改革，理清政府和公立医院的责权关系。无论哪种方式的治理结构改革，其目的都是通过改善政府对公立医院的治理，在不损害公立医院社会功能的情况下提高公立医院的绩效。但是根据国际经验及发展趋向来看，自主化阶段改革为法人化阶段改革创造必要条件，建立公立医院法人治理结构是改革的正确方向和必然趋势，因而也是我国公立医院治理改革的制度目标和理性取向。

《关于公立医院改革试点的指导意见》提出，明确政府办医主体，科学界定所有者和管理者责权，探索建立以理事会为核心的多种形式的公立医院法人治理结构，明确在重大事项方面的职责，形成决策、执行、监督相互制衡的权力运行机制。鉴于管办分离的两种形式，设立公立医院理事会也对应地有两种形式：一种是公立医院集团的理事会，一种是内置于公立医院作为独立的公共实体的理事会。作为最基层的公立医院，农村基层医疗卫生机构更适合采取第一种形式，即建立以县为单位的医院集团理事会。[①] 理事会的主要职责是制定全县范围内的医疗卫生机构的总体经营策略，监督政策的执行情况。理事会由政府部门代表（如县政府、发改委、国资委、卫生部门、财政部门）、社会相关利益方的代表（如医院管理层、医保部门、专家学者等）和民意代表（如人大代表）组成，然后再由理事会和非执行理事通过公开招聘等方式选拔任命各医院院长，由其来负责医院的日常经营管理事务。医院集团理事会作为独立的法人实体，通过完善法人治理结构，实现资源共享、技术交流、成本控制等策略，从而达到提高医疗服务效率的目标。除了建立医院集团理事会，也须设立由政府各有关部门代表、医疗卫生专业技术人员或卫生政策研究人员代表和当地医疗消费者代表等组成的监事会（医院本身的管理人员和职工不得担任监事会成员），负责监督审理医院理事会决议和监督医院管理层执行决策的情况。

---

① 山东省胶南市在2006年对全市政府办乡镇卫生院的人员、设备、资产等基本情况进行调查摸底，将乡镇卫生院的人员、业务、经费等上划到市卫生局管理，在此基础上，进行了市镇村一体化改革。改革的实质是通过市镇村一体化管理模式的改变，提高基层卫生资源的利用效率。这种县乡村一体化改革与本文所提倡的治理结构改革具有根本的差别，最大的不同之处在于它仅仅优化了卫生资源的利用流程，并未涉及医疗卫生机构法人治理结构的变革。

（三）医院内部管理体制改革

第三个层次是医院内部管理体制改革。医院内部管理体制改革的实质在于如何处理权力在医院内部各部门之间的分配，有效提高内部的管理绩效。改革的主要内容包括医院人事制度和收入分配机制改革。而这些改革所要解决的就是通过建立有效的激励和约束机制提高医务人员的积极性，并进而提高医疗服务的经济效益和社会效益。

1. 人事制度改革：全员劳动合同制

在基层医改中，各地纷纷效仿"安徽模式"，改革人事制度，建立竞争性的用人机制。总的来看，基层医疗卫生机构人事制度改革主要从两个方面展开：一是选好院长，进行公开公平竞争，择优聘任，并实行任期目标责任制；二是对医务人员和其他工作人员，根据岗位的要求，在核定资质之后，实行竞争上岗、全员聘用，建立能上能下、能进能出的用人机制。应该说，建立竞争性的用人机制，对于调动医务人员的积极性、改善人才队伍结构具有积极意义。但是，由于上述改革仍旧是在行政化的事业单位管理体制之下进行的，用人竞争仅仅局限于事业单位编制的"鸟笼"之内，从而导致改革的不彻底性。

要进行彻底的人事制度改革、有效调动起医务人员的积极性，正确的选择就是引入劳动力市场机制和人力资源管理制度，让医务人员成为自由执业者。让院长成为职业经理人。在医院管理者和医务人员角色转变的前提下，推动建立起全员劳动合同制。针对乡镇卫生院，其具体实施措施如下。

第一，切实落实乡镇卫生院的用人自主权。如今，乡镇卫生院的管理者对于工作人员的雇用、解雇、升职和报酬缺乏控制权。政府办乡镇卫生院在性质上属于事业单位。事业单位中的"编制内"或"正式工"的数量是以地方政府的行政决定为基础的，涉及计划部门（关于岗位数量）、人事部门（关于流动和升职）和卫生部门（部门管理责任），几乎不考虑实际的工作需要。对于正式工管理的僵硬规定，使得乡镇卫生院管理者难以做出一些有关员工规模和技能组合的关键决定，造成人员需要和人事安排相脱节，同时，也限制了乡镇卫生院管理者对部分工作人员的奖惩安排。因此，有必要提高乡镇医疗机构管理者在人事方面的自主权，由乡镇卫生院根据实际情况自主定编定岗，并逐步过渡到取消对乡镇卫生院的行政性人事编制管理。

第二，推动"多点执业"，实现医务人员的自由流动。对于医务人员来说，新医改最大的突破在于多点执业的合法化。多点执业的合法化，不但能够使医生靠自己的医术获取较高的收入，方便患者就近接受诊疗服务，更重要的是医生的身份性质将发生重大变革——医生不再是"国家干部"，而成为自由执业者。由此乡镇卫生院行政化的事业单位体制将出现一个缺口，计划体制时代遗留下来的人事制度将发生重大变革，转型为市场化的人力资源管理体系。因此，多点执业的实质就是要解放医生，使乡镇卫生院不能把医生当成独有资产控制起来，从而实现医生无论是纵向上还是横向上的自由流动。尤其需要强调的是，多点执业并不是"点对点"的关系，而是"点对面"的关系，是一个人与一个团队的内在一体关系（刘国恩，2012）。针对农村社区来说，多点执业就是要在农村基层建立以专家名医为旗帜的医疗团队，通过医疗团队把大量常见病、多发病和慢性病患者留在基层处置，同时把真正的重危病人选送到上级医院诊疗。

第三，充分实现养老等社会保障的社会化。不少医务人员之所以留恋"国家干部"的身份，不仅是由于残存着陈旧的等级观念，更重要的还在于这个身份能带来高福利和高社会保障水平。打破社会保障的单位制，实现养老、医疗等社会保障的社会化，能够为包括乡镇卫生院在内的事业单位体制改革扫除障碍。尤其针对一些在竞聘中落聘的人员，除要妥善安置分流外，社会化的社会保障方式也能够解除他们的后顾之忧。

人事制度改革赋予乡镇卫生院用人自主权，而要真正发挥人事自主权带来的积极作用，推动乡镇卫生院效率提高，还必须实行强激励性的收入分配制度。

2. 收入分配改革：强激励分配机制

为体现出分配机制的"激励性"，新一轮基层医改更加倚重"考核"工具，即根据管理绩效、基本医疗和公共卫生服务的数量和质量、服务对象满意度、居民健康状况改善等指标对基层医疗卫生机构进行综合量化考核，并将考核结果与资金安排和拨付挂钩。目的在于坚持多劳多得、优绩优酬，合理拉开收入差距。概括起来说，就是要对基层医疗卫生机构实行"三核"，即"核定任务、核定收支、绩效考核补助"的激励约束机制。

在各地基层医改的实践当中，以安徽为代表的大多数省份已大张旗鼓实行"收支两条线"①。应当说，"收支两条线"的做法固然可以隔断医生

---

① "收支两条线"有两种形式："全额收支两条线"和"差额收支两条线"。前者是指公立医疗机构的收入全部上缴政府，其支出由政府下拨；后者是指政府对公立医疗机构实行核定收支、以收定支、超收上缴、差额补助的财务管理方式。当前在各地风靡一时的"收支两条线"基本上采取的是后一种形式，即"差额收支两条线"。

"以药养医"的逐利冲动，但是由于它缺乏有效激励的天然不足，无法打破"平均主义和大锅饭"的怪圈。对此，黄洁夫早在2009年"两会"期间就已鲜明指出，实行"收支两条线"改革将回到计划经济医院的老路上去，将不能保证医疗行业的积极性、创造性和竞争性，改革将走入死胡同。顾昕（2011）认为，这套以"三核"为核心的补偿模式，必然导致平均主义和大锅饭现象重现；"收支两条线"本质上是一种计划经济，难逃失败的命运。

如果说"全额收支两条线"的思路在竞争不可能或者不充分的地区可以适用于城乡社区卫生服务体系的话，那么"差额收支两条线"的思路则是完全不现实的。因为要实行"差额收支两条线"，必须至少要满足以下条件：一是绩效考核体系科学；二是政府行政部门在绩效考核时信息对称；三是政府对于绩效考核工作动力十足。以上三条要想全部满足几乎是不可能的。况且，这里假定政府行政管理者及其选定的考核者全部都是廉洁公正人士。但是，这样的游戏规则无疑赋予了政府行政部门极大的权力，也就会给他们带来危险的诱惑，凭空拓展了大量寻租的空间。吴明（2009）认为，"收支两条线"改革，政府将成为最大"院长"，医院要用钱、用多少都是政府说了算，可能带来权力寻租与腐败，医院院长则会把主要精力放在讨好政府官员上，而不是用心经营医院。

激励理论表明，激励机制也是一个筛选机制，能力高者及愿意努力工作者倾向于选择强激励方案，而能力弱者及更愿意工作安稳者倾向于选择弱激励方案。公立医疗机构中的行政等级制度使得留在基层医疗机构的医生必然是最差的医生；而"收支两条线"及与之如影随形的"定岗定编定工资标准"导致的弱激励机制又会进一步挤走好医生，同时抑制医生努力提高自身业务、努力工作的积极性。

因此，若要在基层医疗卫生机构和医务人员中形成一种强激励分配机制，首先需要放开准入限制，形成自由执业的、以私营诊所为主体的初级医疗卫生服务供给格局。让包括公共卫生服务在内的初级卫生保健的全科医生以个体或合伙执业为主体，这样其收入与提供服务的数量和质量密切相关，从而能够保证收入激励的灵活有效性。为了解决这种强激励分配机制之下医务人员可能存在的过度医疗问题，以下两个"药方"显然不可或缺：一是赋予患者"用手投票"和"用脚投票"的权利。"用手投票"的权利也就是患者用货币为医疗服务标价的权利。当患者拥有这种用货币投票的权利时，那些成本低、质量高的医疗机构及医生就能够吸引更多的患者，定更高的价格，从而获得更多的盈利，这就使得医疗机构及医生有降低成本、提高质量的内在动力。而"用脚投票"，就是患者拥有自由选择就医的权利。如果有多个医疗机构可供选择，那么一旦一家医疗机构价格过高或者质量太差，患者就会选择别的医疗机构或医生。这就使得医疗机构和医生有降低成本、改善质量的内在压力。二是医保方通过选择使用适宜的支付方式来调节经济激励。比如，可以采取以按人头付费为主的混合支付方式，这样医疗机构和医生就会有动力多提供健康教育、预防保健之类的服务来维护居民的健康，获取更多的人头费。

三　补偿机制改革：以医保支付为主的多渠道补偿

借鉴国际经验，我国公立医院补偿机制需要进行三个方面的改革：一是政府财政直接补偿方式改革；二是医疗保险支付方式改革；三是医疗价格形成机制改革。而公立医院补偿机制改革的关键在于医保支付究竟应该占多大比重，以及医保付费方式如何选择。

1. 政府财政直接补偿方式改革

政府财政直接补偿部分目前占医院收入的比重很小（近年来这一比例维持在8%左右），并且这种为数不多的财政补偿也主要投入到在编人员的基本收入和退休人员的养老金上。因此，改革的方向是在保持现有政府补偿水平的前提下，让政府财政补偿人员经费脱钩，而与医院承担的社会公益性服务挂钩，同时根据医疗卫生发展的需要，对医院的基本建设和大型设备的投资给予补偿。相对于创收能力较强的二、三级公立医院来说，乡镇卫生院的自我筹资能力较弱，尤其是实施基本药物零差率之后，乡镇卫生院面临着非常大的收支缺口，因而也更为依赖政府财政补助。据北京大学中国卫生发展研究中心的统计，2007~2010年，财政补助收入占乡镇卫生院总收入的比例在提高，中心乡镇卫生院、一般乡镇卫生院分别提高12.4%和13.3%，达到33.6%和38.3%。但是，由于乡镇卫生院历史欠账较多、短时间内很难从根本上完成对体系的完善，乡镇卫生院可持续发展能力仍然较为脆弱。可以认为，如果仍然维持目前的财政投入结构，那么再多的财政补助也无法让乡镇卫生院充满生机和活力。理性的选择应该是变财政预算为政府购买，由政府购买乡镇卫生院提供的基本医疗和公共卫生等公益性医疗卫生服务。另外，为了增进乡镇卫生院的服务提供能力，还需要在硬件和软件两个方面进行补偿：在硬件上补偿乡镇卫生院基本建设和设备购买支出，在软件上补偿以全科医生培养为主的人才培养支出。

2. 医疗保险支付方式改革

除了提高医保支付的比重、降低患者的自付水平，更为关键的一点是改革医保支付方式，让补偿标准和水平更具有可控性和可预见性。这一点实际上也成为我国城乡医保体系近年来的工作重心之一。人力资源和社会保障部在 2011 年 6 月发布指导性文件（《关于进一步推进医疗保险付费方式改革的意见》），推进医保付费改革。在 2012 年全国卫生工作会议上，陈竺表示要把支付制度改革作为体制机制改革的关键抓手，大力推进。

在新农合支付制度改革中，需要树立起"谈判协商、风险共担"的价值理念，以及在该理念指引下建立起谈判协商机制和混合支付制度。所谓谈判协商机制，是指在医疗服务购买过程中，医疗保险经办机构以协商谈判的方式来协调与医疗服务提供方之间利益关系的一种互动机制。医疗保险谈判的基本框架包括谈判主体定位和谈判层次、谈判原则、谈判内容、谈判规则和程序、谈判结果的应用以及谈判的争议处理等六个方面。建立混合支付制度具体包括以下三点：一是普通门诊采取定点制和转诊制；二是普通门诊采取按人头付费为主的混合付费制；三是非普通门诊服务采取按病种付费为主的混合付费制。

3. 医疗价格形成机制改革

医保支付改革需要 3～5 年的时间，效果才能显现，达到医保机构、医疗机构和患者三方的平衡。为了遏制眼下公立医院药价虚高、医疗费用飞涨的发展趋势，作为过渡性的办法，应进行医疗价格形成机制改革。我国长期以来的医疗卫生价格体系实行高度行政化的集中控制，人为地将医疗服务价格定价低于其成本，使得医院被迫从药品和检查收入中获得补偿，最终形成了广受诟病的"以药养医"机制。医疗服务价格与药品、检查价格之间的扭曲必须得到调整和纠正，因此需要改革价格形成机制。应当改革由政府单方面行政定价的机制，形成有医疗服务方参与的社会协商定价机制。根据医疗成本的变化，考虑医疗服务供求双方的利益，对医疗价格持续不断地进行调整。

在农村基层医疗卫生机构，理顺价格机制的一个着力点是提高医疗服务价格。农村基层医疗卫生机构因取消药品加成减少的收入，理应通过提高偏低的医疗服务价格来获得补偿。如果医疗服务价格收费合理，能够弥补服务成本开支，甚至略高于服务成本，那么农村基层医疗卫生机构就不存在基本药物零差率销售后的补偿难题。但为了避免"拆东墙、补西墙"的社会质疑，调整后新增的费用，绝大部分可由医保基金来补偿。调整合并设立一般诊疗费并纳入医保支付范围，不但理顺了现有的医疗服务价格、药品和检查价格之间的扭曲局面，而且在不增加患者自付额的前提下弥补了基层医疗卫生机构药品零差率销售所导致的收支不平衡，进一步增强了基层医疗卫生机构补偿机制的稳定性和可持续性，因而有利于调动基层医疗机构、医务人员的积极性以及基本药物制度顺利推进。

四 基本药物采购改革：市场化的集中采购机制

根据国际经验，基本药物制度的供应体系共有四种模式：一是分散化采购，医疗机构根据目录自行组织基本药物的采购和配送；二是市场化集中采购，使用基本药物的医疗机构基于市场竞争自发选择各种集中采购配送模式；三是政府集中采购，政府定期进行基本药物的集中采购，然后将配送外包给公立或民营机构；四是垄断性公共供应，公共部门垄断基本药物的生产、采购和配送。市场化集中采购模式是世界各国改革基本药物供应保障体系的主要选择。世界卫生组织认为，建立基本药物供应保障体系的组织原则应该是：处理好公共部门和私人部门之间的平衡，鼓励药品生产和配送体系中的公私混合（public-private mix），在公共部门实施药品良好采购规范（good pharmaceutical procurement practices），充分发挥私人部门从事公共卫生事业的效率作用，发挥集中化体制（centralized system）中的规模经济作用。同时，一个良好的供应体系，必须能够保证有效地使用政府购买药品的资金，并使国民获得最大限度的可及性。更进一步，世界卫生组织在 2004 年世界卫生报告中指出，"公共—私人—NGO 混合的思路"（public - private - NGO mix approach）是为越来越多的国家所采用的政策选择。可见，无论是国际趋势还是来自世界卫生组织的建议，均清晰指向市场化集中采购模式。建立市场化集中采购机制，需要着重从采购主体、采购方式和途径、采购质量保障以及监督管理等方面进行制度构建。

（一）采购主体多元化

我国医疗机构的药品集中采购主体经历了从医疗机构自主到卫生行政部门为主导的历史过程。[①] 首先，从以往政府采购招标的经验来看，如果由卫

---

① 2009 年新医改方案提出基本药物的集中采购由政府主导，并未具体指定哪个部门作为主导部门；2010 年《国务院办公厅关于印发建立和规范政府办基层医疗卫生机构基本药物采购机制的指导意见的通知》明确采购责任主体是由省级卫生行政部门确定的采购机构（采购机构在各地的称呼不尽相同，但大都冠以"省药物采购服务中心"之名，"中心"是隶属于各省卫生厅的事业单位）。可见，当前的集中采购就其性质而言仍属于以卫生行政部门为主导的政府集中采购。

生行政部门作为采购主体，代替医疗机构等招标单位进行采购，最容易发生的问题就是二者间的相互包庇、权责不清，发生扯皮现象。其次，集中采购使卫生行政部门不但握有强大的购买垄断力，而且又拥有行政权力，如果缺少科学、公正、透明的程序以及强有力的监管，则容易发生腐败和寻租行为。最后，从两者的委托—代理关系来看，以卫生行政部门为采购主体，采购的单位不是付费单位，它缺乏采购性价比高的药物的激励和动机。此外，在"管办不分"的情况下，卫生行政部门与医疗机构是"一家人"（有人曾把二者之间的关系形象地比喻为"老子"和"儿子"），它仍是医疗机构的利益代表；从药品市场上买卖双方的实力对比来看，医药企业的卖方劣势地位依然没有多大改善。因此，以卫生行政部门为主导与以医疗机构为主体的采购没有本质的区别，二者都不适合作为采购的主体。

那么，谁才是基本药物采购的合适主体呢？由于基本药物的最终消费者是患者，而患者的药物费用绝大部分来自医疗保险部门（尤其在我国已经步入"全民医保"的时代背景下，2012年医保政策范围内住院医疗费用支付比例将提高到70%以上），因而按照"谁采购谁付费"的采购原理，医保部门才适合承担采购的任务。如果由医保部门作为集中采购的主体，因为它是采购药品费用的最终埋单者，自然会对要购买的药品进行精挑细选，使保障支付的每一分钱都物有所值。它不但关心药品的价格，更关心药品的质量。原因在于如果药品的性价比不高，会造成患者医药费用的增加，医保部门的支出也会随之增加。因此，由医保部门进行采购会使药品价格和质量达到较好的平衡。就长远来看，随着"以药养医"机制的破除和新的运行机制得以建立，医疗卫生机构会将精力放在如何提高服务质量吸引患者上，它会主动采购性价比高的药物，所以可以重新恢复其采购主体的身份。除了医疗机构，保险机构、流通企业或消费者协会等组织也可以扮演优秀代理人的角色，呈现采购主体的多元化模式。

（二）采购方式和途径多样化

国际上关于药品采购的主要方式有四种：公开招标、邀请招标、竞争性谈判采购及直接采购。不同的采购方式各有其优势与不足，适用条件也不尽相同（见表1）。公开招标采购是我国集中采购的主导方式。邀请招标是对公开招标的补充，在投标人较少、产品购买困难时可采用该方式进行采购，以满足医疗机构对价低、量小的抢救药品的需求。谈判采购是在公开招标中投标产品只有一家时常采用的一种采购方式，在谈判时以一个区域（如一个省）

的量作为基数，可以获得比单一医疗机构更多的折扣。直接采购（或直接挂网），是在经过多个招标采购周期后，对价格较为稳定药品或部分常用药、廉价药采取的一种采购方式。采购方式的多样性，可以满足不同使用条件下选择不同采购方式的要求，是深化和完善药品集中采购制度的主要内容之一。

表1　不同药品采购方式的比较

采购方式	优点	缺点
公开招标	投标者众多 易获得较低价格 新竞争者易进入	招标、评标工作量大 供应商选择和质量控制难度大
邀请招标	投标者相对较少 价格较低 供应商需要资格预审 质量容易控制	投标者少，选择面有限 必须有供应商资格前期评审的机制
谈判采购	供应商较有名气 评审工作较少	价格相对较高
直接采购	简单、快捷	价格较高

资料来源：WHO, 2002, *Practical Guildelines on Pharmaceutical Procurement for Countries with Small Procurement Agencies*, Manila: World Health Organization, pp. 1 – 64。

此外，有必要参照香港特区的做法①，采用多种采购途径，满足临床需求。目前政策要求全部基本药物品种都要签订合同，但实际上各省全年用量较小、价格便宜、用量不稳定的药品的使用量难于估计和统计，签订合同意义不大。建议由各省结合实际情况，按照"80∶20规则"，对采购金额占总金额80%左右的药品（品种数约占20%）实行合同采购管理；对采购金额占20%左右的药品（品种数约占80%）由省级招标机构确定采购价，与药品生产企业形成采购手册，医疗机构按照采购手册自行非合约采购；对

---

① 香港根据支出金额的大小，分为三种药品采购途径：一是对每年支出超过100万港币、用量稳定、可承诺使用量的药品采用"中央"供应合同采购；二是对每年支出5万～100万港币的药品采用"中央"统筹报价的采购方式；三是对每年支出低于5万港币的药品按照采购与物料管理手册由医院直接采购。香港采购药品支出金额与数目所占的份额符合"80∶20规则"。"中央"供应合同采购药品数目为821种（26%），支出金额为2681.69百万元（81.1%）；"中央"统筹报价（直接采购）的药品数为709种（22.5%），支出金额为418.74百万元（12.7%）；医院直接采购的药品数为1445种（45.8%），支出金额为198.14百万元（6.0%）；其他的药品数目为180种（5.7%），支出金额为6.82百万元（0.2%）。采购支出结果按照"抓大放小"的原则，80%以上的支出金额通过"中央"供应合同完成。

介于上述采购金额之间的药品，由省级招标机构提供全省估算用量作为供货商报价及供货预算的参考，采用邀请招标、谈判采购等方式，实行非合约采购。

（三）采购药品质量保障全程化

如何保障基本药物的质量安全及百姓的用药安全，不仅是医药行业关注，同时也是社会各界关注的焦点。那么怎样才能使基本药物采购所遵循的最大"质量优先、价格合理"原则落到实处呢？这就需要改革和完善"双信封"招标制度，在基本药物招标采购时引入临床评价指标、在使用时加强日常监管以及发生不良行为时进行市场清退。也就是说，从对基本药物的事前筛选环节到事中的使用以及事后的纠错环节，建立基本药物质量安全的全方位、全程化保障体系。

1. 招标采购引入临床评价指标

药品质量的主要评价指标有两种：一种是质量层次指标，另一种是临床评价指标。质量层次指标通常是各地比较通用的指标，该指标虽然简单易行，但是在实践中存在不少问题。其中一个问题就是该指标不适合于基本药物。基本药物都是临床使用多年、具有一定临床经验的仿制药品，而高价的原研药、优质优价药等不被纳入基本药物的范畴。因此基本药物的质量按照原研药、专利药区分是毫无意义的。

对于基本药物而言，重要的是采购到最具性价比的药品，即临床效果好而价格相对低廉的药品。在评价基本药物成本效果分析中，包括了临床评价和安全评价。由于基本药物都是多年临床实践的药品，因此从临床指标进行评价来判断其药品质量比按质量层次指标进行评价更具有可信度。这种评价方法与药物经济学对药品进行成本效用分析时对效用所包含的指标维度的定义是相同的。因此，采用药物经济学的评价对于基本药物的质量评定大有裨益。如果用药物经济学评价的指标来为药品质量工作服务，在全国建立起统一的科学评价体系，那么各地在进行药品集中采购的质量筛选时将有章可循。

相对于质量层次指标，临床评价指标是更加适宜和科学的指标。引入适宜、科学的指标意义在于对药品质量进行筛选时能有一个好的评判依据，并不意味着它能够解决药品质量不高的问题。药品的质量是生产出来的，而不是招标招出来的；药品质量不高的问题不是因为招标而产生的，也不会因为招标而消失。集中招标采购的实质是将需求集中起来，采用批量作价的方式，实现产品购买价格的降低。但是在一些地方，招标采购对质量的控制演变成了对质量标准的区分，甚至成为价格的尺度。这事实上等于让招标承受了难以承受之重。要保障基本药物的质量，还需在坚持使用科学的指标前提下建立监管和惩治机制。

2. 建立全方位、全程化监管机制

医疗卫生领域的监管主要回答三个问题：谁来监管（监管机构）、监管什么（监管对象）和如何监管。具体到基本药物而言，要保障药品质量、建立起日常监管和市场清退机制，也需要从这三个方面着手。

一是由谁来监管？监管主体除了政府机构，即药品监督管理部门和各省药物采购服务中心，还包括其委托的独立评估机构，如医保经办机构、医师协会等，由它们进行外部监管。此外，赋予公众监督权，建立畅通、便捷的药品质量监督与反馈渠道，使药品质量问题时刻暴露于公众"雪亮的眼睛"下。

二是监管什么？不但要加强对于药品生产企业的日常监管和 GMP（药品生产质量管理规范）的检查力度，使其按照质量要求生产中标基本药物，而且要加强药品经营企业基本药物配送的日常监管，使其按 GSP（药品经营质量管理规范）要求及时供应中标基本药物。

三是如何监管？完善基本药物电子监管系统，利用药品电子监管网和基本药物信息条形码，实行中标基本药物的动态、实时和全过程监管。省级药品监管部门不但要加强对基本药物质量的抽检，而且要充分利用临床信息，收集医生、药师和患者的意见，接受社会监督。关于监管结果，对严格保证基本药物生产质量的药品生产企业和及时配送药品的经营企业实施奖励（包括物质上的和精神上的奖励）；对供应质量不达标或供应不及时的企业，建立不良记录公示及市场清退制度。

参考文献

蔡江南，2011，《我国公立医院治理结构改革的实现路径》，《中国卫生政策研究》第 10 期。

蔡江南，2011，《中国公立医院法人治理结构改革——基本理论与实现路径》，http：//www.chinahealthreform.org/index.php/professor/caijingnan/30 - caijingnan/1387 - 2011 - 08 - 11 - 07 - 43 - 44. html，最后访问日期：2014 - 07 - 07。

蔡江南、徐昕、封寿炎，2008，《公立医院需要什么样的"管办分离"》，《中国医院院长》第 14 期。

顾昕，2011，《流行学术偏向令公立医院身陷泥潭》，《中国医院院长》第 22 期。

顾昕，2009，《解放医生：医疗服务行政化的突破口》，《瞭望东方周刊》第 18 期。

李玲，2008，《让公立医院回归社会公益的轨道》，《求是》第 7 期。

黄二丹、李卫平，2010，《公立医院治理的制度选择》，《卫生经济研究》第 7 期。

刘军民，2010，《药品零差率的综合补偿之道》，《中国卫生》第 6 期。

刘庆婧，2010，《我国基本药物集中采购制度分析》，天津大学 2010 年硕士学位论文。

刘文先，2011，《安徽基层医改：回归公益性的制度创新》，《行政管理改革》第 6 期。

孙志刚，2011，《实施综合改革加快基层医改新机制建设》，《行政管理改革》第 10 期。

晓丘，2009，《药品集中采购的改革不能头疼医头、脚疼医脚》，《医药经济报》3 月 30 日。

亚历山大·S. 普力克、阿普里尔·哈丁，2011，《卫生服务提供体系创新：公立医院法人化》，李卫平、王云屏、宋大平译，北京：中国人民大学出版社。

闫峻峰，2011，《香港特区药物采购策略与内地基本药物采购机制比较》，《中国药房》第 20 期。

中国经济体制改革研究会医改课题组，2008，《医保机构 vs 卫生行政部门：谁来实行基本药物的集中采购》，《中国医改评论》第 11 期。

朱恒鹏，2012，《基层医改的逻辑》，中国医改评论网，http：//www. chinahealthreform. org/index. php/professor/zhuhengpeng/33 - zhuhengpeng/1454 - 2012 - 01 - 12 - 02 - 49 - 53. html，最后访问日期：2012 - 07 - 07。

WHO，1988，*How to Develop and Implement a National Drug Policy*：*Guidelines for Developing National Drug Policies*，Geneva：World Health Organization.

WHO，2004，*Epuitable Access to Essential Medicines*：*A Framework for Collective Action*，*Policy Perspectives on Medicines*，Geneva：World Health Organization.

作者简介

张奎力　男

所属博士后流动站：中国社会科学院社会学研究所

合作导师：王延中

在站时间：2010.12 ~

现工作单位：河南农业大学文法学院

联系方式：zhkuili@163.com

农村社区综合养老探析：以重庆市沙坪坝区曾家镇B村农民新居为例

张文博

摘　要：随着城镇化的推进、人口流动的加剧以及农村集体土地流转的加速，中国农村的空巢家庭越来越多，脱地农民或被征地农民越来越多，作为保障单位的家庭和作为保障资源的土地对农民的养老保障功能正在不断弱化；与此同时，自20世纪80年代就已开始探索的农村养老保险制度却一直未有大的突破。因此，在农村现代化与城镇化的背景下，对农村养老的制度和模式的积极探索就尤为必要。本文尝试从社会政策的角度出发，通过对重庆市沙坪坝区曾家镇B村的实地调查，以该村的集体土地流转和利用模式、村改居情况、社区建设情况等为背景来观察农村社会养老方面的现状和变化，并结合行政、家庭和市场等逻辑，从保障单位、保障资源与保障水平等方面分析B村农民新居在养老中面临的问题及其影响因素，进而积极探索农村社区综合养老的可能性及其可能途径。

关键词：农村社区　农转非　社区综合养老

新中国成立以来，传统农村发生了翻天覆地的变化；改革开放以来，中国农村发展日益多样化；目前，在全球化、现代化、城镇化的新时期，中国农村正经历着并已经发生了巨大、迅疾的复杂变化。随着城镇化的推进、人口流动的加剧、农村集体土地流转的加速以及实际使用情况的复杂化，农村类型和社会经济结构趋于复杂，农村发展也日益呈现多样性，同时也浮现出更多的问题。

本文在中国农村建设和发展的背景下，以农村社区社会保障与福利服务为切入点，以重庆市沙坪坝区曾家镇 B 村的农民新居为调研点，尝试分析农村养老存在的一些问题，并初步探讨有关农村社区综合养老的路径。

一　农村社区建设

按照国际经验，在工业化、城镇化发展到一定阶段，众多国家都会采取工业支持农业、城市支持农村的发展战略。目前，我国的经济主导产业和经济增长动力都已转向第二、第三产业。在进入以工促农、以城带乡的发展新阶段这一历史背景下，建设社会主义新农村就成了社会发展与和谐稳定的题中之义和必然要求，是正当其时的一项重大战略性举措。

（一）新农村建设背景

新农村建设是要在社会主义制度下，按照新时代的要求，对农村进行经济、政治、文化和社会等方面的建设，最终实现把农村建设成为经济繁荣、设施完善、环境优美、文明和谐的社会主义新农村的目标。

2005 年 10 月，中共十六届五中全会通过《中共中央关于制定国民经济和社会发展第十一个五年规划的建议》，提出要按照"生产发展、生活宽裕、乡风文明、村容整洁、管理民主"的要求推进"新农村建设"。2006 年 10 月，中共十六届六中全会通过《中共中央关于构建社会主义和谐社会若干重大问题的决定》，明确提出在全面开展城市社区建设的同时积极推进农村社区建设。党的十七大报告指出，要"把城乡社区建设成为管理有序、服务完善、文明祥和的社会生活共同体"。十八大报告强调，要"推动城乡发展一体化"，"深入推进新农村建设和扶贫开发，全面改善农村生产生活条件"，"加快健全基本公共服务体系"，"加快形成政府主导、覆盖城乡、可持续的基本公共服务体系"，"统筹推进城乡社会保障体系建设"。

在新农村建设的背景下，农村社区也有了一定发展，基本以"一村一社"为建设模式，成立社会公共服务中心，在服务群众、管理社会事务、改善基础设施、治理村容村貌、维护稳定和谐局面等方面推出制度性创举，逐渐走向社区化管理。

（二）农村养老服务支持方面的一些问题

在社会主义新农村建设不断推进的背景下，中国农村的面貌逐渐发生了翻天覆地的变化。但是，我们也要注意到，我国的社会主义新农村建设还存在一些制约因素，影响到农村社会发展的方方面面，特别是在农村养老服务和养老支持方面，城乡统筹的步伐依然较为滞后。

1. 农村类型复杂、农业发展滞缓

目前我国农村正经历着复杂的变化。一方面，农村类型越来越趋于复杂化：既有中西部相对贫困的村庄，也有东部沿海地区相对发达的村庄；既有纯农业的村落，也有工业相对发达的村落；既有已经、正在或即将受到城市化较大影响的城中村、城郊村，也有尚离城市化影响较远的传统农村；等等。各类农村在发展程度和发展现状上的不同，主要取决于其受城镇化内卷化的方式和程度，时间越久、程度越高，脱地农民或被征地农民就可能越多，外出务工情况就可能越多，农村空巢家庭就可能越多。这些都会影响到农村的传统社会结构、传统生计方式、传统家庭结构与功能，从而进一步影响到农村老人的传统生产、生活和养老方式。另一方面，相比工业、商业的发展，农业发展日益迟滞缓慢。目前我国几十万村庄每天都有大量村庄在消失；面对现代化、城镇化和工业化的洪流，农业在农村发展当中的比重在不断下降，人们对农业思想上轻视、生产上消极；农业生产不断萎缩，农业人口大量减少；越来越多的土地被征用，越来越多的农民逐步脱离土地。这使得农村老人传统的以土地养老的方式被迫改变，经济来源受阻。

2. 年轻劳动力外流

由于城乡流动开放、土地大量被征，农村的年轻劳动力大量外出务工，农村出身的学生特别是接受过高等教育的文化青年也大量外流，选择留在城市发展，农村剩下了越来越多的留守老人、妇女和儿童。这就导致农村家庭空巢化现象日益严重，家庭结构日益碎片化，家庭传统的养老支持功能日趋减弱，农村老人独居的情况日渐增多，他们与社会日渐脱节，养老问题也日益凸显。

3. 养老制度区隔

由于农村的特性，农村居民在步入老年后不可能像城市职工一样，可以领取退休金等作为生活保障；特别是失去土地和劳动能力的农村老人，只能依靠微薄的农保，经济上得不到保障，主要还需靠儿女的照顾和支持来维持老年生活。因此，农村老人想要维持基本生活已是比较困难，要想过上稳定、体面的生活更是难上加难，特别是有些独居家庭的老人生活苦不堪言、见之不忍。农村老人的老年生活总体上缺乏制度性保障。

在老龄化越来越严重的社会大前提下，上述情况无疑都成为农村养老问题的制约性因素，限制了农村老人参与社会发展的可能性，极大影响着农村老人的生产、生活、福祉和幸福。因此，我们必须对这些情况有清醒的认识，在新农村建设过程中着力解决这些问题。

二　农村社区养老：以 B 村农民新居为例

（一）B 村简况

B 村是重庆市沙坪坝区曾家镇的一个农业村。曾家镇位于重庆市主城区西部、沙坪坝区的西南，面积 34.03 平方公里，紧邻建设中的重庆市大学城，距成渝高速路白市驿入口 10 公里，距 319 国道 10 公里，距襄渝铁路干线的西永站 13 公里，有重庆二环高速路横穿南北，周边交通便利；村总人口为 17407 人，其中农业人口为 15907 人，占总人口的 91.38%。

B 村位于曾家镇的西北部，距离沙坪坝区约 27 公里，地处二环路西侧，地貌以浅丘平坝为主，地势东西部高、中部低平、西部山势连绵，缙云山林场森林和水资源比较丰富；幅员 4.5 平方公里，下辖 8 个合作社、17 个生产队，共有 735 户 2253 人；全村共有 61 名党员，其中正式党员 59 名，预备党员 2 名，下设 8 个党小组，两委班子成员 7 名，有 1 名大学生村干部、1 名挂职副书记和 1 名支农人员。经济方面部分依靠农业生产，部分依靠外出务工，2012 年全村人均年纯收入达到 5900 元。

2006 年至 2012 年（调查结束时），全村共流转土地 2540 亩，分别租给国泰和荣达两个公司。其中，国泰公司租地 2300 亩（含未利用土地 893.6 亩），流转土地包括宅基地 259 亩；荣达公司租地 240 亩（均为耕地）。因国泰公司租用土地中有宅基地，故向其提出给受影响村民集体建设新居的要求，其共修建 288 套农民安置房，截至 2012 年底已入住 151 户 383 人。B 村未来的规划也将主要基于国泰和荣达公司的总体设计，走生态休闲旅游农业的发展道路，即以人文农业为主要特色，打造以 "山色银苑" 为主题的村域景观，其中规划景区主要包括五山六峰自然风景区、两湖休闲度假区、滨溪田园风光区和巴渝民俗街等。目前出于一些政治经济因素，截至调研结束时，规划中的相关建设都仍停留在打底阶段，未有实质性进展。

我们的调研则主要集中在属于安置区的那一片农民新居，辅助走访了未涉及征地也未搬迁的老村散居部分地方，为欧家石堡社的一部分。

（二）B村社区化推进及建设情况

近年来，曾家镇大力推进征地拆迁工作，新农村建设获得飞速发展，B村在服务群众、管理社会事务、维护稳定和谐局面等各方面下功夫，各项工作逐渐走上农村社区化管理的道路。

2006年，B村被确定为"重庆市新农村建设示范村"和"沙坪坝区文明村"；2008年，创建了"重庆市文明村""沙坪坝区民主法治村"；2009年创建了"重庆市生态卫生示范村""重庆市生态村""重庆市民主法治村""重庆市普法示范村"；2010年，创建了"重庆市安全保障'十百千'示范村"；2010年，B村依照"一村一社"的建设模式，以现有建制村为基本单元设置了农村社区，同时建立了B村社会公共服务中心，打造了重庆市最佳保障服务平台。

B村社会公共服务中心建在安置房农民新居，设有"一台一场两栏七室"，即室外的群众文化体育活动场（乒乓球台、篮球场），村务公开栏（政务、财务）和宣传栏，以及室内的村级组织办公室、卫生计生室、警务暨纠纷调解室、图书阅览文体活动室、民间组织活动室、便民服务商品超市、多功能室等，力图打造一站式服务平台，为村民提供一条龙服务。

社会公共服务中心主要涵盖三大服务，即均衡化政府公共服务，整合社区资源推进组织化、产业化，以及推进社区志愿服务。B村村级组织在制度建设上的规定有三项制度：基层党组织书记每周一次接待群众制度、基层党组织班子成员每年两次进家入户走访每户群众制度以及群众意见定期办理反馈制度。在民主治理上，采取村民代表大会决议，类似土地流转、征用补偿等重大事项均是通过村民代表大会讨论决定的。在队伍建设上，B村形成了由村干部、社区专职工作者（通过驻村、选派等方式）和社区志愿者（农村社会工作项目点的重庆师范大学社工）组成的梯队，未来还将实施重庆的"三万计划"：万名大学生"村官"计划、万名专业技术人才支农支教支医计划、以城带乡万名干部驻村计划。在基础设施和村容村貌治理上，有道路、自来水、天然气、垃圾站建设及维修等主要内容，以保障居民的生产生活条件，改善居民的居住环境。

（三）B村农民新居的保障情况

1. 保障资源

（1）土地资源。B村共有耕地3836.55亩，其中田地3069.24亩，土地767.31亩；林地面积3886亩，退耕还林地1194.21亩。全村产业以农业生产为主，属于曾家镇万亩现代都市农业示范园的一部分，依托国泰和荣达两大农业龙头公司发展现代都市旅游观光农业。农业生产主要以蔬菜、水果种植为主，形成了一批以柑橘、翠梨及琵琶等水果种植为主的水果专业合作社。经济林面积达245亩。目前，白云寺水果专业合作社种植的有机梨已初具规模。

从土地流转和承包情况来说，B村主要涉及与国泰、荣达两家公司的交易。目前，国泰公司租地2300亩（含未利用地893.6亩），荣达公司租地240亩，租费均参照沙坪坝区政府建大学城第一批征地时的租用土地标准。不过，与大学城项目不同的是，大学城项目是政府征用土地，所以当地政府给当时所有的被征地农民都转了非农户口，也办理了社保。而国泰公司在租用B村土地之初，承诺会像大学城项目一样，给B村被征地农户转为非农户口并办理社保；同时由国泰公司负责建安置房（最初承诺有房产证，但至2012年底仍未下发）。但是，后来因为指标原因，只有三个合作社的农户办理了农转非，还有两个大队的转户问题没有得到解决；同时，社保方面在村上的积极配合下，仅给少数原来在集体企业或是私营企业有过工作经历并能开具相关证明的农民办理了社保，其他大部分农转非人员并没有社保的指标。在土地流转中，涉及的农民每人得到4.36万元补偿作为粮食钱。

（2）公共服务资源。B村建了新的公共服务中心，村委会事务、社会保障服务、就业咨询、医疗卫生等均可在这里集中办理，村民就近享受服务。

基础设施。曾家镇利用新农村建设的配套资金，实现了村村通公路，在集中居住的农民新居铺建了天然气管网，[①] 并已安装自来水。相比以前散居之时，村民生活方便多了，以出行为例，在下雨天，公路不像土路那样泥泞湿滑，且坡度较缓，便于老人出行。

医疗、公共卫生服务。在B村公共服务中心一层有一所卫生室，它是

---

① 但在未搬迁的散居农家，如距离农民新居1公里左右的欧家石堡社，天然气管道就只铺设到高速路边，没有接进村里，对于这一点，散居农户人家比较苦恼。

根据《重庆市人民政府关于印发重庆市村卫生室（所）管理办法（试行）的通知》文件精神，由曾家镇卫生院实行一体化管理的，面向辖区内农村常住居民提供公益性医疗卫生服务和公共卫生服务的非营利性医疗卫生机构。卫生室有两名乡村医生，他们针对 B 村 60 岁以上老年人进行健康管理，为其建立健康档案并保持更新；每年为老年人提供 1 次健康管理服务，包括生活方式和健康状况评估、体格检查、辅助检查和健康指导；因为两名村医都是本村人，每天有人轮流值守，他们也能提供上门看诊服务；在有需要和有条件的情况下，还可以按照家庭式医生服务要求为签约家庭开展家庭式医生服务。此外，公共服务中心还建有康复室和活动室，但据介绍和观察，村民较少使用，即使是那些有实际需要的老人也很少使用。

社保服务。B 村公共服务中心设有社会保障服务站，由曾家镇的社保所派工作人员驻 B 村社保站，提供社保相关的办理服务，如申报、提交、审核等手续。这样，老人能很方便地办理养老金的申请和核发等。

2. 保障方式与水平

（1）农转非情况。对于脱地农民，B 村鼓励村民农转非并积极为其开具有关证明。目前，在搬进农民新居的 151 户人家中，有三个合作社办理了农转非，还有两个大队的相关农户没有办理。

（2）参保情况。根据 2012 年年底的社保台账，[①] B 村适龄人员共 617 户 1248 人，其中男性为 669 人，女性为 579 人；一般家庭人数 1230 人，农村低保户家庭人数 18 人；家庭年收入在 1900 元以下的有 18 人，5001～10000 元的有 1 人，10001～20000 元的有 1212 人，20000 元以上的有 17 人；参加养老保险的人数为 0，参加医疗保险的人数为 1239 人，转移就业的人数为 1226 人。

但实际上，B 村的参保情况比较复杂，分化也相对严重。有一少部分在土地流转后农转非并且获得社保办理资格的人员，参照《重庆市被征地农转非人员参加基本养老保险一次性缴费标准》（见附表），在缴纳相应费用后办理了社保，符合领取条件的人每个月按个人情况可以领取到 500～900 元不等。有一部分在土地流转后农转非但未获得社保办理资格或者是有资格但不愿意缴纳社保费用的人，则没有社保。还有一部分在土地流转后未能农转非的，只能办理农保，即每个月领取 80 元养老金（70 岁以上每人每月领取 90 元）。

---

① 最后校验时间为 2012 年 12 月 28 日。

（四）B 村农民新居养老情况

1. 养老方式

从保障主体/单位上来看，B 村农民新居的老人在养老上有家庭养老、政府养老（养老保险）和市场养老等几种方式。

从 B 村农民新居的几种主要养老方式来看，依托家庭养老依然是农村老人最主要的养老方式。但同时可以看到，在农民新居，由于居住结构和居住方式的复杂化，家庭的养老功能和表现出现了较大的分化。在我们进行了集中深度访谈的一些老人中，主要有老人独居无子女看护、老人独居有子女就近看护、老人独居请人看护，以及老人和子女共居这四种类型。

2. 四个案例

（1）独居老人无子女就近看护。案例 1 中的老人是一位有眼疾的老奶奶，她和老伴两人住在 40 平方米的安置房中，两人每月各有 90 元的养老金。眼疾奶奶因患白内障，一只眼睛已经失明 30 多年了，另一只眼睛因为没钱看病也在三四年前失明了。

因为看不见，所以家里的活主要是她的老伴李大爷在做。李大爷身体还不错，平时在安置房后的闲散地块种一些菜，养老金就买些米、面、油，也还够用，但老两口平日的吃食非常粗糙简单，家里的环境和卫生条件也比较差。我们进到家里去看时，他们家里的摆设非常简单，大家电就是一台 15 寸的台式电视机和一台没插电的电冰箱，这两样电器是他们搬新房时大女儿和三女婿分别买来给他们的；靠墙堆着一个破破烂烂的沙发，说是捡来的；还有一些老旧的储物柜；阳台一角窨着红薯，　角堆满了老人捡来的破烂；卫生间有很大的异味；小厨房的案台上摆着三大碗白粥和一盆看不出是什么的菜，据老人说这三大碗白粥和一盆菜就是他们的三顿饭了，因为老奶奶看不见，做不了饭，而李大爷不太会做饭，冬天又不怕坏，所以就一次做好几顿的饭。

眼疾奶奶和李大爷的生活质量比较差，李大爷因为身体好，所以平时还能外出走动走动，和院里的邻居聊聊天，看别人打一打麻将，但老奶奶却因为看不见，走不远，而且别人说话她也不太能听见，每天只能摸到院里静静地坐着，平时陪她比较多的就是院里的一只野猫。

（2）独居老人有子女就近看护。案例 2 中的清瘦爷爷是案例 1 中眼疾奶奶的老朋友，他和老伴住在邻栋楼的一层，他们的儿媳和孙女就住在他们楼上。

清瘦爷爷身体还比较好，因为老伴瘫痪在床，所以家里的活计是他在做。不过，他的儿媳和孙女会经常下楼帮他料理一下家务，诸如日常的卫生、衣物清洁，还有为瘫痪在床的老人擦洗等。老人主要就是给自己和老伴做饭，他会用天然气灶，所以做饭对他来说还比较方便。

因为有儿媳、孙女等家人的就近照料，清瘦爷爷家里比较干净整洁，而且各式电器和家具也比较齐备，家里也比较有人气，不像眼疾奶奶家中那样寒酸、清冷。

（3）独居老人请人照顾。案例3中的老人是一位有腿疾的丧偶奶奶。她一个人住在眼疾奶奶的楼上，因为有社保，每个月有800多元的养老金，所以就在同村人中请了一个中年妇女来照顾她的生活起居，包括一日三餐和每天早中晚扶她上下楼或小范围活动等，不过因为耳背，所以她即使在楼下，一天也不怎么说话，只是看着其他人说话或是玩乐。

她的女儿因为大学城项目拆迁，所以在一年前搬来B村在农民新居租住。但是，即使住得很近，她的女儿也并没有主要或部分地负责起老人的生活起居，只是每天会过来母亲所在的楼栋，等专门请的人把老人扶到一楼后陪老人坐在一处，织织毛衣、和别人聊聊天或是看看别人打麻将等。

（4）共居老人。在独居老人之外，还有一些老人是和子女后辈住在一处的。案例4中的老奶奶和子孙住在一起，家里有儿子、儿媳、孙儿、孙媳和重孙，老伴儿过世时间不长。

当初分安置房的时候，按他们家的人口可以争取两套房子，当时老奶奶的老伴还在世，两位老人坚持说一家人不能分开，所以就置换了一套大三居。刚住进来时，儿子、儿媳都在区里或镇上打工，孙儿刚毕业，又是新婚，家务活主要由老奶奶、儿媳、孙媳三人一起做。但不久后老爷爷过世，老奶奶的身体和精神都受到很大影响。据她说，经常做着饭就会开始发呆，有时候还会忘了关火；身体也明显大不如前，好几次发生意外，都是因为家人发现得早才没有出差错，如果只是她一个人在家肯定要惹下大祸或是发生无法挽回的事情。

她跟家人住在一起，所以生活质量还可以，而且精神上多少也能得到慰藉，这一点在老伴儿过世后非常明显，特别是有了小重孙，老人自觉心情宽慰不少，感到生活还有新的希望。此外，孩子们在外面上班会时常带回来各种消息，孙子有时候也会告诉奶奶一些网上的各种资讯，老人自己感觉与外部世界和社会还不太脱节。

三　B 村社区化建设中养老的三个逻辑面向

通过对 B 村农民新居老人的整体了解和上述 4 个案例的简单介绍，我们注意到 B 村社区养老存在三个逻辑面向。

（一）社会的逻辑：家庭养老

我们常说的"养老送终"，这个词在案例 1 的老人身上似乎只能体现为"独自终老"或者是"独自等待终老"，我们不太感受得到"老有所养"的内容，更遑论"尽享天年"，享受"天伦之乐"了。而在案例 2 和案例 4 的老人身上，我们则特别感受到家庭的重要性。家庭作为社会的最基本单位，在农村仍然承担了主要的养老功能。

在社会的逻辑面向下，目前养老主要依赖的是家庭；但除了家庭以外，我们还有其他的社会单位；社会的逻辑面向还包括社区和社会组织等。比如在 B 村农民新居的社会公共服务中心，有卫生室、康复室可以为社区老人提供医疗卫生保健服务；有社保办理处可以为社区老人提供养老金一条龙服务；有活动室可以为社区老人提供日常文娱场所；有社工基地可以为社区老人提供农村社区社工服务；等等。

从社会的逻辑来看，我们在这一层面对于农村老人的养老支持和供给比较单一，主要依靠家庭养老，一旦家庭无力承担这部分责任，则家中老人的养老问题就成了百分之百的大问题。在当下"银发农业"（指主要由老年人参与并完成的农业生产）无以为继，农地收入无法保障；老人缺乏经济来源，进而导致其在家庭中的地位下降；年轻人大量外出或流失，农村家庭空巢化严重；甚至很多老人还承担着其孙辈的抚养和教育重担；等等，这些最终导致农村家庭的养老功能不断弱化。在这种情况下，一方面需要出台有利于家庭养老的支持政策，另一方面也需要大力培育除家庭以外的其他各级、各类社会单位，来增强社会养老的力量。

农村社区较之城市社区，有其特殊性——基本上还是一个熟人社会，社区基本上还村集体，包括基层管理单位——村委会，以及村集体经济。在传统社会当中，我们有过集体养老的先例。因此，在发挥社会力量这一层面上，对于农村社区，我们可以由村集体依托新农村建设、农村社区建设与发展，来积极尝试探索现代社会背景下农村社区集体养老的可能性和可能途径。目前，这一部分可以做的政策探索主要包括两部分：家庭支持的福利政策和社区统筹支持的福利政策。

（二）行政的逻辑：政府养老

行政逻辑下，政府养老的部分主要体现在社会保障上。但是这一部分目前存在不公平的现象，即农业户口享受的农保水平和非农户口享受的社保水平差距高达十多倍。

以 B 村农民新居的老人情况来看，入住新居的家庭都是脱地家庭，但部分办理了农转非，从而可以争取办理社保的资格；部分因为指标限制而未能农转非，因此只能参加农保。他们同为一个村庄的农户，也同样都是在国泰公司租用土地过程中出现的脱地农户，但却因指标问题出现了户口状况上的分化，进而影响到其参加或办理社会保障的情况，这就是一种在养老方面基础部分的机会不公，这不仅从制度上扩大了农村基层民众的不公平感，影响到他们的老年生活水平，而且是极易造成基层社会不和谐的因素。

因此，在行政的逻辑下，政府应考虑尽快推进城乡统筹的设计，在农民市民化、城乡社会保障体系等方面切实保证制度的全覆盖和公平性。

（三）市场的逻辑：购买服务养老

市场的逻辑是可以区分层次性的地方。在 B 村农民新居，体现市场逻辑的主要有两方面：一方面是社区老人的就业问题，一方面是社区老人的失能/半失能照护问题。

就业能部分地体现老人的经济能力和收入来源。在 B 村农民新居，国泰公司按照租地之初的承诺和目前企业的发展情况，可以部分地为社区有劳动能力的老人提供一些岗位，如社区卫生保洁工作和国泰公司苗木经营中的种植、养护工作等。国泰公司通过市场的方式购买服务，向有条件的老人提供服务费用，这构成部分老人养老的经济来源之一。

在失能/半失能老人的照护问题上，针对需求和支付能力的差异性，市场的逻辑体现出了较大的分化和调节。如案例 3 中的老人，虽然其子女就住在附近，但她选择（无论出于情愿还是被迫）的是每月支付 800 元，专门请人来照顾她的生活起居。另据社会公共服务中心卫生室的一位医生介绍，他们也提供上门看病服务和付费家庭医生的服务。因此，在 B 村社区，老人可以视需求程度和支付能力选择不同的照护服务类型，而这一差异性需求的满足则可以主要由市场的逻辑来实现并调节。

四　对 B 村社区化建设中养老服务的几点思考

在现代化、城镇化、工业化的进程中，农村、农业、农民始终是被边缘化的对象，但是，人类的繁衍和社会的发展离不开农业，更不能抛弃农村和农民。对于农民平等享有公共服务、参与社会发展、更有尊严地养老等问题，依赖于传统的"四驾马车"已不再现实，我们需要从行政、社会、市场等逻辑，从保障单位、资源和水平等多个方面来全面认识这一问题。

（一）农村社区建设对于老年人服务的必要性和积极意义

从 B 村社区老年人群体的居住情况、生活现状和整体需求来看，在引导、支持家庭养老之外，作为重要且积极的辅助方式，发展以社区为依托的居家养老服务非常必要。

我们注意到，虽然农村传统家庭结构不断碎片化，家庭养老功能不断弱化，但家庭支持在农村养老中实际上仍然发挥着积极的作用，对于老人的基本生活保障和精神健康都至关重要。而这一点也是发展以社区为依托的家庭养老的积极意义之所在。

在农村养老方面，B 村在社区化推进中建立了社会公共服务中心，如卫生室、康复室为社区老人提供医疗卫生保健服务；社保站为社区老人提供养老金一条龙服务；老人的活动空间更为集中，老人所需的一些照顾也更可能在社区内部得到解决；等等。

（二）多元福利主义视角下的农村社区综合养老

继古典自由主义、凯恩斯－贝弗里奇范式之后，为解决西方福利国家的危机，20 世纪 80 年代新兴了一种福利多元主义的研究范式，它最早源于1978 年英国的《沃尔芬德的志愿组织的未来报告》，罗斯在其《相同的目标、不同的角色——国家对福利多元组合的贡献》一文中做过详细剖析，主张社会福利提供主体的多元化，既不能完全依赖市场，也不能完全依赖国家，而是全社会的产物（彭华民、黄叶青，2006）。

福利多元主义理论（welfare pluralism），有时也称混合福利经济（the mixed economy of welfare），在西方社会政策领域中主要指福利的规则、筹资

和提供由不同的部门共同负责、共同完成。（彭华民、黄叶青，2006）

基于福利多元主义，我们提出以社区为依托，强化家庭支持的福利政策，社会、国家、市场多维度的农村社区综合养老，即联合各类保障主体，统筹各种保障资源，均衡保障水平，推动新型村落社会共同体在社区建设中提高农村社区公共服务水平，尝试出台家庭支持的福利政策和社区统筹支持的福利政策，探索农村社区综合养老的可能。

（三）农村社区综合养老的几点认识

1. 基于底线公平，亟待建立一个以生存、生活公平为底线的一体化的社保体系，而不对转居与否做出要求、规定或区别对待

在景天魁等学者提出的"底线公平"中，养老问题虽然不是硬性要素，但养老问题中有涉及底线公平的基础部分。影响老人生活水平和质量的因素主要有经济能力、子女照护、身体健康、精神健康等，其中经济能力对一个独居老人家庭的影响是很重要的。在 B 村的众多老人中，有的人一个月只能领取 80～90 元的养老金，有的人却可以领到 800～900 元的养老金，而这主要是一些制度障碍导致他们农户身份相同却有不同的待遇，这就是在养老问题上的底线不公。

2. 家庭养老功能对于老人的生活，从物质到精神方面都起到至关重要的作用

尽管家庭养老功能已因各种原因而被弱化，但可以看到，家庭支持在农村老年人生活的物质和精神上仍发挥了非常重要的作用。因此，在改建农村社区的过程中，应综合考虑老人的养老、安置问题，如在重新安置、分配住房时，应该考虑避免或尽量减少对原有就近居住结构的打破，尽量避免老人家庭的原子化。

3. 解决高龄老人特别是需要照护的高龄失能老人（低度、中度、高度）的非专业、专业或半专业化照护问题

在这一方面，在兼顾公平的同时照顾到养老需求的差异性可以有以下三种途径。（1）社会途径，可以考虑以社区、社会组织为依托的家庭养老；（2）国家行政途径；（3）市场途径，可以请人照护或是购买家庭医生的服务等。

十八大报告指出，必须"坚持维护社会公平正义""坚持促进社会和谐"，要"逐步建立以权利公平、机会公平、规则公平为主要内容的社会公平保障体系"。只有针对农村社区居民设计出能保证全覆盖和公平性的社会保障制度，才能为农民市民化打开通途，才能保障农村社区居民的基本生活水平，才能为从社会、国家和政府等多维度探索农村社区综合养老提供可能。

附表　重庆市被征地农转非人员参加基本养老保险一次性缴费标准

单位：元

项目年龄	补缴年限	缴费总额	被征地农转非时间							
			1982－01－01 至 1994－12－31		1995－01－01 至 1998－12－31		1999－01－01 至 2004－12－31		2005－01－01 至 2007－12－31	
			个人承担 20%	政府补贴 80%	个人承担 35%	政府补贴 65%	个人承担 45%	政府补贴 55%	个人承担 50%	政府补贴 50%
75 岁及以上	0	15000	3000	12000	5250	9750	6750	8250	7500	7500
74 岁	1	16300	3260	13040	5705	10595	7335	8965	8150	8150
73 岁	2	17600	3520	14080	6160	11440	7920	9680	8800	8800
72 岁	3	18900	3780	15120	6615	12285	8505	10395	9450	9450
71 岁	4	20200	4040	16160	7070	13130	9090	11110	10100	10100
70 岁	5	21500	4300	17200	7525	13975	9675	11825	10750	10750
69 岁	6	22800	4560	18240	7980	14820	10260	12540	11400	11400
68 岁	7	24100	4820	19280	8435	15665	10845	13255	12050	12050
67 岁	8	25400	5080	20320	8890	16510	11430	13970	12700	12700
66 岁	9	26700	5340	21360	9345	17355	12015	14685	13350	13350
65 岁	10	28000	5600	22400	9800	18200	12600	15400	14000	14000
64 岁	11	29300	5860	23440	10255	19045	13185	16115	14650	14650
63 岁	12	30600	6120	24480	10710	19890	13770	16830	15300	15300
62 岁	13	31900	6380	25520	11165	20735	14355	17545	15950	15950
61 岁	14	33200	6640	26560	11620	21580	14940	18260	16600	16600
60 岁	15	34500	6900	27600	12075	22425	15525	18975	17250	17250
女:59 岁	16	35800	7160	28640	12530	23270	16110	19690	17900	17900
女:58 岁	17	37100	7420	29680	12985	24115	16695	20405	18550	18550
女:57 岁	18	38400	7680	30720	13440	24960	17280	21120	19200	19200
女:56 岁	19	39700	7940	31760	13895	25805	17865	21835	19850	19850
女:55 岁	20	41000	8200	32800	14350	26650	18450	22550	20500	20500

续表

项目年龄	补缴年限	缴费总额	被征地农转非时间							
			1982-01-01 至 1994-12-31		1995-01-01 至 1998-12-31		1999-01-01 至 2004-12-31		2005-01-01 至 2007-12-31	
			个人承担 20%	政府补贴 80%	个人承担 35%	政府补贴 65%	个人承担 45%	政府补贴 55%	个人承担 50%	政府补贴 50%
男:50~59岁 女:40~54岁	—	41000	8200	32800	14350	26650	18450	22550	20500	20500
男:40~49岁 女:30~39岁	10	23064	4612.8	18451.2	8072.4	14991.6	10378.8	12685.2	11532	11532
男:20~39岁 女:20~29岁	5	11532	2306.4	9225.6	4036.2	7495.8	5189.4	6342.6	5766	5766
19岁	4	9225.6	1845.12	7380.48	3228.96	5996.64	4151.52	5074.08	4612.8	4612.8
18岁	3	6919.2	1383.84	5535.36	2421.72	4497.48	3113.64	3805.56	3459.6	3459.6
17岁	2	4612.8	922.56	3690.24	1614.48	2998.32	2075.76	2537.04	2306.4	2306.4
16岁	1	2306.4	461.28	1845.12	807.24	1499.16	1037.88	1268.52	1153.2	1153.2

资料来源：《关于印发重庆市 2007 年 12 月 31 日以前被征地农转非人员基本养老保险试行办法和重庆市 2008 年 1 月 1 日以后新征地农转非人员基本养老保险试行办法的通知》。

参考文献

景天魁，2009，《底线公平：和谐社会的基础》，北京：北京师范大学出版社。

彭华民、黄叶青，2006，《福利多元主义：福利提供从国家到多元部门的转型》，《南开学报》第 6 期。

作者简介

张文博　女

所属博士后流动站：中国社会科学院社会学研究所

合作导师：王春光

在站时间：2012.7~

现工作单位：中国社会科学院社会学研究所

联系方式：zh. wenbo@ yahoo. com

政策获致：影响中国村落
变迁的政策因素

——来自 S 村的"村落重建"报告

赵春盛

摘　要：村落变迁和村落发展是中国社会转型的重要内容。中国社会转型中政府的主导作用决定了中国村落变迁和村落发展具有显著的政策获致性。从"终结性崩塌"到"政策性重建"的 S 村案例，深描了村落变迁的政策获致性，更强调了在村落发展中应对公共政策进行社会性反思。

关键词：村落变迁　社会生成　政策获致

S 村位于中国西南边疆民族地区，隶属 Y 省 H 州 M 县 X 镇 K 村委会，距离 M 县城约 30 公里。S 村建村于明朝初年，常住人口 669 人，有赵、雷、徐、张等姓，其中以赵姓为主，占全村人口一半以上。传统上，S 村是一个典型的以种植为主、以零散采煤为辅的西南村落。在现代化、工业化、城市化进程中，S 村因各种发展际遇经历了从"崩塌性终结"到"政策性重建"的历程。

一　S 村变迁的分期及其内涵

（一）S 村变迁的分期：政策与事件

S 村的政策获致性变迁最初始于 1982 年开始实现家庭联产承包责任制

之际，但真正推动 S 村走向今天的发展格局的主要还是 1997 年起现代化采煤作业导致的滑坡沉降危及村民居住环境，这致使 S 村需要整体搬迁。整村搬迁事件和村落面临的发展际遇推动 S 村发生了乡村治理模式的变化，即从传统的村落自发秩序走向现代的村落公共治理。2005 年以来，在各级党委、政府的直接指导和支持下，由乡村精英人物带领，围绕乡村经济发展、村民自主管理、建设社会主义新农村而进行了一系列变革。因此，可以说，S 村的变迁历程大体上可以分为三个阶段，即第一阶段，1982～1996 年；第二阶段，1997～2005 年；第三阶段，2006～2012 年。

第一阶段，联产承包阶段（1982～1997）。这一阶段，中国普遍推行家庭联产承包责任制，S 村也不例外。通过家庭联产承包责任制，充分调动了村民的积极性，同时村委班子动员村民大力调整产业结构，在抓好板栗、黄果管理的同时，发展柑橘、甜橙 200 多亩，全村形成了烤烟、水稻、苞谷、干果等全面发展的格局，并出现了小煤矿遍地开花的局面。总体上讲，S 村村民生活水平相比联产承包前有了较大的提高。这一时期的发展主要依靠村民个体积极性的发挥，特别是 1994 年小龙潭煤矿被政府承包出去以后，村民已基本退出集体经济领域。

第二阶段，整村搬迁阶段（1996～2005）。这一阶段主要是围绕村庄整体搬迁，逐步形成村民利益分化，出现村民之间以及村民与政府之间的博弈。煤矿大量剥土采煤，导致山体滑坡下沉。1997 年 5 月，S 村民房出现裂缝而变成危房。各级党委、政府非常重视 S 村的搬迁问题，初步出台了搬迁方案，要求煤矿停止开采，并明确要求 2000 年 6 月底以前完成全村搬迁工作。省、州虽有搬迁拨款，户均补助 3000 元，人均补助 500 元，但是很多村民并不富裕，补助款用于房屋搬迁无异于杯水车薪，因此，只有少数村民实现了搬迁。一方面，富裕户和贫困户之间存在利益分化，部分村民通过政府补贴和自筹资金实现了搬迁，而大部分则无力自筹资金，甚至有的农户通过银行贷款筹集资金也因整体搬迁工程迟迟无法动工要承担利息而对村集体心存不满；另一方面，由于长久以来的计划经济，村民对政府形成了过度依赖，在整体搬迁迟迟无法落实的情况下，村民将这一矛盾转移到政府头上，陆续向上级各级党委、政府上访，给上级政府造成巨大压力。这一阶段，村民个人利益进一步分化，加之各种利益主体在乡村治理中形成博弈关系，对新型乡村治理模式的制度创新越来越渴望。

第三阶段，新农村建设阶段（2006～2012）。面对利益分化形势下的争吵不休以及搬迁项目的重重压力，2006 年以来，当地党委、政府以推进社会主义新农村建设为契机，通过放权和引导，以基层党组织建设为依托，充分发挥村民的主体性，依靠村落精英的带头作用，进行了一系列的乡村治理的探索，创新性地摸索出一条具有 S 村特色的乡村治理之路。从这一阶段 S 村的变迁实践及其取得的成果来看，只有充分尊重村民意愿，从村民最迫切需要的地方入手，才能有效地调动村民的积极性，为新农村建设开创新局面奠定基础。

从 S 村的变迁历程来看，联产承包下行政策引致 S 村的村落变迁，奠定了村民利益诉求的制度性基础，同时也在采煤业勃兴中生成了村落居住环境恶化这一政策后果。村庄整体搬迁作为 S 村村落变迁的标志性事件，有机会使 S 村在共同体意义上更新传统生产生活方式，在治理意义上重构乡村治理秩序。各种利益博弈形成了强大的变迁动力，新农村建设为 S 村村落发展打开了政策窗口，使"村落命运问题、村落精英愿景和公共治理技术"能通过政策窗口达致 S 村村落重建。

（二）S 村变迁的内涵：人物与分工

2006 年以后，中国农村进入后税费时代，与此同时，中国全面推进社会主义新农村建设，在农民负担减轻的同时，村落公共产品的需求越来越强。农村基层组织因受限于日益匮乏的资源约束和制度支持，难以形成服务于村民的自治能力，客观上造成乡镇政府和村委会"悬浮"于乡村社会之上，很难在村民日常的生产、生活中发挥提供公共产品和公共服务的作用，使乡村社会处于国家权力"空蚀"与村落权威"空置"而引发的以"治理主体缺失"为轴心的危机当中。S 村在中国规模空前的村落变迁中，无疑是一个幸运的案例。

第一，在党和政府的支持和引导下，选好领头人，构建好的村落精英领导班子。治理主体缺失与村落发展需要的矛盾，特别是迟迟无法实现村落整体搬迁的计划，造成 S 村村民人心散乱，S 村发展急需能在关键时刻解决复杂问题、把握发展机遇、心系村民的带头人。G 回归村落，出任村小组组长。G，中共党员，S 村人，曾在村办企业做工，由于工作吃苦耐劳，善于学习，对经营管理又有独到见解，被调入 X 镇企业办任副主任，1992 年被选为 X 镇副镇长并长期兼任 S 村村主任。1998 年调任 M 县乡镇企业局任副局长，后响应当时县委、政府鼓励公务员下海经商的文件精神，在保留公务员身份的情况下，下海经商。2005 年底，在 S 村搬迁及村小组经济发展处于最困难之际，应 S 村老支部书记 C 和村里的老党员、老村干部的联名要求，X镇党委、政府专门研究决定，同意G回村当村主任，并派人到南昆铁路工地找到正在指挥施工的G，并承诺保留其公务员身份和工资待遇。面对村民的期盼和镇政府的安排，G放弃了商海中每年丰厚的收入回到村里。当时镇里领导交给他的任务就是作为镇政府下派的驻村干部：一是必须保证S村的社会稳定，村民不得再往州、省去上访，更不能往北京上访；二是必须想办法，采取超常规的措施使S村尽快搬迁，否则因此而造成的恶劣后果，政府将要启动问责制。

没有G这样的村落精英领头人，不会有今天的"南滇第一村"。G不但具备在商场中摸爬滚打锻炼出来的远见卓识和广泛的社会网络资源，而且具有一心为公、无私奉献的优秀品质。G一上任就提出，搬迁是事关全体村民安危的大事，不能再有"等、靠、要"的思想，必须走自力更生艰苦奋斗的搬迁之路。G任村小组组长以后，被推为村办煤矿董事长，并任命一直从事采煤工作的M为村办煤矿矿长，同时聘请有丰富管理经验的国企老总X担任村办煤矿的总经理，从外面聘请会计师任村办煤矿的财务总监。G在管理中坚持以人为本的人性化管理，按技术难易程度设岗定责，做到最大化挖掘员工潜力。在村务管理中，G作风民主，能听得进各方面的意见，充分依赖村支部和村集体领导班子，注重班子的沟通协调，班子成员齐心协力。

第二，挖掘党组织权威文化资源，加强村落基层党组织建设。自2006年进入后税费时代，中国农村乡镇财力下降，迫使一些地方政府在乡村体制变迁中，削减乡镇政府规模和数量，并逐步将乡镇政府、村委会的财权和行政权上收至县，这表明了对乡村基层组织的不信任。农村税费体制改革以后，在中央各部委自上而下安排下来的财政转移支农资金项目实施过程中，乡镇政府、村委会逐渐丧失了项目资金的经手权，基本上所有的涉农项目都是由村委会开始自下而上逐级申请，但项目审批下来后项目的发包权则归县相关行政职能部门，由其负责在全县范围内以招标的形式发包，再由中标的施工单位具体负责承建。在这整个过程中，乡镇政府、村委会只有积极配合的义务和监督施工质量的权力，甚至在一些情况下，还必须为这些"钓鱼工程"配备相应的配套资金。与此同时，凡是与涉农收费相关的行政权都在逐步上移，计划生育抚养费、殡葬罚款、违规占地罚款等都是如此。原本属于以村为主收缴，再逐级上缴的涉农收费项目，也慢慢地失去了村委会职能发挥的空间。这一变化的后果就是乡村基层组织的功能日益弱化。

然而S村在村落重建过程中，基层组织却发挥了至关重要的作用。在各级党委的支持下，2004 年以来连续三届当选为支部书记的 R，身先士卒，团结干事，以组织建设为核心，以组织活动为纽带，开创性地以行业为依托成立党小组，即企业组、后勤组、农业组、老协组，并定期以党小组为单位开展组织学习活动，充分发挥了村党支部的战斗堡垒作用。一是充分发挥各党小组的行业优势，在新农村建设中引导村民学文化、学科技、学法律、学政策。二是切实加强基层民主政治建设，不断提高村落民主管理和村民自治水平，村里实行议事制度，有共产党员、村民代表、村干部共 40 多人参加讨论，一项决议有 2/3 的参会者同意方能通过。此外，进一步加强党员管理，实行党员星级管理制度、民主评议党员制度、农村无职党员设岗制度、农村流动党员管理制度等。这既加强了支部党员的归属感和凝聚力，同时也提高了党员在村社建设中的积极性和发挥带头人作用。三是加强党支部对村小组工作的领导与协调。总之，S 村通过完善党支部建设把党的政策和精神深入贯彻到村集体中的各个环节，密切联系群众、关心群众、服务群众，村党支部成为联系村民和上级党委与政府的重要平台。S 村党支部 2008 年被中共 X 镇委员会评为精英党支部，在 2012 年全省开展"四群"教育工作中被列为 M 县建立"网格联户"群众工作体系主题实践活动示范点。

第三，根据村落发展的需要，不断完善村制村规体系。制度化管理是管理科学化和民主化的具体表现和重要保证，能对领导干部随意拍脑袋做决定形成有效约束，也是经济社会实现可持续发展的基础。因此，自 2006 年以来，S 村以保障村民利益为目的、以发展经济为手段、以促进乡风文明社会和谐为宗旨，制定了一系列对 S 村村落共同体持续发展有重要影响的措施和办法。一是制定了一整套 S 村村务规章制度，包括 S 村小组干部、村民、村民代表学习和会议制度，S 村村规民约和管理制度，S 村老年人管理制度等，此外，还根据《中华人民共和国村民委员会组织法》等的规定，结合 X 镇农村财务管理制度和 S 村的实际情况，制定了村小组财务管理制度。二是结合 S 村集体经济发展的需要，制定了集体经济生产制度，包括运输安全规定、采剥工作安全规定、机械班工作制度、安全员工作岗位责任制度、挖掘机装载机安全规定等安全制度；结合产业结构调整制定了 S 村蔬菜组种植人员管理规定、S 村小组核桃基地管理规章制度、S 村绿化组管理制度。三是制定了民主管理制度，即 S 村村民自治章程，进一步细化和明确了村小组干部、党员、村民及村民代表在村小组经济社会文化事务治理过程中的权利和义务。

第四，抓住村落搬迁政策机遇期，融入现代经济社会分工。村落经济社会变革是 S 村发展模式的又一亮点。2006 年以来，S 村通过采取村民入股的形式，实现了村落经济部门产业化，集体经济实现了跨越式发展。一是通过股份制构建现代企业制度。在 M 县委和县政府、X 镇党委和镇政府的支持下，S 村于 2006 年重新恢复开采村办集体煤矿，并被纳入全县煤炭工业计划管理。但是该矿没有采取老办法将煤矿承包出去，而是采取股份制的办法，一方面全体村民积极筹资入股，另一方面还吸纳社会资金入股，共筹集 1717 万元启动资金。改制后的村办集体煤矿，村小组集体股份占 51%，社会资金占 49%。在煤炭企业生产经营过程中，采取现代企业管理制度，聘请职业经理人进行管理。2006 年 5 月恢复村办集体煤矿生产，到 2007 年产量已超过百万吨，2011 年售煤 212.83 万吨，实现营业收入 14727 万元，上缴各种税金 3404 万元，为村落集体经济的发展和拓展多元村落经济发展部门奠定了良好的基础。二是探索多元化村落经济发展部门。在以村办煤矿开采为主业的条件下，还拓展煤炭运输、工程机械、公路投资、冶金、农产品深加工、种植养殖业、乡村旅游、酒店服务等行业，目前 S 村通过煤企向村民贷款购买大货车，光跑运输的车辆就达到 80 多辆。三是通过实行土地集体统一管理，成立农业合作社。2007 年 7 月通过召开村民大会进行一事一议，决定将 6000 多亩荒山荒地收归集体统一管理，为煤矿企业发展奠定了坚实的基础，后来又将村民手中的耕地 3400 多亩按照每年一亩 800 元、旱田每年一亩 600 元的价格流转到集体统一管理。此外，村集体还决定对村办煤矿剥土综合利用，建成一座可蓄水 50 多万立方米的水库，同时还推平坝坡角度，剥土改坡地为良田，面积达 1400 多亩。土地集中到村小组管理后，成立了农业合作社，采取集约化的土地开发模式，在农业合作社下设蔬菜种植小组、生态畜牧养殖小组、核桃种植小组、绿化小组等生产服务小组，吸纳了大量的剩余劳动力。G 不负众望，在他的带领下，S 村不但在短短的两年内实现了整体搬迁至新建村址别墅群，而且实现了 S 村经济社会形态的跨越式发展，融入现代经济社会分工之中。

第五，养成村民建设村落的主体性，才能生成乡村多元自主治理格局。在当代中国乡村社会中，村民是自然的、重要的利益主体，事关村民经济社会发展的乡村治理离不开村民主体性作用的发挥。一是村务公开，决策民主，切实推行村民自治。在事关全体村民利益的事情上，坚决执行一事一议制度、说事制度、农村党员和村民代表民主议事听证制度、村党务村务财务三公开制度等。二是充分发挥老协、农业合作社、青年文艺队、群团组织等在乡风文明建设中的作用。如老协坚持老有所养、老有所为，不但负责打扫村中卫生，而且还参与村集体兴建的金临寺的管理，开展好婆婆、好儿媳"五好"家庭等评比活动。三是开展村组社会管理创新，以村规民约规范人，以文化建设引导人。2007 年以来通过了学习和会议制度、S 村青年文明卫生评比、S 村小组家庭卫生制度、S 村老年协会卫生行动、S 村小组个人卫生行为规定、S 村小组卫生监督员制度等。开展墙壁文化，重点宣传"八荣八耻、十富赞歌、十穷戒词、文明修养四字经"等。保护村落文化遗产，将有着 130 年历史的 S 村特色民居四合院整体搬迁至新村址，开辟村落史陈列室，为村民了解过去和存留传统记忆提供了场所，特别是为 S 村的年轻人学习了解先辈艰苦奋斗、体会今天幸福生活来之不易提供了生动的教材。四是老有所养，病有所医。村集体给年满 55 周岁的村民每人每月发放 600 ~ 660 元的养老金，新农合、新农保参与率达 100%。五是力争村级公共服务自强自给。S 村自行筹集资金硬化村中、田间道路，在别墅群安装了路灯，建盖党员活动及村小组办公综合楼，建盖 1000 多平方米的多功能厅、4000 多平方米的休闲娱乐室。建设标准篮球场一个，门球场一个。自行筹资 1200 万元绿化草坪 81000 平方米，种植各种景观树木 20 余万棵。村中设置保卫人员 2 名，负责村中防火防盗及安全巡查。

二　S 村发展的政策经验

S 村发展模式的经验可以概括为"1 + 6"模式。"1"代表"村社发展"，就是在社会主义新农村建设中，贯彻落实科学发展观，创新"三农工作"，挖掘村社发展和村社治理资源，提高各级党委和政府服务村社发展的能力，在传统村社向社会主义新农村转型过程中推动村社自主适应并融入现代经济社会分工，最终实现基层村社繁荣与和谐治理。"6"代表"科学决策、精英引领、群众路线、现代管理、公共服务、和谐治理"。

（一）社会主义新农村建设为 S 村发展提供了确定的宏观政策环境

正如《S 村传记》所言："中共中央提出的关于社会主义新农村建设的指导原则'生产发展，生活宽裕，乡风文明，村容整洁，管理民主'20 个大字，宛如一支光辉灿烂的火炬，使 G 的心头豁然开朗……"社会主义新农村建设为 S 村发展提供了确定的宏观政策环境。事实上，在 S 村发展若干关键因素上，灵活地把握和运用政策是最重要的一点。其中，从资源因素看，S 村集体煤矿的复采作为 S 村发展的第一桶金，以及将 S 村集体煤矿的采掘与S村集体搬迁统一起来，是需要对宏观政策规范进行创新性运用的。从干部因素来看，"当我们的政治路线确定以后，干部就是决定性的因素"，以G为核心的村组集体领导班子的组建及其有效发挥引领带头作用，是推动S村发展的又一关键因素，一样需要创新性地运用组织干部管理政策。社会主义新农村建设为地方党委和政府提供了解决S村搬迁问题，以及随之生发的S村发展问题提供了宏观政策环境，同时也为解决S村村民因搬迁而集体上访的问题提供了政策机会。

（二）地方党委和政府在逆境中的科学决策抓住了S村发展的机会

1997年，S村因煤矿采煤，村落民房出现裂缝，加之2000年M县5.1级地震加剧了险情，S村面临滑坡崩塌的地质灾害威胁，这引发了村民的上访。S村村民在等待上级政府回应上访诉求并形成S村村社集体共识和村社基层组织新构架的过程，时间长达8年之久。各级地方党委和政府面前的S村搬迁和S村发展问题，是一个典型的逆境中的地方决策问题，它包含了很多冲突性的因素：新农村建设的号召和S村的发展困境；煤矿采掘使村落面临次生地质灾害与安全事故问责；现行国家国土资源管理政策与急需集体煤矿复采提供搬迁启动资金；现代化进程中村落的利益多元化与村落集体搬迁和发展中需要行动共识；各级政府、投资者、村民等复杂利益相关者的博弈；等等。一个科学的决策需要相应的政治因素、经济因素、社会因素和技术条件，需要政治因素来促成利益表达和开放政策窗口、经济因素来承担行动成本和构架效率机制、社会因素来匹配合作基础和形成价值共识、技术因素来构建政策问题和提供解决手段。各级地方党委和政府在复杂情势下的艰难决策，以G为核心的S村基层组织领导班子充分挖掘村落发展和村落治理的资源而表现出的发展意愿和执行力，成就了S村"南滇第一村"的传奇。

（三）现代化催生的生存和发展诉求激发了S村精英人物以及村民的主人翁意识

现代化或发展进程被认为是一个进步意义上的社会变迁过程，但并不一定会无一例外地惠及所有社会实体。村社在现代化或发展进程中的命运一定程度上取决于村社对现代化进程的适应能力。一方面S村在现代化进程中是这一进程负外部性的受害者，另一方面也是这一进程提供了改变S村生产生活方式的机遇。S村因现代煤矿采掘业引发次生地质灾害而面临搬迁的生存压力，因现代化进程的利益多元化引发村落集体性生产生活方式解体，因传统生产生活方式在现代社会分工中的不利地位引发村落发展危机，但是也正是现代化进程中的新农村建设为改变 S 村传统生产生活方式提供了机遇，使引领 S 村搬迁和发展的精英人物在现代社会分工中得以涌现，推动 S 村搬迁和发展的人力资源得以储备，他们的人生价值在更高的平台上得以实现。最重要的是，在这一进程中催生的生存和发展诉求重构了 S 村精英人物和村社成员的主体性，激发了他们作为地方基层社会治理者的主人翁意识，从被动的"等、靠、要"转化为主动的"积极参与、自力更生、艰苦奋斗"。

（四）践行群众路线使 S 村基层组织赢得村民支持并易于达成政治共识

群众路线作为中国共产党领导人民群众的根本路线和工作方法，是党在领导人民进行长期革命斗争中形成和发展起来的。群众路线从党领导农村革命根据地建设实践中提出，在后来党领导的中国革命和建设中得到坚持和发展。群众路线有三个方面的内容，包括一切为了群众，一切依靠群众，从群众中来，到群众中去。首先，一切为了群众，就是一切从人民的利益出发，全心全意为人民服务，这是党的群众路线的根本出发点，同时也是最终归宿。其次，一切依靠群众，就是相信群众能够自己解放自己，这是党的群众路线的立足点，是正确领导人民群众的基本方法，是开展各项工作的依靠力量。最后，从群众中来，就是把广大群众在长期实践中所积累的经验，把群众提出的要求和愿望，也就是来自群众各方面的分散的无系统的意见集中起来，经过分析和综合，上升为集中的系统的意见，形成符合实际情况的工作指示、方针、政策、计划和办法；到群众中去，就是把从群众中集中起来形成的领导的工作指示、方针、政策、计划和方法，再通过宣传、引领、表率等途径回到群众中去，通过群众的实际行动转化为工作结果，并使之在群众的实践中得到检验、丰富和发展。

在新时期新形势下做好群众工作，依然要坚持群众路线，Y 省委将党的群众路线丰富为搞好"四群工作"，即树立群众观点、坚持群众路线、维护群众利益和做好群众工作，认为倾听群众呼声和理解群众愿望是各级党委和政府进行政策规划的第一政策资讯，维护群众利益和满足群众需求是各级党委和政府进行政策制定的第一决策依据，运用群众方法和做好群众工作是各级党委和政府提高政策执行力的第一工作方法，做到群众满意和增进群众感情是各级党委和政府进行工作检查的第一评价指标。在村落政治生态环境中，由于其熟人社会的特点，群众路线的坚持和运用更是村社基层组织赢得村民支持的基础。S村搬迁和发展过程中，各级党委和政府以及村社基层自治组织在开展各项工作中，努力做到"顺民意，解民忧，增民利，增进党同群众的感情"，不仅顺利完成了S村搬迁的任务，而且还以此为契机推动S村适应现代社会分工，提高了S村融入农村现代化进程的主动性和可行性，实现了从传统生产生活方式向社会主义新农村的彻底转变，巩固了党在现代新农村中领导人民群众的执政基础，创造了政府在现代新农村中创新社会管理的行政条件。

（五）村社集体混合经济及其现代管理增强了S村在现代经济社会分工中的适应能力

在S村多元化投资的推动下，全村就业状况涵盖了第一、第二、第三产业领域。2012年5月统计，全村从事管理工作的有33人，从事第一产业的有75人，从事第二产业的有54人，从事第三产业的有92人。2011年全村集体总收入达1.4亿元，农民人均纯收入达16581元。同时，第一产业已经逐渐走出了小农经济，走向农业产业化；第二产业逐渐做大做强，融入现代工业分工；第三产业正在兴起，最大程度上吸纳了S村的富余人力资源；三个产业之间还形成了能够良性循环的微产业链。如果说S村的成功搬迁取决于村民不懈的努力，以致上级党委和政府在逆境中做出了艰难的决定，那么S村的可持续发展则取决于在从煤矿复采中挖到第一桶金的基础上，形成了适应现代经济社会分工的村社集体混合经济及其现代管理。如果没有这个飞跃，S村将随着煤矿开采权的争议停采而失去最重要的集体经济基础，没有其他项目支持S村集体经济的可持续发展，也许S村会成为另一个"住在别墅中吃红苕而看不到前途的村落"。

（六）完善的村社公共服务体系建设打下了S村社区重建和未来发展的基础

无论从实现政府公共职能的角度看，还是从影响资本、人力资源流动因素的角度看，城乡之间最大的差距依然是支持基本公共服务均等化的公共服务体系建设。S村因搬迁而被允许复采集体煤矿，但并没有像有些地方一样只是富了几个煤老板，而是使集体在这一过程中获益。同时，集体获益的方式并不是简单地分光吃光，而是在复采中挖到搬迁和发展的第一桶金后，迅速完成了相辅相成的三项工作：村落整体搬迁重建、村落公共服务体系建设和多元发展性投资。村落整体搬迁重建是三项工作中首要的，也是最具目的性的实务性工作；村落公共服务体系建设是能够使村落不仅在建筑上重建，也能够在社区意义上得以重建的基础；多元发展性投资是村落能够适应现代社会经济分工并得以可持续发展的关键。

（七）基层党建引领下的多元治理实现了基层村社的和谐治理

走进S村，除了引人注目的排排村民别墅和S村休闲中心外，党员活动中心、多功能餐厅、东旭元光幼儿园、金临寺、四合院旧宅、文体设施等都是S村能够实现和谐治理的硬件基础。村组干部管理制度、党员星级管理制度、民主议事听证制度、党务村务财务三公开制度、村规民约墙壁文化等则是S村能够实现和谐治理的软件基础。在墙壁文化中，国家法律法规、伦理道德倡导和村社村约民俗相互支持地规范了S村发展中的村民行为。在基层党建引领下的村社组织建设、村组集体企业和生产小组的现代管理，以及延安精神研究会、妇女协会、老年协会、S村艺术团、宗教场所、家族亲情等构成了S村基层村社多元治理的和谐网络。

三　S村发展面临的挑战与未来

传统农村社区是一个熟人社会，是一个原生性的"出入相友、守望相助、富有人情味和身份归属感"的社区形态。尽管有人说，城市化是中国现代化的主旋律，然而，经过城市化挤压和解构过程的中国城市社区重建之艰难，表明村社的变迁不仅是一种生产生活方式的变迁，也应该是一种村落文明对城市文明的反证过程。S村在搬迁和发展过程中完成了村落社区的重建，这不应该是一个孤立的事件，S村社区重建是一个中国传统村社向社会主义新农村变迁的样本。传统村社在现代化进程中必然面临诸多挑战，如何帮助传统村社适应这一挑战而完成向社会主义新农村变迁的华丽转身，是中国农村现代化进程的重大课题。社会主义新农村建设具有共同的目标，但中国传统村社的村情千差万别，向社会主义新农村前进的道路有千万条，S村发展模式只是其中的一条。实现城市生产的品质，享有村落生活的恬静，历经、适应并融入现代化进程是中国村社未来的必然选择。

为了达成农村基层社会和谐治理，农村社区必须克服传统村社在现代化和城市化进程中可能面临的碎片化问题，努力发挥各自村社的优势，抓住机遇，克服各自村社的劣势和面临的困难，实现现代农村社区的重建和发展。S村在搬迁过程中抓住了机遇完成社区重建，并在逐渐适应现代经济社会分工中发展社会主义新农村，但S村的发展仍没有远离威胁，达到稳定地生发并自立于现代经济社会的可持续发展状态。对S村发展做出这种情势判断，既有创造外部环境条件的问题，也有健全内部发展因素的问题。

（一）从外部环境条件而言，主要包括制度建设、政策供给、公共服务和村社建设四个方面

首先，国家必须尽快完善有关农村社区政治、经济、社会、文化等方面的正式制度，以回应并引导村社非正式制度的变迁，使国家正式制度和村社非正式制度能够在传统村社适应现代化进程中相互支持和相互契合。例如，村务公开制度建设就在村社基层民主自治进程中增强了村民的参与感，既承接了原生村社政治的紧密性，又克服了原生村社政治的隐秘性。同样，有关农村的制度密集化可以在很大程度上规避"小产权房、非法组织"等现象。其次，国家必须尽快出台相关政策保障村社利用可持续资源的相关权利。目前，中国的现代化和城市化的进程已经深入制度稀疏的农村地区，无论是矿区开采留下的难以可持续利用的迹地，还是在发展增长极旁日益衰落并威胁到村民生计的区域，都可以看到村社无法保有对生于兹养于兹的这块乡土的基本权利。S村在集体煤矿开采之后，能够主动积极恢复土壤和植被，创造一个宜居的可持续村落环境，而不是像有些矿企在矿区完成掠夺式的开采后，留给当地几乎永远难以治理的迹地。再次，尽快衔接城乡之间无差别的公民基本公共服务体系建设，为传统村社融入现代福利社会提供公民权益性的制度平台。同时，通过加快村社基础设施建设，为传统村社融入现代经济社会劳动分工提供发展外部性的先行资本。最后，在"四群教育"和"新农村建设"中，通过关键项目帮扶、村社精英基层组织建设、现代村社管理培训、新农村建设者人才工程等方式和途径，切实帮助传统村社适应并融入现代经济社会分工。

（二）从内部发展因素看，主要包括组织变革、领导培养、战略抉择和人力资源四个方面

首先，随着传统村社生产生活方式向现代生产生活方式转变，村社基层治理组织必然在这种转变中面临挑战而寻求变革与发展。在这种组织变革与发展中，无论是村社集体经济需要的现代企业管理制度建设，还是社会组织的培育和成长，对传统村社基层治理者而言都是全新的技术和知识。其次，虽然有村民自治的相关法律法规，但它们只能最大限度地通过基层民主过程产生村支书或村组长，很难产生有能力对村社事务进行全盘管理的有效治理者，更不要说产生一个村社基层治理中的精英领导集体。显然，一个村社的有效治理者和精英领导集体不但需要正式制度的支持，还需要村落自身有一个相对规范的精英生成机制。再次，基于村社基层组织核心成员，借助社会力量建立村社发展战略规划支持机制，重点解决三个关键问题：在利益多元化格局下如何在村社发展抉择中达成集体共识；增强村社集体经济在现代经济社会分工中的适应能力和融入能力，解决资源型村社集体经济发展的不可持续性问题；充分挖掘村落多元治理资源，在传统社会控制因素消散背景下创新村社社会管理和社会建设。最后，社会主义新农村建设说到底必须有一批亲乡土、有技术、善管理的社会主义新农村建设者，即开发有志于社会主义新农村建设的村社人力资源是关键的人的因素。S 村凭借原有的人力资源储备，动员返乡服务的大学生，聘用一些管理技术人才等能够解决一时之需，但却不是长久之计，必须建立支持村社发展的村社人力资源开发机制。

从 S 村的村落变迁历程、村落发展经验和未来面临的挑战来看，中国农村社会的变迁和发展具有显著的政策获致性，无论是城中村的"村落终结"，还是新农村的"村落发展"，抑或是类似 S 村的"村落重建"，都不是传统中国叙事中村落的社会面相，而是现代中国叙事中村落的社会面相。农村社会的碎片化问题、失地农民保障问题、农民工社会融入问题、村落空心化问题，都是在工业化、城市化、现代化的政策话语体系中生成的中国农村典型性社会问题，这表明应该对引致中国农村社会变迁和发展的公共政策进行社会性反思。应在政府主导的中国农村社会变迁和发展政策过程中介入两个重要的干预因素：一是在社会学意义上通过养成村民主体性推动村落经济社会平衡发展；二是在政治学意义上通过生成村落现代性推动村落经济社会分工融入。村落话语在中国是一种"轴心时代"意义上的知识体系，村落既是传统中国生产生活的载体，也是传统中国文化文明的原初。中国传统叙事中的村落、耕读和村民，与现代中国叙事中的农村、农业和农民有着质性的差异。前者是先赋性的，后者是获致性的。在全球化语境下的"地球村"概念中肯定会重现中国村落文明的质性特征。

作者简介

赵春盛　男

所属博士后流动站：中国社会科学院社会学研究所

合作导师：李培林

在站时间：2013.1 ~

现工作单位：云南大学

联系方式：zhaochsh@ynu.edu.cn

第三部分
城市、阶层与网络

反思性身体技术：一项汽车与
身体的扎根理论研究[*]

林晓珊

摘　要： 随着技术对人类生活的影响日益扩大，有关身体与技术的关联已成为身体社会学探索中的一个重要议题。本文从"技术身体"的现代性诊断中重新回到传统人类学的"身体技术"的探索之中，考察现代社会中人们使用身体的方式究竟发生了怎样的变化。文章以扎根理论研究为方法，以莫斯的"身体技术"理论为切入点，通过对汽车驾驶培训过程的分析，从制度化、规训化、效率化和仪式化四个维度揭示了"反思性身体技术"是如何可能的。笔者指出，"反思性身体技术"是在现代技术与身体的交织中形成的一种具有自我反思能力的身体技术，它蕴含着对人类行动与技术变迁的现代性反思，它的浮现是对莫斯经典"身体技术"理论的一个拓展，也为身体生成的完整图景增添了更为丰富的色彩。

关键词： 身体技术　反思性身体技术　身体生成　汽车社会　驾驶培训

* 本文为浙江省哲学社会科学规划一般项目"汽车消费与城市生活的变迁"（11JCSH04Y）的阶段性成果，并获浙江省"之江青年社科学者行动计划"资助。本文初稿曾先后在浙江师范大学第 18 期"青年学者学术沙龙"、第八届中国社会学博士后论坛（2013）和中国社会学会 2013 年学术年会消费社会学论坛上宣读。张兆曙、章秀英、方劲、陈占江、许涛、辛允星、袁松、胡全柱等同事提出了建设性意见，罗红光教授、郑少雄博士等人的评论以及与张杨波博士关于方法论的探讨让本文获益匪浅，特此感谢。作者也感谢《社会学研究》编辑部及匿名评审人富有启发性的修改建议，文责自负。本文曾发表在《社会学研究》2013 年第 6 期上，收录时已有修改。

一　引言："考驾照"中的身体与技术

在现代城市快速驶向汽车化社会的过程中，"驾驶"（driving）作为一种城市空间实践方式，已成为一种新的社会参与行为。对一个现代公民来说，"驾驶证"则代表着一种准许社会参与的资格和能力。著名学者麦克卢汉曾指出，在美国，年轻人甚至把领取汽车驾驶执照的年纪看得比获得选举权的年纪更重要（麦克卢汉，2000：271）。布希亚也曾说道，今天若没有驾照，则相当于是被"革除教籍"，或是某种社会能力的阉割（布希亚，2001：76）。驾驶培训作为一种身体技术的制度化获得过程，也由此成了现代社会中的一项重要制度，它标志着私人旅行者必须获得许可才能选择他们喜爱的流动方式（Bonham，2006：26）。恰如在西方发达国家的汽车社会中出现过的一样，在当下中国城市社会，随着汽车对现代生活产生的影响愈来愈深远，驾驶证在人们心目中的意义也越发显著，"学车"不仅被广大城市青年视为一种时尚，开车更是成了现代社会中的一项基本生活技能。[①] 对于许多年轻人而言，只有通过驾驶培训并获取合法的驾驶证书，才意味着在汽车社会中的真正成长。因而，"考驾照"本身也成了汽车社会中的一个成年礼。

但是，与其他类型的资格考试不同，"考驾照"是一种复杂的身体规训与实践的过程。驾驶培训以一种制度化的方式把人类身体推向了现代技术面前，在人们把汽车这一庞然大物驯服成会听人话的技术工具之前，首先必须驯服自己的身体。而在与现代技术的纠缠互动中，我们使用身体的方式也因此发生了巨大的变化，蕴含其间的"人—技术"关系反映着人类实践或行为的变迁（Ihde，1990：20）。在汽车社会来临的时代中，驾驶培训的过程堪称一种全新的"身体生成"过程，[②] 它在很大程度上改变了汽车社会中的

---

① 权威数据显示，2011年我国机动车驾驶员人数已达到2.28亿人，其中汽车驾驶员人数为1.74亿人（中国交通年鉴社，2012：902）。这个数据每年都在快速增长，这就意味着，几乎每十个中国人当中就有一个以上的人拥有汽车驾驶证。

② 关于"身体生成"的概念及讨论，请参见我国台湾学者黄金麟的著作《历史、身体、国家：近代中国的身体形成（1895~1937）》。"身体生成"指称的并不是一种身体的生物性诞生或创造，而是指称一种在肉体既存的情况下所进行的政治、经济、军事、社会或文化改造。这种社会加诸自然条件使身体产生改变，是身体生成这个概念想要凸显的景况（黄金麟，2006：2，注释3）。本研究使用"身体生成"这个概念想要表达的大意也是如此，即既存的生物性身体在汽车社会中是如何经由规则、技术等塑造而成为符合社会发展需要的身体，但身体并不完全是社会塑造的被动对象，而是可以积极应对技术变迁的有感受力的主体。

身体观念，并成为塑造符合汽车时代要求的新主体的一个再生产机制。

因此，对"考驾照"过程的身体社会学思考，将我们引入了身体与技术的经典议题之中。法国著名人类学家马塞尔·莫斯可以说是这一领域最为伟大的先驱，他最先把身体当作技术的总体，并提出了"身体技术"（techniques of the body）的理论来考察人们使用自己身体的方式。本研究将以莫斯的"身体技术"为切入点，对"驾驶"这一现代身体技术的获得与实践过程进行多维度的考察，深入探讨在技术占支配地位的现代性社会中，我们以何种方式来使用自己的身体，以及我们的身体究竟经历了一个怎样的生成过程才能灵活周旋于现代技术生活之中。在对经验材料的分析中，本研究更为值得期待的一个理论旨趣在于，基于扎根理论的研究方法，重新检视与拓展"身体技术"的理论内涵，从身体的现代性诊断中，揭示一种我们称之为"反思性"的身体技术是如何可能的，进而探究现代身体生成的新路径。

二 身体技术：一个经典人类学理论的回溯

身体技术是一个有着卓越人类学传统的经典理论。莫斯最早对此进行了系统的论述，他对身体技术的观念、分类原则以及传记式的研究，为当代身体社会学的经验研究提供了丰富的灵感。作为社会学年鉴学派主要成员之一，莫斯在人类学、社会学中的地位是有目共睹的，虽然他的学术贡献常被掩盖在其舅父涂尔干的光芒之中，但其理论原创的生命力给当代学人留下的学术遗产和带来的智慧启迪却是不能低估的。他开创了一些重大的理论传统（如礼物交互模式），也一直被誉为现代身体人类学研究的先驱（Sharma，1995：252）。在《身体技术》① 一文中，莫斯成功地复活了有关身体行为的传统思想，并将之与社会的、技术的和道德的等人类存在的其他方面联系起来（Wolff，2010：340）。可以说，"身体技术"的概念给我们提供了一种通过社会学思考身体行动的方式（Crossley，2005：9）。

（一）莫斯的遗产：身体技术的呈现

莫斯给"身体技术"下了一个明确的定义，他这个词"指一个又一个

---

① 该文是莫斯1934年5月17日在法国心理学协会上所做的报告，英译本1973年始发在《经济与社会》杂志上。

社会的人们以传统的方式懂得了使用他们自己身体的方法"（莫斯，2008：85）。这一定义体现了莫斯的一个重要理论贡献：他打破了过去的一个根本性错误认识，即认为只有在有工具时才有技术，并把一种传统的、有效的行为称为技术，认为在工具技术之前即有了身体技术的总体（莫斯，2008：91）。莫斯把身体看作是一种技术的总体，在他所谈论的身体技术中，"身体是人第一个、也是最自然的工具。或者更确切地说，不讲工具，人的第一个、也是最自然的技术物品，同时也是技术手段，就是他的身体"（莫斯，2008：91）。

在莫斯的论述中，身体技术有三个基本特征。首先，顾名思义，它们是技术的，因为它们是由一套特定的身体运动或形式组成的；其次，在一定意义上说，它们是传统的，因为它们是靠训练和教育的方式习得的；最后，它们是有效的，因为它们服务于一个特定的目的、功能或目标（例如：行走、跑步、跳舞或挖掘）（威廉姆斯、伯德洛，2003：400～401）。尽管莫斯把身体当作是技术物品和工具，但这并不意味着莫斯仅仅看到了身体的物质性，而忽略了身体的社会性。实际上，在身体技术的上述三个基本特征中，莫斯非常重视的是传统的惯习（habitus）和社会化的教育对身体技术的影响。他强调，在使用身体的艺术的所有因素中，教育占主导地位。他用"habitus"一词所要表达的就是身体及其运动与社会文化之间根深蒂固的关系，而且"habitus"不是指身体简单地随个人和他们的仿效变化，而特别是指根据社会、教育、礼仪、习俗、声望等变化（莫斯，2008：88）。在这样的理论逻辑中，莫斯认为，根本不存在自然的行为，每一种行为都是后天习得的，都与身体所处的文化背景有关。

在莫斯看来，人的一生其实就是通过训练获得为社会所承认的身体技术，从而表现自我并与他人交往的过程。他通过传记式的列举，描述了从孩童到成年人的身体技术的学习和训练。如断奶后的孩童学会吃喝、学会走步、训练视力和听力等身体技术；进入青少年时期，主要的身体技术包括女孩的姿态训练、男孩的职业技能训练等（特别是军人职责）；而成年时期的身体技术则包含了更复杂的内容，如睡眠技术、休息技术、运动技术（爬行、压挤、行进、跑步、跳跃、攀缘、游泳等）、竞技技术（舞蹈）、照料身体的技术（擦、洗、咳嗽、吐痰、排泄等）、食用技术以及生殖技术，等等（莫斯，2008：97～103）。

当然，莫斯并没有停留在对身体技术的简单的传记式列举，他还从性别、年龄、效率和传承形式四个方面对身体技术的分类原则进行了阐释。在以性别区分的身体技术中，不同性别之间的身体技术存在着显而易见的差别。在以年龄划分的身体技术中，莫斯尤其强调青少年时期的重要性，他指出，"不论是对于男孩还是女孩，他们的决定性时期是青少年期，是在这一阶段他们最终学习身体技术并在整个成人期都保留与遵从着"（莫斯，2008：98）。而且对于青少年而言，获得某种特定的身体技术，即标志着他们获得了迈向成人世界的资格，是一种重要的"成年礼"。在以效率分类的身体技术中，莫斯又特别强调一个重要的观念，即灵巧（dexterity），用来表达那些为了一个目标而协调好所有自身动作适应性的人。在以传承形式划分的身体技术中，主要是依据教育和训练的性质给技术分类。这四个分类原则对于我们全面理解身体技术的不同维度以及对经验资料的分析具有重要的启发意义。

（二）拓展的可能性：身体技术的理论追问

尽管莫斯所阐发的身体技术充满理论原创的光芒，但我们在看到"身体技术"理论中所蕴含的丰富的人类学洞察力的同时，也同样发现了"身体技术"理论的内在紧张，并招致了一些学者的抱怨。例如，E. Wolff 遗憾地说道，虽然莫斯对身体技术做了传记式的全景描述，但他依然留下了大量没有回答的问题，如个体的身体技术何以可能，身体技术又是如何被激活的，我们如何去理解相同社会文化中的人们在身体技术的风格、效率、水平之间的差异（Wolff，2010：340）。Margot L. Lyon 则用批评的口吻指出，莫斯视野中的身体是情感缺失的身体，其"身体技术"理论完全只是局限于描述社会文化对身体行为的影响程度，而甚少关注社会过程中的身体能动性和身体机制（Lyon，1997：89－91）。Ursula Sharma 也认为，莫斯过于强调文化是如何嵌入身体习惯的本质之中的，渗透莫斯人类学话语之中的一个观念是，身体是一个非常消极的文化教化的容器，身体很大程度上变成了一种再现、控制、规训、训练以及概念化的脆弱的实体（Sharma，1995：252）。在这里，我们看到的只是文化，而不是身体。鲍伊在评论莫斯"身体技术"观的主要贡献时，不无反讽地指出，"莫斯不是探寻究竟是遗传还是教养对行为负责，而是研究社会的意义如何铭刻在物质的身体上，研究个人选择和代理人和社会结构（权力）的作用，如何限制了个人的和集体的行为，或使之成为可能"（鲍伊，2004：47）。事实上，这一传统一直延续到福柯的身体与权力的研究中，克里斯·希林曾评论道，基于福柯式的思路，永远无法把握生物性、生理性或物质性的身体，因为这样的身体存在方式始终被挡在话语设置的意义构架背后（希林，2010：77）。在福柯的研究中，我们听到的更多的是话语与权力，而不是身体。

上述学者对莫斯身体技术理论的批评，或过于苛刻，也未必全然如此，但却值得注意。近些年来，有关身体与技术的关系已经引发了无数的争论，我们需要进一步澄清的是，"身体技术"并非"身体与技术"的简单叠加。在身体与技术的关系中，莫斯把身体当作技术的总体，即身体就是我们的技术手段。"身体技术"尽管遭受上述种种诟病，但这个理论中所彰显的"人们是如何使用自己的身体"这一议题却是清澈深透的。然而，在现代技术迅猛发展的背景下，技术被视为建立在身体之上，为"器官的延伸""肉体的延伸"（拉普，1986：30）。以弥补身体缺陷或以克服身体局限性、提高身体能力为目的的现代技术，与身体有了更为亲密的接触，现代社会的人们变得须臾不可离开这些身体化的技术。但是，莫斯在身体技术中强调的是使用"身体"的技术，并非直接谈论现代"技术"，而在现代性的变迁中，身体却是与现代技术缠绕在一起的，"身体技术"本身也因此面临着主体性的追问。与莫斯所讲的睡眠、舞蹈、跳跃、游泳等围绕身体行动的技术不同，驾驶作为一种现代身体技术，既是一种技术的身体化（embodiment），也是一种身体的技术化。那么，作为具有主体性的个体，又是如何使用这些作为肉体延伸的身体化技术，而不至于使身体遭受技术的殖民，成为技术的奴隶？尽管莫斯与涂尔干等人也曾专门论述过技术与技艺（莫斯、涂尔干、于贝尔，2010），但他们显然没能预料到身体与技术在今日的这般走向，并给出一个满意的解释。

当然，这也为我们在技术变迁的现代社会中进一步拓展身体技术理论留出了足够的空间。事实上，莫斯已指出，这是一个新的研究领域，并且指引我们有必要研究所有的训练方式、模仿方式以及生活方式等基本的方式与传统的力量（莫斯，2008：95）。直到今天，这依然是一个值得深入研究的新领域。从"步行时代"走向"自行车时代"，再从"摩托车时代"驶向"汽车时代"，人类使用身体的方式在不断发生变化。在今天的汽车社会中，驾驶已成为日常生活中一种重要的身体实践，这种技术性的身体实践承载了汽车社会特有的文化意义。不过，遗憾的是，关于人如何使用物质性的身体，如何主动地获得身体技术和运用身体技术的问题，至今还未成为学界研究的焦点（秦洁，2010：62）。我们之所以把研究视角从当代身体社会学的研究回溯到经典人类学中的"身体技术"理论，即是试图从一个全新的视角，审视身体与技术在反思现代性社会中的内在关联，重新发现被技术遮蔽的主体性，拓展身体技术的理论内涵。

三　理论浮现：扎根理论的尝试

需要说明的是，尽管我们把驾驶培训看作一套复杂的身体技术的制度化获得过程，但莫斯的"身体技术"并非本研究的理论预设，而是我们观察与理解身体与技术之关系的一个切入点。扎根理论是一种方法，也是一种做质性研究的风格，它指的是透过有系统的收集和分析资料的研究历程，从资料所衍生出来的理论，它以构建或拓展理论为根本旨趣。在此一方法中，资料的收集、分析和最终形成的理论，彼此具有密切的关系。研究者在展开其研究时，心中并不存在一个预先构想好的理论，而是从一个研究的领域开始，并允许理论逐渐从资料中浮现出来（Strauss & Corbin，2001：19）。这是一种自下而上建立理论的方法，即在系统收集资料的基础上，寻找反映社会现象的核心概念，然后通过在这些概念之间建立起联系而形成理论（陈向明，2000：327）。

一般而言，研究的逻辑迥异于写作的逻辑。在研究的过程中，我们的确遵循着扎根理论中经由经验资料的分析归纳出发而建构理论的原则，但在写作的过程中，为了更清晰地呈现现代身体生成的图景和脉络，我们需要事先对理论出发点有个交代，但本文的理论目标是指向对经典"身体技术"理论的拓展性研究，并重新思考现代技术社会中的身体生成，而非仅限于身休研究本身。因而，与其说"身体技术"理论是本研究的理论预设，还不如更确切地说"身体技术"是本研究的一个逻辑起点，是一个我们试图从经验资料的思考中进行拓展的分析性概念。我们努力从行动者的立场出发，探讨现代技术社会中人们是以什么样的方式使用自己的身体，从中揭示浮现出来的理论。而且，在已有的文献中我们也发现，扎根理论作为一种质性研究方法，虽然在研究时并不存在一个预先构想好的理论，但也可以用来推衍和扩充现有的理论，而且可以被用来探索一些人们所知有限或已具备丰富知识的领域（Stern，1980）。秉承这样的研究路径和理论旨趣，扎根理论不仅与本研究没有逻辑矛盾，而且成了最合适本研究的一种方法。

本研究所使用的分析资料主要来自两部分：一是笔者于 2007~2009 年在广州完成的 41 个深度访谈案例以及部分田野观察笔记（林晓珊，2012），这些资料所包含的内容涉及但又不限于城市青年的"考驾照"行为，而正是这些最初的资料分析触发了笔者进一步探究"考驾照"背后所隐含的身体生成这一理论命题的兴趣；二是笔者于2010～2011年在浙中某城市完成的20个个案的深度访谈，① 以及笔者以驾校学员的身份在一所驾校中所进行的民族志观察。这些材料以城市青年的汽车驾驶培训为核心，观察和访谈内容涵盖"考驾照"的全过程。案例抽样主要是遵从开放性抽样的原则，选择那些能够为研究问题提供最大涵盖度的研究对象进行访谈，从而覆盖研究现象的方方面面并从中发现建构理论所需要的相关概念和范畴（Strauss & Corbin，2001；孙晓娥，2011）。

扎根理论中最为烦琐的同时也是最为关键的步骤就是编码，即对访谈资料中的词句、段落不断地进行分析概括和归纳。当然，也正是在编码的过程中，我们所寻找的理论框架才逐渐浮出水面。斯特劳斯和考宾概括了三种编码方法：开放编码（open coding）、主轴编码（axial coding）、选择编码（selective coding）（Strauss & Corbin，2001）。② 本研究在对经验材料分析和理论建构的过程中就是借助于质性分析软件Nvivo8.0，并按照这三种编码方式展开。下面简单介绍下编码的程序以及理论浮现的过程。

首先，在最初的分析步骤中，使用开放编码来界定文本资料中所发现的概念、属性和类别，其标示方式包括"鲜明代码"和"抽象代码"，③ 前者如"紧张"（"第一次握方向盘时心里太紧张了"）、"很爽"（"我想自己一个人开着车到高速路上去，那种心情很爽"）、"压力"（"车上坐满了人，我手忙脚乱的，压力好大"），后者如"成长"（"我觉得自己从原来不懂事的一个小孩子变成大人了，能自己独当一面，可以驾驭着某样东西到达某地"）、"自我突破"（"我原来不喜欢车，一坐车就会头晕，学了驾照之后，也觉得是突破了自己的一个坎吧"）、"身体协调"（"关键还要看你手脚灵不灵活，手和脚要互相配合"）、"身体规训"（"教练不时地在旁边指挥着，有时候骂得很凶"）、"人生规划"（"高考结束后反正没什么事情，就去学车了，多掌握一门技术，将来应该会派上用场的"）等。这一阶段的编码任务在于尽可能地从原始资料中提炼出有意义的概念类别。

---

① 笔者的学生孙德俊、辜克霞、王敏霞等人曾经协助过笔者做了部分访谈和录音誊写，在此一并表示感谢。

② 国内学者陈向明也把这三种编码分别称为一级编码、二级编码和三级编码（陈向明，2000：332）。

③ "鲜明代码"是指在编码的过程中直接使用访谈对象所使用的生动、鲜明的词语进行编码；"抽象代码"是指研究人员从资料阅读中所抽象出的名词和概念。

其次，在完成这些逐行逐句的开放编码之后，本研究着手进行主轴编码（二级编码），其目的是为了将在开放编码中被分割的资料聚类起来，通过对概念之间关系的反复思考和分析，整合出更高抽象层次的范畴和维度（有时一级编码和二级编码几乎是同时进行的）。例如，我们将"讲授""示范""练习""反复实践""纠正""提醒""警告""身体规训"等这些一级编码贯穿起来，以"规训化身体技术"作为主轴编码的类别标签；再如，我们将鲜明代码"放得开""熟练""握紧方向盘""换挡""踩离合器"以及抽象代码"身体协调"等归为一个类别，并以"效率化身体技术"作为主轴编码。在主轴编码中，我们将类别与次类别相互关联，厘清各个概念及其之间的相互关系，以对现象形成更精确且更复杂的解释，并以同样的方式完成了"制度化身体技术""仪式化身体技术"的二级编码过程（详细过程请见第四部分的资料分析）。主轴编码的过程也获益于莫斯对身体技术分类原则的启发。

最后，我们进入了三级编码，即选择编码，并大致可以勾勒出即将浮出水面的理论主线。选择编码的主要目标是，在所有已发现的概念类属中经过系统分析后选择一个具有统领性的"核心类属"，将大部分研究结果囊括在一个比较宽泛的理论范围之内（Strauss & Corbin，2001：149；陈向明，2000：334）。从我们在前面两个阶段编码过程中所提炼的"制度化身体技术""规训化身体技术""效率化身体技术"和"仪式化身体技术"这四个维度中，[①] 我们发现了身体技术的获得与实践中的四个基本维度，即合法化的资格获得、标准化的规范训练、能动性的驾驶实践以及仪式性的文化象征，而这四个维度恰与现代性反思中的自我焦虑、自我意识、自我指涉、自我认同等基本内涵有密切的关联，它们共同构成了现代技术社会中一幅具有主体反思性的全新的身体生成的图景，我们将这一浮现出来的理论称为"反思性身体技术"，它是在现代技术与身体的交织中，在制度与文化、规训与灵巧的身体实践过程中形成的一种具有自我反思能力的身体技术，它蕴含着对人类行动与现代技术变迁的现代性反思。在本研究中，"反思性身体技术"也是我们对经验材料的一种精练的概念化，它的浮现是对莫斯经典

---

① 在资料分析的过程中，实际的开放编码数量已超过百个，主轴编码也有十多个（如"考驾照作为人生规划""驾驶技术的性别差异""驾驶技术与交通风险"等），但不是所有的编码都要纳入浮现出来的理论之中。在选择编码中，我们只是挑选了一些具有密切关联的核心类属，力求理论的精练与简洁。同时，我们也以"理论饱和"为目标，在大量的原始资料和编码中寻找相关的属性和类别。

"身体技术"理论的一个拓展，为我们更好地理解现代身体生成提供了一个分析性的理论架构（见图1）。

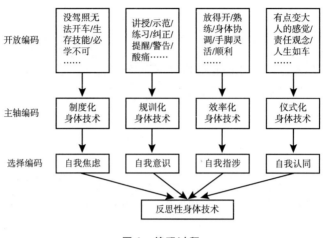

图1　编码过程

四　驾驶中的身体：身体技术的获得与实践

由于汽车的发展，我们的社会从物理、制度上被改造成汽车导向型社会（北村隆一，2006：1）。驾驶培训使人们获得了一种适应汽车导向型社会需要的新的身体技术，其中包含着一系列对复杂身体实践的现代性反思，这一反思性的过程避免了使身体沦为现代技术附庸的困境。与传统社会中习得的身体技术不同（如吃饭、睡觉、运动、竞技以及生殖技术等），驾驶是一种对个体安全领域和公共领域都存在较大风险的身体技术，现代国家已把"驾驶中的身体"纳入了政府管理的范畴之中，它首先需要一个合法化的资格获得过程，再按照制度设计的标准进行规范化的训练，方能灵巧自如地实践这一身体技术，并在这一仪式化的成长过程中，宣告一个具有反思能力的主体的诞生。基于上述扎根理论研究中浮现出来的分析架构，本文接下来将从制度化身体技术、规训化身体技术、效率化身体技术和仪式化身体技术四个维度考察反思性身体技术的出场路径以及现代社会中的身体生成。

（一）制度化身体技术：资格获取与自我焦虑

驾驶汽车已成为现代社会中一项基本的公民权利，但这种权利并非与生俱来，一个人必须通过正式的、严格的身体训练才能获得合法的上路许可。如前所述，作为一种身体技术的获得过程，驾驶培训已经成了现代社会中的一项重要制度，它以国家法律的名义赋予了驾照拥有者合法驾驶的权利，同时也剥夺了一部分人驾驶的权利。与莫斯所言的前现代身体技术相比较，像驾驶这样的现代身体技术除了需要经过严格的训练才能获得之外，还需要一个制度化的认可，这是前现代身体技术所不曾遭遇过的。即使一个人已经拥有了驾驶的身体技术，也并不意味着他具有随心所欲地使用这种身体技术的权利。可以说，驾驶中的身体是一种制度化的身体。这一过程与我国台湾学者黄金麟所论述的"身体的国家化生成过程"并无二致（黄金麟，2006：31），这里不仅仅是国家对身体的"收编"，而且还包括在汽车社会中国家对公民社会参与资格的严格管理和对现代城市交通风险的理性反思。

　　因而，驾驶作为社会参与的一种资格，其合法性需要国家的确认，而如何能够顺利获得这一资格也成为许多人焦虑的源头。驾驶培训制度对申请者的身体、年龄等相关条件以及资格考试等都做了详细规定，它首先排除了身体有缺陷的人获得这套技术的可能性。我们知道，驾驶是一项与身体机能密切相关的行为，获取合法的驾驶执照，有一个基本的前提，那就是身体主要部位的功能必须是正常的，并符合一定的要求。在公安部颁发的《机动车驾驶证申领和使用规定》中，对申领机动车驾驶证人员的年龄条件和身体条件做出了严格的规定，其中包括对身体、视力、辨色力、听力、上肢、下肢、躯干、颈部等的详细规定。这些还只是申请驾照的最基本前提，在初次申请时，申请人还必须提交县级或者部队团级以上医疗机构出具的有关身体条件的证明。当身体出现妨碍安全驾驶的疾病时，就不得申请机动车驾驶证。即使驾驶人已经获得驾驶证，当身体条件不适合驾驶机动车时，车辆管理所也会注销其驾驶证。①

　　除了健康条件的规定外，考取驾照还有年龄条件的限制。对于申请小型汽车、小型自动挡汽车等类型的驾驶证，至少必须年满 18 周岁。这一年龄与我国宪法规定的公民具有选举权和被选举权的年龄是一致的，但正如麦克卢汉所言，现代城市中的年轻人甚至把领取汽车驾驶执照的年龄看得比获得选举权的年龄更为重要。我们在访谈中发现，许多人在高中一毕业，就迫不及待地前往驾校报名学车。

---

① 参见 2012 年 9 月 12 日中华人民共和国公安部令第 123 号公布修订后的《机动车驾驶证申领和使用规定》中的第十一条、第十二条及第五十二条等处的相关规定。

我是高中毕业就去考的驾照，其实当时并没想未来到底会怎么样，只知道（未来肯定会去买车子），所以（开车子的技能是必学不可的）！在这一方面考虑得比较多，毕竟这点还是比较现实，不得不承认，（没有驾照就无法开车！）（访谈资料：F－03－H）①

考驾照是21世纪每个人都必须取得的（一种生存技能），比如说万一你有点事情，旁边没有交通工具了，就一辆车，又没有旁人，如果要你自己开，就必须得有驾照，这个是非常需要的，而且（对将来的工作会有很好的帮助）。现在大学里面，差不多（迟早都要考）的嘛。我就是这样想的，所以趁着当时学费不高，赶紧报名去学喽。（访谈资料：M－02－W）

从上述受访者讲述的"未来肯定会去买车子""必学不可""没有驾照就无法开车""生存技能""迟早都要考"等主体感受中，我们可以看到，个体对汽车社会到来的"自我焦虑"。而在超越个体的层面上，从近些年来城市社会中所涌现出来的"考驾照"热潮中，②我们则看到了现代社会中对合法驾驶资格的集体性"自我焦虑"。在一个流动性越来越强的社会中，身体流动的能力可以看作参与社会过程的条件，也是社会权力的表现（王志弘，1998：217）。因而，驾驶培训作为这种合法化身体流动能力的获得过程，展现出了普通个体对现代社会的反思，即如何才能更好地适应现代社会的发展。正是从这个意义上说，驾驶培训制度不只是在提供一种规范标准，更重要的是，它通过规训化的生产，塑造出了大量符合汽车社会需要的新主体。

这一新主体的诞生还需要通过一系列的资格考试。资格考试的内容和合格标准全国统一，根据不同准驾车型规定相应的考试项目。③ 车辆管理所对符合申请条件的进行受理，并按照预约日期安排考试。尽管有不少人批评驾

① 括号中的文字为笔者在编码的过程中所添加。访谈编号中 F 为女性受访者，M 为男性受访者，中间数字为对应的个案顺序，最后一个字母为受访者姓氏的首字母。下同。

② 近些年来，我国拥有驾照的汽车驾驶员数量在逐年快速增长。据统计，2000 年我国汽车驾驶员人数为3746.5 万，而到2010 年时，汽车驾驶员人数已经达到15129.9 万，十年间增长了 3 倍多。（数据来源：其中，2000 年数据源自《中国汽车工业年鉴 2001》，2010 年数据源自《中国汽车市场年鉴 2011》）。

③ 《机动车驾驶证申领和使用规定》第二十二条规定，机动车驾驶人考试内容分为道路交通安全法律、法规和相关知识考试科目（科目一）、场地驾驶技能考试科目（科目二）、道路驾驶技能和安全文明驾驶常识考试科目（科目三）。

校培训就像速成班一样，短期之内就可以拿到驾照的比比皆是，并将居高不下的车祸事故伤亡率归咎于新手技术的不过关，但不可否认的一点是，相对过去的考试内容来说，在 2012 年修订的《机动车驾驶证申领和使用规定》中，考试内容越来越复杂了，对于身体技术的要求越来越严格了。例如，2012 年 12 月 13 日交通运输部与公安部首次联合发布的《机动车驾驶培训教学与考试大纲》规定，自 2013 年 1 月 1 日起，考驾照在培训学时、教学内容、考试内容有明显的变化：小型车（C1）第二阶段（科目二）的固定项目训练学时从 20 学时减少到 8 学时，取消了桩考，改为更接近实际应用的考试项目，加大了基础操作及实际道路训练比例，将实际道路驾驶操作学时由原来的 18 学时增加到 24 学时，以强化实际操作能力的培养。同时，第三阶段考试（科目三）首次增加了"安全文明驾驶常识"部分，单独列出进行考试。新修订的《机动车驾驶证申领和使用规定》被网友戏称为"史上最严格的交规"。

　　驾驶培训制度的变革与汽车社会的迅猛来临，加深了人们对考驾照的焦虑感和紧迫感。培训项目的增多与考试难度的加强，对身体技术的获得资格提出了更高的要求，也提高了制度化身体技术的标准程度。作为合法化的驾驶者，其准入资格有了更高的门槛，它除了需要身体和年龄条件符合最基本的要求之外，更为重要的是其身体技术的训练必须达到这一更高的标准。这一社会标准规范是为个体驾驶者而制定的，所有的规范都包括进驾驶者的个体自我调节的社会标准中（Elias，1995：25）。对于个体而言，这些社会规范不断地内化到他们的心中，变成驾驶者的"第二天性"（second nature）（萨夫迪，2001：117），进而提高了个体规避现代风险的能力。因而，在一定程度上可以说，作为社会标准规范的驾驶培训制度的变迁，是现代性反思的结果，身体技术的制度化获得为反思性身体技术的形成奠定了基础，它从制度上促进了汽车社会中文明化身体形态的生成（埃利亚斯，1998）。

（二）规训化身体技术：规范训练与自我意识

　　每一个社会，都会面对一个霍布斯式的"秩序是如何可能的"问题。在身体社会学的研究领域，布莱恩·特纳（2000）提出了一个新的霍布斯秩序问题，即一种以约束的身体为出发点的社会秩序问题。已经有学者指出，我们的社会"秩序"问题，最终是取决于身体的顺从与逾越的问题（威廉姆斯、伯德洛，2003：399）。身体成为社会控制的直接的中心所在。因而，如何对身体的存在进行一个秩序化的工程，使身体与社会的秩序发展产生一个同一、绵密的关联，便成为每一个社会都必须审慎面对的问题（黄金麟，2006：11）。"驾驶中的身体"也顺理成章地被纳入社会秩序的规范管理范畴中了。[①]

作为现代文明的"领先物"（Lefebvre，1984：103），汽车是一部复杂的现代化机器，要驯服汽车，首先需要驯服我们的身体。驾驭这一庞然大物并不像骑自行车那样简单，它需要一整套的身体技术。驾驶培训的一个最重要目的就是塑造标准化的身体技术，并约束身体中反抗性的力量，即对标准的顺从。从内涵上讲，驾驶培训学校类似于福柯所描述的"监狱"一类的"全景敞视"机构，其目的皆在于通过规范化的训练塑造出"驯服的身体"（docile bodies）。福柯（2007：193）曾经形象地指出，"它要通过'训练'把大量混杂、无用、盲目流动的肉体和力量变成多样性的个别因素……规训'造就'个人"。福柯认为，规范化是现代社会权力技术的核心，因此中译者将discipline译为"规训"，意为"规范化训练"。[②] 身体规训的技术遍布整个社会，而驾驶培训无疑是自汽车诞生后所发展起来的一种新的身体规训形式，它根据统一的制度安排，对身体技术进行"规范化的训练"。而完成所有的规范化训练，通常是一个十分艰辛的过程，尤其是对初次练车的"新手"来说，打方向盘导致手臂酸痛的比比皆是，甚至内心还充满着担心害怕和恐惧感：

> 我练车的时候是夏天，（天气很热，我记得我当时早上很早去练习了），大概五六点吧！然后练习到大约十点多回来了。我们（先练习倒桩和移库，然后就去"压大饼"、侧方停车、上坡起步等的项目），这些都是一套的。教练车方向盘都很重，离合器也比较紧，在移车库的时候，打方向盘很不方便，往往又要（用尽全身力气）将方向盘打死，握住它的力气要很多，拼命打，练习的时候觉得手臂还好，到第二天就（感觉酸痛无比），但是没办法啊，还是得继续去练习。而且，教练车并不是我一个人在开，有很多人轮流在开，汽车里面很闷热，充满了各种汗臭味，真的是（无法忍受）啊！等到自己练完车走出来，也发现自己身上都是汗了，感觉那段时间真的（很辛苦）啊！（访谈资料：

---

① 众所周知，在大多数国家的交通制度中，任何放纵身体的驾驶行为，如酒驾、醉驾及毒驾（吸食毒品后驾车），均是交通管理部门严厉管制和打击的对象。

② 参见《规训与惩罚》译者后记。

F - 03 - H）

因为第一次过"龙门"（限宽门）比较生疏，（空间距离感比较弱），比较容易擦到杆子，而且带着速度冲过去，会有点（恐惧感），其间还要忽然方向盘要打半圈，（会很害怕，忽然一惊），（熟练了）以后就会觉得还好了。（访谈资料：M - 02 - W）

规训化训练使"抗拒的身体"转向"驯服的身体"，消解了内心对机器失控的恐惧感，规范了原本杂乱无章的动作。例如，当我们拉开车门，坐在驾驶座上，之后便是一系列规范化的身体动作：系上安全带，调整好坐姿，握住方向盘，启动发动机，踩住离合器，挂挡，放下手制动，慢慢抬起离合器，车辆起步，轻踩油门，缓缓向前，等等。对"新手"来说，只有将这一套规范化的身体技术练习熟练之后，才能克服对汽车这一庞然大物的心理恐惧，也才能将身体的各部位与汽车熟练地协调配合起来，使身体保持稳定平衡，手和脚的动作与汽车机器系统的运转融为一体，才能真正驾驭这一比自己的身体大好几倍的复杂机器。这一整套的身体技术必须围绕着复杂的汽车机器和技术系统而发展起来，同时还要发挥身体技术的动态功能，并在这些身体动作程序的基础上，对道路交通环境的状况做出判断，最终使汽车按照身体的指令来行驶。由此可见，规训化的权力技术，并没有销蚀主体性的存在，它反而激发了主体在技术面前自我意识的不断觉醒。

在驾驶培训实践中，作为"规训权力"代表的教练在训练过程中扮演着非常重要的角色。[①] 理论考试对年轻人而言一般都不是问题，无须"折磨"自己的身体，而关键的场地驾驶技能考试（科目二）和道路驾驶技能考试（科目三）则不得不依赖于教练对"身体经验"的传授。教练的指导是对学员身体动作的一种"监控"，他按照规定了的动作要领，密切注视学员的操作程序，通过"讲授""示范""练习""反复实践""纠正""提醒""警告"等一系列环节，实现对身体的规训。

---

① 关于"公民考驾照是否可不报驾校直接考试"的问题一度在网络上引起争议。尽管我国法律法规没有规定申请驾驶证必须经过驾校培训，但是《道路交通安全法实施条例》第二十条第二款规定，申请驾驶证须满足几项条件："在道路上学习驾驶，应当按照公安机关交通管理部门指定的路线、时间进行。在道路上学习机动车驾驶技能应当使用教练车，在教练员随车指导下进行，与教学无关的人员不得乘坐教练车。"因此，公民想绕开驾校，自学或让他人教会驾驶再直接申领驾照，目前基本上行不通。驾校及教练的规训权力依旧将发生持续的影响。

每一个动作都有相应的（规定），到哪里应该打半圈，到哪里应该打死，而教练也比较重视，会花较多的时间（看住你），那个时候你就需要比较耐心地听他讲诀窍和操作要点，而且要（反复实践）。一个教练会同时带好几个学员，在教我们的时候，他往往是先（讲授）一遍要领，（示范）一下动作，然后就让我们自己（练习），当我有不正确的地方他就会指出来让我（纠正），我就不断地（琢磨），练习一旦有开偏了，或者撞到柱子了，教练就会跟我讲原因，而我就慢慢地（记牢），尽量下次不再犯，然后就会越开越好，毕竟熟能生巧嘛！（访谈资料：F-03-H)

（教练）在开车的时候也会时不时地（提醒）你，就像做下一个动作是什么，加速、减速、打转向灯之类的，还把那些考试的准则怎么运用在平常开车中也给你讲，他说这样在路考时（就不会犯那些小错误）。（访谈资料：M-06-F)

我那个教练很有意思，他坐旁边（看你开），（看你动作一不规范，就用钳子敲你）的手，（警告）你，说是让你长点记性，以后就不会忘了……（访谈资料：M-17-C)

上面三段案例材料的括号中的文字，都指向了"规训化"的内涵，展示了福柯所区辨的包括纪律（discipline）、训练（training）和监视（surveillance）在内的三种关键性的权力技术。当然，这三段案例资料，并不仅仅是作为一种"规训化"论述的佐证资料，贯穿案例文本中的那些括号里的文字，是在诉说着这样的一种事实：身体技术的获得从来都不是一种自然行为，而是靠训练和教育的方式习得的，这恰恰体现了"身体是由许多不同的制度塑造的"这一基本事实（Foucault，1977：153；转引自：拉什，2001：424）。汽车社会中的一系列制度与规则通过上述三种相互关联的权力技术塑造了规训化的身体，将个体作为一个驯服的对象。

然而，幸运的是，在现代性社会中，人对自身行动的"反思性监测"，使人们摆脱了屈身于技术统治的陷阱。技术与权力的合谋尽管塑造了一个规训化的身体，但这一身体却是有反思能力的主体。因而，不同于莫斯的是，现代社会中的身体技术，是一种主体自我意识不断增强的反思性身体技术。当然，莫斯在对前现代身体技术的考察中也强调了意识介入的重要性，但这里的意识，是文化教化与社会规训的结果，莫斯更多的是强调其理智与效率的一面（莫斯，2008：105）。而在技术统治占据重要支配地位的现代性社会中，现代身体技术与前现代身体技术有着迥然不同的境遇，后者主要是身体的使用方式问题，而前者则不仅涉及如何使用身体，而且嵌入"人—技术"之间的复杂关联之中。因此，自我意识的觉醒不仅包含对理智与效率的技术化诉求，而且也包含着一种主体性的确认与反思。也就是说，当我们在驾驶培训过程中接受规训的同时，随着自我意识的不断觉醒，我们不仅仅是被训练成一个具有效率的技术化工具，而且还是一个能够驾驭机器的新主体。

（三）效率化身体技术：灵巧实践与自我指涉

莫斯指出，"训练就像装配一架机器，是寻求与获得一种效率"（莫斯，2008：94）。前面我们从身体技术的规范化训练中讨论了身体是怎样在被驯服的同时激发了更为强烈的自我意识，实际上，规范化训练的目的就在于将我们的身体训练成为标准化的、具有效率的身体技术，最终使身体变得更加"灵巧"（dexterity），而"灵巧的身体"是与"驯服的身体"完全不同的一幅身体图景。如果说"驯服的身体"是身体技术的获得过程中不得不面对的一个被动的规训化的结果，那么"灵巧的身体"则是在身体技术的实践过程中对被遮蔽的主体性的重新发现，它以生动、形象的图式展现了人们如何在技术缠绕的环境中使用自己的身体，也再一次宣告，"驾驶中的身体"即是一种自我指涉（self-reference）的具有反思性的主体。在卢曼的社会系统论中，自我指涉也叫"自体再生"，是指系统按照自身的规律对其环境中的复杂性和偶发性事件加以记录和加工处理的性质（侯钧生，2010：345）。

　　一开始会（规规矩矩、小心翼翼），慢慢地就会比较（放得开）。一般情况下我开得都不快的。我有一次开嘛，是正常行驶，突然有一个车超车嘛，还好我当时（打了方向），身体一晃，很好地（避过去了），（不然肯定要撞上了）。（访谈资料：M-01-H）
　　开车这东西，（胆子要大，心要细的）。我学开车的时候，那条路上车也不少，最低也有开到四五十码吧，我算是开得比较好的，教练也比较放心的。根据我的经验来说，开车的时候，要（眼观六路，耳听八方），（最忌讳的是把刹车当油门使），那就玩完了，所以（手脚的分工一定要搞清楚，手脚要灵活，要互相配合好，而且反应速度要快），该踩油门的时候就要踩，遇到路口或转弯的时候一定要（控制好车速），这样车子才能平稳嘛。（访谈资料：M-10-Z）

　　如果我们将汽车当作有生命的庞然大物，那么我们驾驭汽车的过程显然也是一个与汽车进行沟通的过程。人类之所以能够驾驭汽车而不是被汽车所驾驭，其关键就在于人类沟通行为的"反思性"特征。在卢曼看来，反思性"即把行动过程作为行动自身的一部分而加以考察的能力，或者说是对行动自身的反思"（Luhmann，1995；侯钧生，2010：345）。这种反思性是社会系统适应环境的一种机制。上述前一个案例在身体的使用上，先是"规规矩矩、小心翼翼"，然后慢慢就"放得开"，在遇到紧急情况的时候，能够灵活地处置，避开了潜在的危险。后一个案例中的小伙子自小开始喜欢汽车，因家里有车，在考驾照前已经会开车了，驾驶技术训练得比较娴熟。在接受访谈的过程中，他也详细介绍了他是如何使用自己的身体的，如"眼观六路，耳听八方""手脚要灵活，要相互配合好"，以身体各个部位的协调配合向汽车发送指令。从这个意义上说，操控汽车，就是个人自我控制的延伸。汽车就像是安装在人身上的轮子，车辆启动，犹如迈开双脚；车灯闪亮，犹如身体语言。驾乘的最大乐趣也正是体现在人们通过熟练使用自己的身体实现对汽车的自由驾驭，使机器变成自我指涉的对象，进而在行驶的过程中达到"人—车"合一，而不是身体为汽车所驾驭。

　　从这里，我们可以看到，身体不仅仅是莫斯所言的"技术手段"，更是有经验感受的主体（秦洁，2010：62），是能够对路况做出综合反应，与机器的运转保持一致并将方向盘控制在手中的具有经验感知能力的主体。恰如梅洛－庞蒂所言，人的主体性就体现在其"活生生的身体"之上，自我的效能感也正是源于身体技术所具有的灵巧与效率，而驾驶的过程也是一种对技术的自我指涉的过程，其中隐藏着人类行动的反思性的深刻内涵。

　　　　刚学车那会儿，经常（一不小心就熄火了，很尴尬），（换挡也不熟练），（油门一踩）发动机就轰上去了。后来我感觉好一些了，（不再笨手笨脚了），（换挡有些顺利了，手脚也变灵活多了）。练倒桩移库的时候，我记得是"三进三出"吧，就是需要（看准点再及时地打方向），左打几圈，右打几圈，（离合器踩下去再踩刹车），这样就不会一下子熄火。（访谈资料：M－03－Y）

　　　　学车的时候，我（比较兴奋）。每次教练接我们去场地练车的时候，我都会自告奋勇地说，教练，让我开开吧。教练看我开得还行吧，就让我开了。我上去后，握紧方向盘，前后左右观察下，先踩下离合，然后挂挡，慢慢抬起（离合），车就往前走了，然后开始逐渐加大油门，那种感觉就来了。想快就快，想慢就慢，有时候看着自己开的车在路上奔跑，车上还坐着其他人，我心里有一种（莫名的兴奋感）。我喜欢这种感觉，你说我们人的力量是很微薄的，但可以开动汽车这个大家伙，是不是很了不起啊？（访谈资料：M-15-L）

（身体和车协调的话，其实就是开多了就习惯了）。因为（你如果要上路的话还要判断路况嘛），所以在判断路况的时候，就是（如果你看到前面有人或者红绿灯，那你肯定要踩刹车），比如开车的时候要和前面的车保持一定的车距，到十字路口不能踩油门啊，就这种。（访谈资料：F-02-C）

对一个熟练的驾驶者来说，当他进入车内时，发动起来的不仅是汽车的发动机，而且还包括身体各主要部位的功能。如上述受访者，"握紧方向盘""换挡""打方向""踩离合器""加油门"以及透过后视镜对路况进行观测等，这一系列动作都在短短几秒内完成，不用提醒，手、脚、眼、耳等各个部位配合得非常到位，共同服务于驾驶这一行动目标中，展现了身体作为"技术的总体"的灵巧与效率特性。换句话说，机器具有唤醒作用，一旦身体被唤醒，身体就拥有不可估量的潜能，能将"汽车这个大家伙"训练成按照自己意志操纵的工具，驾驶者便成了能够为一个目标而协调好所有自身动作适应性的人，充分展示了行动者对现代技术的"反思性监测"。

更形象地说，"驾驶中的身体"不再是笛卡尔意义上的与"心"相对立的另外一元，它消解了身心的二元对立。如由"auto"和"mobility"组成的"automobility"一词，[①] 它包含着双重含义，不仅指机器本身有运动的能力，而且也指人类本身拥有自动的能力，这双重意义阐明了"人车混合体"是如何把人类活动同机器、道路、建筑物和文化符号汇集在一起的，

---

① "automobility"一词不是"auto"和"mobility"的简单相加，而是包含着更丰富的意义（不仅仅是其字面含义"汽车的用途"），国内有些译著中翻译成"自移性"。笔者曾于2010年6月在一次会议上向耶鲁大学人类学系的萧凤霞教授请教该如何把这个词翻译成中文，她过去指导一名博士生（张珺）研究"automobility"问题，当时她建议，如同"modernity"被译为"现代性"一样，"automobility"也可译作"汽车性"。从汽车作为一种现代性的隐喻并对现代生活产生如此广泛影响的层面上，笔者认同"汽车性"的译法，它能更简洁突出汽车对现代生活的影响。但从汽车与身体的关系的层面上，笔者比较赞同"自移性"的译法，如同"自传""自尊""自爱"等概念中的"自"一样，"自移"一词反指人类自身，是一种反身性/反思性的体现。

并且应当把汽车看成一种包含人、车、道路、技术等在内的系统（Urry，2004：27）。布赖恩·特纳指出，通过构建人工手段，科技将有助于增加我们的威力。机械手段变成人类身体表层的一部分，加速人对环境的控制，导致身体与机器合二为一或产生半机器人等最新革新（特纳，2000：48）。

很显然，在"机器的征途"中，活生生的身体并非固若金汤的碉堡，但却是抵御机器驯服的最后一道防线。机器可以改变人的很多本能，而当人与机器结合在一起的时候，机器延伸了身体的可及性，使身体变得更加灵巧，提高了作为技术总体的身体的效率。一位美国学者曾不无夸张地形容，"我们已经变成上帝了，所有上帝能做到的，我们亦可以做到"（Brandon，2002：2）。在当下的社会情境中，尽管"身体与机器合二为一"依然显得略带科幻色彩，但由"驯服的身体"走向"灵巧的身体"，却揭示出了反思性现代性背景中身体生成的另一种可能。

（四）仪式化身体技术：文化象征与自我认同

如莫斯所言，身体技术的获得实际上是一种文化传承的结果，任何一种行为都与身体所处的文化背景有关。汽车在现代日常生活中所占据的重要地位赋予了驾驶作为一种身体技术的特殊文化象征意义，亦即只有通过驾驶培训并获取驾照才意味着在汽车社会中的真正成长，因此，"考驾照"的过程已经超越了"驯服身体"与"灵巧身体"等实践层面上的意义，而同时具有了作为文化象征的社会意义。也正是从这个意义上，我们把"考驾照"看作当代城市青年的一种成长仪式，这一仪式过程中所获得的身体技术成为了一种现代性的自我认同。在吉登斯看来，这种自我认同是"个人依据其个人经历所形成的，作为反思性理解的自我"（吉登斯，1998：58）。

> 拿到驾照后，（觉得自己从原来不懂事的一个小孩子变成大人了），能自己独当一面，可以驾驭着某样东西到达某地，有种自己成长的经验。（有一点变大人的感觉），因为以前是别人开车，我坐在那里的，现在是我在开车，他们坐那里。拿到驾照后，（我）还在QQ空间里写了日志，（纪念了一下）。（考驾照）应该算是一件比较重要的事情，毕竟（是人生中考取的第一个成人的证件），呵，（就觉得自己是一个成年人，真的长大了，可以开着车在路上行驶）。（访谈资

料：F－06－Q）

在莫斯对身体技术的传记式列举中，我们看到了，一个人从孩童到成年直至老年，在不同的人生阶段都伴随着身体技术的学习与训练，并通过身体技术来实现自我认同及与他人交往。每一种身体技术的获得，不仅标志着我们可以更好地使用自己的身体，也标志着人生进入一个新的阶段。如同孩童学会走路意味着长大一样，这些不同阶段的身体技术意味着我们经历成长的不同仪式。事实上，一个人从出生到死亡都要经历大量的仪式过程。美国人类学者墨菲指出，对个体而言，仪式的意义在于构造一种"过渡"，为该人进入新的地位提供一种标志物（墨菲，2009：234）。在成长的各个阶段中，青春期是其中最为重要的一个，这一阶段所获得的身体技术将在整个成人期都保留与遵从，且获得相应身体技术的欣喜感与成就感是一种成长过程中十分重要的心理体验，这种体验常常以过渡的仪式被仪式化。由此我们不难看出，在学会开车已经变得越来越重要的现代社会中，获得驾驶证对建构城市青年的自我认同将产生越来越重要的影响，正如吉登斯指出的，"在现代性的情境下，变化的自我作为联结个人改变和社会变迁的反思过程的一部分，被探索和建构"（吉登斯，1998：35）。

> 我觉得拿到驾照了，在路上开车了，（就有一种自豪感）。小时候总觉得爸爸会开车，很崇拜，现在自己会开车了，（感觉很好，很开心，很激动），拿到驾照的那一刻就想去开，有一段时间，就是放在抽屉里会一直在看这样子。这可是（国家级的证书），教练说上面写着中华人民共和国驾驶证。（我觉得好神圣好有成就感）。（访谈资料：M－09－Y）

> （当时心情超激动！）我觉得当时我挺搞笑的，一拿到驾照就立刻打电话给我妈，跟我妈说我通过了，饿了，要回家了，呵呵。我就觉得又拿到了一张"本本"，以后就可以自己开车了，（很欣喜很开心，觉得自己又成功地干了一件事情，还是蛮有成就感的）。（访谈资料：F－03－H）

作为一种成年礼，"考驾照"的过程还包含非常丰富的社会文化意义。"成年"不仅意味着一种社会参与的资格与能力，而且还意味着责任与担当，意味着必须对自己与他人的生命和安全负责。从这一点看，获取驾照的文化内涵，的确如麦克卢汉所言已超过了获得选举权的政治意义。下面两位受访者在访谈过程中所谈及的内容正反映出了这样的一种观念：

> 我记得拿到驾照那天我爸说了一句话，他说（拿到驾照就是一个真的大人了），我当时很是不理解。后来开车的机会多了，时间长了，（我觉得他说的大人就是担起一种责任吧）。首先你要（对自己的安全和身边的人的生命和安全负责）。其次是对车子，你要了解它的性能知道怎么爱护车子，（就像保护一个孩子一样）。（访谈资料：F－10－S）

> 除了基本的开车技能的学习之外，我觉得还有一种（责任观念的形成），比如开车的时候要谨慎，必须遵守规则，我爸说（车轮不沾血，有车那一天更要将这种责任担当好）。（访谈资料：M－07－H）

"车如人生，人生如车"，这不再是简单的广告词，而是很多考过驾照的人最深刻的体会。操纵汽车，就如操纵自己的人生。当一个人通过了驾驶培训，也就意味着他可以自如地操纵汽车；同样，当一个人逐渐成长，也就意味着他可以逐步控制自己的人生。因而，"开车也算是一种人生的折射"，这是我们把"考驾照"看作另一种成年礼的最生动的写照，也是对身体技术的深刻诠释。一位年轻的受访者从电影《奋斗》的一个场景中收获了这份汽车与人生的感悟：

> 我记得在《奋斗》的电影版中有一段陆涛和他父亲的对话，陆涛父亲在教陆涛开车，说（开车好像就是人生的奋斗），你要懂得什么时候加油刹车，（我觉得开车也像人生一样），你在某一段人生中要不断去奋斗，就想加油门一定要超越对方。教练也说开车不能老跟在别人后面，这样是永远开不起车来的，我觉得（开车也算是一种人生的折射吧，你要不断地向前向前，前面遇到障碍的时候你要记得踩刹车，不能像我刚开始那样车子会失控）。《奋斗》电影中陆涛也是第一次开车，他不懂得刹车，把车撞到电线杆上了，他父亲就跟他说（你不懂得如何去刹车，车就会撞到会出事故，人生也会这样），不懂得何时去停止或者是改变一下，你可能也会碰到艰难险阻，也会让你摔跟斗。（访谈资料：M－06－F）

从身体技术的实践到其文化内涵的表征中，我们看到了人们在学会如何使用自己身体的同时，一种关于现代社会中的人生体验在"考驾照"过程中是如何成为城市青年的自我认同的一部分的。现代性的反思性已延伸到自我的核心部位，自我成为反思性投射（吉登斯，1998：35）。正是透过这一自我认同，我们看到了物质性的身体和社会性的身体、制度性的身体和文化性的身体是如何交织在"驾驶中的身体"之中，并融合了身与心、主体与客体之间的二元对立，塑造了汽车社会中的新主体。

五　理论检视与拓展：反思性身体技术

身体已是当代社会理论中一项意义重大的思想主题（希林，2011：1）。关于身体的理论探讨与经验研究在近二十多年来呈现方兴未艾之势，许多重大的理论发现直指身体在当下的遭遇。在复杂多元的文化变革与社会转型过程中，人类的身体也已经发生了重大的变化，几乎所有的社会变迁都在人类的身体上留下了痕迹。而在身体生成的众多路径中，现代技术是一个关键变量。在身体研究领域久负盛名的学者布莱恩·特纳指出，身体与科技之间的关系将是社会学探索正在演进的领域中的一个重要方面（特纳，2000：48）。但是，在技术的十面埋伏中，身体的存在似乎变得越来越脆弱。有关身体的现代性诊断，不止一次地发出身体已遭技术殖民的信号，而作为"万物之灵"的人，究竟如何在技术世界中使用自己的身体却尚未有理论上的建构。因此，基于上述扎根理论分析，本文接下来将重新审视身体的现代性诊断，阐述"反思性身体技术"是如何可能的。

（一）技术身体：身体的现代性诊断

美国科技哲学研究的代表人物唐·伊德在《技术中的身体》一书中提出了"三个身体理论"①，他在"物质身体"和"文化身体"的基础上阐明了身体的第三个维度，即"技术身体"，它是考虑到技术的因素而作为技术建构的身体，技术身体是在与技术的关系中通过技术或者技术化人工物为中

---

① 唐·伊德的"三个身体理论"分别是："身体一"是以胡塞尔、梅洛－庞蒂为代表的现象学派提出的作为肉身建构的身体，是具有运动感、知觉性、情绪性的在世存在物，即物质身体；"身体二"是以批判现象学为主的福柯等提出的作为文化建构的身体，是在社会性、文化性的内部建构起的，即文化身体；"身体三"则是考虑到技术的因素而作为技术建构的身体，它穿越身体一、身体二，是在与技术的关系中通过技术或者技术化人工物为中介建立起来的，即技术身体（Ihde，2002）。

介建立起来的（Ihde，2002）。英国身体社会学家克里斯·希林在《文化、技术与社会中的身体》一书中也明确地指出了一种现代人的"技术态身体"。"技术态身体"的观念不仅是说我们所处的基于工作的背景以及其他背景都受到技术前所未有的支配，而且意味着生产技术与知识都在向内部移动、侵入、重构并愈益支配身体的内容。这就使我们身体的有机属性的空间安排和功能安排有可能被改变，以符合社会的结构，乃至于挑战了有关何为身体、何为拥有一副身体的传统观念（希林，2011：188）。

　　"技术身体"或"技术态身体"的相关论述让我们看到了现代科技的迅猛发展是如何作用于我们身上的，技术手段又是如何穿越物质身体与文化身体，进而重塑了人类的身体形态的，他们的研究为我们理解现代性世界中的身体遭遇提供了一个犀利的分析视角。在"机器的征途"中，以汽车为代表的现代技术在很大程度上已经重新塑造了我们的身体。弗洛伊德曾形象地说道，人类似乎已经变成了某种"佩戴假肢的上帝"（prosthetic God）（Freud，1962：38），汽车就是这种作为辅助器官的"假肢"，人类的日常生活乃至人类的身体本身皆因汽车这一现代技术的介入而发生了巨大的变化。在欢呼汽车给日常生活带来极大便利的同时，我们也惊奇地发现，汽车对于人类社会的改造，几近演变成一场机器对身体的殖民，随着人们对汽车的依赖越来越深，人的身体已被机器所驯服（Urry，2004：31）。

　　然而，尽管上述理论视角对我们深刻反思现代技术发展如何重构人类身体起到了非常积极的作用，但在他们的研究视野中，对人们是如何使用自己的身体的过程却视而不见，身体的主体性被遮蔽了。大多数相关研究关注的只是身体是如何在既定的社会文化情景中再现的，而甚少直接从基础性的感官（foundational sense）来谈论身体（Lyon，1997：84）。身体在这里只是充当了一个人们考察技术变迁与社会秩序的视角，而"活生生的身体"本身的主体性问题却被遗忘在经验材料的角落里，造成了身体研究中身体的"缺席在场"（希林，2010：11）。技术固然可以是身体的延伸，但身体本身才是人类最重要的、最原始的工具（莫斯，2008）。在我们所面临的这个技术越来越占据支配地位的世界中，我们要始终清醒地意识到，人才是技术的发明者和使用者，如果仅仅看到身体被机器所驯服的一面，而忽视了人如何使用自己的身体来驾驭机器，那就看不到身体本身作为一种主体存在的可能性。事实上，身体未必全然被动地为技术所形塑。在身体日渐遭受技术殖民的现代性历程中，我们已经非常迫切地需要从对"技术身体"的现代性诊断重新回到对传统人类学的"身体技术"的思考之中，探究现代性社会中人们使用身体的方式和特征。

（二）反思性身体技术：一种新的身体生成

经由扎根理论引导的分析思路，本研究提出了一个从经验材料中浮现出来的拓展性理论概念——"反思性身体技术"。这正是扎根理论研究的意趣所在，也是本文的理论旨归。需要特别指出的是，英国学者 Nick Crossley 也曾提到"反思性身体技术"（reflexive body techniques），但本研究提出的这一概念不管是在研究背景、对象、过程，还是在概念中所包含的理论内涵来说，都与他的这个概念有很大的不同。在 Crossley 的相关研究中，"反思性身体技术"以身体作为首要的工作对象，以便通过特定的方式来修饰、维护身体的技术（Crossley，2004：38；2005：9）。这里包含着两个具身化的行动者（embodied agents），即身体的一部分被用来修饰、维护身体的另一部分，如我们用手来梳头或刷牙，这些行动最重要的目的就是修饰或维护作为整体的身体，并将作为客体的身体变成主体（Crossley，2005：10）。而在本研究中，我们是在现代技术与肉身日益交织的背景中来谈论作为一种具有自我指涉、自我意识的主体特征的反思性身体技术。

理解这一概念的核心在于"反思性"（reflexivity[①]）一词。反思性近年来已成为社会科学领域中的一个重要概念，但其在使用上也是极为混乱的（肖瑛，2004：78）。吉登斯（2000：32）认为，反思性是对所有人类活动特征的界定；布迪厄等人的反思性概念的范围包括自我指涉、自我意识等，他们还对吉登斯的反思性概念做了进一步的阐发，认为吉登斯是在三个意涵上使用"反思性"这个概念的，并包含三个指涉范围，即行动、科学和社会。至于反思性如何可能，布迪厄和华康德指出，如果主体是一种"观念性的动物"，拥有"反过来针对"自身并监控其自身行动的能力，那么就可以说他们是反思性的（布迪厄、华康德，2004：39）。从这些论述中，我们知道，"反思性"是社会行动至关重要的构成性特征。尽管我们并不否认，传统社会中的人们对行动亦存在着一些反思性的特征，但是，正是在现代性

[①]　关于"reflexivity"一词的翻译，国内有的译作"反思性"，有的译作"反身性"，也有的译作"自反性"。个中差异，因篇幅所限，本文不做细究。为行文流畅，本文统一使用"反思性"的译法。

的变迁中，反思性的意义才得以凸显出来。恰如吉登斯（2000：33）所言，随着现代性的出现，反思具有了不同的特征。本研究中的反思性，正是吉登斯意义上的"现代性的反思性"，尤其侧重于对现代技术变迁背景下的社会生活的反思。而对现代社会生活的反思亦存在于吉登斯所说的下列事实之中，即社会实践总是不断地受到关于这些实践本身的新认识的检验和改造，从而在结构上不断改变着自己的特征（吉登斯，2000：34）。在现代性社会中，我们史无前例且又巨细无遗地陷入了技术系统的统治之中，与前现代身体技术相比，现代性身体技术实践最大的不同在于它对身体与技术之关联的反思性特征。而反思性在这里所凸显的价值在于，它在身体与技术的关系中，不再是简单地把身体当作技术手段，或是将技术视为延伸的身体，而是在技术系统的现代性实践中重新塑造一种身体观念，进而向现代性昭示一种新主体的诞生。

在遭遇现代技术系统的围困中，莫斯对前现代身体技术的阐释在现代性身体技术实践中面临着严峻的挑战，但同时也带来了理论拓展的可能性。他通过"身体技术"一词指人们以传统的方式懂得了使用他们自己身体的方法，而本研究的"反思性身体技术"一词，则不仅包含了人们使用身体的方式和途径，而且也涵盖了现代性社会中人们对身体的自我焦虑、自我意识、自我指涉与自我认同，即吉登斯所言的"行动的反思性监测"。在吉登斯看来，身体已经成为现代性反思的一部分（吉登斯，1998：111）。相对于"身体技术"理论所隐含的缺憾而言，本研究使用"反思性身体技术"这一术语，意在通过"反思性"的深刻内涵弥合现代身体生成中的理论困境，进而消解莫斯理论在遭遇现代性时的内在紧张以及"技术身体"中的主体性缺失，重新审视身体与技术的现代关联。

首先，反思性身体技术并不否认社会文化对身体的建构，但更为强调身体意识的觉醒，强调行动者对身体技术本身的反思性监控。身体不仅仅是文化的"容器"与载体，也是我们与世界交流的主体与中心。莫斯看似在讨论物质性的身体使用，实际上却是在论述社会性的身体建构。以科学技术领衔的现代性的确以排山倒海之势重构了现代人的身体形态，但现代性亦是在人们反思性地运用知识的过程中（并通过这一过程）被建构起来的（吉登斯，2000：34）。任何一项身体技术，不管它如何受到社会文化的规制，其实践过程必然包含着主体对行动的反思性监测的。反思性萌发了个体面对技术系统的自我焦虑，进而促进了自我意识，形成了自我认同。因而，就前文呈现的"制度化身体技术"与"规训化身体技术"，抑或是"仪式化身体技术"而言，都含有主体对社会制度、文化形态的反思，是一种自我建构的途径，而非纯粹的单向塑造。如扎根资料中出现的将"考驾照"作为一种身体规划，以及拿到驾照时的那种欣喜与兴奋等均已表明，当驾驶培训已经成为一项社会制度、汽车文化已经成为一种青年亚文化时，这样的结构性背景必然引发城市青年对现代身体转型的积极应对，并以驾驶作为主动参与城市空间实践的新方式。

其次，在身体与技术的关联中，反思性身体技术强调身体的主体性，并将现代技术视为一种"自我指涉"，即"自体再生"，而非异体入侵。莫斯谈论的身体技术，是作为"技术总体"的身体，而反思性身体技术则试图分析作为"身体总体"的技术。我们都以自己的身体展开行事，我们的生命体验必然是以自己的身体为中介的（希林，2010：21）。"人—车"体验已经成为现代身体体验的一个重要方面。因而，作为"身体总体"的技术，亦如身体的一部分，是我们使用身体的指涉对象。梅洛－庞蒂曾举一个盲人的例子说道，"盲人的手杖对盲人来说不再是一件物体，手杖不再为手杖本身而感知，手杖的尖端已转变有感觉能力的区域，增加了触觉活动的广度和范围，它成了视觉的同功器官"（梅洛－庞蒂，2001：190）。与手杖之于盲人一样，汽车对于人类来说，亦是一种"同功器官"，成了驾驶者身体的延伸，带来了由特别规训的"驾驶中的身体"构成的新的主体（Hawkins，1986；Morse，1998；转引自Urry，2006：24）。前述"效率化身体技术"所呈现的就是这样的一种主体，它并非是技术对身体的殖民，而是现代技术的身体化表达，因而"驾驶中的身体"不再是一种如步行、奔跑、跳跃等一样的前现代身体使用方式，而是一种与现代高科技持续互动的具有反思现代性能力的身体技术。

最后，反思性身体技术观照的是作为整体的身体观，而非仅仅作为技术手段或工具对象的身体。莫斯将身体技术看作是作为主体的"I"（精神、灵魂、心智），对作为客体的"me"（肉体、身体的功能部位）的操作使用，然而，作为现代性社会中的个体，实际上无时不处于"反思性"的状态中，身体是我们在世界中的定位，人类就是我们的身体，我们并不能轻易地把自我与肉体分开。在梅洛－庞蒂看来，自我就在于身体之中，"我们的身体远远不只是世界中的一种工具或物体，而是向我们提供我们在世界中的表达的东西，是'我们的意向的可见的形式'"（Merleau-Ponty，1976：5）。将身体视为工具理性主义瓜分战场的观念已不再可能，因为"人类的行动并没有融入互动和理性聚集的链条，而是一个连续不断的、从不松懈的对行为及其情境的监测过程"（吉登斯，2000：32）。尽管我们可以把身体分为物质性的和社会性的两种状态，但"身体决定性地处于世界的自然秩序和世界的文化安排结果之间的人类结合点上，它既是自然的，也是文化和社会的"（特纳，2000：99）。当然，整体观的身体有诸多不同的面向和属性，许多学者曾在整合身体的不同面向之间做出了巨大的贡献。如希林（2010）曾以工作态身体、运动态身体、音乐态身体、社交态身体以及技术态身体的多层面研究主张身体的生物属性和社会文化属性的整体观点；弗兰克（Frank，1990）的医学化的身体、性的身体、被规训的身体、说话的身体的划分，奥尼尔（2010）的世界态身体、社会态身体、政治态身体、消费态身体和医疗态身体，都表达了同样的整合身体不同面向的努力（余成普，2011）。在本研究中，我们力图以制度化身体技术、规训化身体技术、效率化身体技术和仪式化身体技术架起反思性身体技术的整体观念，以此来表达现代身体生成的完整图景，如图2所示。

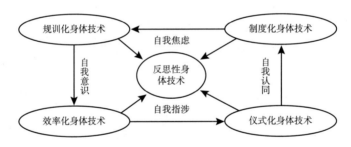

图2　身体生成的图景

在上述身体生成的图景中，"反思性身体技术"对身体的现代性遭遇做出了新的阐释，它不再是莫斯"身体技术"论中被文化所铭刻的技术物品，也不再是现代"技术身体"论中主体性缺失的被动身体，而是自我的反思性呈现，以及现代个体在技术统治的世界中使用自己身体的方式。由此，我们从"考驾照"的过程中看到了一种现代身体生成的过程：它从汽车社会的制度化背景中，流露出了对获得合法社会参与资格的自我焦虑，并通过主动接受规训化的过程，萌发了主体的自我意识，进而通过效率化的身体实践，使现代机器变成自我指涉的对象，这一仪式化的过程在完成了身体技术的传授的同时，也在现代性的制度文化中获得了个体的自我认同，最终宣告一个具有反思性特征的现代主体在技术越来越占据支配地位的世界中的诞生。

六　余论

技术和人类自身同样古老（盖伦，2008：2）。莫斯的"身体技术"理论虽然打破了过去认为只有在有工具时才有技术的错误观念，但他显然忽略了现代性实践中人类行动的反思性特征。令莫斯没有料到的是，现代技术的变迁会使个体如此全面地卷入整个社会技术系统之中，使身体成为现代性反思中的一个重要组成部分，并诞生了一种具有对行动进行反思性监测的新主体。这一新的行动主体看上去像是一个"人—车混合体"（drive-car hybrid）、一个组装的社会生命（assembled social being）（Dant，2004：74），但它却使技术成为了"人类自身本质的最重要的部分"（盖伦，2008：4）。如是观之，驾驶培训所塑造出来的适应汽车社会发展需要的新主体，在使用身体的方式上，已然消解了同作为客体的汽车/技术之间的对立，而作为现代性隐喻的汽车，其所向披靡的野蛮个性，只不过是人类反思性的另一种呈现而已。因而，当我们回到身体与技术的经典议题之中时，我们看到了现代身体生成并不是一幅单调的"身体被机器所驯服"的灰暗画面，"反思性身体技术"的理论拓展以一种整体的身体观，避免了将活生生的身体生成过程曲解成流水线上机械般的组装过程，为现代身体生成的完整图景增添了更为丰富的色彩。

参考文献

诺贝特·埃利亚斯，1998，《文明的进程：文明的社会起源和心理起源的研究》（Ⅰ），王佩莉译，北京：三联书店。

约翰·奥尼尔，2010，《身体五态：重塑关系形貌》，李康译，北京：北京大学出版社。

菲奥纳·鲍伊，2004，《宗教人类学导论》，金泽、何其敏译，北京：中国人民大学出版社。

布迪厄、华康德，2004，《实践与反思——反思社会学导引》，李猛、李康译，北京：中央编译出版社。

尚·布希亚，2001，《物体系》，林志明译，上海：上海人民出版社。

陈向明，2000，《质的研究方法与社会科学研究》，北京：教育科学出版社。

米歇尔·德·塞托，2009，《日常生活实践》，方琳琳、黄春柳译，南京：南京大学出版社。

阿诺德·盖伦，2008，《技术时代的人类心灵》，何兆武、何冰译，上海：上海科技教育出版社。

福柯，2007，《规训与惩罚》，刘北成、杨远婴译，北京：三联书店。

侯钧生，2010，《西方社会学理论教程》，天津：南开大学出版社。

黄金麟，2006，《历史、身体、国家：近代中国的身体形成（1895 - 1937）》，北京：新星出版社。

安东尼·吉登斯，1998，《现代性与自我认同》，赵旭东、方文译，王铭铭校，北京：三联书店。

安东尼·吉登斯，2000，《现代性的后果》，田禾译，南京：译林出版社。

拉普，1986，《技术哲学导论》，刘武译，沈阳：辽宁科学技术出版社。

斯科特·拉什，2001，《谱系学与身体：福柯/德勒兹/尼采》，载汪国安、陈永国、马海良编《福柯的面孔》，北京：文化艺术出版社。

林晓珊，2012，《汽车梦的社会建构：中国城市家庭汽车消费研究》，北京：社会科学文献出版社。

麦克卢汉，2000，《理解媒介》，何道宽译，北京：商务印书馆。

罗伯特·F. 墨菲，2009，《文化与社会人类学引论》，王卓君译，北京：商务印书馆。

马塞尔·莫斯，2008，《人类学与社会学五讲》，林宗锦译，梁永佳校，桂林：广西师范大学出版社。

莫斯、涂尔干、于贝尔，2010，《论技术、技艺与文明》，蒙养山人译，北京：世界图书出版公司。

秦洁，2010，《"下力"的身体经验：重庆"棒棒"身份意识的形成》，《广西民族大学学报（哲学社会科学版）》第 3 期。

莫什·萨夫迪，2001，《后汽车时代的城市》，吴越译，北京：人民文学出版社。

孙晓娥，2011，《扎根理论在深度访谈研究中的实例探析》，《西安交通大学学报（社会科学版）》第 6 期。

Strauss & Corbin，2001，《质性研究入门：扎根理论研究方法》，吴芝仪、廖梅花译，嘉义：涛石文化事业有限公司。

布莱恩·特纳，2000，《身体与社会》，马海良、赵国新译，沈阳：春风文艺出版社。

王志弘，1998，《流动、空间与社会（1991～1997）论文选》，台北：田园城市文化事业有限公司。

西蒙·威廉姆斯、吉廉·伯德洛，2003，《身体的"控制"——身体技术、相互肉身性和社会行为的呈现》，汪民安、陈永国编，《后身体：文化、权力和生命政治学》，长春：吉林人民出版社。

克里斯·希林，2010，《身体与社会理论》，李康译，北京：北京大学出版社。

克里斯·希林，2011，《文化、技术与社会中的身体》，李康译，北京：北京大学出版社。

肖瑛，2004，《“反身性”多元内涵的哲学发生及其内在张力》，《中国社会科学院研究生院学报》第 3 期。

余成普，2011，《器官移植病人的后移植生活：一项身体研究》，《开放时代》第 11 期。

中国交通年鉴社，2012，《中国交通年鉴 2012》，北京：中国交通年鉴社。

Bonham, J. 2006, "Transport: Disciplining the Body that Travels." In: Bohm, S., Land, C., Jones, C., Paterson, M. (eds.), *Against Automobility*. London: Blackwell.

Brandon, R. 2002, *Auto Mobile: How the Car Changed Life*. London: Macmillan.

Crossley, N. 2001, *The Social Body: Habit, Identity and Desire*. London: Sage.

Crossley, N. 2004, "The Circuit Trainer's Habitus: Reflexive Body Techniques and the Sociality of the Workout." *Body & Society* 10 (1).

Crossley, N. 2005, "Mapping Reflexive Body Techniques: On Body Modification and Maintenance." *Body & Society* 11 (1).

Dant, Tim. 2004. "The Driver-Car." *Theory, Culture & Society* 21 (4/5).

Elias, Norbert. 1995. "Technization and Civilization." *Theory, Culture & Society* 12 (3).

Frank, A. W. 1990, "Bringing Bodies Back in: A Decade Review." *Theory, Culture & Society* 7.

Freud, S. 1962, *Civilization and Its Discontents*. New York: Norton.

Ihde, Don. 1990, *Technology and Life-world*, Indiana University Press.

Ihde, Don. 2002, *Bodies in Technology*. Minnessta: University of Minnesota Press.

Lefebvre, H. 1984. *Everyday Life in the Modern World*. New Brunswick (U. S. A) and London (U. K.)

Luhmann, D. 1995, "The World Society as a Social Systems." In D. McQuarie (ed.). *Readings in Contemporary Sociological Theory: From Modernity to Post-Modernity*. Englewood Cliffs, N. J.: Prentice-hall.

Lyon, Margot. L. 1997, "The Material Body, Social Processes and Emotion: 'Techniques of the Body' Revisited." *Body & Society* 3.

Merleau-Ponty, M. 1976, *The Primacy of Perception*. Evanston and Chicago: Northwestern University Press.

Sharma, U. 1996, "Bringing the Body back into the (Social) Action: Techniques of the Body and the (Cultural) Imagination." *Social Anthropology* 43 (2).

Stern, R. N. 1980, "Grounded Theory Methodology: Its Uses and Processes." *Image* 12.

Wolff, E. 2010, "Technicity of the Body as Part of the Socio-technical System: The Contributions of Mauss and Bourdieu." *THEORIA* 76.

Urry, J. 2004, "The System of Automobility." *Theory, Culture & Society* 21 (4/5).

作者简介

林晓珊　　男

所属博士后流动站：中国社会科学院社会学研究所

合作导师：张翼

在站时间：2012.12~

现工作单位：浙江师范大学法政学院社会工作系

联系方式：lxs2003100@126.com

城市化与中产阶层成长[*]：
试从社会结构的角度论扩大消费

朱　迪

　　摘　要： 针对内需不足的问题，本文尝试跳出收入－消费的理论框架，从社会结构的角度入手，通过壮大中产阶层来增强城市化对于消费的驱动作用，这样既能够提高政策实施的效率，也能够充分发挥市场配置资源的作用。实证分析发现，中产阶层购买力较强、消费欲望也很强烈，是扩大消费的主要驱动力；边缘中产阶层，主要由有一定技术或工作经验的农民工和底层白领以及失业或收入较低的大学毕业生构成，也显示了相当程度的消费欲望和需求，尤其体现在购房和休闲服务消费上，因此也是内需增长的重要力量。本文建议政策设置应着眼增强边缘中产阶层的就业和受教育机会及社会保障。

　　关键词： 城市化　扩大消费　中产阶层　社会结构　消费模式

　　我国正处于调整经济增长主要依靠国内消费的结构转型过程中。这其中有两个重要的动力，一是大众消费，二是城市化和工业化进程。我国已经进入大众消费阶段，有条件依靠国内消费需求来促进经济发展，城市化对于扩大消费也有推动的作用（李培林，2010）。在大众消费的背景下，中产阶层

---

　　* 本文为"当代中国城市化和城乡关系"课题成果之一，课题主持人为李培林。感谢李培林老师对本文的指导。已发表于《江苏社会科学》2013 年第 3 期。

是消费文化兴起的重要驱动力，是扩大内需不可忽视的重要力量。这一群体不仅有较高的经济资本来负担多种多样的消费活动，也有较高的文化资本可以合法化新的品味和生活方式，带动消费市场的活跃。在城市化进程中，大批农民工和大学生来到城市寻找就业机会，其中有一定技术的农民工和受过高等教育、但是收入和工作一时不太理想的大学毕业生可以称得上"边缘中产阶层"——最有可能上升流动到中产阶层的一批人。不同于典型的体力劳动者，这群"边缘中产阶层"具有一定向上流动的动力，他们拥有一些跻身中产的经济资本、文化资本和社会资本，同时向往有物质保障、有品位的中产阶层生活方式。如果能妥善解决这群边缘中产阶层的就业和社会保障问题，将会极大提高他们的积极性，在他们得以安居乐业的同时也产生了新的需求增长点。

本文尝试跳出收入－消费的理论框架，从社会结构的角度入手，通过壮大中产阶层来增强城市化对于消费的驱动作用。我们通常强调的消费弹性较大的中产阶层到底是哪些人？有没有一些潜在的或者边缘的中产阶层被忽略了？这些潜在的或边缘的中产阶层是否具有一定的消费欲望和经济实力？理想一点假设，如果能够稳定住现有的中产阶层人群，同时增加那些具有一定消费欲望和购买力的边缘中产阶层的生活机会，这样将显著地壮大中产阶层的规模，他们共同发挥的扩大消费的功能将更加强大。从社会结构的角度思考扩大消费的问题，能够使得政策实施更有针对性，上述思路也能够在政策导向的同时充分发挥市场进行资源配置的作用。

因此，本文关注中产阶层和边缘中产阶层的规模和消费模式特征。主要的数据来源是中国社会状况综合调查（CSS），调查时间分别在 2011 年和 2008 年。调查由中国社科院社会学所主持，使用多阶随机抽样的方法，范围基本涉及全国 25 ~ 28 个省/自治区的城乡区域，调查对象为 18 至 69 周岁的中国公民。两次调查所获得样本均超过 7000 人。

一　中产阶层的界定和规模

关于如何定义中产阶层，中国学术界存在着争论。经济学家和官方统计常常以个人或家庭收入作为标准，使用"中等收入群体/家庭"的概念来衡量中产阶层。国家统计局（2005）将年收入在 6 万 ~ 50 万的城市家庭定义为中等收入群体，约占城市家庭总数的 5%。但是，单独将收入作为测量中产阶层的尺度是不可靠的，因为收入本身既不能反映雇佣关系也不能反映文化资本。因此，社会学家大多倾向使用能够体现劳动力市场中所处地位的职业指标（陆学艺，2002；刘欣，2007；李友梅，2005），或者建立在职业的基础上并综合教育和收入的测量尺度（周晓虹，2005；吕大乐、王志铮，2003；李培林、张翼，2008）。

　　本文认为，构建一个以职业为基础、较为综合的测量指标对于转型中的社会还是比较恰当的。如李春玲（2009）指出，中国社会目前正处于高速经济增长和中产阶层初步形成时期，中产阶层多元身份特征的一致性明显低于发达国家处于成熟阶段的中产阶层，因此，估计中国中产阶层人数规模采用多元指标更为合适。李培林、张翼（2008）使用2006年中国社会状况综合调查的数据，从收入、职业和教育程度这三个维度来研究中产阶层。他们将"核心中产阶层"定义为（1）各种领取薪金的、具有一定管理权限或技术水平的非体力劳动者（也包括"自雇"和雇主）；（2）家庭年人均收入在14001元或以上；（3）取得了大专和大学本科阶段及以上教育文凭的人群。"半核心中产阶层"为符合其中任意两个维度的人群，"边缘中产阶层"为只符合一个维度的人群。研究发现，只有3.2%的全国人口属于"核心中产阶层"；如果算上"半核心中产阶层"，那么有12.1%的全国人口属于中产阶层，25.4%的城市就业人口属于中产阶层。李培林、张翼（2008）的分层模型为中产阶层的壮大阐释了一个理论框架，本文将采用这一理论框架来考察边缘中产阶层对于扩大消费的作用。

　　除了以上静态的视角，也有学者从动态的、社会流动的视角考察中产阶层的构成。严翅君（2012）分析了"边缘中产"上升流动的障碍所在，主要包括发展阶段的局限、制度体制的分割以及强势阶层的挤压。李强（2010）将中产阶层的候选群体锁定在农民工，主张发展这群有技术、但由于制度限制而"无地位"的人进入"专业技术人员队伍"，从而达到我国社会结构的优化。该文提供了很好的理论视角：不同于现有的一些试图"整体性"地增加收入、优化社会保障或者改革户籍制的建议，它能够提高政策实施的效率，同时也尽可能地维护了市场经济秩序。本文也认同这样的思路，主张重视边缘中产阶层的作用，通过增加他们的就业、受教育和享受社会保障的机会来促进内需的拉动，这种社会结构的视角既能够比较有针对性地对进行政策设计，又能够促进中产阶层的成长壮大。

　　由于我国中产阶层集中在城镇地区，本文主要关心的也是城市化对于中产阶层成长的影响，实证分析只考虑了城镇地区的样本——从居委会抽取的样本，不考虑户口属性。本文的分层框架首先将城市人口划分为三类职业群体，精英、白领和体力劳动者，白领和体力劳动者内部的划分综合考虑了收入（经济资源）和受教育程度，如图1所示。虽然学界对于中产阶层的边界仍有争议，但是具有一定管理权限或专业技术的脑力劳动者毫无疑问属于"中产阶层"，很多现有文献也将他们称作"管理精英"和"专业精英"（边燕杰、刘勇利，2005），即为图1中的A块。其次，虽然本文不赞成用收入来单维度地定义中产阶层，但是在目前的社会发展阶段，不得不承认收入或所占有的经济资源是影响一个人消费模式的非常重要的因素。因此本文也将一部分收入高于平均水平的白领——脑力或半体力劳动者——归入"中产阶层"，即图1中的B1和B2块。

借用李培林、张翼（2008）的概念，本文将中产以外的群体划分成"边缘中产"和"社会底层"。"边缘中产"指的是拥有一定的经济、文化或权力资源但是相比较中产阶层又处于弱势的群体。"社会底层"指的是在职业、收入和受教育程度都处于弱势的群体（图1中的C4块）。利用图1可以简单总结，中产阶层为A+B1+B2，边缘中产阶层为B3+B4+C1+C2+C3，社会底层为C4。

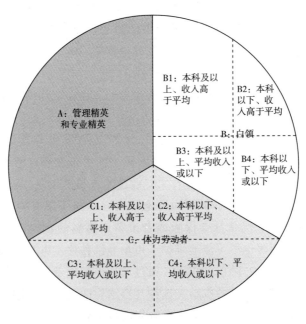

图1 城市中产阶层的划分体系

说明：此图所划分的比例并不代表各阶层实际所占比例。

根据 CSS 数据使用的职业编码表，本文将管理精英和专业精英定义为"国家机关、党群组织、企事业单位负责人"和"专业技术人员"；将白领定义为"办事人员和有关人员"、"商业工作人员"、"服务性工作人员"、"警察及军人"①；将体力劳动者定义为"农林牧渔水利业生产人员"、"生产工人和运输工人"以及"其他职业"和"没有工作"的人群。

本文使用家庭人均收入，而非被访者汇报的个人收入，作为划定中产的标准之一②。首先将 60 岁以上人群以及在校学生、丧失劳动能力者从样本中剔除。参考国家统计局年鉴数据、不同类型城市最低生活保障标准以及相关研究，本文认为 CSS2011 分析得到的家庭人均收入处于合理范围内，经过百位后化零的调整，确定 2011 年城市中产的收入标准为家庭人均收入 21000 元（以 2010 年收入为计算期）。按照同样的思路处理 CSS2008 数据，经过百位后化零的调整，确定中产的收入标准为 16000 元③。

由表 1 可见，2011 年在我国城镇地区，中产阶层——管理精英、专业精英以及家庭人均收入超过 21000 元的白领约占 27%，边缘中产阶层约占 34%。2008 年在我国城镇地区，中产阶层——管理精英、专业精英以及家庭人均收入超过 16000 元的白领约占 18%，边缘中产约占 33%。根据李培林、张翼（2008）对 CSS2006 数据的分析，中产阶层占城市就业人口的 25.4%，本文分析得出 2008 年中产阶层占城市就业人口比例为 27%，2011 年该比例增长到了 37%。

可见到了 2011 年，城市中产的比例有所上升，而社会底层的比例显著下降，说明有更多的人获得了向上流动。但是目前来讲，城镇地区的社会结构还不十分均衡，社会底层所占人口比例仍然最高。很显著的是边缘中产阶层所占的人口比例，约三分之一，暗示着中产阶层的成长有一定潜力。

本文将"边缘中产"进一步划分为受过高等教育的"边缘知识群体"（B3 + C1 + C3）、具有一定管理或技术能力的"边缘白领"（B4）以及收入

---

① 因为职业编码中的"警察及军人"也包括了掌握一定权力、具有一定专业技术的职业，如公安、交警机构各级干部和军官，本文也将其纳入白领从业者。

② 因为一个人的生活机会不仅受到个人收入的影响，也受到共同生活的家庭成员的收入的影响，将家庭总收入除以共同生活的总人口数而得到的家庭人均收入能够较准确地测量一个人所拥有的经济资源。

③ 参考国家统计局年鉴数据，CSS2008 得到的家庭人均收入可能被低估，本文将家庭人均收入乘以 1.5 的系数，得到 2007 年家庭人均收入均值为 16797 元。

表1 我国城市中产阶层的规模（2008年和2011年）

单位：%

	2008年	2011年		2008年	2011年
中产阶层	18	27	社会底层	49	39
边缘中产阶层	33	34	总样本	3065	2957

高于平均水平的体力劳动者——"边缘富裕群体"（C2）。分析发现，边缘白领的受教育程度集中在初中和高中，大多为普通办事人员或者商业、服务业工作人员，34%为农业户口，推断其中很大一部分为具有一定技术或工作经验的城市农民工，从事类似推销员、餐馆服务员、电脑维修员等职业。边缘知识群体的职业集中在较低层次的白领职业，但也有一部分失业在家，接受过高等教育，而且也较年轻，推断大多由失业或者收入较低的大学毕业生构成。边缘富裕群体则一定程度上代表了生活优裕的城市退休或"持家"人群，也包括了一部分个体户和高级技术工人。

二 中产和边缘中产的消费模式

本文关注收入弹性较高的消费领域来研究消费模式。目前学界达成共识的拉动需求效果最强的是房地产和汽车的消费，这些商品价格昂贵，并且能够消化一大批基建和工业的投资。此外，还可能具有较高收入弹性的消费领域有：数码产品、奢侈品和服务业。根据已有的数据，消费模式的实证分析包括日常支出及构成，住房、汽车、数码产品的拥有和消费意愿以及休闲服务消费。

（一）日常支出及构成

分析发现，中产家庭[①]的日常支出最高，2010年平均100595元[②]；其次为边缘富裕家庭，平均85762元；而边缘知识家庭和边缘白领家庭的支出较

---

① CSS系列数据采用多阶随机抽样的方法抽取家庭户，然后使用Kish抽样随机选取一名家庭成员作为被访者，所以如果被访者为中产阶层，那么家庭中至少有一名成员为中产，因此该家庭属于更高社会阶层的概率应当高于随机选取的被访者为社会底层的家庭；而且分析发现被访者配偶的职业地位和受教育程度都较低，所以被访者为社会底层的家庭中有更多中产阶层成员的可能性较低。因此，本文在分析消费模式时，将被访者为中产阶层的家庭近似地当作中产家庭，将被访者为边缘中产的家庭近似地当作边缘中产家庭，将被访者为社会底层的家庭近似地当作社会底层家庭。

② 该平均值由去掉家庭年支出为4785750元的1个奇异值之后计算得到。

低，分别为 79532 元和 44020 元。图 2 显示了各阶层的家庭日常支出构成。在家饮食仍然是各阶层的主要消费，其次为购房首付和房贷支出。对于中产家庭来说，购房支出甚至比在家饮食支出稍高。中产家庭在各类消费中都是支出最高的，除了在家饮食和医疗保健。边缘富裕家庭的各类支出也很显著，在家饮食和医疗保健支出高于中产家庭，体现了这一阶层的消费模式特征；而在外出饮食、家庭耐用品购置、教育和人情往来上，边缘富裕家庭的支出仅次于中产阶层家庭，一定程度上反映了中产家庭和生活"小康"的边缘富裕家庭的购买力都较强。家庭人均收入并不算高的边缘知识家庭的支出也很高，在饮食、衣着、家庭耐用品购置、教育的支出都紧随中产家庭之后，而房租和医疗保健的支出甚至高于中产家庭，体现了该阶层的生活压力。

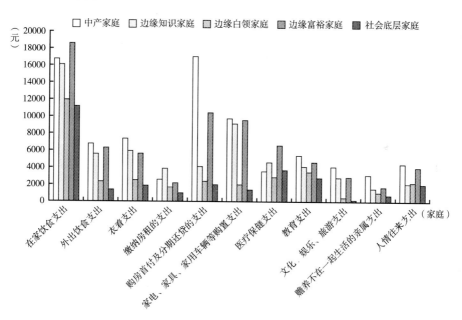

图 2 2010 年我国城镇家庭生活支出构成

就注重服务购买和体验的文化、娱乐和旅游消费来讲，中产家庭和边缘富裕家庭 2010 年分别支出了 4178 元和 2984 元，各占家庭总支出的 4% 和 3%，边缘知识家庭的该支出也达到了 2880 元，占家庭总支出的 3% 左右。如果将文化、娱乐、旅游和家电、家具、家用电器等耐用品购置加在一起可以构建一个"享受型消费"指标的话，中产家庭的该支出占总支出的 16%，远高于其他阶层；边缘富裕家庭次之，该支出占 11%；边缘知识家庭则在这个指标上掉了队，享受型支出仅占总支出的8%，与边缘白领家庭和社会底层家庭较接近。

这些发现说明，拥有丰富资源的中产家庭和一些"小康"的边缘富裕家庭既有较强的消费欲望也有较强的购买力，对购买服务和体验具有一定兴趣，他们是扩大消费非常重要的力量。而边缘知识家庭表现出一定的享受服务和体验的消费欲望，但是受到购买力不足的局限，特别在具有集体消费性质的教育和医疗保健上的支出非常高，接近甚至高于中产家庭的该支出。边缘白领家庭的日常支出较低，娱乐型和享受型支出的比例也很低，高比例的支出来自在家饮食、医疗保健、教育和人情支出，在支出及构成上的特征更接近社会底层家庭。边缘知识家庭和边缘白领家庭面临类似的困境——购买力都显著地受到了不完善的社会保障体系的限制。

（二）住房、汽车及数码产品的拥有和消费意愿

城市各阶层家庭之间在住房拥有上差别不大，80%以上的家庭都以各种形式①拥有自己的住房，这与早年间的住房分配制度有很大关系。但是2008年的数据显示，中产家庭和边缘富裕家庭拥有两套房子的比例最高，分别占到各自阶层的13%和19%。分析也显示，65%的中产家庭为本人或配偶（共同）拥有住房，该比例接近边缘富裕家庭的情况，但是只有47%的边缘知识家庭为本人或配偶（共同）拥有住房，意味着一大部分接受过高等教育的人暂时没有自己名下的住房，大都在30岁以下，他们是边缘中产阶层中向上流动机会最多的，随着工作经验和财富的积累，这一群体很可能成为房地产需求增长的重要源泉。

2011年，城镇家庭私人汽车拥有率为20%。私人汽车的拥有显著地体现了阶层差异。中产家庭有车的比例最高，占中产总体的37%；其次是边缘富裕家庭和边缘知识家庭，有车的比例分别为37%和35%；社会底层家庭的有车族仅占8%。中产私家车主比边缘中产的私家车主稍微年轻些，平均分别为38岁和41岁。相比较而言，中产家庭有房（不考虑产权所有者）有车的比例是最高的，占中产总体的35%；但是仍有56%的中产家庭有房（不考虑产权所有者）无车。这点跟西方社会中有房有车是中产阶层的典型特征有很大区别，也说明了我国的中产阶层并不十分富裕，或者说，仍存在

---

① 包括自建住房、购买商品房、购买保障房、购买原公房、购买小产权房、购买农村私有住房及其他。

汽车消费增长的空间。

在信息时代，手机逐渐成为大众消费品，跨越了阶层甚至年龄。中产阶层家庭的手机拥有率达到99%，社会底层家庭也达到了近90%。各阶层在手机拥有的数量上也不相上下。70%的中产阶层家庭有2至3部手机，社会底层家庭的该比例稍低但也达到了60%。所以，普通手机在城镇居民中的需求增长空间已经很有限。但是，在笔记本电脑的拥有上则有显著的阶层差异。48%的中产阶层家庭拥有笔记本电脑，排在第二位的是被访者接受过高等教育的边缘知识家庭，拥有率为42%，而社会底层家庭的拥有率只有10%。

消费意愿是测量消费需求更为直接的指标，分析中我们将"消费意愿"分解为"有计划"的意愿和"无计划"的意愿。首先来看"有计划"的消费意愿。如图3，中产家庭打算1至3年内买房的占16%，是各阶层家庭中比例最高的，但是这个数字并不让人乐观，因为前面的分析得知，有35%的中产家庭没有属于本人或配偶产权的住房。更低比例的边缘中产家庭打算1至3年内买房，社会底层家庭的该比例更是微乎其微。从我国城镇家庭总体来看，只有9%的家庭打算3年内买房。这个数据低于同时期央行发布的储户调查数据：据央行2011年第3季度的报告，第4季有购房意愿的居民占14.2%[①]，该结果更接近本文数据来源中的中产和边缘知识阶层有意购房的比例。

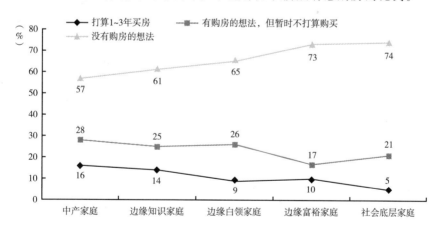

图3　我国城市各阶层的购房意愿（2011年）

说明：①图中数字表示占该阶层总体的百分比；
　　　②有效样本为2884。

①　来自搜房网，http://news.zhoushan.fang.com/2011-09-16/5896039.htm。《2011年第3季度储户问卷调查报告》是中国人民银行在全国50个城市对2万户城镇储户进行的问卷调查报告。

但是，如果不考虑购买计划，我们发现各阶层家庭都有相当程度的购房意愿。中产家庭、边缘知识家庭和边缘白领家庭的购房意愿是最高的，各有1/4的家庭选择"有购房的想法，但暂时不打算购买"。可见，在购房"意愿"上，阶级效应被抵消了一些，因为房子本身是刚性需求的一部分，特别对于中低收入家庭来说。

到底是什么原因使得相当比例的家庭有意愿却又没有明确的购房计划呢？居民的购房意愿受到多种因素的影响，包括购买能力、生命周期以及当前房地产宏观调控中的"限购"政策。但是本文分析发现，在这群有着较强购房意愿的中产、边缘知识和边缘白领家庭中，"暂时不打算购买"的群体主要是受到购买能力的困扰。家庭打算三年内购房的被访者和仅有意愿的被访者年龄相近，一般在37岁左右。这两种家庭的住房拥有状况和购房原因也差不多，有17%的家庭不拥有任何房子产权、50%左右的家庭是为了改善现有居住条件以及30%左右的家庭是为了为自己或子女成家购房，因此可以推断打算三年内购房和仅有意愿而暂时不打算购房的家庭在住房需求上差不多。但是，仅有购房意愿的家庭选择"住房条件差，建/买不起房"的比例是最高的，占该群体的48%，人均收入比打算三年内购房的家庭人均收入显著低（分别为27381元和49656元），家庭存款余额和股票、证券价值总额等也显著低很多（分别为69702元和194637元），所以阻碍这部分家庭购房的主要原因应当是购买能力，或说房价与家庭收入不成比例。但是我们也看到，有购房意愿但暂时不打算购买的这部分中产和边缘中产家庭的人均收入还是高于城镇家庭人均收入水平，说明有一定的经济能力。总体上，这部分中产和边缘中产家庭感受到的房价压力也可能同所选择的购房地点有关，他们中有相当的比例打算在直辖市和省会城市购房，这些家庭包括45%的中产家庭，32%的边缘知识家庭和26%的边缘白领家庭。

因此，如果国家能对房地产市场实施有效的宏观调控，使得房价尤其是直辖市和省会城市的房价同居民收入水平成比例，并落实保障房建设和购买的政策，将激活四分之一的有意愿并且有一定购买力的中产和边缘中产家庭的购房计划，这将极大地促进房地产市场的健康发展和经济的繁荣。

由于购房方面较高的支出和预算，不难理解城镇家庭买车的热情并不高。当然除了购买力的原因，私家车购买意愿不高也与城市拥堵、油价上升以及多个城市的"限牌摇号"措施有关。相比而言，中产家庭仍是消费欲望和购买力最强的群体，私人汽车拥有率最高，打算买车的比例也是最高（详见图4）：2011年12%的家庭打算半年内买车；2008年10%的家庭有此打算。边缘富裕家庭也有相当的比例打算买车，体现该阶层有一定的经济实力也有享受生活的欲望。

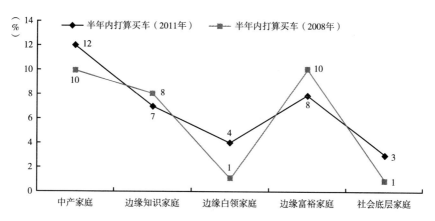

图4　我国城市各阶层的购车意愿（2008年和2011年）

说明：①图中数字表示占该阶层总体的百分比；

②2011年有效样本为2901，2008年有效样本为3028。上文提到在城镇家庭中，手机的需求趋于饱和，从消费意愿上也证实了这一点，仅有6%左右的家庭半年内打算购买手机。对于电脑的消费意愿稍好一点，中产家庭、边缘知识家庭和边缘白领家庭打算半年内购买电脑的比例都超过了8%，一定程度上体现了边缘知识家庭和边缘白领家庭对数码产品的消费欲望。

（三）休闲服务消费

周末或节假日的休闲消费包含了很多的服务消费，比如运动健身、旅游、去卡拉OK/迪斯科/酒吧等。这些消费活动的参与既需要一定的经济资本，也需要一定的文化资本，因此不同的参与模式既能够反映消费者的生活水平，也能反映消费者的生活方式，对于这些消费的考察对扩大消费政策将产生有益的启示。

在休闲消费方面，阶层差异明显地体现在中产与非中产之间，也体现在边缘中产与社会底层之间。中产阶层广泛参与各类休闲活动，并且花费较高、较现代的休闲活动的参与率基本也是最高的，比如21%的人外出看电影/戏剧/表演/听音乐会、22%的人运动健身、20%的人外出旅游、51%的人玩电脑游戏和上网，体现了他们较丰裕的经济资源以及充实生活、享受生活的消费欲望。

边缘知识群体在休闲活动的参与程度以及一些彰显现代生活方式的休闲

消费上与中产阶层很接近。具体来讲，边缘知识群体和中产阶层选择"没有这些休闲活动"的比例都较低，都为7%，说明他们的休闲生活都比较丰富。二者参与运动健身、电脑游戏和上网的比例很接近，分别在26%和54%左右，并且边缘知识群体外出看电影听音乐会的比例更高，为32%；在读书看报上的比例也较接近，而去卡拉OK/迪斯科/酒吧的比例都非常低，可能与我国的消费文化有关。二者对以上消费的参与度基本是各阶层中最高的，说明边缘知识群体同中产阶层都比较热衷充实和享受生活。

边缘富裕群体对于休闲活动也有很高的热情，可能因为文化水平不高而闲暇时间更多，对于一些传统的、消磨时间型的休闲活动的参与度非常高，21%的人选择打麻将打牌，25%的人选择串门聊天；但是部分人群也参与现代的休闲活动，15%的人外出看电影听音乐会，17%的人外出旅游。而边缘白领和社会底层群体的休闲方式常有重叠，比如相当高的打麻将、打牌的比例（20%左右），较低的去酒吧和卡拉OK的比例（2%左右）。而且他们的休闲方式都相对较为"低廉"，体现在较低的外出看电影、戏剧和听音乐会的比例（5%左右），较低的外出旅游的比例（不到4%）以及相当高的串门聊天的比例（分别为32%和45%）；他们选择"没有这些休闲活动"的比例也是最高的，分别为20%和19%。这些发现反映了边缘白领和社会底层群体非常有限的购买力，业余生活也较为单调。

三 结论：中产阶层成长与扩大消费

本文强调社会结构的视角，通过增加边缘中产阶层的生活机会来壮大中产阶层，从而实现内需的拉动。根据实证分析，首先可以肯定中产阶层是扩大消费的主要驱动力，因为他们购买力较强、消费意愿较强烈，也倾向通过物质产品和服务的购买来获得舒适和乐趣。其次，本文挖掘了边缘中产阶层的消费能力和"潜力"，他们主要的社会经济特征是拥有的经济和文化资源都低于中产阶层，但又区别于社会底层；他们也显示了相当的消费欲望和需求，有一定的购买力或向上流动的可能性，因此能够在拉动内需上发挥一定的作用。

具体来说，接受过高等教育的边缘知识群体呈现出热衷休闲、娱乐和服务性消费的特征，住房的自有产权拥有率并不高而且有较强的购房意愿。从事脑力和半体力劳动的边缘白领群体的生活水平较低，还挣扎在日常必需的消费支出上，从而对休闲、娱乐和服务消费的热情并不高，但是也有较强的购房意愿。家庭人均收入高于平均水平的边缘富裕群体可以说是边缘中产阶层之中生活水平最高的，享受类的支出较高，购车意愿较强烈，生活压力比较小，热衷运动健身、读书看报、旅游类的消费，所以这群年龄较大但是生活小康、闲暇时间较多的人群也是不可忽略的内需来源。因此，如果可以有针对性地增加这些边缘中产阶层的受教育和就业机会以及平等享受城市社会保障的机会，引导他们的消费，将有 30% 的城镇人口成长为新的需求增长载体，这还是非常可观的。

参考文献

边燕杰、刘勇利，2005，《社会分层、住房产权与居住质量——对中国"五普"数据的分析》，《社会学研究》第 3 期。

国家发改委社会发展研究所课题组，2012，《扩大中等收入者比重的实证分析和政策建议》，《经济学动态》第 5 期。

国家统计局城调总队课题组，2005，《6 万～50 万元：中国城市中等收入群体探究》，《数据》第 6 期。

李春玲，2009，《比较视野下的中产阶级形成：过程、影响以及社会经济后果》，北京：社会科学文献出版社。

李培林，2010，《中国的新成长阶段与社会改革》，文汇报（http://www.news365.com.cn/wxpd/jy/jjygg/201003/t20100301_2633564.htm）。

李培林、张翼，2008，《中国中产阶级的规模、认同和社会态度》，《社会》第 28 卷 2 期。

李强，2010，《为什么农民工"有技术无地位"——技术工人转向中间阶层社会结构的战略探索》，《江苏社会科学》第 6 期。

李强，2005，《关于中产阶级的理论与现状》，《社会》第 1 期。

李友梅，2005，《社会结构中的"白领"及其社会功能——以 20 世纪 90 年代以来的上海为例》，《社会学研究》第 6 期。

刘欣，2007，《中国城市的阶层结构与中产阶层的定位》，《社会学研究》第 6 期。

陆学艺，2002，《当代中国社会阶层研究报告》，北京：社会科学文献出版社。

吕大乐、王志铮，2003，《香港中产阶级的处境观察》，香港：三联书店。

毛蕴诗、李洁明，2010，《从"市场在中国"剖析扩大消费内需》，《中山大学学报（社会科学版）》第 5 期。

汝信、陆学艺、李培林，2012，《社会蓝皮书：2012 年中国社会形势分析与预测》，北京：社会科学文献出版社。

严翅君，2012，《快速量增与艰难质变：中国当代中产阶层成长困境》，《江海学刊》第 1 期。

张晶，2010，《趋同与差异：合法性机制下的消费转变——基于北京地区青年女性农民
　　工消费的实证研究》，《中国青年研究》第 6 期。

周晓虹，2005，《中国中产阶层调查》，北京：社会科学文献出版社。

作者简介

朱迪 女

所属博士后流动站：中国社会科学院社会学研究所

合作导师：李培林

在站时间：2011. 10 ~ 2013. 10

现工作单位：中国社会科学院社会学研究所

联系方式：zhudisoc@ 163. com

城市居民社会福利满意度影响因素研究[*]

王 磊

摘 要： 社会福利满意度是衡量福利需求满足程度和福利水平的"风向标"，其影响因素分析对于提高社会福利制度设计的科学性和执行的有效性具有重要价值。本文根据辽宁省沈阳、阜新两市居民抽样调查数据，对影响城市居民社会福利满意度因素进行分析发现，制度设计对城市居民社会福利满意度影响最大，既有正的直接影响又有正的间接影响；福利需求缺口对城市居民社会福利满意度具有负的直接影响，同时福利需求缺口还在制度设计对社会福利满意度的影响中起着中介作用；福利预期对社会福利满意度具有负的直接影响；居民的福利政策认知虽对社会福利满意度直接影响不显著，但通过福利预期对社会福利满意度具有正的间接影响。

关键词： 社会福利满意度 影响因素 结构方程模型

一 引言

社会福利满意度是人们在对社会福利制度满足其福利需求程度加以认知基础上所产生的心理体验。它是衡量社会福利制度建设成败的一项关键指标。2007年以后我国的社会福利制度步入了由"补缺型"向"适度普惠

---

* 该文拟于2014年11月在《统计与决策》上发表。

型"转变的关键时期，一系列具有普惠性质的社会福利政策实施使得社会福利的覆盖范围、项目设置和给予水平明显提高，广大居民的福利需求得到前所未有的满足，社会福利享有状况获得极大的改善。

　　然而，居民对现有的社会福利制度是否满意？社会福利的满意度又受到哪些因素的影响？对于这些问题的分析与解答将为我国完善社会福利制度提供重要的决策依据和参考。遗憾的是，国内学界对社会福利满意度的研究起步较晚，而且现有的研究还集中在工作（工薪）福利方面。目前，有关工作（工薪）福利满意度的研究主要分为四个方面：（一）工作（工薪）福利满意度影响因素分析。早期的研究主要是从人口统计学变量展开的（俞文钊，2000；王志刚，2004）。目前则主要从员工参与度、个人发展、组织管理和人际关系等层面展开研究（吴建平，2011；辜应康，2012）。（二）工作满意度对员工工作态度的影响。这类研究主要从个体与组织两个层面出发，运用截面研究或纵向研究方法，探讨工作满意度对员工工作态度、行为选择以及企业绩效的影响（贺伟，2009；于海波等，2009）。（三）组织公平对工薪福利满意度影响。组织公平是工薪满意度的核心问题。这类研究主要从程序公平、分配公平和交互公平等维度探讨组织公平与工薪满意度的关系（郑晓明，2009；吴舜洁，2011）。（四）不同性质福利项目对工作福利满意度的影响。这类研究主要是基于双因素理论和期望理论等，运用量性研究方法分析具有保健、激励性质的福利项目等对工作福利满意度的作用程度和方式，并探讨其对正在形成的新的社会福利模式的可能影响。

　　毫无疑问，现有的研究无论是实证分析还是理论探索，都对我国社会福利制度发展建设具有重要意义。但是，这些研究大都集中在具体福利项目的满意度领域，有关社会福利总体满意度的研究极为少见。鉴于此，本文利用辽宁省沈阳和阜新两市共 10 个社区 826 位居民社会福利满意度的问卷调查数据，运用结构方程模型，对影响社会福利总体满意度的潜在因素进行路径分析，以期发现各因素对社会福利总体满意度影响的程度和方式，为减少和纠正制度偏差，提高社会福利制度设计和运行的效率与水平提供科学依据。

二　研究假说与研究方法

（一）研究假说

　　社会福利满意度虽然是居民对自身福利需求满足程度的一种主观认知和

判断。但对其影响因素的考量不仅要考虑到人们的主观感受，还要考虑到客观社会环境。这是因为人们所处的社会环境特别是制度环境是人们需求满足的先决条件，对人们的福利满意度具有重要影响。因此，本文根据马斯洛需求层次理论、彼德·布劳的期望理论、信息经济学的信息不对称理论，结合社会福利的内涵分别从客观事实和主观感受两个层面选取了影响社会福利需求满意度的 4 方面因素。

（1）制度设计与社会福利满意度的关系

"社会福利"通常有两层含义，它可以指社会福利状态，亦可以指社会福利制度。作为制度，社会福利是指国家和社会为实现"社会福利"状态所做的各种制度安排。从这个层面上看，社会福利制度建设不但重视对特殊群体提供基本生活保障，而且还强调政府对居民在收入、就业、医疗、教育、住房以及社会服务等方面提供"普惠性"福利保障。通过这种"普惠性"的制度安排确保居民享有一定的生活质量和水平，从而减少居民不幸福和不满足感。可以说，社会福利制度涵盖了人们生活的主要方面，其制度设计的科学性、合理性和有效性对提高居民的社会福利满意度具有直接影响。因此，本文提出假说，社会福利制度设计对居民社会福利满意度有正向影响。

（2）福利需求缺口与社会福利满意度关系

福利需求的存在及其满足是社会福利的核心，贯穿于社会福利制度建设始终。可以说，福利需求的满足情况对社会福利满意度具有重要影响。马斯洛需求层次理论则认为，在需求得不到满足的情况下，需求的层次越低，不满意感就越强；而需求层次越高越，由于其对维持纯粹的生存不具有重大意义，这种不满足虽将激起人们的不满情绪，但一般不会引起人们的强烈反应与对抗性行为。与此相反，在需求得以满足的情况下，需求的层次越高，满意感就越强。因此，本文提出假说，福利需求缺口对居民社会福利满意度有负向影响。

（3）预期效应与社会福利满意度关系

研究表明，当人们基本生存需求得到最低限度的满足后，其满意度就不完全由他们所需对象的绝对供给量来决定。这时，对满意度起决定性作用的是人们对于需求对象的期望。彼德·布劳（1988）认为人们建立期望标准有两个方面的参照，一是已有的需求满足水平，这一期望标准将随需求满足水平的提高而提高；二是参照群体或参照个人需求满足水平，这种情况下，人们的满意度实际上是相对的，是对某一相对标准而言的。然而，当人们不能实现所期望的标准时就会产生"相对剥夺感"，并由此出现愤怒、怨恨或不满等消极情绪。因此，本文提出假说，居民的社会福利政策预期对社会福利满意度具有反向影响。

（4）政策认知与社会福利满意度关系

信息经济学认为，信息不对称造成了市场交易双方的利益失衡，降低市场机制配置资源的效率，影响社会的公平、公正。信息不对称条件下信息贫乏者往往处于被动地位。现实生活中，信息不对称的情况普遍存在。在社会福利政策执行过程中，居民往往由于对社会福利政策没有全面的认识和了解，而做出对自己不利的行为选择，从而使自己处于不利地位，并最终导致其对社会福利政策评价和满意度不高。因此，本文提出假说，居民的社会福利政策认知对社会福利满意度有正向影响。

（二）研究方法与 SEM 模型

为了研究城市居民的社会福利综合满意度状况，本次调查问卷所设计的问题涵盖了教育、保障性住房、医疗、工作福利和社会保险五个方面。若分别讨论这五个方面的社会福利满意度，尽管有可能得到较为细致的结果，却无法对潜在的城市居民社会福利满意度这一总体概念得到一致的结论。所以结合研究对象特点，本文以制度设计、福利需求缺口、预期和政策认知四个潜变量作为社会综合福利满意度的前因变量，构建城市居民社会福利满意度的影响因素的结构方程模型（SEM），该模型结构如图 1 所示。

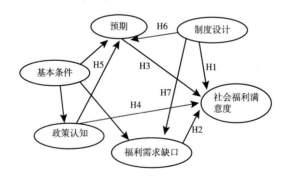

图 1　城市居民社会福利需求满意度影响因素结构方程模型

三　样本说明与描述统计分析

（一）样本说明

本文调查数据来源于课题组在 2012 年 7 月到 9 月之间，以沈阳、阜新两市居民为样本，采取多阶段分层整群随机抽样方法对城市居民福利现状与福利需求所做的抽样调查。调查共发放问卷 826 份，有效回收 792 份，有效回收率为 96%。此次问卷调查中男性比例为 38.5%，女性比例为 61.5%。从年龄分布看，受访者以中青年为主，年龄在 31～50 岁的占受访对象的 56.4%；从受访者健康状况看，很健康和比较健康的分别占了 44.4% 和 46.7%；从受访对象的职业状况来看，国有企业及集体企业占受访对象 49.8%，私营企业占受访对象 12.4%，"三资"企业占受访对象 1.1%，政府机关及事业单位占受访对象 4.6%，无工作单位占受访对象 19.2%，其他人员占受访对象 12.9%。以上调查对象基本涵盖了辽宁城市居民内部主要的利益群体（见表 1）。

表 1　样本特征统计

	类别	频数（人）	占比（%）
年龄	30 岁以下	92	11.6
	31～40 岁	144	18.2
	41～50 岁	302	38.2
	51～60 岁	142	17.9
	61 岁及以上	112	14.1
健康状况	很健康	352	44.4
	比较健康	370	46.7
	不太健康	52	6.6
	较重慢性病或残疾	18	2.3
婚姻状况	未婚	58	7.3
	初婚	632	79.9
	离异	46	5.8
	丧偶	36	4.5
	其他	20	2.5
职业	国有企业及集体企业	394	49.8
	私营企业	98	12.4
	"三资"企业	8	1.1
	政府机关及事业单位	36	4.6
	无工作单位	152	19.2
	其他人员	102	12.9

（二）测量变量的描述性统计

由于结构方程中的社会福利满意度、制度设计、福利需求缺口、预期、政策认知和基本经济社会特征均为潜变量，因此需要对各潜变量进行测量，具体测度项指标见表2。

表2　社会福利满意度及其影响因素的测度项指标

满意度/影响因素	调查问卷中的相应项目和得到指标的方法
社会福利满意度	由五个测度项目组成:分别是住房、教育、医疗、工作福利和社会保险满意度。满意度选项有:"非常满意""比较满意""基本满意""不太满意"和"非常不满意",分别对上述回答赋值为5、4、3、2、1
制度设计	由三个测度项组成:第一是现行医保制度对解决低收入家庭医疗费用的实际帮助效果;第二是把学前教育纳入义务教育范畴对提高儿童福利作用;第三是工会组织对保障劳动者权益的作用。分别按选项赋值1、丝毫不能解决;2、有一些作用,但比较有限;3、作用比较大;4、作用很大
福利需求缺口	由三个测度项组成:第一是希望参加的社会保险项目而实际没有参与的项目个数;第二是没有获得的单位劳动保护项目数;第三是医疗报销情况。按选项"完全自理""能报销一点""报销一半""报销70%以上"分别赋值4、3、2、1
预期	由四个测度项组成:第一是目前养老保险制度能否满足未来老年生活需求,按选项"完全可以保障""基本可以保障""基本不能保障""完全不能保障"分别赋值4、3、2、1;第二是目前生活是否满意;第三是五年后自己的生活与现在比状况会如何? 按选项"好很多""好一点""差不多""差一点""差很多"分别赋值5、4、3、2、1;第四是社会福利整体水平怎样,按选项"很高""比较高""正合适""不太高""很低"分别赋值5、4、3、2、1
政策认知	由三个测度项组成:第一是对国家出台的保障性住房政策了解程度;第二是对现行医疗保险制度了解程度;第三是对社会保险了解程度。按选项"非常了解""了解一些""以前不了解,参保后才了解一些""一直不太了解"分别赋值4、3、2、1
基本经济社会特征	由五个测度项组成:第一是文化程度,由低至高按选项赋值;第二是健康状况,选项"很健康""比较健康""不太健康""较重的慢性病""轻度残疾""重度残疾"分别赋值6、5、4、3、2、1;第三是年平均月收入;第四是年家庭总收入

表 3　调查问卷测量变量的描述性统计

因子	编号	均值	标准差	因子	编号	均值	标准差
制度设计	A1	2.2168	0.65713	基本经济社会特征	E1	3.0076	1.44167
	A2	2.3606	0.65633		E2	1.9974	1.00253
	A3	3.3552	0.80884		E3	1732.612	153.656
福利需求缺口	B1	4.9966	0.99556		E4	32709.00	712.35
	B2	1.5455	1.70790		E5	2.4012	0.87843
	B3	2.2464	1.20383	福利满意度	F1	3.8136	1.54046
政策认知	C1	2.1361	0.77695		F2	3.1071	1.12006
	C2	1.7853	0.90853		F3	3.3170	1.27912
	C3	2.3208	0.90796		F4	3.2570	1.08673
预　期	D1	2.8835	0.89250		F5	3.1364	0.97128
	D2	2.7183	1.88185				
	D3	3.7311	0.95522				
	D4	2.4106	0.90116				

四　实证分析

（一）信度和效度检验

通过信度和效度检验可以了解量表的稳定性和测度项的有效性，本文首先利用 SPSS17.0 软件对 792 个样本的调查数据进行内部一致性的信度检验，并采用 Cronbach's α 系数和项目总体相关系数（CITC）作为评价指标。在通常情况下，Cronbach's α 系数大于 0.7 时问卷被认为可信度较高，而对于 CITC 小于 0.4 的测度项一般需要剔除。经计算本文调查数据的整体 Cronbach's α 系数为 0.904，远大于 0.7，说明问卷的可信性较高，但是同时测量变量"您对目前生活是否满意"（D2）的 CITC 值为 0.324，小于 0.4，剔除该项后的 Cronbach's α 系数上升为 0.855，大于删除 D2 前的因子信度值 0.764，因此删去测量项 D2。

对于量表的效度，本文主要进行了收敛效度和区别效度检验，通过因子分析可以看到剔除变量 D2 后剩下的 17 个福利满意度影响因素变量 KMO 统计量为 0.786，并且 Bartlett 球形检验的卡方统计量为 1971.36，其显著性水平为 0.000；而且福利满意度的 KMO 检验统计量为 0.860，Bartlett 球形检验的卡方统计量为 612.473，其显著性水平为 0.000，表明适合做因子分析。从表 4 每一个测量变量的因子载荷可以判断，由于所有测度项的标准负载都大于 0.5，表明测度项具有较好的收敛效度。同时，每一个测度项也仅在其所属的因子中具有大于 0.5 的因子载荷，这说明公因子间具有较好的区别效度。

表 4　城市居民社会福利需求满意度及影响因素因子载荷

因子	测量变量	载荷	贡献率	累积贡献率
基本经济社会特征	E1	0.895	27.8824	27.8824
	E2	-0.743		
	E3	0.876		
	E4	0.854		
	E5	0.853		
制度设计	A1	0.879	17.6636	45.546
	A2	0.846		
	A3	0.882		
福利需求缺口	B1	0.881	16.1664	61.7124
	B2	0.819		
	B3	0.792		
评价与预期	D1	0.88	15.6331	77.3455
	D3	0.752		
	D4	0.816		
政策认知	C1	0.78	12.8641	90.2096
	C2	0.848		
	C3	0.761		
福利满意度	F1	0.712	79.833	79.833
	F2	0.758		
	F3	0.848		
	F4	0.822		
	F5	0.78		

（二）结构方程模型分析

1. 模型适配度检验及其修正

为了对前面提出的假说进行检验，首先从图 1 设计的初始模型出发，并根据模型修正系数和评估模型拟合性的指标修正模型，确定最终模型形式如图 2 所示。有关整体模型适配度指数 Hair（1998），将其分为三类：绝对适配度指标、增值适配度指标和简约适配度指标。本文模型的适配度检验结果见表 5。从表 5 可以看到，尽管模型的绝对适配度 χ^2 值大于临界值，导致 P = 0.000 < 0.05，但是考虑到卡方值对估计参数和样本大小的敏感性，模型需要估计的参数越多，样本数量较大，都容易造成卡方值变大，从而拒绝虚无假设，因此本文也考虑了其他适配度指标进行综合判断。从表 5 可知，模型的 χ^2 自由度比值为 1.687，小于 2，说明修正模型与实际样本数据可以适配，同时，修正模型的近似均方根（RMSEA）值为 0.042（< 0.05），GFI 值为 0.927（> 0.9），IFI 值为 0.901（> 0.9），NFI、TLI 和 CFI 的值都接近 0.9，表明修正模型的适配度基本达到了适配标准。

表 5　模型适配度检验结果

检验统计量	适配的标准或临界值	检验结果数据	模型适配判断
绝对适配度指数			
χ^2 值	P > 0.5	350.899（P = 0.000）	否
RMSEA 值	< 0.08（若 < 0.05 优良；< 0.08 良好）	0.042	是
GFI 值	> 0.90 以上	0.927	是
AGFI 值	> 0.90 以上	0.904	是
增值适配度指数			
NFI 值	> 0.90 以上	0.887 ≈ 0.9	是
RFI 值	> 0.90 以上	0.841	否
IFI 值	> 0.90 以上	0.901	是
TLI 值	> 0.90 以上	0.896 ≈ 0.9	是
CFI 值	> 0.90 以上	0.898 ≈ 0.9	是
简约适配度指数			
PGFI 值	> 0.5 以上	0.699	是
PNFI 值	> 0.5 以上	0.647	是
PCFI 值	> 0.5 以上	0.738	是
CN	> 200	274（α = 0.05）	是
χ^2 自由度比	< 2.0	1.687	是
AIC	理论模型值小于独立模型值，同时小于饱和模型值	486.899 < 552.000 < 1695.824	是

2. 结构方程模型估计结果

运用 AMOS17.0 软件对城市居民社会福利满意度影响因素进行结构模型

分析，得到了制度设计、福利需求缺口、预期和政策认知以及基本经济社会特征五个因素影响福利需求满意度的路径图（见图2）。

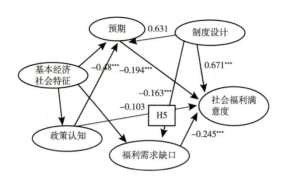

图2 社会福利满意度影响因素作用路径

说明：*** 表示在0.01水平上显著，路径图中虚线表示没有通过显著性检验，实线表示通过了显著性检验。

根据图2中潜变量间的关系计算得出城市居民福利满意度影响因素的效应分解表（表6）。从表6中可以看到：（1）制度设计是影响城市居民社会福利满意度的重要因素。制度设计通过了1%水平的显著性检验，并且制度设计对社会福利满意度同时存在正的直接影响和间接影响。一方面，其直接影响的路径系数为正，说明制度设计越科学、越公平，居民对社会福利政策的信任度就越高，社会福利政策的满意度就越高；另一方面，良好的制度设计能够有效降低福利需求满足缺口，并且通过需求满足程度的改善提高社会福利的满意度。（2）缩小福利需求缺口能够显著提高居民的社会福利满意度。福利需求缺口通过了1%水平的显著性检验，并且其路径系数为负，说明福利需求缺口越大，居民的社会福利满意度越低。在此，笔者还进一步考察了不同福利需求缺口程度居民对社会福利政策的满意度状况。笔者将福利需求缺口最大和最小的组别进行对比分析发现，需求缺口最大的群体对社会福利满意程度较低。这部分家庭对所有的社会福利政策不满意度（包括"不太满意"和"非常不满意"两项指标）都高于满意度（包括"非常满意"和"比较满意"两项指标）。而对于需求缺口最小组的家庭来说，除了医疗福利以外，其对所有福利政策的满意度都高于不满意度。这从另一个层面验证了结构方程模型的福利需求缺口越大居民的福利满意度就越低的结论。（3）预期对社会福利满意度有显著影响，其标准化路径系数为负，说明居民的福利预期水平越高，对现实福利状况的满意度越差。其原因在于：居民对社会福利的满意度评价不仅取决于福利需求的满足状况，而且也会受到居民对自身未来预期状况的影响，满意度是基于预期状况与实际状况之间差异做出的评估与比较的结果。如果居民感受到的实际福利状况能够符合或超过事前预期，则会感到满意；反之，若未能达到事前预期，则会感到不满意。（4）政策认知对社会福利满意度直接影响不显著，而间接影响显著为正。由图 2 可以看到，政策认知对居民社会福利满意度影响的直接路径系数为负，表明居民对福利政策了解程度越高则越容易不满意，这一点与假说相反。笔者认为之所以出现这种情况是因为，虽然居民提高社会福利政策的认知水平可以做出对自己更为有利的行为选择，但在实践中弥补这种信息劣势的过程也产生了另外一种效果，即居民发现当前的社会福利政策在执行过程中出现了偏差，而这种偏差在一定程度上违背制度设计初衷，政策执行效果与设计相去甚远。这必然影响到居民对福利政策的满意度评价。这表明，提高社会福利政策满意度的一个关键环节就是不仅要提高政策设计的科学性，还应该重视政策运行效果，要防止和纠正社会福利政策执行过程中出现偏差。另外，由于政策认知的间接效应显著为正，说明提高社会福利政策的透明度并加深居民对社会福利政策的理解对提高其满意度具有重要意义。

表6　城市居民社会福利满意度影响因素的标准化路径系数及假说检验结果

路径	预期关系	总效应	直接效应	间接效应	检验结果
H1：制度设计→福利满意度	+	0.711	0.671	0.040	成立
H2：福利需求缺口→福利满意度	−	− 0.245	− 0.245	—	成立
H3：预期→福利满意度	−	− 0.194	− 0.194	—	成立
H4：政策感知→福利满意度	+	0.093	—	0.093	部分成立

五　结论和政策启示

本文利用沈阳、阜新两市居民福利现状与福利需求的抽样调查数据，采用结构方程模型分析了影响居民福利满意度的影响因素。结果表明：制度设计对城市居民福利满意度影响最大，既有正的直接影响又有正的间接影响，但制度设计通过预期作用于福利满意度的间接效应并不显著；福利需求缺口对福利满意度具有负向直接影响，居民福利需求缺口越大，对政策的满意度越低，同时在制度设计对满意度影响中起到了中介作用；预期对福利政策满意度具有负的直接影响；福利政策认知对社会福利满意度直接影响不显著，但是通过预期对社会福利满意度具有正的间接影响。

以上实证分析结论对于我国构建"适度普惠型"社会福利制度，提高居民社会福利满意度和幸福感具有以下几点政策启示。

第一，应以需求为导向，科学设计社会福利制度。福利是一种需求满足的状态，"适度普惠型"社会福利制度建设应该以需求为基本导向。要通过建立多层次、全覆盖的社会福利制度适度满足各阶层特别是高福利需求缺口群体的福利需求，最大限度地缩小居民福利需求缺口。而在"适度普惠型"社会福利制度短期内不能完全建立的情况下，要坚持弱者优先原则，加大对社会弱势群体福利资源分配力度，普遍提高普通居民的福利水平和生活质量。

第二，加强社会福利政策宣传，多渠道为居民提供福利政策信息。短期来看，加大社会福利政策宣传力度可能导致居民发现政策执行偏差，降低社会福利满意度。但从长期来看，加强社会福利政策宣传既可以减少居民由于信息不对称做出对自身不利的行为选择，又可以引导居民形成理性的福利需求预期。同时，加强社会福利政策宣传还可以促进公众参与，预防和纠正社会福利政策实践中出现偏差。

第三，加强社会福利制度运行监管，矫正制度执行偏差。如果不关注基层实践的走向，一个好制度预期的结果可能截然相反。社会福利制度在执行中出现的偏差使其实践效果大打折扣，因此，社会福利制度要确保预期效果就必须加强制度运行监管。在社会福利制度实践中还应重视公众的参与，尤其要吸纳弱势群体参与决策，使其拥有知情权和发言权。公众有效的监督可以防止出现资金被滥用等偏差。

参考文献

彼得·M. 布劳，1988，《社会生活中的交换与权力》，孙非、张黎勤译，北京：华夏出版社。

陈志霞，2004，《社会满意度的概念、层次与结构》，《华中科技大学学报》第 2 期。

辜应康、曾学慧、汪彦，2012，《酒店员工满意度影响因素及其感知差异研究》，《企业经济》第 5 期。

贺伟、龙立荣，2009，《薪酬满意度的维度及其作用研究评述》，《软科学》第 11 期。

李宁宁、张春光，2001，《社会满意度及其结构要素》，《江苏社会科学》第 4 期。

尚晓援，2001，《"社会福利"和"社会保障"的再认识》，《中国社会科学》第 3 期。

王志刚、蒋慧明，2004，《关于中国员工个体特征对其公司满意度影响的实证研究》，《南开管理评论》第 1 期。

吴建平、胡涛，2011，《员工满意度：概念界定与影响因素分析——兼论当前员工满意度研究中的两个逻辑问题》，《中共福建省委党校学报》第 7 期。

吴舜洁，2011，《浅析科研院所科技人员的薪酬激励管理》，《中小企业管理与科技》第 10 期。

伍晓奕、汪纯孝，2005，《西方企业员工福利满意度研究述评》，《外国经济与管理》第 5 期。

于海波、郑晓明，2008，《薪酬满意度的测量、影响因素和作用》，《科学管理研究》第 2 期。

于海波、郑晓明，2009，《组织公平感对薪酬满意度的影响》，《科学学与科学技术管理》第 8 期。

俞文钊，2000，《管理心理学》，大连：东北财经大学出版社。

Gene L Theodori，2001，Examining the Effects of Community Satisfaction and Attachment on Individual Well-Being. *Rural Sociology*，66（4）.

Hair，J. F. J. r.，Anderson R. E.，Tatham R. L.，Black W. C.，1998，Multivariate Data Analysis. Englewood Cliffs，New Jersey：Prentice Hall.

作者简介

王磊　男

所属博士后流动站：中国社会科学院社会学研究所

合作导师：王延中

在站期间：2012. 12 ~

现工作单位：辽宁社会科学院社会学研究所

联系方式：liaodawanglei@ 163. com

城市网络人际关系嬗变对社会支持的影响：以扩散性动员为视角[*]

朱海龙

摘　要：在转型中国城市，政治参与正在网络社会中广泛形成。城市网络人际关系的特征与政治参与形成的扩散性动员的需求相拟合：城市网络人际关系的高密度、群簇化、多维连接和单一、非正式、弱关系的特性使得扩散性动员能够围绕特定事件获得广泛的社会支持，从而促进网络社会中集体行动的广泛发生、发展。

关键词：网络社会　人际关系　社会支持　扩散性动员

一　引言

在转型中国城市，一种特殊的社会现象正在兴起：网络社会中的政治参与极大地激发了民众的参与热情，网络社会中的政治参与此起彼伏，一波接一波。已有不少的调查研究证实：当人们遇到困难的时候更加愿意求助于网络。而国内外的实践证明，这一新兴的政治现象不但有着巨大的社会能量，其背后更是蕴藏着我们还没有探索到的逻辑与规则。无疑，网络社会对新兴的政治参与具有某种全面而重要的促进作用，这种巨大的促进作用是系统化

---

* 基金项目：湖南省哲学社会科学基金项目"网络社会中政治参与集体行为的动员和生成研究"（项目号 2010YBA166）；湖南省哲学社会科学成果评审委员会课题"网络社会中政治参与集体行动的动员和生成"（项目号 1011238B）。

的、复杂的和多元的。我们无法在这么一篇短短的论文中对其做全面的解构和分析。我们仅仅选择从其中一个方面的关系（即城市网络人际关系与社会支持之间的关系）对其探索，以求不断积累，最终达致对这两者相对清晰地了解和分析。对于其他方面的研究，本人也将逐步探索并分别著文。

二　人际关系、扩散性动员和社会支持

人际关系是指人和人之间的联系状态。政治参与是指公民通过一定的方式去直接和间接地影响政府活动或决策的集体性的社会行动，从本质上来说政治参与是一项集体行动。政治参与通过动员而得以形成。动员是指发动人参加某种活动，具有鼓动，宣传，激励等含义，凡是动员必有对象。根据动员的形式和特征，动员又分为博弈性动员和扩散性动员。扩散性动员不以直接参与集体行动为目标，但能为集体行动的生成和发展创造必要的社会条件。它与博弈性动员既相互区分又遥相呼应。扩散性动员主要发生在事件的爆发期，扩散性动员本身又具有一定的阶段性，它表现在塑造社会舆论、获取社会支持（影响非直接参与者的情绪、态度和行为等）、影响政府对事件的处理等方面。

因此，社会支持在扩散性动员的阶段链条中往往承前启后，且比较敏感。它接纳、引导社会舆论，推动政治参与向纵深发展，并最终可能影响政府的处理意见从而塑造集体行动发展的形态。社会支持是指不直接参与集体行动，但能够为集体行动不断提供人力、信息等资源，增加行动的合法性，缓解外部压力的社会体系。在新的网络社会的条件下，扩散性动员的作用和意义在上升，因为它能分化瓦解对方、争取第三方、团结相关方。社会支持来自两类人群：一种是普通的外围支持者。他们是基于本身的价值和情感以言论、态度、立场和行动倾向等方式非直接地介入集体行动，它主要是以一种社会集团的形式，表现出一种社会态度和社会压力，形成政治参与的主要潜在群体和未开发社会资源，他们不直接参与行动，当然也会在时机成熟的条件下转化参与形式，由间接参与转为直接参与，从而使得集体行动不断扩散和发展。另一种是作为支持者的社会精英。这些社会精英也与集体行动没有直接的关系，他们很有可能是出于价值和理念对集体行动予以理解和支持，尽管他们人数相对要少，但往往在社会支持的过程中扮演"关键第三者"的作用，因此尽管他们人数不多，但拥有普通支持者难以企及的社会资源、社会影响力和话语权。精英群体的支持行动往往预示着事件

转机的出现。

作为扩散性动员的一环，在现有的社会条件下，没有社会组织的支撑，人际关系在社会支持的塑造过程中发挥着核心作用。在传统社会中，社会支持之所以有限，无法形成集体行动所必要的社会规模，其重要的原因就在于人际关系的限制。而网络社会的形成及其中的人际关系的变化，使得广泛的社会支持成为可能。

三 城市网络人际关系促进社会支持

相对于博弈性动员过程中的利益相关者对自身的利益具有的天然敏感性和维权的冲动，扩散性动员过程大多与发生的集体行动没有直接的利益关系，至少这种利益关系是潜在的、模糊的。因此扩散性动员的形成和介入需要更为复杂的社会条件：除了要有强大的社会舆论外，还要有其他的条件。其中甚为重要的是要能够在社会舆论的导向下获得广泛的社会支持。一般来说，要形成有意义的社会支持，一方面需要集体行动的目标和行动本身来获得一定规模人群的理解和认同；另一方面他们要能够在理性人原则的前提下采取行动，因为在"机械团结"的社会中，没有强烈的社区团结感，理性化是态度和行动的基本准则。在城市网络人际关系的条件下，使得这两者皆有可能。

首先，网络社会人际集群、多维、实时化的联系方式为广泛的社会支持的获取提供了条件。在传统社会中，特定事件在直接范围上往往仅具有局部性的人际关系，更加广泛的外部社会对特定事件的了解是有限的，他们之间的联系更是受到自然条件和社会条件的双重限制，由此造成必要互动的匮乏。通常人们只有在理解和认同的基础上，才会对一社会事物表示积极明确的支持。因此在传统社会中，民众的参与行动很难得到外部更加广泛的社会支持，也就失去了发展的潜力和扩张性机会。所以有效的传统动员方式便是组织动员，一旦离开组织，较大规模的民众参与便无法成为可能。而高度组织化只有在两种社会条件下才有可能实现，一种是社会崩溃从而产生的革命性的社会组织，另外一种是成熟社会制度条件下的改良型的社会组织。如果离开这两种组织动员，则只有依靠自发的人际动员，这种自发的人际动员如没有特定的社会条件，效果便十分有限，大多慢慢消散了，另外一些则只有依靠社会中对抗性人际关系的自发积聚与变化，再在社会变迁的特殊时刻以偶然的形式爆发。因此在传统社会，一个具有主体和空间双重广泛性的参与行动总是难以形成，即使形成也是需要一个相对漫长的时间来积聚和发展，而且往往会是"零和型"的结局。

人际动员的基础是人际关系，它具有自发和自由生成的特点。城市网络人际关系本身所发生的巨变，必然会促使人际动员形式和效果发生巨变，并提升政治参与效果，产生全新的政治参与形式。在由传统社会向网络社会变迁的过程中，人际关系则由单向、慢速、线性向集群、多维、实时化方向转化。人际关系具有了巨大的自主性、创造性、自由选择性，进而实现了人际关系的自由再构，丰富而灵活，"一网网尽天下"，处于网络社会中的人群成为一个联动的有机群体，每个身处其中的人都是一只能扇动飓风的小蝴蝶。网络社群主要有以下几种：（1）临时社群，如 BBS 中围绕某条帖子形成的树状话题结构的社群；（2）高密度的社群，一些博主与每天浏览他的博客（微博）的人们；（3）相对固定的社群，如社区 QQ 群，亲友 QQ 群，同学 QQ 群，以及围绕博主交互互动的人群等（肖培，2010）。网络社会中，人们能轻而易举地实现在不同的社群圈子里进行大规模的信息交流和沟通，实现真正的"天涯若比邻"，外部没有直接关系的公众能够被迅速地动员到特定事件中来，人们足不出户就可以了解到自己关心的社会热点（朱海龙，2010），一个特点事件一旦形成社会焦点，便可以轻易地获得规模化的社会支持群体。

同时，网络社会中这种特有的人际联系使得支持行动无须付出巨大的个体代价和成本。在网络社会中人们可以用较低的代价贯彻自己的理想和实现自己的价值，他只需要在合适的空间和时间维度里，以自己社会资源和行动能力为基础，在日常的工作和生活方式的基础上采取具有一定惯习性的行动：普通人士只要摇旗呐喊便能为集体行动聚集人气，人大代表和政协委员则可以直接提案，专业人士则可以提供自己的专业判断，社会精英则可以施加自己的社会影响力。比如我们看到在厦门 PX 事件中的厦大教授、全国政协委员就直接组织了 100 多位委员的提案；孙志刚事件中，远在千里之外的北京的多位教授联名上书人大要求废除收容法等（朱海龙，2011a）。他们都不是直接的参与者，却能较准确地了解和认识特定事件，并根据自己的资源和条件采取对策，从而对整个事件产生巨大的社会影响。

其次，网络社会中人际关系具有单一的非正式特征，对社会支持的广泛获取具有巨大的促进作用。由于具有单一性，大家并没有传统"机械团结"中千丝万缕、错综复杂的社会矛盾和纠葛；同时由于非正式性，网络社会中实现了人际关系选择的最大程度的自由和自主。这样在网络中因为某种

"际遇"相会的人往往是"单面人"，彼此的不同和矛盾被网络隐匿，而共同的兴趣和关注却非常容易指向一个集中的焦点，合成集体行动的向心力，从而在相互的弱关系基础上却演绎出针对某一具体事件的统一的强关系社会支持联盟。尽管这种弱关系可能是暂时的，也是容易弥散的，但它具有足够的社会影响力和动员能力，在特殊的社会条件下，它也有可能向更强、更严密和更全面的组织化方向发展。

在"机械团结"的人际社会中，人们很容易全人格地投入进来，这一方面可以巨大地增进动员的强度和力度，但又从另外一个方面孕育了巨大的动员危机：一方面所有的"机械团结"几乎都伴随着内部的竞争、矛盾和斗争，彼此的日常联系既为情感的联络和关系的增进提供了无与伦比的方便，同时这也为彼此存在的矛盾和冲突提供了温床；另一方面这种"机械团结"也容易掩盖、压制各种冲突，即所谓的"相忍为党"。这种压抑其实就是内部不断膨胀的气囊，在一定情况下自己还会破裂，更难以同心协力对外。尤其是在缺乏共同的社区规则和社区组织凝聚的市场化和原子化的社会中，人们更加分散而不能相互团结，人际动员便失去了基础。

同时在"机械团结"的人际社会中，社区中的精英分子被卷入到政府主导的特定强制性协作团体的情形甚为普遍，很难从中摆脱出来。社区人际关系结构非常容易形成达伦多夫所谓的"强制性协作权威结构"，即使一些起于垄亩的"草根精英"在获得一定的社会声望和地位后，也容易受到不同的人际脉络限制，乃至被俘获，从而限制动员与行动。尤其是在官僚科层制社会，如当代转型中国的乡村社区中，商业利益集团通过俘获社区精英从而瓦解社区内的集团抗争成为他们屡试不爽的法宝。

但在网络社会中人际关系具有单一性，人们可以隐匿自己真实社会角色的一部分或者全部，人和人之间的关系由面集中到线，甚至到点。因此在现实世界面对面交往时起重要作用的身份、角色、地位的矛盾和冲突在网络社会的人际交往中大大减少或者消失了，网络社会中人际关系建立在符号信息的基础上，具有某种物化的性质（朱海龙，2011b）。正如恩斯特·卡希尔所说："人是符号的动物"（2004），网络社会的人际联系主要是不具有复杂社会背景的信息符号，这种单一的联系也避免了彼此日常的、总体性的矛盾，虽然个体是有限地卷入，但总体可以在特定时间和空间里形成一种强关系的协作团体。这种强关系的协作团体与达伦多夫的"强制性协作团体"恰好具有相对性，它单一而集中，围绕特定事件，忽略（实际上也不大可能认知到）其他矛盾的存在，彼此仅仅由于共同的兴趣和关注点对特定事件采取沟通性的行动，避免了其他常见的矛盾，因而能相互激发，循环前进，把参与行动不断推向新的起点。

同时，城市网络人际关系的非正式性使得集体行动的人际动员具有了更大的自主性、创造性和自由性。因为这种非正式关系在网络社会中显得简单、透明，以它为基础的集体行动的动机和目标简单、具体、有限，它是一种"现实性冲突"，而非"零和式斗争"。由于没有"机械团结"社会中的情感、角色、责任和期望等的约束，分散的、非正式的支持行动更具有公共性。因此分散在网络社会中的支持人群相互有联系却彼此没有牵制、集体压力或者集体制裁，激发"非理性化"张力的"广场效应"因此受到限制，也使得集体行动更难超越"公共理性"的界限，甚至可能更多地吸纳公众的情绪、意见和观点。反过来它也在促进内部团结的同时获得社会认同，使得不同社会背景的人士可以在特定事件中形成分散但统一的认知、态度和行动倾向，虽然彼此总体上并不十分了解，规范也未十分清楚，且各自分散为战，但目标大致统一，相互有限合作，且能通过网络社会中实时的信息传递，形成一种总体互动、共振的支持性社会体系（朱海龙，2011a）。

再次，网络社会中弱联系为基础的关系网络构建了特定事件中的社会支持网络。一般来说，传统的社会冲突是建立在强关系的基础上，所谓的"上阵父子兵、打仗亲兄弟"，它们的支持网络往往是建立在以血缘、地缘、业缘、友缘等为基础的强关系群体之上。他们由于有着共同的利益基础、集体记忆和共享的价值观念、经历等而形成"机械团结"。无疑，强连带关系是"机械团结"的基础。因此这种建立在"机械团结"基础上的社会冲突往往具有如下特征：一是破坏性强，冲突的程度高；二是卷入的程度深；三是持续时间久；四是排外性明显（朱海龙，2011a）。这种冲突模式的动员结构与传统社会的人际关系密切相关。

这种建立在"特殊关系"基础上的强关系网络，由于对内团结，对外排斥，往往包含大量的非理性因素，与现代化、市场化的个体型社会不相适应。因此，透过强关系所产生的信息通常是重复的，容易自成一个封闭的系统。它往往内部循环较为充分，而对外沟通和交流不足，在更广大的社会公众看来，他们更多的是追逐私利，或者追求小群体利益的表现，甚至还与社会公共利益相冲突，因而无法得到更广泛的社会公众的支持。扩散性动员失去了人际关系的支撑，则无法有效进行，甚至无法形成（朱海龙，2011a），而没有了扩散性动员的集体行动是无法真正持久或者扩展的。

但在网络社会中最常见的人际关系并不是"强关系"，而往往是"弱联系"。这些非直接的利益相关者是分散于社会各个角落，平时几乎没有也不太可能有联系，只有在特定事件发生后才因为有了共同的关注点并经由网络才发生了联系，但这种联系是具有公共性的"普遍性"关系，集中在一个焦点（朱海龙，2011a）。因此"弱联系"虽然没有"强关系"那样坚固，却与扩散性动员的人际关系需求相拟合，满足了它存在和扩展的需要（朱海龙，2011a），因而具有非常强大的动员能量和效率，极大地促进和推动了网络社会中的人际动员。"弱联系"的这种动能被格兰诺维特称之为"弱连带的威力"（Granovetter，1973）。

在特定事件的发生过程中，"弱联系"在网络社会中人际交流和沟通的过程中发挥了关键性的作用，是网络社会中参与者之间及其与外界沟通的桥梁，以前受阻于自然和社会条件限制的不同地方、不同背景的人群通过网络社会中的"弱联系"开始了沟通和交流，通过信息的自动筛选和传播的扩散效应，使得更多的人在了解的基础上支持政治行动，形成一个更加广泛的社会支持网。因此当动员者通过网络向几乎是完全陌生的人群发布信息的时候，他就如一只扇动翅膀的"蝴蝶"（朱海龙，2011a），激活无数无形的社会联系，并引起一连串的反应，在无法预料的地方形成新的参与热点与焦点，甚至隐匿于网络社会群体中的政府内部人员都有可能参与其中，并成为推动特定事件变化和发展的"突变"力量。因此也可以这么说，网络社会中的"弱联系"有多广，决定了集体行动的空间有多大。因为正是这种广泛存在的"弱联系"使得网络社会中方方面面的人群得以动员起来，增加了动员的多元性、社会性与合法性，形成一个庞大的支持网络（朱海龙，2011a），这个网络能超越政治群体内部的资源、信息与合法性等的限制，为动员与行动的不断扩大与发展提供了可能。

四　结语

本研究将动员区分为博弈性动员和扩散性动员，认为在新的网络社会的条件下，扩散性动员在集体行动过程中的作用和地位在上升，它促进了城市中新型政治参与的广泛形成和发展。因此，以前关于集体行动动员的研究主要集中在狭义的资源动员，本研究则根据网络社会中动员的新特征——狭义的资源意义下降，将动员的对象定位于非直接参与者——社会支持体系。社会支持可以持续扩展集体行动的范围，不断增强集体行动的社会影响力，源源不断地为集体行动提供人力和信息支持。因此虽然支持者并不直接卷入行动，但其却能在外围不同战线和位置协助直接行动者实现行动目标，形成集体行动的"第二条战线"。在现有的社会条件下，作为扩散性动员过程中关键的一环，只有获得广泛的社会支持，集体行动才会从条件变为现实。

　　而动员从本质上来说就是人际互动，没有了人际联系的确立，社会支持便成了无源之水，无本之木。人际关系的形式和特征对社会支持有着巨大的塑造作用或者结构性限制。政治参与作为集体行动同样离不开广泛的社会支持，尤其是在中国传统的"强政府、弱社会"的条件下，社会支持是政治参与生成和发展必不可少的条件。人们之间的关系及其在此基础上形成的群体成为集体行动的关键。而城市网络人际关系增强，并赋予其新的特征：人际关系的高密度、群簇化、多维连接和单一、非正式、弱关系的特性使之形成一个分散的、潜在的、无形的"类有机体"，它能够突破传统社会条件的种种限制，及时地获取广泛的社会支持，从而有效地实现扩散性动员，使得集体行动在无组织的社会状态下能够不断发生、扩展并持续，进而有可能促进集体行动目标的最终实现。

　　因此，网络并不仅仅带给人们信息传播方式的变化，从根本上来说它改变了城市人际关系的结构与形态，从而形成了一个全新的社会形态——网络社会。它不再是通过作用于生产力进而间接作用于生产关系，而是直接作用于社会关系，极大地改变了人际关系的结构及其属性，使得人们之间的日常联系发生了革命性的"突变"，为广泛、及时并有效的人际动员奠定了人际基础。因此促进了扩散性动员的广泛形成，也从某种意义上说明网络社会中集体行动的发生具有一定的必然性。随着网络对人际关系的进一步促进，我们可以看到未来它的发生和发展将更加常态化、宏观化，很有可能成为维护社会稳定的"安全阀"或者促进社会变迁的"发动机"。

参考文献

卡西尔，2004，《人论》，甘阳译，上海：译文出版社。

肖培，2010，《互联网成新舆论场》，《新闻与写作》第 4 期。

朱海龙，2010，《网络社会信息嬗变对政治参与动员的影响》，《湖南师范大学社会科学学报》第 3 期。

——，2011a，《场域、动员和行动：网络社会政治参与动员研究》，上海大学博士论文。

——，2011b，《人际关系、网络社会与社会舆论》，《湖南师范大学社会科学学报》第 4 期。

Mark Granovetter，1973，The Strength of Weak Ties.，*American Journal of Sociology* 78 (5).

作者简介

朱海龙　男

所属博士后流动站：中国社会科学院社会学研究所

合作导师：李培林

在站时间：2011．12 ~

现工作单位：湖南师范大学期刊社，公共管理学院

联系方式：zhhl59@126．com

底层视角及其知识谱系[*]：
印度底层研究基本进路的检讨

王庆明

摘　要：文章立足中国对印度的底层研究进行了知识社会学检讨。与印度底层研究重塑底层历史、批判后殖民主义意识形态形塑下的精英主义史观不同的是，当下中国的底层问题主要关涉改革开放以来社会结构变迁和社会分化的事实及其后果。中国学界经由维权抗争来观看底层行动逻辑以及对底层行动是否具有"政治性"的争论，仅触及问题的一个方面。如何开放底层讲述的空间，倾听底层的微声，记录底层的言说，并从日常生活世界中把握底层的形象，实现将底层民众的日常生活作为学术知识生产和再生产的基础性资源，则是问题的另一方面。这是印度底层研究对我们的重要启示，也是实现将处理印度底层的"历史问题"的理论框架运用到分析中国底层的"现实问题"中来的前提。

关键词：底层视角　知识谱系　印度底层研究　知识社会学

一　导言

自 20 世纪 90 年代以降，中国底层社会的问题逐渐受到研究者的关注，

---

* 本研究得到国家社会科学基金项目（项目号 09CSH026）、中国博士后基金项目（项目号 2013M530823）、辽宁省高等学校杰出青年学者成长计划项目（项目号 WJQ2012012）和沈阳师范大学引进人才项目的资助，特此致谢。本文最初发表于《社会学研究》2011 年第 1 期，第 220～242 页。

而中国学界对底层问题的关注是在两种不同的路向上展开的：一种路向是以社会学家为代表，从社会分化和社会分层的视角提出20世纪90年代以来中国大规模的底层社会的浮现以及底层群体利益表达机制的缺失（孙立平、李强、沈原，1998；孙立平，2002；李强，2000），但这种观照的落脚点主要还在于"分层"而非"底层"；另一种路向则是，几乎与此同时，中国知识界开始引入詹姆斯·斯科特（James Scott）和印度底层研究（subaltern studies）的理论和概念分析工具，并运用这些理论概念分析解释中国的底层现象。然而，底层研究的这两种学术路向之间并没有必然关联，前一种路向从社会分层、社会不平等的意义上观照"底层"，主要关注点在于宏观的分层结构，而后者则从抗争性政治和反抗性策略出发更关注微观的行动逻辑。但底层研究的这两种学术路向及其观看底层社会的不同视角为我们理解中国底层社会的问题提供了重要基础。

　　但需要指出的是，在底层研究的后一种学术路向内部，印度底层研究和斯科特的研究都自成体系，几乎没有实质上的对话和交流[①]。而且，虽然斯科特和印度底层学派的理论几乎被同时引入中国知识界，但二者却有着不同的知识境遇。一方面，对于斯科特的"生存伦理"（subsistence ethic）、"道义经济"（moral economy）、"弱者的武器"（weapons of the weak）、"隐藏的文本"（hidden transcript）（Scott，1976，1985，1990）等概念工具的理解和运用，在中国知识界已经形成相对统一的认识（郭于华，2002、2007；于建嵘，2004，2008a；折晓叶，2008等），并且这种"共识"随着斯科特本人与中国学界的直接而深入的对话而得到进一步加强（王晓毅、渠敬东，2009）。另一方面，中国知识界内，不同学科对南亚底层研究学派的关注和运用则明显不同。文学主要关注民族主义、后殖民主义的历史书写（writing）和话语（discourse）表述（刘旭，2006；陈义华，2009），历史学对印度底层研究秉持的方法论、历史观以及女性主义主题更为强调（张旭鹏，2006，2009），而政治学和社会学更倾向于将底层研究的概念理论化为分析工具以及将底层史观拓展为经由微观底层个体切入宏观社会结构的"底层视角"（应星，2007；郭于华，2008a；张海东、王庆明，2009）。印度底层研究者试图从民族主义精英和殖民主义精英合谋的历史编纂中拯救底层历史的努力，在知识进路上表现为他们一开始就试图对西方学术话语进行

---

①　徐小涵（2010）对斯科特和底层研究学派的对比性述评为实现这两种"对抗性"政治的对话做出了努力。

本土化的改造，在西方为主位的社会科学研究中，印度底层研究构成了一个显眼的"异类"，对嵌生于西方中心主义思维中的社会科学构成了重要冲击。而对于"共享"移植性品格的知识背景的中国社会科学而言，本土化和自主性同样是中国知识界的使命与担当。但与印度知识界以殖民主义的知识宰制为预设的知识情景不同的是，中国的底层问题不是"历史问题"而是关涉社会公正与社会稳定的"现实难题"。而与印度底层在历史叙述中的话语缺失相似的是，在中国的现实当中，社会底层同样无法挣脱"被表述"的命运。由此印度底层研究者逆历史纹理来发现并重写底层历史的努力和中国学者试图"倾听底层的声音"（郭于华，2008b）的诉求在理论关怀上是共通的。

由此，我们不得不直面的一个问题是：如何将处理印度底层的"历史问题"的理论框架运用到处理中国底层的"现实问题"中来？抑或说如何将中国学术界底层研究的两种学术路向统合起来？这不仅关涉如何从"底层史观"到"底层视角"过渡和转换的问题（王庆明、陆遥，2008），而且更重要的是如何有效实现将底层民众的日常生活作为学术知识生产和再生产的基础性资源，以达至底层研究的两种路向的融合。要实现这一目标我们不得不反思：既然中国现实中底层群体的话语缺失和印度历史中底层缺席的命运如此相似，那么作为研究者我们应该如何对此保持一种必要的反思性？印度底层研究在此方面到底对中国底层研究有何启发和借鉴？中国当下的底层研究的误区究竟在什么地方，会造成什么样的后果，又该如何超越？

在这样的问题指向下，我们有必要对印度底层研究的基本进路进行知识社会学的检讨。鉴此，我们这里主要追问三个方面的问题：其一，印度底层概念的含义以及界定底层概念的知识依凭与社会基础为何？其二，印度底层研究关注的基本问题是什么？其三，印度底层研究学派主要采用什么样的理论框架分析问题，这种分析又面临哪些批评？尔后，我们试图思考，中国知识界除了对印度底层研究的理论和知识的借鉴外，是否更应该反思我们提出问题的方式？

二　"底层"概念的厘定：社会基础与知识依凭

印度底层研究兴起于20世纪70年代末，它源于一些南亚印度知识分子对后殖民主义意识形态形塑下的精英主义史观的反思与批判，对此贡献最大的当属印度加尔各答社会研究中心。该中心在 20 世纪 80 年代初是当时少数几个在大学体系之外设置的专门研究机构之一。此机构最初由来自印度、英国和澳大利亚的 8 位研究者组成，除了首创者印裔澳大利亚历史学家古哈（Ranajit Guha）年近花甲外，其余几位研究者皆为二十几岁的年轻人，这种独特的人员结构是"底层研究小组"（subaltern studies collective）① 的特征之一。1982 年底层研究小组的一组研究南亚农民社会的著作以总题《底层研究》发表，到 2005 年已陆续出版了十二卷本的《底层研究》。底层研究团体在学术场域的影响也由历史学逐渐渗透到整个人文、社会科学领域，在空间上的影响也由南亚扩展到欧美、拉丁美洲和东亚等地，并且对西方为主位的社会科学的话语结构和理论定式形成了重要冲击，正是在这个意义上该研究小组被称为"底层研究学派"。

底层研究学派对中国知识界也产生了重要的影响，并且这种影响随着底层研究学派著作的译介以及该学派成员对中国的访问而日增。虽然国内已有针对印度底层研究的综述（陈燕谷，2005；秘舒，2006；王庆明、陆遥，2008；陈义华，2006；张旭鹏，2009），亦有从底层抗争视角进行的述评（陈鹏，2009；徐小涵，2010），然而，既往这些学者的努力多从文本出发，尽量翔实地梳理底层研究的文献，本文试图从问题出发来勾勒底层研究的基本进路，并在此基础上追问底层研究的问题指向和理论抱负。而要实现这个目标我们首先需要对"底层"这个概念作清晰的厘定和系统性的分析。

底层研究学派的一个重要概念武器就是"Subaltern"，对"Subaltern"的中文译法有"底层""下层""底下""属下""从属""庶民""贱民"等②。此概念是印度底层研究者从安东尼奥·葛兰西（Antonio Gramsci）那里借来的，在《狱中札记》中葛兰西使用"底层阶级"（subaltern class），并指出

---

① 这里需要交代的是，无论是印度加尔各答社会研究中心还是底层研究小组其实都不是严格的组织化的学术机构，因为从一开始就是"松散的学术共同体"。这主要表现在：其一，所谓的底层研究小组从一开始就不是团结在"一个中心"。作为这一研究小组的倡导者和核心人物古哈本人在退出政坛后主要是在英国而非印度从事学术研究和教学，而且古哈在英国有一个小的学术团体，而底层研究小组的另一个中心则设在印度的加尔各答。其二，底层研究小组内部的成员由最初的 8 人发展到后来的 15 人，他们无论是在出身、地位以及政治立场上都具有很大差异。其三，虽然《底层研究》已经出版了十多卷但从来没有为"统一共识"在出版前开过一次会议。但恰恰是这种相对松散且共享的结构组合促成了他们在客观上的知识团结（查特吉、陈光兴，2000）。

② 本文对"Subaltern"沿用"底层"的中文译法，但出于对既往研究文献和译者的尊重，在引文中若有与此译法冲突之处仍会遵照原文。

资本主义对底层的支配需要在文化上得到底层的认可。然而葛兰西并没有对底层的概念给出一个清晰的理论界定，只是在《意大利历史笔记》一节里提出6点纲领性的规划："1. 在经济生产领域的发展和变化的作用下，底层（庶民）社会集团的客观形成；他们在数量上的扩散及其与早已存在的社会集团之间的渊源关系，他们在一段时期内保存着这些集团的心态、意识形态和目标；2. 他们积极或消极地加入统治政治阶层，为了坚持自己的要求而试图影响这些阶层的纲领，他们所做的这些努力在分化、改造和新生过程中的决定作用；3. 旨在保住底层（庶民）集团的首肯并维持对他们的控制的统治集团的新政党的诞生；4. 为了坚持对部分有限地位的要求，底层（庶民）集团自身所造就的阶层；5. 那些维护底层（庶民）集团自治权（在旧体系内部）的新阶层；6. 那些维护整体自治等等的阶层"（葛兰西，2000）。印度底层研究学者试图以葛兰西的理论及其设想作为推进底层研究的指引，古哈在《底层研究》第一卷的序言中就指出："我们无法期望本系列的文稿哪怕只是在些微的意义上能够与安东尼·葛兰西在其《意大利历史笔记》中设想的六点规划相比拟"（古哈，2005a）。但他们确实是力图贯彻葛兰西的思想理路。

对于葛兰西的底层概念，底层研究学派的另一个重要人物查特杰（Partha Chatterjee）[①]认为，他是在两个层面上使用"底层"这个概念的。其一，用做产业无产者的代名词。葛氏强调的是资产阶级在获取权力的过程中，不单通过国家机器强行获得支配地位，而且把市民社会的文化和意识形态制度转化为对整个社会的领导权，这种领导权甚至是在底层阶级认可的过程中得到的。其二，葛兰西是在前资本主义社会结构中讨论底层阶级问题的。他指的是在以阶级分等级的社会里，占支配地位的阶级和从属阶级之间更一般的关系。葛兰西对欧洲马克思主义者对农民的文化、信仰、实践活动以及政治潜力的否定和不予重视的态度持严厉的批评立场。与这种态度相反，他在札记中谈到农民的宗教信仰和实践的独特性质、他们的语言和文化产品和他们的日常生活和斗争，并谈到革命的知识分子研究和理解农民的必要性。他也着重指出了与统治阶级的整体性的、独创性的和具有活力的历史动力机制相比，破碎的、被动的和依赖性的农民意识的局限。正是基于对葛兰西"底层阶级"概念的这两点判断，印度底层研究学者在因应印度历史

---

① 对 Partha Chatterjee 有查特吉、查特杰、查特伊等不同译法，此处笔者行文时统一采用查特杰，文内引文则与所据译本的署名保持一致。

状况的前提下对葛氏的底层概念提出了修正。

古哈在《底层研究》第一卷的序言中指出，底层这个词"指南亚社会中处于从属地位的下层的总称，不论是以阶级、种姓、年龄、性别和职位的意义表现的，还是以任何其他方式来表现的"（Guha，1982）。古哈在《论殖民地印度史编纂的若干问题》一文中又对"底层"、"精英"和"人民"的概念做出了一步的说明。"精英是指外来的和本土的有权势的集团。外来的势力集团包括所有的非印度人，主要指英国殖民政府的官员和外国企业家、商人、金融家、庄园主、地主和传教士。本土势力集团包括在两个层次上发挥作用的阶级和利益集团。从代表印度层次的意义上来讲，他们包括那些最大的封建权贵、工业及商业资产阶级中最重要的代表人物，以及那些进入官僚政治最上层的新的本土成员。从地区和地方层次的意义上来讲，他们代表的阶级和其他的构成有属于前述的代表印度层次的势力集团，或是虽然属于社会等级次于那些代表印度层次的势力集团的成分，但却是按照后者的利益行事，而并不体现他们作为一种社会存在的真实自我利益"（古哈，2005a）。古哈也意识到由于地区发展的不平衡以及内部结构的复杂性"后一种精英的构成是多种多样的，并由于地区经济和社会发展的不平衡，他们在不同的地方构成也不一样。同一种阶级或社会成分，按照上述定义他们在某一地方属于掌权势者，而在另一地方可能属于被统治者。这可能并且也的确造成了在社会立场和联合问题上的一些模糊性和矛盾"（古哈，2005a）。

在对精英概念界定的基础上，古哈直接对底层的概念范畴进行了厘定："包括在这（底层）范畴内的各种社会群体和成分，体现着全体印度人与所有那些被我们称为'精英'的人之间的统计学上的人口差别。"那些在特定的环境下为"精英"办事而被划分在地方或地区层次的势力集团内的较小的乡绅、破落的地主、富农和上中农也被古哈列入底层的范畴。在这个意义上，古哈指出其使用的"人民"与"底层"在词义是相同的（古哈，2005a）。在笔者看来，如此定义的"底层"与其说是具有分析工具意义的理论概念，毋宁说仅仅是描述性的人口范畴。

古哈对底层概念的界定以及对这个概念的补充说明至少存在两个方面的问题：首先，也是根本的一点，古哈是根据"精英"来界定"底层"——和精英之间的统计学上的人口差别，换言之，不具有精英特质的人就可以称为底层，即除了精英都是底层。这种以精英为参照的简单二分的界定，逻辑上忽视了底层具有独特的文化特质和自主意识，虽然这是底层研究者自己"宣称"并信守且力图证明的，可以说古哈无意中又跌入了精英主义话语预设之中，单就概念的界定而言，范畴上既不周延，逻辑上亦不严整。其二，这种对概念界定的模糊性——当然这一点被古哈自己所承认，尤其是将那些与精英关系暧昧的地方势力集团也囊括到底层概念的范畴之中，即使底层研究者证明了其所谓的"底层"在反殖民主义的民族运动中具有政治性、自主性，这同样也可以被视为民族主义精英的动员——在一定条件下这些地方势力集团为精英工作，这为民族主义精英将底层的自主性转述成其自身的"能动性"留下了口实（王庆明、陆遥，2008）。

其实在底层研究学派内部，也有学者对底层概念的界定提出了异议。查特吉（2001）指出，"底层这个概念作为一种活跃的历史动因。对底层历史的深入研究表明，底层既在殖民统治和民主主义政治的领域之外，又在它们之内。就'之外'而言，它保持了自主。但它也进入了那些领域，参与到它们的进程和制度之中，并因此改变了自身。"有论者也指出以往底层研究者尤其是古哈对底层的界定是从"权力"关系即"统治－被统治"或"治理－被治理"的维度展开的。这恰恰是底层概念的范畴模糊不清的根由，底层作为一个分析性概念若以掌控权力与否来界定，那其范畴自然会既可能包含剥削者亦可能包含被剥削者，而取舍的标准就是从社会、文化和政治角度看个人是否处于"统治地位"。由此他们提出在权力维度的基础上，应该加入阶级分析的视角以避免将剥削者归入底层范畴这种错漏（萨夫里，2007）。

对于最初的底层研究而言，底层概念范畴的模糊似乎并不是问题的关键，因为这并不代表他们研究主题和理论指向的模糊性。以历史学家为主导的底层研究小组在20世纪80年代关注底层历史记述和话语的缺席，而这种缺席在精英主义的历史编纂学那里并不构成问题，因为无论是殖民主义精英还是民族主义精英都认为底层并不具独立的意识更奢谈政治的独特性了。由此印度的近现代史就构成了殖民者治理的历史和民族精英在殖民主义框架下动员民众抗争的历史。偶有关于底层的记述也是作为历史的"污点"而非"正史"（good history）存在。这与福柯关注的"历史的无名者"在逻辑上是一致的。当福柯某一天坐在国家图书馆阅读18世纪的拘留纪录时发现，只寥寥几句就展现了一个完全微不足道的悲惨生活，而其他普通的千千万万的存在者往往在历史上根本没有留下一丝痕迹。而在历史上偶有踪迹的普通人也多是与当时权力反抗后的负面记述。对于这些普通的身份复杂、无所不包、以致难以命名的、在历史上曾真实存在而又没有痕迹的人，福柯只好称他们为"无名者"。福柯认为自己应该担当起一个"历史的重任"，就是收集无名者稀少的残迹，并努力将这些残迹聚合在一起，创造一部描述这些面目不清的人的"传奇"（福柯，1999）。

与福柯试图创建"无名者"的传奇相似，南亚这些底层研究者则试图摆脱殖民主义和后殖民主义意识形态形塑下的精英主义框架，并重建自己民族的历史，而这种历史的重建是以努力"发现"和重新"书写"殖民统治时期底层民众反抗历史的政治性为突破口的。同样的，底层研究者采用了福柯对微观权力系统的分析理路并"以掌控权力与否"来划定底层概念范畴的边界，尔后又将之运用到对底层抗争行动逻辑的分析上。

综上所述，印度底层研究学派对底层概念界定的社会基础和知识依凭都表现出鲜明的立场和特征。首先，从社会基础来看，20 世纪 80 年代的底层研究者对底层概念界定的社会基础源于两个方面：一方面是殖民主义和民族主义共谋的精英主义的历史记述，所以古哈等学者将底层的范畴界定为"与精英的人口统计上的差别"，在这个意义上普通民众或"人民"就是底层的同义词；另一方面，20 世纪 80 年代印度底层民众的社会运动开始呈现出独立议程的特征，但这种现象仍然被精英主义的话语方式所遮蔽。所以如何重新理解"底层"的历史地位就成为重构印度殖民统治时期民族历史以及重识当下底层行动的一个基点。正是在这种意义上底层被界定为除了精英之外的人。当然一如精英界定的模糊性一样，底层的界定也随之模糊起来。

再则，从底层界定的知识依凭来看。对于《底层研究》的知识谱系，很多评论都习惯地将底层研究置于三种"后学"（post-ism）——后结构主义、后现代主义和后殖民主义的框架之下来理解。底层研究确实受到法国结构主义以及后结构主义的影响，对于后现代主义和后殖民主义的影响主要表现在印度底层研究小组对赛义德（Edward W. Said）的东方主义理论图示的发挥和拓展。而单就"底层"概念的界定而言，印度底层研究以掌控权力与否为标准，采用"支配 - 被支配"、"治理 - 被治理"的权力分析模式来划定底层概念的范畴，这里我们更多地看到了福柯的知识谱系。然而，从底层研究的脉络之中我们也能看到马克思主义思想的重要痕迹。除了被冠之以"西马"或"新马"之名的葛兰西对底层概念以及底层研究理路的直接影响外，马克思、毛泽东的思想，以及克里斯托夫·希尔（Christophef Hill）、汤普森（E. P. Thompson）、霍姆斯鲍姆（Eric Hobsbawn）等英国马克思主义历史学家都对南亚底层小组产生了重要的影响。[①]

对于《底层研究》为何没有将马克思的阶级分析模式贯穿其间，其原因除了底层研究内部的"自由松散"以及仅仅发表大家共享的知识观念外[②]，一个直接的原因就是古哈等底层研究者试图与印度左翼尤其是学院派马克思主义者划清界限。因为印度主流的马克思主义立场与民族主义精英的立场很近切，所以《底层研究》最初的使命之一就是质疑和批判印度主流马克思主义中强势的民族主义观（查特吉、陈光兴，2000）。虽然南亚底层研究小组与印度学院派马克思主者有清晰的界限，但并不能否认马克思主义理论对底层研究的影响。

在厘清了底层的概念以及界定底层概念的社会基础和知识依凭之后，我们需要思考，印度底层研究学者因应当时的社会基础并以权力分析的知识谱系来界定底层的概念，其背后到底要关注什么样的问题呢？

三　底层的政治性及其来源：方法论与
认识论的双重困境

面对殖民主义精英和民族主义精英系统的、完整的历史记述，南亚底层研究学者只能从历史的缝隙中来捕捉或窥见底层的痕迹。底层研究者试

---

① 马克思主义理论对南亚底层研究小组的影响是多方面的。底层研究小组的创始人古哈本人曾多年以共产党的身份从事工作，他先加入在印度的共产党，后加入法国的共产党。1956年之后，不惑之年的古哈退出共产党开始进入学术圈专事研究。毛泽东思想对20世纪70年代的印度左翼运动产生了直接而重要的影响，底层研究小组的另一个重要人物查特杰身边的很多朋友在20世纪70年代加入了印度重要的左翼组织"毛派团体"（the Maoist Groups），这对查特杰也产生了重要的影响。尽管底层研究小组内部每个学者的政治观点各异，但查特杰坦言，在《底层研究》中有一种强烈的毛泽东思想的特点，尤其是早期底层研究者都以殖民统治时期的农民起义为主题的时代，所以不少批评者认为在《底层研究》中可以找到一种对并未发生的农民武装起义的浪漫的怀旧（查特杰，2001）。除此之外，在方法论上，底层研究也受到英国马克思主义历史学家"自下而上的历史"（history from below）的影响，如霍姆斯鲍姆（2001）笔下"非凡的小人物"以及汤普森（2001）倾注全力写作的"英国工人阶级的形成历史"。但印度底层研究的方法论和历史观既不是"自上而下"亦不是"自下而上"的，而是站在底层立场上出发的"底层史观"。

② 虽然底层研究小组内部的成员是相对自由和松散的，但他们也有彼此共享的一些机制：首先，他们都有共同的研究主题，20世纪80年代初期都曾以南亚农民起义为主题并以证明底层的政治性和独立性为目标指向。其次，他们的研究成果以共享的刊物《底层研究》集体发出来。再次，《底层研究》上只发表底层小组成员彼此认可的言论，而这种彼此认可并不关涉政治立场，其共识仅仅限于知识场域之内。最后，底层研究小组的成员虽然可以有不同的政治立场，但不参加任何的政治组织和运动，只限于学术性批评和知识性支援。

图站在底层的立场对后殖民主义意识形态进行批评，这需要将底层确立为历史主体，并必须证明底层民众在历史进程中的自主性。所以查特杰在回顾底层研究的发展历程时指出：最初底层研究都把焦点集中在两个主要的问题上：第一个问题是殖民主义和民族主义精英的政治目的和手段与底层阶级的目的和手段有何不同；第二个问题是底层意识的自主性（查特吉，2001）。

南亚底层研究小组一再强调，其所关注的底层问题并非是他们建构出来的而是特殊历史背景下的产物。底层研究小组的领军人物古哈指出："印度民主主义的史学研究长期被精英主义主宰着，这种精英主义包括殖民主义者的精英主义和资产阶级民族主义者的精英主义。它们都是英国在印度统治的思想产物，可它们却在政权的更迭中存在下来，并分别被吸收到英国和印度的新殖民主义者和新民族主义者的言论中……这两种形式的精英主义者都带有这样一种偏见，即把印度民族形成以及在此过程中渗透着的意识——民族主义——发展完全或者主要归结为精英者的成就"（古哈，2005a）。殖民主义精英以"刺激－回应"模式来诠释印度的历史，而民族主义精英在凸现所谓"民族性"的历史书写中着力强调民族精英对殖民者对抗的一面，而尽力淡化二者的"合谋"，与此同时在处理与底层的关系时则又强调自身作为"现代化"的推动者而底层成了无意识的命令执行者，由此轻描淡写对底层的剥削和压迫并试图忽略底层的自主性（王庆明、陆遥，2008）。这种精英主义历史观在印度获得民族解放后仍然存续。20世纪70年代英国剑桥的史学家和印度德里的史学家展开了一场关于南亚史研究的重要讨论，"前者认为印度的民族主义者试图通过少数印度精英来获取权力，这些精英使用传统的种姓和种族的力量动员大众反对英国的统治。后者则谈及殖民开发的物质条件如何为印度社会不同阶级结成联盟创造了基础，以及民族主义的领导是如何激发和组织了大众参与争取国家独立的斗争。古哈指出，双方的观点都是精英主义的，前者代表了殖民主义精英主义，后者代表了民族主义精英主义。双方都假定民族主义完全是精英行动的产物。在任何一个叙事中都没有底层阶级独立政治行动的地位"（查特吉，2001）。这场争论本身仍然囿于精英主义的窠臼之中。此种争论背后双方共享的一个基本预设是底层民众的行动逻辑本身并不构成一个独立的政治议程，由此，如何证明底层政治性的存在就构成底层研究者的一个根本性的问题。所以有论者指出底层研究遵循着一条并不十分清晰但又的确存在的线索展开："通过（有着殖民地经历的）民族国家内部历史研究中的'底层史观'对精英主义的反抗，折射出殖民地本土学者对殖民者世界学术霸权的抗拒，将资本主义世界（包括经济、政治和学术）体系中国与国之间的关系（尤其是宗主国与殖民地之间的关系）转而用民族国家内部历史的形式表达出来"（李里峰，2002）。

在殖民地时期最为广泛的底层民众抗争形式就是农民暴动或曰农民起义（insurgency），在南亚底层研究者看来城镇地区工人和小资产阶级参与的大规模的历史抗争也是从农民暴动的范例中发展而来的（古哈，2005a）。所以，《底层研究》的早期文章在理解底层作为他们自己的历史主体中，确立了反抗在历史运动中所占的核心位置（达斯，2005）。然而对于近现代印度底层民众的反殖民主义抗争行为，殖民主义者视之为一种愚昧无知的暴民的"骚乱"，民族主义者认为此种行为是在民族精英的政治动员的框架下发生的，底层民众自身并不存在独立的政治行动。在这个意义上殖民主义精英和民族主义精英都将底层民众的抗争视为一种"前政治性"和"非政治性"的行为。为了证明底层民众的政治性的存在，他们往往将底层民众的抗争史作为研究对象。所以，最初底层研究学者都将"农民参与民族运动"作为共同的研究领域，并且将研究的重点放在试图表现底层政治的自主性上（查特吉、陈光兴，2000）。

从一般意义上强调底层的历史主体性似乎并无新意，因为官方正式的历史记述从来都是和权力紧密相连的，在这个意义上的官方历史就是中国史家所说的"王侯将相"的大历史。美国著名政治学、人类学家詹姆斯·斯科特也指出，在绝对以国家利益为中心的历史纪录和档案中，几乎从不提及作为低下阶层的普通农民，除非他们的行为对国家构成威胁。底层农民往往只作为征召、粮食生产税收等方面的匿名贡献者出现在统计数字中。作为历史的"无名者"的底层农民他们确实很少能够从事公开的有组织的活动。（斯科特，2007）

但在 20 世纪 70 年代末的南亚，以底层研究为志业的印度史学家的特殊使命在于，他们试图从底层、从农民起义的角度来重建殖民地时期的历史。通过证明殖民地时期底层民众抗争行动的政治性和独立性来冲破殖民主义精英与民族主义精英共谋的历史写书规范。虽然精英主义的历史记述和当代的话语表达都无视底层政治的存在性与独特性，但与此同时，印度社会政治上已经出现了底层阶级的运动，整个 20 世纪 80 年代印度的政治格局客观上确立了底层阶级政治团体的独立地位。与早期这些团体与民族团体结盟不同的是，现在他们有了属于自己的独立团体（查特吉、陈光兴，2000）。然而，要证明底层的政治性及其特殊性必须首先面对的关键问题是：在殖民统治时期，底层群体的政治目标和手段与殖民主义或民族主义精英有何不同？

在斯皮瓦克（G. C. Spivak）看来这是一项悖理的历史课题，因为在汗牛充栋的历史记载中根本找不到关于底层抗争的正面的（positive）或实证性（positivist）的记载，既没有底层的证词、回忆录、日记，也没有官方的记录（斯皮瓦克、怀南特，2005）。此种现实和历史状况意味着，底层研究在证明底层政治性及其独特性的过程中，不仅要否思"底层无政治"这一认识论难题，同时还不得不面对如何从碎片化的历史痕迹中重构底层历史地位的方法论困境。底层研究者认为，虽然关于底层民众抗争运动的历史文档和证据都是按照殖民者的意志来记录的，但同时这种记录也是以另一方即造反者的意志为依据的，而从精英主义的历史记述中寻找造反者的意志的痕迹就是突破这种方法论困境的前提。

1983 年古哈在《底层研究》第二卷《漫谈反起义》（The Prose of Counter-Insurgency）一文中提出了阅读精英主义历史档案的一种方法，即"底层史观"的方略。古哈将精英主义书写的历史文档称为"反－起义"（counter-insurgency），并且将这些历史叙述和话语按时间先后顺序和与官方观点的亲密程度分为三种形式的话语：主话语，次话语和亚次级话语。官方对农民起义的直接的解释则被视为"主话语"；官方的调查报告、回忆录等形式的历史叙述则被古哈称为"次话语"；而跟官方话语没有直接关联的，在事件发生后由历史学家整理记述的原始样态的数据等历史书写则被视为亚次级话语（Guha，1983a）。古哈这种逐层拆解精英主义历史叙事、重读历史的方法确定了底层研究的方略和基调。他们试图在官方话语的叙事背后读到不同的"故事"，进而把被精英话语遮蔽的底层历史还原出来。

这种底层史观的研究方略得到了底层小组内部成员的贯彻和发扬。作为底层研究团队的早期成员之一的迪皮斯·查克拉巴提（Dipesh Chakrabarty）在研究 1890 至 1940 年加尔各答黄麻工人的行动逻辑时，面对底层缺失的历史，他主张："首先，对于那些常常被用来重组工人阶级状况历史的统治阶级文献，既可以从它们所说的方面，也可以从它们'不言的'方面来理解；在理解它们不言的方面时，不能止于纯粹的经济因素解释——尽管经济因素无疑重要，还必须置其于工人阶级的文化领域"（查克拉巴提，2005a）。从统治阶级文献记载的"不言的"方面来捕捉底层痕迹与古哈对精英主义历史分层级的阅读可谓异曲同工。也只有用这种方法来重新阅读历史才能"聆听"到底层的"历史的细语"（古哈，2005b）

在解决了底层研究的方法论困境之后，底层研究小组不得不面对一个重要问题，即若欲证明底层群体政治性和自主性的存在必须首先要回答，底层群体的政治自主性的来源是什么？"《底层研究》的历史学家们提供的答案是：底层意识的独特结构塑造了底层政治。底层意识由从属阶级的经验发展而来，从抵抗日常的奴役、剥削和剥夺的斗争中发展而来，用以维持底层群体的集体身份认同"（查特吉，2001）。

虽然，南亚底层研究小组一定程度上破解了底层历史记述匮乏的方法论难题，但是面对当下正在发生的底层的日常行动，他们并没有提供一套可行性的研究方案。如何面对当下的底层？如何倾听底层的声音？以及如何开放底层发声的空间？是否要等到底层的行动成为历史，即等到民族精英的历史书写对之描述定格以后，我们再回到底层缺席的精英主义的历史缝隙中去窥见或重塑底层的历史形象呢？这种被动的、无奈的逻辑再生产本身就是对底层历史的一种漠视和歪曲，而基于此种逻辑的对底层历史的描述或重构，是否真的是在表述底层还是底层学者在无意中诠释底层之难逃"被表述"的命运（王庆明、陆遥，2008）？这种疑问实则再次切中了底层研究小组的认识论和方法论难题：底层自身到底能否发声？如何从精英主义的历史书写和后殖民主义的意识形态下拯救历史？

四　如何拯救历史：从底层史观到复线历史观

从1982年《底层研究》第一辑出版到现在的近30年的过程中，《底层研究》一直面临着众多的批评，也正是这些批评使《底层研究》及其成员声名鹊起并继而以这一刊物为阵地形成了一个重要的研究学派。底层研究者如何拯救历史与如何回应针对其拯救历史方略的批评实则是一个问题的两个方面。在这些批评质疑中最关键的几个问题是：首先，底层人能否发声？其次，如何从底层的碎片化的历史痕迹中构建整体性形象？最后，以民族国家的框架来重构底层的历史是否可行？

（一）底层人能发声吗？

1985年斯皮瓦克发表《底层能否发声？》（Can the Subaltern Speak?）一文"标志着她自己的、不同于'底层研究小组'的底层人研究的开始"（陈永国，2005）。换言之，斯皮瓦克是以对底层研究小组批评的方式加入到底层研究的行列之中的。斯皮瓦克的"底层能否发声"这个问题关涉两个层次，第一个层次是，作为整体性或曰总体性的"底层"能否表达自身的立场？第二个层次是，作为性别化的底层人或曰底层中的女性是否在底层"独立性"的言说范畴之内？

就前一个层次的问题而言，斯皮瓦克遵循马克思强调"小农不能自己代表自己"的逻辑，认为底层不能言说或不可言说，是因为底层被深嵌于两种结构之中：一是社会化资本所导致的国际劳动分工结构，再则是帝国主义法律和教育的知识暴力所划分出来的封闭地区的边缘结构。如果不突破帝国主义在知识、社会和学科中深嵌的知识暴力的形塑，那么文盲的农民、部落人、城市亚无产阶级等最底层的男男女女们就无法真正表达自己的声音。面对这种结构，虽然很多印度知识分子都宣称为底层立言，但在斯皮瓦克看来，"有些印度精英充其量是为对他者的声音感兴趣的第一世界知识分子提供情报的本土告密者"（斯皮瓦克，2007a/1985）。她之所以说"底层不能发声"是因为，政治主体性的问题不能通过将底层浪漫化而得到解决。在已然定型的权力结构中，"主体的生产"是异常复杂的，将那些缺乏组织性的底层的抵抗归于底层性（subalternity）的范畴是忽略了组织性边界（margin of organizability）的建构意义。在斯皮瓦克看来，古哈等人坚持底层自主性和政治性的浪漫主义主张是对后帝国主义时期的权力结构的漠视。斯皮瓦克遵循福柯的——"权力是人们必须加诸复杂的关系结构之上的名称"——理路，认为在这个意义上底层就是某个位置的命名，他与产生有组织的抵抗者的世界如此疏离，以致让他说话就像是戈多乘坐公共汽车而来一般（斯皮瓦克、怀南特，2005）。

就后一个层次的问题而言，斯皮瓦克指出，"在底层阶级主体被抹去的行动路线内，性别差异的踪迹被加倍地抹去了……在殖民生产的语境中，如果底层阶级没有历史、不能说话，那么作为女性的底层阶级就被置于更深的阴影之中了"（斯皮瓦克，2007a）。除了斯皮瓦克的批评之外，卡马拉·维斯威斯瓦兰（Kamala Visweswaran）也指出，"如果底层（庶民）和精英是作为一对反义概念出现的话，那么这种对立本身就会由第三个概念'女性'的介入而被打破。就底层（庶民）和精英是取象于男性形象而言，他们之间的对立就不仅是基于对方而产生的，而且是相对于'女性'而形成的……底层状况中的这种性别化了的关系意味着，对于民族主义思想意识中名义上的男性主体来说，女性就是底层（庶民）"（维斯威斯瓦兰，2005：356）。由此可见，即便底层人能够表达自身的立场，而作为被性别化区隔的底层女性也不在这种独立性的言说范畴之内。斯皮瓦克这里并不是要求底层研究小组实现将妇女提升为历史中可见的能发出声音的人物的艰难使命，而是认为有必要或曰必须将妇女作为结构性的问题提出来（斯皮瓦克，2007b）。

虽然很多评论者对斯皮瓦克的《底层能否发声?》一文带有明显的误读，但斯皮瓦克在1999年出版的《后殖民理性的批判》（*A Critique of Postcolonial Reason*）一书中还是对自己的观点进行了修正，并认为底层人不能说话是一种激动的情绪性表达和失策性的评语（Spivak，1999）。然而，必须肯定的是，对底层研究的这种发问和责难"逼迫"着以古哈为核心的底层研究小组对自身研究理路的省思和推进。同时我们也应该看到，"底层人能否发声"这一质疑还是在更宽泛和更一般的意义上对底层研究小组强调底层之政治性和独立性的质疑，而"如何从底层的碎片化的历史痕迹中构建底层的整体性形象"的发问则是更直接地指向了底层研究的方法论和认识论的问题。

（二）如何从碎片化的历史痕迹中构建底层的整体性形象?

底层研究小组要实现从精英主义的框架下拯救底层历史的抱负，首先要面对的是如何解构精英主义的历史编纂，而后才是如何从底层的碎片化的历史痕迹中构建底层的整体性形象。在这里"建构"底层的历史是以"解构"精英主义的历史记述和书写为前提的，与"解构"历史的抱负和激情不同的是，"建构"历史则面临更多的困难——底层研究者始终要面对认识论和方法论的双重难题。南亚底层研究的"精神导师"葛兰西也曾特别指出，底层集团的历史必然是支离破碎的，而关于底层历史的资料也必然是难以捕捉和收集的，但底层历史的独特性对于抱持整体性历史观的历史学家而言其价值和意义也是不可估量的（葛兰西，2000）。葛兰西的这种关切和忧虑也被南亚底层研究者承袭下来。

对于碎片化的底层历史，迪皮斯·查克拉巴提在追溯"底层的往昔"（subaltern pasts）时将其归入"少数族群的历史"（minority history）范畴，所谓少数族群一般是被排除在国家历史之外的族群，他们的历史并不被纳入到主流的历史叙述之中，这样的历史在发展初期往往具有反抗的性质，并以对立的方式出现，且最终作为对正史的补充而得以延续。然而查克拉巴提此处使用的囊括底层在内的"少数族群"的概念，其意指"少数"的"minority"和与之相对应的意指"多数"的"majority"之间并不是基于人口数量之上的自然差别。它们分别指在历史书写和权力结构中的

"次要"和"主要"地位。在以往精英主义的历史编纂中，把少数族群的历史收编到历史叙述中，就是把它们变成较次要的历史（查克拉巴提，2005b）。

从居于次要地位的，甚或作为主流历史补充的底层的往昔中发现底层独立性的痕迹，并经由这些痕迹建构出底层整体性的形象，不得不面对的一个认识论难题是：何为历史之真实？在查克拉巴提看来，之所以要面对这一问题是因为，在殖民者的档案记录中对于一件底层民众反抗的历史事件可能会产生三种不同的"事实"及其解释：首先是底层人对于反抗的自我解释，这种解释被殖民者以叛乱供词的形式记录下来。其次是殖民者对底层叛乱的定性以及对底层人自我解释的"批判"和"揭露"。最后是底层研究者对以上两种言说的再解释。查克拉巴提以古哈在《反暴乱文本》中对山塔尔人的研究为例进行了说明。居住在今天称为孟加拉（Bengal）和比哈尔（Bihar）的广大地区的"部落"群体山塔尔人在 1855 年对殖民者发起了反抗运动。这场农民运动的首领对反抗事件的解释是：他们是按照山塔尔人的神——Thakur 的指示行事的，并且解释说他们的神还向他们保证英国人的子弹不会伤害虔诚的反叛者。当然殖民统治者不会接受这番说辞，他们认为山塔尔人的关于叛乱的供词是"欺骗性"的和愚昧的，山塔尔人就是有组织有计划地叛乱。然而对古哈等底层研究者而言，他们一直试图证明的是底层必定是自己的行动主体且有独立的政治议程，按照这一逻辑推演他们自然会认定山塔尔人的反抗是有独立政治目标的运动。在这个意义上，底层研究者似乎和殖民者在理解底层的行动上达成了"共识"。由此对于同一个历史事件就出现了三种解释，那到底何种解释为历史之真呢？在这里底层研究者又将自己卷进了无法挣脱的悖论之中：一方面底层农民否认自己是行动的发动者或主体，而另一方面底层研究者努力想把历史的原动力或主体性赋予底层人自己，但这又被历史记述中底层人自己的话语所否定（查克拉巴提，2005b）。在这个意义上，何为历史之真的问题就转化为底层研究者所建构的历史是底层的真实历史还是底层研究者的臆断呢？

底层研究者之所以会面对这样的逼问，是因为底层反抗所留下的历史痕迹都是统治者依照其治理需要以及当时法律的合法性进行记录的，这些记录中关于底层民众的言论只要为研究者所获知，都早已被统治者的治理逻辑筛选和编辑过了（达斯，2005）。基于此，底层研究者就必须要"逆其纹理"来阅读那些殖民统治的和民族主义的档案资料，并把重点放在他们的盲点、沉默和焦虑上。但这种通过以异于其原有形式的视角来阅读该历史档案资料、重新刻铭并置换历史记录的方式，其目的不在于揭露统治者的话语的真面目，而是想揭示话语中的断层线（帕拉卡殊，2005）。这种经由知识考古发现的历史的断层线恰恰是勾连底层形象的逻辑主线。而这种逻辑主线是贯穿在印度民族运动和民族主义之中的。查克拉巴提指出，《底层研究》的努力就是试图将底层阶级的历史纳入到民族主义历史和国家历史中去，并抗衡历史学中的一切精英主义偏见（查克拉巴提，2005b）。这种从精英主义的历史中拯救底层历史的努力实则是肯定底层政治和底层意识的"自主"存在是编纂底层历史的基础与前提（郭于华，2008a）。然而，底层研究小组的这种努力实则是以民族国家的框架对殖民主义历史档案的再次过滤和筛选。由此则关乎一个更为根本的问题：在民族国家的框架内能否拯救底层的历史？

（三）在民族国家的框架内能否拯救底层历史？

前文已经指出，底层研究小组的核心人物古哈将底层的概念界定为除了精英之外的人口范畴，他将占统治地位的外国群体和占统治地位的本土群体之外的所有人都归入了底层。斯皮瓦克对此的批评是：古哈对底层的异中有同的定义是冒着被谴责为本质主义的风险（斯皮瓦克，2007a/1985）。但这种对底层范畴的界定一定程度上也体现出了一种团结的策略——将精英之外的所有民众团结起来抗争后殖民主义的文化心理和精英主义的历史书写规范。而团结的基础就是"民族主义"。在厄内斯特·盖尔纳（Ernest Gellner）看来，所谓民族主义是一种政治原则，这一原则认为国家与民族是合一的，政治和民族的单位应该是一致的。经由这一原则可以将民族主义视为一种情绪或一种运动。民族主义情绪是这一原则被违反时引起的愤怒感，或实现这一原则后带来的满足感。而民族主义运动则是这种情绪推动的运动（盖尔纳，2002）。本尼迪克特·安德森（Benedict Anderson）则将民族定义为想象的政治共同体。而且民族本质上是一种现代的想象形式（安德森，2005）。

底层研究小组试图将底层的历史纳入到民族主义的历史中去，是因为精英主义的历史书写"不能为我们解释印度的民族主义。因为它不承认，人民自己在建立和发展民族主义方面，独立于精英的贡献，更不用说去解释此贡献"（古哈，2005a）。以民族国家的分析框架来捕捉底层的历史痕迹并进而建构底层的历史，这在印裔美籍的著名学者杜赞奇看来似乎是一种奢望。恰恰是基于对古哈、查特杰等人为代表的印度底层研究者的民族国家和后殖民主义思维路径的反思，对于感同身受的杜赞奇而言，他需要从底层视角重新认识和理解历史。杜赞奇曾指出：现代社会的历史意识确实为民族国家所支配。民族历史制造出一个同一的、在时间中进化的民族共同体。虽然民族主义宣称是统一的或具有统一功能的身份认同，但实际上是一种包容差异的现象。其历史也并非线性的进化过程，而是扩散于时间和空间之中，而且历史叙述往往根据现在的需要来搜集业已扩散的历史。新的历史叙述和话语表达一旦形成，又会对现实形成制约，由此揭示出现实和历史的互动关联。在此基础上，杜赞奇提出以"复线历史"（bifurcated history，又译"分叉历史"）的概念代替线性历史（linear history）的观念，并由此完成"从民族国家拯救历史"的重任（杜赞奇，2008）。

历史叙事中占优势身份的霸权表述往往会压抑或掩盖其他身份，而试图既把握过去的散失（dispersal）又把握历史传播（transmission）的复线历史观认为，被压抑的身份认同的声音则可以寻求建构一种相反的表述乃至叙述结构（杜赞奇，2008）。而问题的关键是：那些被压制着的底层民众如何建构一种相反的表述呢？或者说那些被压抑和被历史遮蔽的普通民众真有一种杜赞奇所谓的"反表述"（counter-representation）或"反叙事"（counter-narrative）吗？在这里，杜赞奇试图以"分叉历史"来充当那些被压制者发声的喉咙，然而和线性历史相对的，并不是分叉的历史叙事，而是分层的历史生活。分层的历史是没有办法黏合的历史。我们和经历历史的人们一样，只能面对一些历史的碎片，而没有一块拼合了所有故事的大历史。那些沉淀在历史最底层，记忆中分不清过往军队类型的农民，过着似乎甚至难以称得上是"历史化"的日常生活，他们并没有能力提出与线性的历史不同的另一种相反的表述，或曰反叙事。即使有什么和"线性历史"相对的，也只是一种拒绝叙事的"反记忆"（counter-memory），一种身体记忆（embodied history）（李猛，1998）。

杜赞奇受到瓦尔特·本雅明（Walter Benjamin）历史哲学的影响，他关注的是"被压迫的历史"（repressed history）而非"底层历史"（subaltern history）。他一再强调，"拯救历史"是一个方法论的问题。当线性历史和民族 - 国家捆绑在一起的时候，民族 - 国家就成了历史的主体，其他的历史就没有了。所以对杜赞奇而言从民族 - 国家中拯救的不是某种东西，而是一种方法。除了民族国家的线性历史之外，我们可以有很多种不同的历史，它们是相互交织在一起的（杜赞奇、李里峰，2000）。

由此可见，杜赞奇"从民族国家拯救历史"的真意则是复原那些被遮蔽的被压迫的历史，这与古哈等人"从民族国家的框架内拯救底层的历史"在逻辑上是契合的。然而根本的不同则在于，古哈等底层研究小组的成员最重要的使命是试图证明底层的历史同样构成民族的历史和国家的历史的重要范畴。而杜赞奇则试图超越民族国家的框架去发现人们的生活等更多的内容，虽然杜赞奇发现的普通人的"被表述"的历史仍然只是破碎的历史（broken history）。

最后特别需要指出的是，印裔美籍的两位重要学者斯皮瓦克和杜赞奇对南亚底层研究小组的批评作为来自"西方的声音"本身就构成一种重要的知识支援。底层研究先期的主将古哈、后期的查特杰、帕沙·查特吉或迪皮什·查克拉巴蒂以及与之观点不尽相同的赛义德①、斯皮瓦克和杜赞奇等人共享着一种价值理念和身份认同，即他们都是"进入第一世界学术界的第三世界知识分子"（张旭鹏，2009）。由于在西方为主位的社会科学话语中，精英主义往往和西方中心主义在逻辑上暗合（王庆明，2009）。所以，在这个意义上，印度底层研究小组的另辟蹊径的学术进路又对西方中心主义的思维构成了重要冲击。

五　结语

以上是我们从底层概念、关注的问题以及遭受的批评三个层面对印度底层研究基本进路的系统性检视。这种以问题为出发点，对印度底层史研究的知识社会学检讨其目的并不是在于"历史"本身，而关键是探寻如何经由一种对待历史的新态度来观照当下现实。中国当下现实社会中的底层群体话语管道的缺失和印度历史中底层记述的缺席是相似的，而且中国知识界倾听底层声音的诉求和印度底层研究者重塑底层历史的努力也是契合的。然而当下中国社会底层问题的产生以及中国知识界面对底层社会的研究理路和印度又有很大不同。

印度底层研究者从底层的立场出发重塑印度民族的历史，以批判后殖民主义意识形态形塑下的精英主义史观；而当下中国底层社会的问题主要关涉的是改革开放以来社会结构变迁和社会分化的事实及其后果。除了争论底层的行动是否具有"政治性"之外，笔者认为，思考如何开放底层讲述的空

---

① 1988 年古哈与斯皮瓦克从此前已出版的前五辑《底层研究》中精选 11 篇文章组成了一部文集，并共同担任主编，而且邀请到赛义德为这部文集作序（Guha&Spivak, 1988）。

间、倾听底层的微声、记录底层的言说以及在此基础上从普通人的日常生活中构建底层的历史（郭于华，2008a）可能更为关键。

中国学者发现的现实中"底层口述"的碎片化和印度底层学派发现的历史中"底层记述"的碎片化并没有根本性的差异。当底层的记忆变得模糊，被迫从底层尘封的记忆搜寻难以成型的故事时，我们恐怕也只能效仿印度底层研究者以逆历史纹理的方式"阅读"并努力拼合底层破碎的形象了。因此从普通人的日常生活世界中把握底层的形象，并有效实现将底层民众的日常生活作为学术知识生产和再生产的基础性资源，也许是印度底层研究学派给我们的更重要的启示。这也是实现中国知识界底层研究的两种学术路向融合的前提。

参考文献

安德森、本尼迪克特，2005，《想象的共同体：民族主义的起源与散布》，吴叡人译，上海：上海人民出版社。

查克拉巴提、迪皮斯，2005a，《工人阶级生活和工作状况的认知条件：1890～1940年间加尔各答的雇主、政府和黄麻工人》，林德山译，刘健芝、许兆麟选编《庶民研究》，北京：中央编译出版社。

——，2005b，《少数族群的历史，庶民的往昔》，刘健芝、许兆麟选编，《庶民研究》，北京：中央编译出版社。

查特吉，2000a，《社群在东方》，陈光兴主编，《发现政治社会——现代性、国家暴力与后殖民民主》，台湾：巨流图书公司。

——，2000b，《民主和国家暴力：一个死亡的交涉》，陈光兴主编，《发现政治社会——现代性、国家暴力与后殖民民主》，台湾：巨流图书公司。

——，2001，《关注底层》，《读书》第8期。

查特杰，2007，《被治理者的政治：思索大部分世界的大众政治》，田立年译，陈光兴校，广西：广西师范大学出版社。

查特吉、陈光兴，2000，《知识与政治的承诺》，陈光兴主编，《发现政治社会——现代性、国家暴力与后殖民民主》，台北：巨流图书公司。

陈鹏，2009，《作为一种底层政治的日常反抗》，《社会学家茶座》第1期。

陈燕谷，2005，《印度的庶民研究》，《天涯》第6期。

陈义华，2009，《后殖民知识界的起义——庶民学派研究》，北京：中央编译出版社。

陈永国，2005，《从解构到翻译：斯皮瓦克的属下研究》，《外国文学》第5期。

达斯、维那，2005，《作为探讨视角的庶民》，刘健芝、许兆麟选编，《庶民研究》，北京：中央编译出版社。

董海军，2008，《"作为武器的弱者身份"：农民维权抗争的底层政治》，《社会》第 4
　　期。

杜赞奇，2008，《从民族国家拯救历史：民族主义话语与中国现代史研究》，王宪明等
　　译，南京：江苏人民出版社。

杜赞奇、李里峰，2000，《文化、权力与民族—国家——杜赞奇教授访谈录》，《学海》
　　第 6 期。

福柯，1999，《无名者的生活》，李猛译，王倪校，《社会理论论坛》总第 6 期。

盖尔纳，2002，《民族与民族主义》，韩红译，北京：中央编译出版社。

葛兰西，2000，《狱中札记》，曹雷雨、姜丽、张跣译，北京：中国社会科学出版社。

古哈，2005a，《论殖民地印度史编纂的若干问题》，刘健芝、许兆麟选编，《庶民研究》，
　　北京：中央编译出版社。

——，2005b，《历史的细雨》，刘健芝、许兆麟选编，《庶民研究》，北京：中央编译出
　　版社。

郭于华，2002，《"弱者的武器"与"隐藏的文本"——研究农民反抗的底层视角》，
　　《读书》第 7 期。

——，2007，《再读斯科特：关于农民反抗的日常形式》，《中国图书评论》第 8 期。

——，2008a，《作为历史见证的"受苦人"的讲述》，《社会学研究》第 1 期。

——，2008b，《倾听无声者的声音》，《读书》第 6 期。

霍姆斯鲍姆，2001，《非凡的小人物》，王翔译，北京：新华出版社。

——，2006，《民族与民族主义》，李金梅译，上海：上海人民出版社。

晋军、何江穗，2008，《碎片化中的底层表达：云南水电开发争论中的民间环保组织》，
　　《学海》第 4 期。

李里峰，2002，《底层研究·他者眼光·历史的多种可能性》，《读书》第 1 期。

李猛，1998，《拯救谁的历史》，《二十一世纪》10 月号。

李强，2000，《当前中国社会的四个利益群体》，《学术界》第 3 期。

刘旭，2006，《底层叙述：现代性话语的裂隙》，上海：上海古籍出版社。

吕鹏，2006，《是下层阶级还是底层群体》，《社会学家茶座》第 15 辑，山东人民出版
　　社。

秘舒，2006，《无声的底层与底层的声音——"底层研究"述评》，《转型与发展》第 1
　　辑，北京：社会科学文献出版社。

帕拉卡殊，2005，《后殖民评论与印度史学》，刘健芝、许兆麟选编，《庶民研究》，北
　　京：中央编译出版社。

萨夫里，2007，《主体性与社会剩余价值——评〈印度转型与发展〉》，孔令翠、王慧编
　　译，《国外理论动态》第 7 期。

萨拉夫，1977，《印度社会：印度历代各族人民革命斗争的历程》，华中师范学院历史系
　　翻译组译，北京：商务印书馆。

斯科特，2007，《弱者的武器——农民反抗的日常形式》，南京：译林出版社。

斯皮瓦克，2007a/1985，《底层人能说话吗?》，《从解构到全球化批判：斯皮瓦克读本》，

北京：北京大学出版社。

——，2007b/1985，《底层研究：解构历史编纂学》，《从解构到全球化批判：斯皮瓦克读本》，北京：北京大学出版社。

——，2007c/2006，《底层人能说话吗？——2006年清华大学演讲》，《从解构到全球化批判：斯皮瓦克读本》，北京：北京大学出版社。

斯皮瓦克、怀南特，2005，《盖娅特丽·斯皮瓦克谈庶民政治》，刘健芝、许兆麟选编，《庶民研究》，北京：中央编译出版社。

孙立平，2002，《资源重新积聚背景下的底层社会形成》，《战略与管理》第1期。

——，2009，《中国社会结构的变迁及其分析模式的转换》，《南京社会科学》第5期。

孙立平、李强、沈原，1998，《社会结构转型：中近期的趋势与问题》，《战略与管理》第5期。

汤普森，2001，《英国工人阶级的形成》（上、下），钱乘旦等译，南京：译林出版社。

王庆明，2009，《透过"底层史观"看"人类中心视野"》，《知识与法律》（第三辑），北京：中国政法大学出版社。

——，2010，《市场转型与底层行动的"去政治化"》，《北华大学学报》（社会科学版）第4期。

王庆明、陆遥，2008，《底层视角：单向度历史叙事的拆解》，《社会科学战线》第6期。

王晓毅、渠敬东编著，2009，《斯科特与中国乡村：研究与对话》，北京：民族出版社。

维斯威斯瓦兰、卡马拉，2005，《轻微的言说，庶民的性别：民族主义思想体系及其历史编纂》，刘健芝、许兆麟选编，《庶民研究》，北京：中央编译出版社。

吴毅，2007，《"权力—利益的结构之网"与农民群体性利益的表达困境——对一起石场纠纷案例的分析》，《社会学研究》第5期。

徐小涵，2010，《两种"反抗史"的书写——斯科特与底层研究学派的对比评述》，《社会学研究》第1期。

应星，2007，《草根动员与农民群体利益的表达机制——四个个案的比较研究》，《社会学研究》第2期。

于建嵘，2004，《当前农民维权活动的一个解释框架》，《社会学研究》第2期。

——，2008a，《农民维权与底层政治》，《东南学术》第3期。

——，2008b，《底层社会的权利逻辑》，《南风窗》第5期。

——，2009，《利益博弈与抗争性政治——当代中国社会冲突的政治社会学理解》，《中国农业大学学报》（社会科学版）第1期。

张海东、王庆明，2009，《民生建设中国家与社会的关系——从底层视角看国家的回归》，《湖南师范大学社会科学学报》，第3期。

张旭鹏，2006，《〈庶民研究〉与后殖民史学》，《史学理论研究》，第4期。

——，2009，《〈庶民研究〉：一种激进史学的兴衰》，《博览群书》第7期。

赵晔琴，2007，《农民工：日常生活中的身份建构与空间型构》，《社会》第6期。

折晓叶，2008，《合作与非对抗性抵制——弱者的"韧武器"》，《社会学研究》第3期。

Guha, Ranajit, 1982, Perface. In Guha Ranajit（ed.），Subaltern Studies 1：*Writings on*

South Asian History and Society，Delhi：Oxford University Press.

——1983a，The Prose of Counter-Insurgency. In Guha Ranajit（ed.），Subaltern

Studies Ⅱ：*Writings on South Asian History and Society*. Delhi：Oxford University Press.

——1983b，*Elementary Aspects of Peasant Insurgency in Colonial India*. Delhi：Oxford University Press.

Guha, Ranajit & Gayatri Chakravorty Spivak（eds.），1988，*Selected Subaltern Studies*. Delhi：Oxford University Press.

Scott, James C.，1976，*The Moral Economy of the Peasant：Rebellion and Subsistence in Southeast Asia*. New Haven & London：Yale University Press.

——1985，*Weapons of the Weak：Everyday Forms of Peasant Resistance*. New Haven & London：Yale University Press.

——1990，*Domination and the Arts of Resistance：Hidden Transcripts*. New Haven & London：Yale University Press.

Spivak, Gayatri Chakravorty, 1999，*A Critique of Postcolonial Reason：Toward a History of the Vanishing Present*. Cambridge, Mass：Harvard University Press.

作者简介

王庆明　男

所属博士后流动站：中国社会科学院社会学研究所

合作导师：李培林

在站时间：2012. 12 ~

现工作单位：沈阳师范大学社会学院

联系方式：54stone45@163. com

媒介与中产阶层的身份建构：一项传播社会学的文献考察

郭　瑾

摘　要：中产阶层及其身份认同向来是社会学研究的热点领域，近年来传播学者的关注又给这一议题注入了新的要素。以传播社会学视角看，大众媒介从文化、形象、消费与生活方式，以及议题设置等四个方面，对中产阶层身份的认同起到了重要的建构作用。但现有研究过多地关注媒介在中产阶层的生活方式、消费模式，以及形象建构等方面留下的痕迹，更注重探寻的是媒介本身的影响力或是基于市场压力之下的营销策略，而忽视了中产阶层作为主体对于媒介所建构的身份的理解及其生活实践。本文提出，中产阶层的身份建构问题不是孤立存在的，而应将其置于大的社会语境，对于影响中产阶层身份认同的要素进行全景式研究；改良研究方法，在关注文本分析与问卷调查的基础上，采取定性调查。

关键词：媒介　中产阶层　身份建构

改革开放 30 余年，随着中国经济的快速稳步增长，一个被称为"中产阶层"（也有人称之为"中产阶级"）的社会群体正在逐步增长。尤其自 21 世纪初以来，随着连续多年的经济高速增长、城市化的迅速推进，以及物质文化水平的提高，中产人群数量增长更为明显（李春玲，2011）。据估计，2020 年中国的中产阶层将占到总人口数的 40%（屠启宇，2012）。中产阶层的崛起备受关注。发达国家的历史经验证明，中产阶层的壮大对一个国家的政治、经济及文化的发展都具有重要意义。

近年来，中国的外向型经济模式面临挑战，拉动内需成为当前驱动中国经济增长的重要基点，而扩大内需的关键是合理调节国民收入分配结构。有研究表明，中等收入群体的兴起和消费结构的改变，将形成巨大的市场潜力（毛蕴诗、李洁明，2010）。由此，中产阶层的扩大和发展对当前中国尤显迫切。虽然官方尚未正式使用"中产阶层"或"中产阶级"的称谓，但中共十六大提出"扩大中等收入者的比重"，十七大指出"中等收入者占多数"，以及十八大报告强调"中等收入群体持续扩大"，都从侧面肯定了中产阶层的重要性。

然而，当政府、学者、公众舆论，以及大众传媒都在热切关注中产阶层，并肯定其价值时，被认为是中产阶层的人群却并不肯定自己的中产身份，常常流露出"茫然""保留""不确定"的感觉（张宛丽，2002；沈晖，2008；李春玲，2004；2013b），这在很大程度上影响着这一阶层的发展和壮大。他们无法作为一个社会阶层认同自己的存在，更毋宁说推动中国社会的发展。中产阶层的身份认同是一个复杂的综合性问题，本文仅从传播社会学的视角出发，考察媒介作为认同材料的提供者，对中产阶层身份认同的建构与影响，以及当前存在的问题。

一　中产阶层的身份认同：一个亟待关注的现实课题

中产阶层英文为"Middle Class"，也译为"中产阶级""中间阶层"，按照字面意思即处于社会中间位置的人群（李春玲，2013a）。

在中国，由于历史因素的影响，中产阶层作为改革开放后的"新兴阶层"重新进入人们的视野。2002年，中国社会科学院陆学艺课题组率先将中国划分为十大阶层，并相对较早对中间阶层进行了界定（陆学艺，2002）。然而，就如何划分中产阶层，各界仍标准不一，称谓不同。学界多以职业、收入、教育、声望等指标作为划分标准，比较常用的术语是"中产阶级""中产阶层""中间阶层""中等收入人群"；民间则多以"白领""小资""金领""新富""后雅皮"等表述指称相似的人群，标准更为模糊。按照耐尔森·福特（Nelson N. Foote）的观点，身份认同是一个过程，是通过命名来进行的（王莹，2008）。这种称谓和标准的不统一，实际上反映了中产阶层身份认同的分裂。在当前中国中产阶层发展问题日渐凸显之际，对其进行思考尤为可贵。

早在 1949 年，美国学者理查德·山特斯（Richard Centers）就开始以主观自我阶级认定的方法探究美国的社会结构。此后，陆续有学者从主观认同的角度探讨社会分层问题（蔡淑玲，1989；沈晖，2004；周晓虹，2005）。在中国，有关中产阶层身份认同的研究最早可追溯到 1989 年台湾学者蔡淑玲的研究。1991 年，卢汉龙在上海、广州进行了自我社会地位的认同调查（李春玲，2003b）。2002 年，张宛丽将主观评价的中产阶层观引入研究，指出由于城市化发展程度及区域差异，导致中国中产阶层的社会认同"难产"，加之中产阶层内部分化，导致中产阶层的"认同瓶颈"。因此关注中产阶层认同与三个命题有关：中间阶层的地位焦虑和地位不一致命题；中间阶层与社会运动的命题；中间阶层与民主化的问题（张宛丽，2002）。但该研究并未就此进行深入探讨。

2003 年，李春玲就主观认同层面讨论了社会分层的重要性（李春玲，2003b），并于其后将主观认同与职业、收入、消费共同作为划分中产阶层的指标，强调了认同的重要性（李春玲，2005）。周晓虹也认为，自我认同是重要的主观阶层的界定标准。它是基于对自己及他人的社会结构的相关认识，给出自己的定位。只有认可自己的中产阶层身份，个体才能在行为上体现中产阶层的特征（周晓虹，2005）。2004 年，沈晖在发问"究竟谁是中产阶层"之后，刊发了首篇有关中国中产阶层身份认同的研究报告，并于 2008 年出版中国首部有关中产阶层身份认同的专著《当代中国中间阶层认同研究》。她提出，中间阶层认同的形成过程，其实就是中间阶层的形成过程，因为认同是伴随着中间阶层的形成而不断深化的（沈晖，2008）。

2008 年，李培林、张翼从职业、收入、教育、政治身份、年龄等方面考察了不同因素对社会成员的阶层认同的影响，认为依据客观指标定义的中产阶级与人们主观认同的"社会中层"，既存在一致性，也存在差异性（李培林、张翼，2009）。基于北京、上海、广州、南京、武汉五大城市的调研，以及对中产阶层社会认同和自我认同的系统研究，沈晖也发现，当前中国中产阶层的认同具有盲从性、模糊性和片面性的特征。这种认同的滞后与差异性无疑与中国中产阶层的快速增长不匹配，其势必会影响这一阶层的健康发展，因此对中产阶层的身份认同进行研究与分析迫在眉睫（沈晖，2008）。

正如沈晖研究中提到的，"作为主观层面的认同并非生而有之，它是在个体与社会的互动过程中被不断建构出来的，人们对中间阶层的认同自然也脱离不了这个建构的过程"。在中国，"几乎近 80% 的被访者对中间阶层缺乏完整的理解，他们对中间阶层有限的了解绝大部分来自广告和媒体"（沈晖，2008）。因此，以传播社会学视角对媒介与中产阶层身份认同进行考察就更为必要，它是当前研究中国中产阶层身份认同不可忽视的重要维度。

二 传播学视野下的中产阶层身份认同研究

认同的形成过程，就是认同的建构过程。而建构认同所运用的材料，来自历史、地理、生物、生产与再生产制度、集体记忆及个人的幻想等（曼纽尔·卡斯特，2003，转引自沈晖，2008）。而这些材料很大一部分是通过媒体传递的所谓"集体记忆"决定的，这些信息影响和铸就了各种身份。正如阿尔弗雷德所言，身份认同的传递也通过媒体来实现（阿尔弗雷德·格罗塞，2010）。大众媒介作为中产阶层身份想象的素材和空间，对中产阶层身份的认同起着重要的建构作用。

1996 年，美国学者理查德·奥曼（Richard Ohman）针对 1890 ~ 1905 年美国的新兴中产阶层的文化实践研究后发现，通过消费针对中产阶层的杂志，中产人士实现了与本阶层"想象中的认同"。这些杂志为中产家庭提供特定的信息和兴趣点，在全美范围内将生活圈子类似的读者联结起来，并从文化上将有近似想法的人组织起来。这样，读者们就经由杂志所提供的消费方式和消费意义形成一个社会空间。因此，杂志在中产阶层的形成中，起到了重要的建构作用（Richard Ohman，1996）。此后，人类学家马克·莱锡特（Mark Liechty）针对 20 世纪 90 年代尼泊尔首都的中产阶层进行研究后，也得出类似结论：大众传媒在中产阶层兴起的过程中起到了重要的建构作用，促进了阶层认同的形成。"媒介产品在中产阶层家庭中的流通和消费，已成为中产阶层文化交流的主要方式"（Mark Liechty，2003）。

在中国，随着改革开放带来的全面转型，社会分化加剧，社会结构发生明显变化。作为记录和反映社会变化以及为大众提供话语平台的媒介，也随之出现传播分化现象。这种传播分化又进一步加速社会分化的进程，促成社会分化过程中各社会阶层的形成（姚君喜，2006）。自 20 世纪 90 年代以后，中国传媒业对于中产阶层的挖掘、塑造和建构可谓不遗余力。文化学者戴锦华认为，大众传媒对新兴中产阶层给予了超乎寻常的关注和"超前"的、"倒置式"的主动建构（戴锦华，1999）。鉴于大众传媒的渗透力和影响力，媒介文本所建构的中产形象为该群体成员提供了认同的参考，成为中产阶层实现认同的推动力量（何晶，2009）。媒介的这种建构行为已成为当下传播学关注的重点领域。

（一）研究阶段：从萌生到稳步成长

以中国学术网站知网上的文献为例，截至 2013 年 9 月 16 日，分别以"中产阶层""中产阶级""中间阶层"为主题词进行搜索，共得到新闻传播类研究成果 145 篇。根据论文的数量及研究成果，近 11 年来的媒介与中产阶层的相关研究可分为 3 个阶段：萌生期、突破期、成长期。

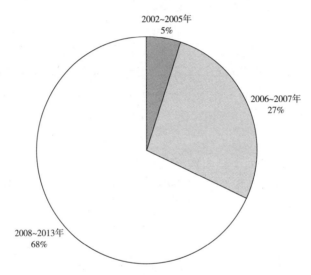

图 1　2002～2013 年媒介与中产阶层相关研究论文数量

2002～2005 年，可以说是传媒与中产阶层研究的萌生期，每年仅有零星成果出现。这一阶段虽然成果有限（仅 8 篇），但其研究领域却泛及对电视、网络、杂志、小说等不同形态媒体的个案式探索，如《当代社会阶层变迁与电视传播价值取向》、《解读〈纽约客〉》、《中产阶级的文化符号：〈时尚〉杂志解读》、《网络空间中的小资形象传播》、《消费社会中产阶层生活想象——新感觉派小说文本的欲望化叙事》等。

2006～2007 年，可谓研究的突破期。这一阶段的成果出现爆发性增长，短短两年时间，共发表相关论文 39 篇，较前一时期论文数量增加了近 4 倍，研究内容相对聚焦，研究领域也更成体系，并出现了有代表性的学者，如何晶、郑坚。此外，这一时期开始出现专题研究的硕士学位论文，如《男性时尚杂志对中产阶层身份的建构》、《浅析受众细分时代中国中产阶层期刊市场定位瓶颈问题》等。广告作为新的视角，也开始出现少量研究成果，如《针对中产阶层的广告策略探析》。

2008～2013 年进入研究的成长期。相较于突破期，这一阶段年均发表论文数量有所减缓，但总体平稳，论文量占到 2002 年以来成果总量的三分之二强。其中，较有代表性的论文有《我国媒介文本对"中产阶层"的形象建构过程分析——一种"互文性"分析的视角》、《大众传媒推行的'中产'文化对当代中国青年群体的影响》、《财经杂志及新闻专业主义》、《传媒、现代性与中产阶层主体性——大众传媒的中产阶层叙事研究》、《传媒的中产阶层受众定位研究》、周福兴的《透视时尚杂志针对中产阶层的话语策略》、《媒介的阶层偏倚与中产阶层身份认同的关系分析》等，以及学位论文《媒介镜像中的中产阶层生活方式研究》等。总体而言，这一时期的研究成果数量多，且研究触角更多地开始向中产阶层的网络媒体使用延伸，如《中国中产阶层的传播学特征——基于五大城市社会调查的跨学科分析》、《中产阶层的网络表达：以"微博"为例》等，这些研究更多关注的是网络作为中产阶层重要的公共领域，关涉中产阶层的媒介表达权。

（二）研究类型：从泛泛而谈到系统深入

最早提及媒介对中产阶层身份建构的重要性出自社会学界，但真正聚焦于这一议题的学者则集中在文化与传播学界。他们的研究成果大致可为四类。

其一是在社会变迁的宏观背景中，宽泛地分析大众传媒的"中产化热潮"。例如魏莹（2008）对我国媒介广告"中产阶层热"的思考，认为广告通过对豪华的家庭住房，优雅的妻子，高档的享受与服务等中产阶层话语的镜头展现，宣扬的是迷人的拟态环境，却被人们认定是真实的加以接受和追求，中产阶层已成为人们期待的符号。这类研究对中产阶层的身份仅仅有了较朦胧的认知，或蜻蜓点水或若隐若现地涉及媒介与中产阶层身份认同的关系，但未能深入展开论证。

其二是在媒介产业化的背景下，分析以中产阶层为目标受众群的中产杂志的风格及定位。例如贺艳、尉天骄、吴思媛等，将研究指向更精准的中产阶层杂志——DM《头等舱》和《写字楼》，指出 DM 杂志"在城市化进程与城市消费文化兴起的过程中扮演了特殊角色，为中产阶层的身份建构提供的一种认同作用"（尉天骄、吴思媛，2012），"以消费主义的方式叙述'知识财富的缔造者们'的身份和品位，以显性的叙述进行隐性的区分，进而给本土的中产阶层提供身份认同的符码"（贺艳，2006）。这类研究虽然论证了媒介对中产阶层身份认同的作用，但重心仍落在媒介市场化策略的制定。

其三是基于文化研究视角，解读媒介与中产阶层身份建构的关系。如孟繁华2004年以《时尚》杂志为例进行的个案研究。他以让·鲍德里亚和保罗·福塞尔的研究为指导，梳理了《时尚》对中产阶层认同的几大影响，如形象、品位及身体符号等，以及《时尚》又是如何通过文本为中国的中产阶层提供文化趣味标准，使其成为最具有代表性的中产文化符号，并道出"人们对'中产阶级'的身份向往，则是这个时代未被道出的最大'时尚'。"（孟繁华，2004）这类研究相对比较深入，有宏观视野，但论述相对笼统，缺乏微观的文本分析，并对中产刊物中的消费主义倾向多持批判性态度。

其四是以中产阶层身份建构为题，进行系统翔实的论述。例如何晶自2006年先后发表5篇论文及其专著《大众传媒与中国中产阶层的兴起》（2009），深入讨论了以报刊为代表的大众传媒对中国中产阶层的"形象建构"、"话语建构"、"议题建构"。郑坚也先后发表了十几篇相关研究成果，分析了20世纪90年代以来，中国传媒是如何建构中产阶层（中产阶级/中等收入阶层）的社会身份，并体现为三种中产化现象的。这类成果是当前有关媒介与中产阶层身份建构最成熟的研究，资料翔实，论证充分。但其不足之处在于研究关注的领域仍主要集中在大众媒体的新闻产品，忽视了对媒体重要的组成体——广告的分析。此外，研究缺少受众角度的调查而缺失了中产阶层作为主体如何看待媒介所建构的中产阶层身份这一视角。

三　媒介所建构的中产阶层身份

中产阶层的概念对当前中国而言，可以说是外来的、后生的。这一阶层缺少一段共同的"阶级经历"，因此也就缺少了认同的根基。媒介作为信息的提供者，对中产阶层身份的形成尤为重要。平面媒体正稳步成为中产阶层社会身份的文本生产基地；这些媒体对于中产阶层的身份建构给予了一种想象（李政亮，2003）。就现有研究整理来看，中产阶层的媒介使用，除了一般意义的信息需求外，还有着更深层的心理需求。他们消费媒介的行为并不一定就是在主动寻求一种身份认同，而是在参与传播活动中对自我归属的无意识追问，他们需要从所属群体的他人那里来映射和确认自己。以中产阶层为受众定位的媒介，将该阶层的所需作为传播活动的起点，试图从中产阶层的文化、形象、消费品位与生活方式，以及关注的议题等四个方面建构中产阶层身份，以"凝聚"他们的情感和认同。

（一）媒介对中产阶层文化的建构

约翰·斯梅尔认为，阶级认同形成的过程就是阶级文化的形成过程。文化存在于习惯、价值观以及塑造和约束人们行为的观念之中，也存在于行为方式本身之中。它们共同构成了阶级认同感的重要层面（约翰·斯梅尔，2006）。周晓虹就中产阶层研究考察后亦指出，在中产阶层崛起的过程中，对文化身份的确认已成为各国中产阶层成长的必然经历（周晓虹，2005）。文化，是媒介建构中产阶层身份的重要层面。

自 20 世纪 90 年代初始，以《时尚》为代表的消费生活类杂志崛起，首先为中产阶层建构起消费文化的话语空间。周福兴在有关时尚杂志的话语策略分析中指出：中国的中产阶层成长于市场经济条件之下，是物质上的富有者，频繁地占有物质、消费物质，因此当他们意识到需要有属于自己阶层的文化时，为他们日常的消费行为赋予文化意义，就成为建构其阶层最省力和最快速的方式。通过消费，中产阶层就能找到其文化意义上的归属感，而大众媒体亦需要通过消费文化进行内容生产，特别是时尚类杂志，其话语策略大多是通过向中产阶层展示有品位的消费行为，以及有格调的生活方式，消费文化使双方一拍即合（周福兴，2009）。

然而，文化是一定群体在社会生活实践中逐渐形成的，是一个不断建构的过程。正如威廉·休厄尔（William Sewell）指出的，阶级经历也是一种文化建构（转引自约翰·斯梅尔，2006）。随着社会的发展，中产阶层发展初期自然选择的消费文化，已不足以使其成员获得身份认同。21 世纪初，时政类、财经类媒体作为中国中产阶层新文化的陈情者和代言人而崛起，其所倡导的专业主义精神是中产阶层意识和价值观的重要体现（郑坚，2009a），也成为中产阶层新的文化符号。通过阅读财经媒体，中产阶层得以理解其所提供的身份象征符号体系（李春玲，2003a；郑坚，2009a）。

此外，沈晖独辟蹊径地提出，"城市文化作为文化的一种特殊表现形式，在中间阶层认同的形成过程中发挥着潜移默化的作用"（沈晖，2008）。而广告，作为现代城市文化中一个最为显著的特征和符号，以及人们接受信息的重要传媒产品，影响着中产阶层的身份认同。它总是以精英文化体现中产阶层定位，作为商业话语，它传递的是商品服务信息；作为文化话语，它则涵盖着多层面的文化信息，对营造文化"语境"有着不可忽视的导向作用（贺雪飞，2001；沈晖，2008）。

总而言之，当前传媒主要围绕着消费文化、精英文化及专业主义精神构建起当代中国中产阶层的文化体系。

（二）媒介对中产阶层形象的建构

无论是从个体着眼，还是从群像切入，众多学者都认为，媒介对于中产阶层形象的建构是当前传媒建构中产阶层身份的重要内容之一（何晶，2006，2008a，2009；施海平，2007；郑坚，2007a；郑欣，2007c）。特别是对于当前正在兴起、面目不清、身份尚暧昧不明、缺少明确边界的中产阶层而言，媒介塑造的公共形象成为该阶层成员实现自我认知，以及阶层认同的重要依据（何晶，2006；郑坚，2007c）。

何晶认为，报刊文本对于中产阶层的形象呈现主要是通过概念呈现、群像呈现和个人肖像呈现共同进行。就群像呈现而言，这一阶层过着令人羡慕的物质生活，崇尚消费、讲求品位、追求心灵自由；当然也承受着较大的生活压力，身心俱疲，患有严重的"地位焦虑"，感情上也面对诸多困扰，他们是这个时代的"愤青"；与他们"消费前卫"的特性形成对比的，是其"政治后卫"，但无论怎样，他们是中国社会的未定力量和中坚力量。就个人肖像呈现而言，媒介文本主要呈现的是以下几类人群的形象：职业经理人、文艺工作者、新闻出版工作者、自由职业者、学院派知识分子以及私营业主。相对来说，对新中产阶层更为偏爱。在何晶看来，当今报刊媒介文本中的中产阶层形象是丰富多元的，积极、正面、向上的。但"社会责任感"是媒介文本中一个缺失的中产阶层形象要件（何晶，2009）。

郑坚则从中产阶层的主体性切入，以更为宏观的视角概括了传媒对中产阶层形象建构的三个维度：消费主义社会的主体、全球化的自由市场经济的主体，以及现代民主政治和公民社会的主体（郑坚，2010）。他指出，各种时尚刊物及广告一直以来，都在塑造一种"经济动物"和"消费动物"杂糅的中产阶层形象。然而，有关中产阶层的这一刻板印象遮蔽了中产阶层作为"政治动物"、"社会动物"和自由个体的认知。关于中产阶层的经济学话语霸权，掩盖了其政治学、社会学、人性丰富性的知识认知。但是，像《瞭望东方周刊》、《南方人物周刊》、《南方都市报》等媒体，都在重新建构中产阶层的新形象。他们开始参与公共生活，探讨公共议题。这些媒介所呈现的形象在逐步还原出对中产阶层的多维度理解（郑坚，2007b）。

　　总体而言，传媒中建构的中产阶层形象较为一致，他们积极上进、有雄心、有抱负，讲求生活品位。但是，在不同类型的媒介中，对于中产阶层形象的呈现又各有偏重。如果说早期传媒往往以消费形态简化了中产阶层在政治上的努力和文化上的诉求，使人们看到的是一个单一的中产者形象（郭小平，2009），那么，随着中产阶层及媒体的发展，媒介对于中产阶层形象的建构则越来越丰富，而且也逐渐改变社会学家所认为的"消费前卫、政治后卫"中产阶层形象。

（三）媒介对中产阶层消费品位与生活方式的建构

　　根据布迪厄的观点，从饮食、服饰、身体，到音乐、绘画、文学等，所有这些人们日常消费的文化实践，都能表现和证明行动者在社会中所处的位置。"鉴赏趣味的区分体系和社会空间的区分体系在结构上是同源的，在文化符号领域和社会空间之间存在着一种结构性的对应。"（转引自罗刚、王忠忱，2003）随着消费社会的到来，消费对于身份认同和社会分层的影响力与日俱增。

　　消费，不仅象征着财富、健康和活力，而且还成为建构自我与社会、文化与身份认同的首要场域（郑坚，2010）。这一点在让·鲍德里亚描述的"消费社会"中也早有大段论述，"中产精英阶层作为消费观念上的享乐主义者、社会阶梯上的地位追求者、生活方式上的品位制造者，他们总是会以其独有的消费激情和为人瞩目的前卫角色，在社会发展与时尚兴替中执着地寻求自我表现与社会认同的空间，他们是不折不扣的竞赛者和表演者"（让·鲍德里亚，2001）。保罗·福塞尔更是以《格调》为名，淋漓尽致地刻画出中产阶层的消费品位。

　　考察传媒中的中产阶层出现的轨迹，不难发现，媒介最初对于中产阶层的想象大多来自西方有关中产阶层的著述，格调、品位自然而然地成为中产阶层消费与生活方式的代名词。

　　以时尚杂志为例，通观其内容，基本没有脱离日常生活的吃、穿、用、行，但是它从来不涉及日常生活中会遇到的柴米油盐式的烦恼。杂志中，多是一派田园牧歌景象，通过对日常生活的美化，为中产阶层提供一套样板式的精致生活标准，以及"生活即艺术"的生活观念（周福兴，2009）。张水菊在以《时尚》2006年2月刊进行分析后指出，时尚类杂志就好像是"物的橱窗"，在此感受到的是物的极度丰盛，以及如鲍德里亚所形容的"物对人的包围"（张水菊，2006）。通过大量的文本，《时尚》建构着中产阶层的消费品位与生活方式。

此外，广告作为大众媒体的重要组成部分，也为中产阶层提供和传播具有"区隔"的消费符号象征体系。王小文以《三联生活周刊》2007年全年发布的广告为研究素材，勾勒出一幅媒介建构的中产阶层消费与生活方式全景图：就消费而言，广告中多出现的是享受性的产品，以及汽车、房地产等耐用品，它们借助尊贵、高雅、时尚等因子塑造中产阶层理想的消费生活方式，并且多以情感诉求迎合中产阶层对于社会地位的需要；在休闲生活方面，广告则更多出现的是听音乐会、收藏艺术品、以 VIP 身份出入健身会所、打高尔夫球、出国游等优雅的闲暇活动；在公共生活方面，广告突出了职场、理财及社会责任感等；在情感生活方面，特别强调产品与家庭、婚姻、兄弟姐妹的关系，情感生活细腻丰富（王小文，2009）。

值得关注的是，文学作为一种媒介文本也参与到中产阶层的消费与生活方式的建构中。例如，19 世纪 30 年代的新感觉派小说，"通过对都市特定人群（主要是指中产阶层）的生活方式有目的性的描写，如将作品的背景置于舞厅、公园、电影院、咖啡馆等生活场景中，给读者提供了中产阶层的生活模式的想象空间，满足读者窥视中产阶层的欲望，刺激了读者的欲望，从而使得读者在消费文本的同时，完成了对中产阶层生活的假想性消费（李石勇，2005）。

总之，包含文学、广告在内的传媒业成为中产阶层消费及生活方式的制造者，而中产阶层则作为读者通过阅读媒介引领的生活与消费方式，在消费想象中确立、巩固自己的阶层地位和身份（郭小平，2009）。

（四）媒介对中产阶层关注议题的建构

一直以来，对中产阶层的讨论大多集中在其消费与生活方式上，人们刻板地为中产阶层扣上"消费前卫，政治后卫"的帽子。但是，随着中产阶层的发展，其作为社会中坚阶层，自然有参政议政的诉求，特别是在当前中国各社会阶层、利益集团为资源分配、公共政策的制定相互博弈的情境中，中产阶层需要通过媒体平台发出自己的声音（郑坚，2007c）。

当前，以报刊为代表的大众传媒主要借助媒体的议程设置功能，以及地位赋予的功能展开对中产阶层的建构（何晶，2007）。以《新闻周刊》为例，该刊在议题设置上，首先会设置关于社会政治、经济走向上主流的变化信息，让中产阶层了解自己在其中所处的位置；其次是有助于中产阶层成员表达自己意见和愿望的议题；此外就算是有关娱乐、体育等轻松的消息，该刊也会采取不同的视角进行报道。这些都说明中产媒体对于议题建构的不同，从而建构起有所区隔的中产阶层群体（何晶，2009）。在《新闻周刊》看来，"中产阶层是一个整体而言积极上进的群体，他们安定从容，关注社会宏观走向；在政治、经济、社会生活领域，他们也都有自己的利益要求；在价值取向上，他们富有责任感，强调理性、建设性"。基本上，在遵循基本的传播规律和从业纪律之外，刊物根据自己对于中产阶层取向的判断来设置议题，并且有意于建构一种有特定价值取向的、主流非官方的话语空间，即前文所称的类中产阶层公共领域。同时，传播者也表现出比较明确的引导和影响该阶层的主动意识。在这个意义上，刊物不仅建构议题，也在建构公共领域，同时还在进行着对理想中的中产阶层群体的建构（何晶，2009）。

在建构和确立中产阶层的市场经济主体性的过程中，各种财经媒体、时政新闻类媒体可以说是居功甚伟。财经类刊物依托于中产阶层市场经济力量的壮大，也依托于20世纪90年代以来的新自由主义的市场经济观，表面上看是拥有了外在政治性媒体的独立话语空间，其实质是通过传播经济信息及其相关的话语符号，在意识形态上建构以自由主义市场经济观念为核心的中产阶层的认同，塑造市场经济意识形态，并实践着对社会阶层的分化（郑坚，2009a）。

此外，周东华、高筱洁在其电视栏目研究中也提到，"电视谈话类节目话题的选择应该遵循中产阶级思维特点、生活方式和价值观念，选取那些中产阶级关心的话题。话题应该是普通社会事务、上班族情感话题、时尚娱乐等内容"（周东华、高筱洁，2008）。总之，媒介通过对议题设置，将作为读者的中产阶层的注意力导向某些特定的问题，影响其关注焦点、思考问题的方式，以及价值观、世界观等，从而影响对中产阶层身份的建构。

四　结语：媒介与中产阶层身份建构研究的反思与展望

中产阶层及其身份认同向来是社会学研究的热点领域，近年来传播学者的关注又给这一领域注入了新的要素，并取得了丰硕的研究成果，为后人的研究奠定了扎实的基础。从总体来看，上述研究主要是基于中产阶层理论，对中国中产阶层的日常媒介使用，以及当前媒介的中产化现象及其传播实践为经验进行考察。研究者大多结合社会学的想象力及传播学的视角，管窥传媒之于中产阶层兴起的作用，从而有助于后人进一步探寻媒介与中产阶层身份建构的关系。

现有研究让我们看到大众传媒在当代中国中产阶层的兴起与发展中功不可没。媒介从文化、形象、消费、议题建构等方面建构起中产阶层的身份想象，将该阶层成员凝聚在一起。同时，这一"想象的共同体"又形成了一个巨大的动力源，驱使人们去实现达到"中产"的美好愿望。然而，当前的研究过多地关注了媒介在中产阶层的生活方式、消费模式，以及形象建构等方面留下的痕迹，更注重探寻的是媒介本身的影响力或是基于市场压力之下的营销策略，有意无意地偏向媒介功能的研究，并赋予其重要意义，而忽视了中产阶层作为主体对于媒介所建构的身份的理解及其生活实践。

此外，现有研究更多的是从大众媒介新闻报道的功能切入，相对缺乏对其他大众传媒产品，如广告、文学等方面的研究，从而缺乏媒介对于中产阶层影响的全面考察。因此，应该进行全景式研究，在传播社会学的视野下，在研究对象、研究视角与研究方法等方面有所创新。在研究对象的确定方面，以中产阶层为中心，重视他们的主体能动性和实践性。在研究内容方面，拓宽研究领域，加入以广告文本为内容的分析。如何晶所言，没有关注广告文本是探讨中产阶层媒介形象的一大遗憾，这一内容应该是进一步研究的重点（何晶，2006）。

在研究方法上，倡导采用定量与定性相结合的方法，在关注文本分析与问卷调查的基础上，采取定性调查。现有研究中，绝大多数是对现象的描述，或是主观论述。即使个别研究采用了定量与定性结合的方法，但因其出发点仍是基于媒介对中产阶层影响的考察，因而忽略了中产阶层群体的主体意识，即中产阶层的自我认同到底如何。

总之，通过以上分析与探讨，有必要提出并强调媒介对于中产阶层身份建构研究的重要意义和价值。未来，观照以中产阶层为中心的媒介文本研究将有助于丰富传播学及社会学理论，进一步指导传媒工作，更深入地理解中产阶层及其日常生活实践，帮助中国中产阶层建构起更有凝聚力的媒介身份，促进中产阶层的壮大，进而促成中国小康社会的全面建成。

参考文献

阿尔弗雷德·格罗塞，2010，《身份认同的困境》，王鲲译，北京：社会科学文献出版社。

蔡淑玲，1989，《中产阶级的分化与认同》，肖新煌主编，《变迁中台湾社会的中产阶级》，台湾巨流图书公司。

戴锦华，1999，《大众文化的隐形政治学》，《天涯》第3期。

郭小平，2009，《论阅读分层与高端杂志的中间阶层定位》，《中国出版》第1期。

何晶，2006，《时尚消费类杂志对本土中产阶层的形象建构——以〈时尚〉和〈新周刊〉为例》，《新闻与传播研究》第3期。

何晶，2007，《报刊对中产阶层的话语建构》，《当代传播》第4期。

何晶，2008a，《我国媒介文本对"中产阶层"的形象建构过程分析——一种"互文性"分析的视角》，《国际新闻界》第2期。

何晶，2008b，《大众传媒推行的"中产"文化对当代中国青年群体的影响》，《中国青年研究》第11期。

何晶，2009，《大众传媒与中国中产阶层的兴起》，北京：中国社会科学出版社。

贺雪飞，2001，《男子中心社会的"语境"——论广告中男性形象的建构》，《广告人》第5期。

贺艳，2006，《DM杂志：消费时代进行的身份建构——以成都DM杂志〈头等舱〉为例》，《新闻大学》第1期。

李春玲，2003a，《中国当代中产阶层的构成及比例》，《中国人口研究》第6期。

李春玲，2003b，《当前中国人的社会分层想象》，《湖南社会科学》第5期。

李春玲，2004，《社会阶层的身份认同》，《江苏社会科学》第6期。

李春玲，2011，《中国中产阶级的发展状况》，《黑龙江社会科学》第1期。

李春玲，2013a，《如何定义中国中产阶级：划分中国中产阶级的三个标准》，《学海》第3期。

李春玲，2013b，《中国中产阶级的特征：混杂的成分、多重的认同》，李成主编《"中产"中国：超越经济转型的新兴中国中产阶级》，上海：上海译文出版社。

李培林、张翼，2009，《中国中产阶级的规模、认同和社会态度》，李春玲主编《比较视野下的中产阶级形成》，北京：社会科学文献出版社。

李石勇，2005，《消费社会中产阶层生活想象—新感觉派小说文本的欲望化叙事》，《中山大学学报论丛》第4期。

李政亮，2003，《平面媒体的社会身份想象与"舆论导向"的达成?》，《文化研究月报》第27期。

陆学艺主编，2002，《当代中国社会阶层研究报告》，北京：社会科学文献出版社。

罗刚、王中忱，2003，《消费文化读本》，北京：中国社会科学出版社。

曼纽尔·卡斯特著，2003，《认同的力量》，北京：社会科学文献出版社。

毛蕴诗、李洁明，2010，《从"市场在中国"剖析扩大消费内需》，《中山大学学报》第5期。

孟繁华，2004，《中产阶级的文化符号：〈时尚〉杂志解读》，《河北学刊》第6期。

让·鲍德里亚，2001，《消费社会》，刘成富、罗志钢译，南京：南京大学出版社。

沈晖，2004，《当代中国中产阶级认同现状探析》，《二十一世纪》（香港中文大学，网络版）第12期。

沈晖，2008，《当代中国中间阶层认同研究》，北京：中国大百科全书出版社。

施海平，2007，《男性时尚杂志对中产阶层身份的建构》，暨南大学硕士论文。

屠启宇主编，2012，《国际城市蓝皮书——国际城市发展报告2012》，北京：社会科学文献出版社。

王莹，2008，《身份认同与身份建构研究评析》，《河南师范大学学报》（哲学社会科学版）第1期。

王小文，2009，《媒介镜像中的中产阶层生活方式研究》，苏州大学硕士学位论文。

尉天骄、吴思媛，2012，《论分众传播时代DM杂志的编辑工作——以〈写字楼〉为例》，《合肥学院学报》（社会科学版）第4期。

魏莹，2008，《今日南国》（理论创新版）第4期。

姚君喜，2006，《我国当代社会的传播分化》，《当代传播》第2期。

约翰·斯梅尔，2006，《中产阶级文化的起源》，陈勇译，上海：上海人民出版社。

张小菊，2006，《女性时尚杂志的传媒内容与消费主义倾向》，《今传媒》第11期。

张宛丽，2002，《对现阶段中国中间阶层的初步研究》，《江苏社会科学》第4期。

郑坚，2007a，《当代传媒的中产化倾向研究》，《新闻界》第3期。

郑坚，2007b，《消费动物与经济动物——大众传媒的中产阶层"刻板印象"分析》，《当代文坛》第3期。

郑坚，2007c，《时政期刊的主流意识及其阶层认同——以〈南风窗〉为例》，《新闻界》第6期。

郑坚，2007d，《当代中国传媒中的阶层问题》，《传媒观察》第9期。

郑坚，2009a，《财经杂志及新闻专业主义》，《传媒观察》第1期。

郑坚，2009b，《广告与中产身份建构》，《新闻爱好者》第14期。

郑坚，2010，《传媒、现代性与中产阶层主体性——大众传媒的中产阶层叙事研究》，《中国文学研究》第1期。

周东华，高筱洁，2008，《电视谈话节目与西安城市形象塑造关系刍议》，《理论导刊》第9期。

周晓虹，2005，《中国中产阶层调查》，北京：社会科学文献出版社。

周福兴，2009，《透视时尚杂志针对中产阶层的话语策略》，《湖南大众传媒职业技术学院学报》第3期。

Mark Liechty，2003，*Suitably Modern：Making Middle-class Culture in a New Consumer Society.*

New Jersey：Princeton University Press.

Richard Ohman，1996，*Selling Culture*：*Magazines*，*Markets*，*and Class at the Turn of the Century* . London：Verso，1996.

作者简介

作者简介：郭瑾　女

所属博士后流动站：中国社会科学院社会学所

合作导师：李春玲

在站时间：2012. 12 ~

现工作单位：《国际品牌观察》杂志社

联系方式：g18610552693@ 163. com

第四部分
社会政策

民族－国家双重社会认同与群际知觉研究：以云南汉族和少数民族居民调查为例*

高文珺

摘　要：本研究从多重社会认同研究视角出发，分析了汉族与少数民族的民族－国家双重社会认同结构、影响因素及其与群际知觉的关系。对云南省昆明市和昭通市 643 名汉族和 364 名少数民族社区居民进行问卷调查。结果显示，调查对象的民族和国家认同之间呈正相关关系，又存在显著差异。民族－国家双重社会认同类型主要包括四种：整合型、民族型、国家型和弥散型。居住环境影响少数民族的民族－国家认同。群际知觉因民族－国家认同类型不同而有差异。

关键词：多重社会认同　民族认同　国家认同　群际知觉

一　理论基础与问题提出

（一）民族认同与国家认同研究概述

在多民族国家和地区中，各民族之间的和谐关系是社会稳定的基石。中

---

* 项目基金支持：中国社会科学院社会学研究所创新项目"我国社会心态状况研究"；中国博士后科学基金资助项目（项目批准号 2012M520526）。文章已发表于《云南师范大学学报》（哲学社会科学版），2013 年第 45（5）期，第 64－75 页.

国是由 56 个民族所组成的多民族国家，随着经济迅速发展和从业结构多元化，各民族逐渐打破地域限制，彼此之间交流互动不断增多，促进不同民族成员之间，特别是少数民族和汉族之间的积极互动，对于社会和谐平稳的发展具有重要意义。对群体身份认同和群际关系的深入理解有助于更有效地达成这一目标，相关研究由此引起了研究者的广泛关注。

心理学研究往往将民族认同和国家认同纳入社会认同的范畴（Phinney & Ong，2007）。社会认同是个体将自身归属于某个类别或群体的心理过程，社会认同理论（Social Identity Theory，SIT）关注社会身份的建构过程及其对社会思维和社会行动造成的影响（Tajfel & Turner，1979），该理论被广泛应用于社会认知、群际关系和群体过程等研究领域（Hogg & Ridgeway，2003）。民族和国家是个体所属的社会群体之一，在多民族国家中，这种社会身份尤其突出，身份认同也因此在民族心理研究中占据重要地位。Phinney 等（2007）指出，民族认同是多维度的动态结构，核心成分包括对本民族的积极探索、了解以及承诺和归属感。相应的，国家认同可以理解为是同一国家内不同民族成员对于自己国家公民身份的认同感。民族认同和国家认同之间的关系一直是学者们讨论的热点，西方早期研究认为两种认同之间是负相关关系，而后来的研究又认为两者是相互独立的，可能是正相关、负相关或者是无关联（Berry，2003），并通过对移民青少年的一项调查证实了这一观点（Berry et al.，2006）。国内研究者结合本土特点，围绕民族认同和国家认同的关系，也进行了较丰富的理论分析和实证探索。费孝通（1989）在中华民族多元一体格局的理论中，通过对民族认同层次的区分，从概念上分析了中国人的民族认同和国家认同，他认为，中国的民族概念包括两个层次，一是中华民族统一体，二是组成中华民族的 56 个民族。因此，民族认同也包括对中华民族的认同和 56 个民族成员对各自民族的认同两个层面（费孝通，1989、2003；方文，2008），前者可以理解为是对国家的认同。还有研究者通过实证研究初步分析了民族认同和国家认同间的关系，如一项对西南地区少数民族大学生的研究发现，民族认同和国家认同中度正相关，同时也存在差异，国家认同得分高于民族认同（史慧颖、张庆林、范丰慧，2007）。另一项对汉族和少数民族青少年的研究得到了类似结果，调查对象的民族认同和国家认同既相关又存在显著差异，国家认同高于民族认同，并且少数民族青少年的国家认同要高于汉族青少年（秦向荣、佐斌，2007）。在民族认同和国家认同的影响方面，前述史慧颖等人（2007）研究发现，在民族冲突情境中，民族认同高或国家认同高的大学生倾向于选择积极应对策略，而民族认同低的大学生则倾向于做出消极应对。梁进龙等（2010）则在研究中发现，民族认同和国家认同可以正向预测回族、汉族高中生的自尊水平，国家认同预测力更强。

从上述分析看出，国内外围绕民族认同和国家认同开展的相关研究已取得了一定成绩，但仍存在一些薄弱环节，值得我们做进一步补充和完善。这些薄弱之处主要体现在如下两个方面。首先，尽管国内对于民族认同和国家认同之间的关系和影响进行了一定的探索，但大多是将民族认同和国家认同分开讨论，鲜有研究从整体视角构建人们的民族 - 国家认同结构并分析这种认同结构对群际关系的影响。国外有研究者曾对此进行过尝试（Berry et al.，2006），但主要关注的是移民的民族 - 国家认同状况，与我国民族状况有较大差异。其次，国内目前的民族或国家认同研究，大多是针对某个少数民族群体而开展，虽有研究同时调查汉族和少数民族（如梁进龙等，2010），但鲜有研究分析某一地区多个民族的民族 - 国家认同情况。而要深入研究民族 - 国家认同，文化差异唤醒可能是一个重要条件。即便在多民族国家，很多时候，人们可能还是多与自己民族的人交往，文化差异的碰撞并不明显。因此，民族认同和国家认同的协调可能还要在多民族文化交汇地区进行研究，才更利于深入理解多重社会认同的特点。

针对上述研究局限，本研究将引入多重社会认同分析视角，分析多民族聚集地的汉族和少数民族居民的民族 - 国家双重社会认同结构、影响因素以及不同类型的民族 - 国家双重社会认同结构对于群际知觉的影响，进而分析民族 - 国家认同对于群际关系的意义。

（二）多重社会认同视角下的民族与国家认同研究

传统社会认同研究较多关注个体的某种社会认同（如性别、民族、职业等）对社会认知、行为和群际关系的影响，而现实生活中，人们往往隶属于多个群体。这些群体中，有一些可能彼此高度重叠，这时的社会认同也就比较单一；相反，有的群体类别之间可能只是部分重叠，无法完全汇聚，这种情况下，人们如何构建自己的多重社会认同就变得复杂起来。近 10 年来，学者们开始逐渐将研究视野从单一社会认同扩展至多重社会认同（Multiple Social Identities）（e. g.，Roccas & Brewer，2002；Chiu & Hong，2006；Bodenhausen，2010；Verkuyten & Martinovic，2012）。而多民族国家居民对本民族和对国家的认同，正是常见的多重社会身份，可以借鉴多重社会认同研究视角进行分析。

对于多重社会认同的结构，研究者曾提出社会认同复杂性（Social Identity Complexity）的理论概念来分析人们管理其多重群体身份的方式（Roccas & Brewer，2002）。社会认同复杂性用来区分个体应对其不同群体身份方式上的差异。以对两种群体身份管理为例，复杂程度低的社会认同结构是个体主观地将这两种身份嵌入一种认同中，或是取两者交集，或是以其中一个群体身份为主导；复杂程度高的社会认同则是个体意识到两种身份之间的差异，或是在某一情境中认同其中某一身份，或是同时认同两种身份。在对具有双重文化背景个体的研究中，研究者们分别发现了上述 4 种不同的认同管理方式，第一种认同方式是取民族和国家层面的交集，形成对生活在同一国家中同一民族的人的认同（e. g.，Phinney & Devich-Navarro，1997）；第二种是将某种认同置于其中一种认同之上，形成民族主导认同或是国家主导认同（e. g.，Berry，1990）；第三种是区隔式认同，在不同情境中，选择不同认同，或认同民族，或认同国家（No et al.，2008）；第四种则是整合式认同，个体同时对民族和国家具有高度认同（Oyserman，Sakamoto & Lauffer，1998）。Berry 等人（2006）对 5366 名来自不同国家的青少年移民的文化适应的研究，在很大程度上印证了社会认同复杂性的存在，勾画出了民族认同和国家认同之间可能呈现出不同的模式。所调查的青年中，以民族认同和国家认同为重要组成的文化适应呈现出 4 种类型，分别是以民族认同为主导的民族（ethnic）模式，以国家认同为主导的国家（nation）模式，以高度民族和国家认同为特点的整合（integration）模式，以及民族和国家认同都很低、处于模糊认同状态的弥散（diffuse）模式。

在上述研究结果之上，本研究假定我国汉族和少数民族居民的民族和国家双重社会认同类型可以概括在如图 1 所示的两维结构之中，这些不同类型的民族－国家社会认同对人们的群际知觉会产生不同影响，本研究将对此逐一进行检验。

二　研究方法

（一）调查对象

国内以往的民族认同和国家认同研究，大多是以单一少数民族大学生为调查对象，忽视了对主流群体和多民族群体的研究。本研究将调查对象扩展至汉族和少数民族居民，并选取了云南省这样一个有代表性的多民族交会地

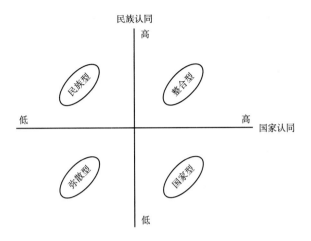

图 1　民族－国家双重社会认同两维结构示意

区作为调查地点，重点将汉族居民相对较多的昆明市和少数民族居民相对聚集的昭通市作为具体调研地点。由受过专门培训的调研员分别在社区进行一对一的问卷调查，两地共计回收有效问卷 1007 份。其中，汉族居民为 643人，占 63.9%，少数民族居民 364 人，占 36.1%，基本符合 2010 年全国第六次人口普查数据所报告的云南省汉族人口（66.63%）和少数民族人口（33.37%）的比例（云南省统计局，2011）。汉族居民中，男性 302 人，占47.0%，女性 336 人，占 52.3%（信息缺失 5 人）；年龄跨度为 18～70 岁，平均年龄 38 岁。少数民族居民中，男性为 183 人，占 50.7%，女性为 178人，占 49.3%（信息缺失 3 人）；年龄跨度为 18～70 岁，平均年龄 31 岁。使用 IBM SPSS20.0 统计软件对数据进行分析。

（二）测量工具

1. 民族认同和国家认同测量

民族认同的测量使用的是多元群体民族认同测量的修订版本（Multigroup Identity Measure-Revised，MEIM）（Phinney，1992、2007）。该量表被广泛用于测量一般民族群体的民族认同情况。原量表包括 14 个题目，几次修订后，形成了 6 个题目的简版量表，分别测量了民族认同的两个核心成分：承诺（commitment）和探索（exploration）。其中，承诺是指对于群体的强烈依恋感和个人投入，探索是指寻求与自己民族有关的信息和体验，这两个成分共同存在才是一种自信和成熟的民族认同。量表采用 Likert 5 点计分形式，其中"1"表示"非常不赞同"，"5"表示"非常赞同"，由 1 到 5，赞同程度逐渐增强。该量表在之前对多个民族群体的研究中都取得了良好的信度和效度结果（Phinney，2007）。本研究中，量表信度分别为：探索分量表信度 0.603，承诺分量表信度 0.797，量表总信度 0.737。

国家认同的测量是根据民族认同量表，编制 6 题测量对国家公民身份的探索和承诺。本研究中，量表信度分别为：探索分量表信度 0.643，承诺分量表信度 0.749，量表总信度 0.740。

2. 刻板印象、情绪和行为测量

应用 Cuddy 等人（2007）在群际情绪 - 刻板印象 - 行为趋向系统模型（Behaviors from Intergroup Affect and Stereotypes Map Framework，BIAS Map）基础上编制的量表，测量作答者对社会上流行的有关少数民族的刻板印象、情感和行为倾向的知觉。该量表以刻板印象内容模型（Stereotype Content Model，SCM）为基础，结合情绪和行为测量，分别从热情和能力两个维度测量刻板印象，从轻视、同情、妒忌和敬佩四个维度测量群际情绪，从主动促进（如帮助）、被动促进（如合作）、主动伤害（如斗争）和被动伤害（排斥）四个维度测量行为倾向。本研究使用的是每个维度两个题目，共 20 题的量表。量表采用 Likert5 点计分形式，询问作答者题目与社会上大多数汉族人对少数民族群体的看法、感受和行为的符合程度。本研究中，各个维度分量表的信度在 0.603 ~ 0.868 之间。

三　研究结果

（一）民族认同和国家认同的关系

1. 民族认同和国家认同的差异

采用重复测量方差分析的方法比较调查对象民族认同和国家认同之间的差异。首先将认同（民族和国家两个层面）作为被试内变量分析差异；同时，为进一步比较不同人口学变量群体的信念差异，将民族背景（汉族和少数民族）作为被试间变量纳入重复测量分析[①]。结果显示（见表 1），认

---

① 初次分析时，考虑了性别因素的影响，将其作为被试间变量纳入分析。结果表明，对于本研究中所考察的认同变量，性别没有任何显著效应。因此，在最终的分析中，不再考虑性别变量。

同层面和民族背景的主效应均显著，且两者交互作用亦显著。具体来说，首先，调查对象的民族认同和国家认同之间存在显著差异，国家认同（M = 3.780）显著高于民族认同（M = 3.391），对交互作用的简单效应分析发现，无论是对于汉族还是少数民族，国家认同均高于民族认同，两者之间差异的显著性在汉族（F = 433.934；p = 0.000）之中要比在少数民族（F = 6.845；p = 0.009）之中更明显。少数民族调查对象的民族、国家认同感平均强度（M = 3.703）要强于汉族调查对象（M = 3.519），交互作用的简单效应分析发现，这种强度差异主要表现为少数民族调查对象的民族认同感显著强于汉族调查对象（t = -9.114；p = 0.000），而不同民族调查对象的国家认同感强度则没有显著差异（t = 0.796；p = 0.426）。

表 1　民族认同和国家认同重复测量方差分析结果（N = 1007）

	汉族		少数民族		总计		认同主效应	交互作用
	M	SD	M	SD	M	SD		
民族认同	3.245	0.627	3.648	0.750	3.391	0.701	F = 196.039	F = 87.706
国家认同	3.792	0.663	3.757	0.711	3.780	0.680	p = 0.000	p = 0.000
总　计	3.519	0.553	3.703	0.614				
民族背景主效应：F = 23.700，p = 0.000								

2. 民族认同和国家认同之间的相关关系

为更全面把握民族认同和国家认同之间的关系，在比较两者差异之后，对两者之间的相关也进行了分析。首先，从整体上分析汉族和少数民族调查对象的数据，控制性别和民族背景等人口学变量的影响，对调查对象的民族认同和国家认同进行偏相关分析。偏相关结果显示，民族认同和国家认同之间存在显著正相关（r = 0.444；p = 0.000），对所属民族认同程度越高，对国家的认同程度也越强。

其次，再比较不同民族背景的调查对象，其民族认同和国家认同之间的相关特点。控制性别影响之后，偏相关分析结果显示，汉族和少数民族调查对象的民族认同和国家认同均显著相关，在相关强度上，汉族（r = 0.466；p = 0.000）强于少数民族（r = 0.414；p = 0.000）。

（二）汉族和少数民族调查对象的民族－国家双重社会认同特点

从前述分析结果看，一方面，民族认同和国家认同存在显著差异，表明调查对象并没有完全将这两种社会身份重叠在一起，提示了复杂社会认同结构的存在。另一方面，在我国这样一个多民族国家中，汉族和少数民族分别代表了多数人群体和少数人群体，这两个群体的民族认同、国家认同的特点和影响因素，以及两种认同之间的关系都可能因群体地位不同而有所不同。而分析结果也显示出汉族和少数民族调查对象的本民族认同程度有显著差异，汉族调查对象的民族和国家认同差异强度和相关性又都强于少数民族，表明两个群体的民族－国家认同结构关系可能会有不同。为分析这两个群体民族和国家双重社会认同的特点，分别对汉族调查对象数据（N = 643）和少数民族调查对象数据（N = 364）进行分析。

1. 汉族调查对象民族－国家双重社会认同的特点

为判断汉族调查对象的民族－国家认同结构是否可纳入本研究所提出的民族－国家双重社会认同两维结构中，以民族认同和国家认同作为聚类依据，对调查对象进行 Q 型聚类分析，分析其民族－国家双重社会认同模式是否可被划分为几个类别。对于聚类使用的认同变量均进行了标准化处理，使用离差平方和法（Ward's method）进行距离计算。根据谱系图（dendrogram）的结果，汉族调查对象的民族－国家认同模式可以分为两类，每个类别的属性和特点见表 2 和图 2。从图 2 中可以看出，这两个类别可分别落入本研究所提出的两维认同结构中的第三和第一象限之中，第 1 类调查对象具有较低的（低于均值）民族认同和国家认同，属于弥散型民族－国家认同，第 2 类调查对象具有较强的（高于均值）民族认同和国家认同，属于整合型民族－国家认同。为进一步判断聚类分析所得类别划分是否合理，使用 T 检验比较不同类型双重认同模式的调查对象在民族认同和国家认同两个变量上的高低差异是否显著。结果表明（见表 2），整合型认同的调查对象的民族认同和国家认同均显著高于弥散型调查对象，表明对汉族调查对象民族－国家认同模式的两类划分是合理的。

表 2　汉族调查对象民族－国家双重社会认同模式分类及差异（N = 643）

类别	人数	民族认同	国家认同
1 弥散型	365	2.892	3.413
2 整合型	278	3.710	4.291
不同类别之间认同的 T 检验结果		t = − 21.444***	t = − 22.058***

注：*** 表示 p < .001

2. 少数民族调查对象民族－国家双重社会认同的特点

为判断少数民族调查对象的民族－国家认同结构是否可纳入本研究所

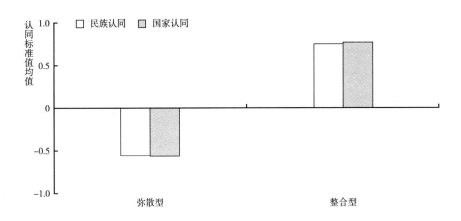

图 2　汉族调查对象民族－国家双重社会认同模式标准值示意图（N = 643）

提出的民族－国家双重社会认同的两维结构中，以民族认同和国家认同作为聚类依据，对调查对象进行 Q 型聚类分析。对于聚类使用的认同变量均进行了标准化处理，使用离差平方和法进行距离计算。根据谱系图结果，少数民族调查对象的民族－国家认同模式可分为 4 类，每个类别的属性和特点见表 3 和图 3。从图 3 中可以看出，这 4 个类别恰好对应本研究所提出的两维认同结构所形成的四个象限中，第 1 类调查对象具有较高的民族认同和国家认同，属于整合型民族－国家认同；第 2 类调查对象具有较强民族认同和较低国家认同，属于民族型民族－国家认同；第 3 类调查对象具有较弱民族认同和较强国家认同，属于国家型民族－国家认同；第 4 类调查对象具有较低的民族认同和国家认同，属于弥散型民族－国家认同。为进一步判断类别划分是否合理，首先，使用方差分析比较不同类型双重认同模式的调查对象，在民族认同和国家认同两个变量上的高低差异是否显著，结果表明（见表 3），不同类型调查对象的民族和国家认同均存在显著差异，并且，进一步多重比较发现，这种差异在不同类型之间都是显著的；其次，为判定每个类别中，主要是民族型和国家型认同类别中的民族认同和国家认同两者之间的高低差异是否显著，对每类调查对象的数据进行重复测量方差分析，将民族认同和国家认同作为被试内变量分析差异，从结果可以看出（见图 3），民族型认同的调查对象的民族认同显著高于国家认同，而国家型认同的调查对象的国家认同则显著高于民族认同。上述分析结果均表明，对少数民族调查对象民族－国家认同模式的 4 类型划分是合理的。

表 3　少数民族调查对象民族 - 国家双重社会认同模式分类及差异（N = 364）

类别	人数	民族认同	国家认同	同一类别内民族和国家认同重复测量方差检验
1 整合型	73	4.375	4.587	F = 13.819***
2 民族型	97	4.167	3.589	F = 152.605***
3 国家型	119	3.237	3.99	F = 234.039***
4 弥散型	75	2.924	2.789	F = 1.834
不同类别之间认同的方差检验		F = 185.907***	F = 292.559***	

注：***表示 $p < 0.001$

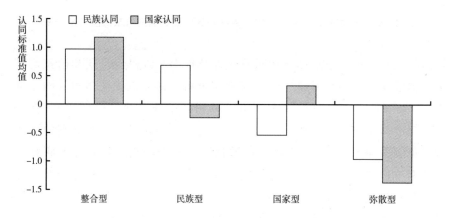

图 3　少数民族调查对象民族 - 国家双重社会认同模式标准值示意图（N = 364）

（三）民族 - 国家双重社会认同的人口学差异

为判断汉族和少数民族的民族 - 国家双重社会认同模式是否会因性别和居住环境等人口学因素而有所差异，采用交叉列联表分析，比较不同人口学变量类别中，所存在的认同模式的比例是否有显著差别。首先，使用交叉列联表，分别比较了汉族调查对象两种认同模式和少数民族调查对象四种认同模式在男女中的比例差异。结果显示（见表 4 和表 5），无论是汉族还是少数民族，其双重社会认同模式的分布在性别变量上都不存在显著差异。

再使用交叉列联表分析，分别比较了汉族调查对象两种认同模式和少数民族调查对象的四种认同模式在居住地点上的比例差异。结果显示（见表 4 和表 5），汉族调查对象无论是居住在汉族居民为主还是居住在少数居民为主的社区，其认同模式的分布都没有显著差异。但是，对于少数民族调查对象来说，认同模式与社区的民族构成关系显著，从表5中看出，居住地汉族居民偏多的时候，少数民族调查对象中，整合型和国家型民族－国家认同模式出现的比例相对较高，民族型认同出现的比例相对较少；而当居住地少数民族居民偏多时，少数民族调查对象则更多表现出民族型认同，而很少表现出整合型认同。

表4　不同人口学变量汉族居民认同模式比例的卡方检验　（N = 643）

人口学变量	整合型 人数 （在该人口学变量中所占比例）	弥散型 人数 （在该人口学变量中所占比例）	χ^2值
男性 （N = 302）	127 （42.1%）	175 （57.9%）	.258 （p = 0.631）
女性 （N = 336）	148 （44.0%）	188 （56.0%）	
居住地汉族居民为主 （N = 611）	269 （44.0%）	342 （56.0%）	3.133 （p = 0.099）
居住地少数民族居民为主 （N = 32）	9 （28.1%）	23 （71.9%）	

注：因个别缺失值的存在，性别变量人数总和不足643。

表5　不同人口学变量少数民族居民认同模式比例的卡方检验　（N = 364）

人口学变量	整合型 人数 （在该人口学变量中所占比例）	民族型 人数 （在该人口学变量中所占比例）	国家型 人数 （在该人口学变量中所占比例）	弥散型 人数 （在该人口学变量中所占比例）	χ^2值
男性 （N = 183）	39 （21.3%）	52 （28.4%）	58 （31.7%）	34 （18.6%）	1.785 （p = 0.618）
女性 （N = 178）	33 （18.5%）	44 （24.7%）	60 （33.7%）	41 （23.0%）	
居住地汉族居民为主 （N = 148）	44 （29.7%）	20 （13.5%）	55 （37.2%）	29 （19.6%）	29.435 （p = 0.000）
居住地少数民族居民为主 （N = 216）	19 （13.4%）	77 （35.6%）	64 （29.6%）	46 （21.3%）	

注：因个别缺失值的存在，性别变量人数总和不足364；基于四舍五入原因，图表上有些比例数据加总结果为99.9%。

（四）民族－国家双重社会认同与群际知觉

本研究将调查对象知觉到的社会上大多数汉族人对少数民族居民的印象、情感和行为界定为是社会上流行的有关少数民族的刻板印象和态度。首先从整体上比较汉族和少数民族调查对象对于流行刻板印象的知觉，然后再在汉族和少数民族群体内，分别比较双重社会认同模式不同的调查对象刻板印象知觉的差异。

1. 汉族和少数民族调查对象的刻板印象知觉差异

使用 T 检验比较汉族和少数民族调查对象对于社会上流行的有关少数民族的刻板印象的知觉是否存在差异，结果见表 6。

表 6　汉族和少数民族调查对象刻板印象知觉的 T 检验比较结果 （N = 1007）

SCM	汉族	少数民族	t 值
	均值	均值	
认知：			
热情	3.770	3.906	− 2.739 **
能力	3.417	3.507	− 1.641
情感：			
敬佩	3.291	3.398	− 1.897
轻视	1.960	2.343	− 6.580 ***
妒忌	2.376	2.669	− 5.728 ***
同情	2.516	2.680	− 2.743 **
行为：			
主动促进	3.361	3.240	2.157 *
被动促进	3.309	3.272	.605
主动伤害	1.935	2.420	− 8.094 ***
被动伤害	1.914	2.377	− 7.713 ***

注：*** 表示 $p < 0.001$，** 表示 $p < 0.01$。

从表 6 中可以看出，对于社会上大多数汉族人如何看待少数民族，汉族和少数民族调查对象的知觉存在显著差异。一方面，少数民族要比汉族调查对象更多地感知到汉族人多认为少数民族是热情的、对其具有同情的情感；另一方面，少数民族又要比汉族调查对象更强烈地感知到多数汉族人对其的轻视和妒忌情感以及伤害行为，更少感知到汉族人对其的主动帮助行为。汉族和少数民族调查对象对能力、敬佩情感和被动促进行为（如合作）的感知没有显著差异。

2. 汉族调查对象的民族 - 国家双重社会认同与刻板印象知觉

为比较汉族调查对象对流行刻板印象的知觉是否会因其民族 - 国家双重社会认同模式不同而有差异，使用 T 检验对此进行分析，结果请见表 7。从表 7 中可以看出，和弥散型认同模式的汉族调查对象相比，整合型认同的汉族调查对象知觉到的社会上流行的有关少数民族的刻板印象和态度整体上更为积极，更相信大多数人都认为少数民族热情、有能力，情感上也更多敬佩，更少轻视，行为上多表现出主动和被动促进，如帮助和合作，而更少表现出主动和被动的伤害，如斗争和排斥。两种认同类型的调查对象对于大多数汉族人对少数民族的妒忌和同情情感的知觉并没有显著差异。

表 7　不同认同模式汉族调查对象刻板印象知觉的 T 检验比较结果 （N = 643）

SCM	整合型	弥散型	t 值
	均值	均值	
认知：			
热情	3.883	3.684	- 3.448 ***
能力	3.527	3.333	- 3.127 **
情感：			
敬佩	3.462	3.161	- 4.506 ***
轻视	1.849	2.044	3.001 **
妒忌	2.362	2.388	0.426
同情	2.504	2.525	0.288
行为：			
主动促进	3.547	3.219	- 5.052 ***
被动促进	3.421	3.223	2.499 *
主动伤害	1.836	2.011	- 2.735 **
被动伤害	1.807	1.995	2.682 **

注：　*** 表示 $p < 0.001$，** 表示 $p < 0.01$

3. 少数民族调查对象的民族 - 国家双重社会认同与刻板印象知觉

为比较少数民族调查对象对有关其流行刻板印象的知觉是否会因自身民族 - 国家双重社会认同模式不同而有差异，使用方差分析对此进行分析，结果见表 8。

表8　不同认同模式少数民族调查对象刻板印象知觉的方差检验结果（N＝364）

SCM	整合型 均值	民族型 均值	国家型 均值	弥散型 均值	F 值
认知：					
热情	4.348	3.881	3.807	3.669	11.007***
能力	3.979	3.598	3.292	3.273	11.312***
情感：					
敬佩	3.764	3.356	3.382	3.127	7.034***
轻视	2.236	2.464	2.303	2.353	0.822
妒忌	2.701	2.660	2.630	2.713	0.215
同情	2.667	2.711	2.661	2.680	0.062
行为：					
主动促进	3.599	3.191	3.248	2.953	6.955***
被动促进	3.634	3.227	3.206	3.093	4.846**
主动伤害	2.215	2.438	2.466	2.520	1.459
被动伤害	2.243	2.433	2.277	2.593	2.240

　　从表8中可以看出，不同认同模式的少数民族调查对象知觉到的社会上流行的有关少数民族的刻板印象存在显著差异，主要表现在如何知觉大多数汉族人对少数民族居民热情和有能力的印象，敬佩的情感与促进行为。进一步多重比较分析发现：第一，整合型双重社会认同的调查对象的知觉要比其他三种认同类型的调查对象积极，整合型的调查对象更多地感知到多数汉族人认为少数民族热情、有能力，对少数民族的情感是敬佩的，表现出帮助、合作等主动和被动促进行为；第二，民族型认同的调查对象对于能力刻板印象的感知要显著强于国家型和弥散型认同的调查对象；第三，国家型认同的调查对象对于敬佩情感和主动促进行为的感知要显著强于弥散型认同的调查对象。对于其他刻板印象知觉，不同类型的调查对象并没有表现出显著差异。

四　结果讨论

（一）民族认同和国家认同的关系

　　本研究对汉族和少数民族居民民族认同和国家认同关系的分析，得到和以往研究相一致的结果（eg., Betty, 2003；史慧颖等，2007；秦向荣、佐斌，2007），民族认同和国家认同既有正相关关系又存在显著差异，整体上调查对象的国家认同程度要高于民族认同，并且这种差异在汉族居民中更为明显，因为汉族的本民族认同感要远低于少数民族。对于这一现象，可能的一种解释是，中国是以汉族为大多数人（超过90.0%）的多民族国家，对于汉族来说，民族身份在日常生活中并不像少数民族那样突出，因而对本民族的认同感就相对较弱。而无论是占据大多数的汉族还是占据少数的少数民族，整体上的国家认同都没有显著差异，可能反映出我国民族工作取得了成效，让不同民族居民都对国家持有较为积极的认同。

（二）民族 - 国家双重社会认同结构

对汉族和少数民族居民的调查结果证实，民族 - 国家认同结构可以归入本研究所提出的民族 - 国家双重社会认同两维结构中。第一，对于汉族调查对象，如前所述，其民族认同和国家认同之间的差异明显强于少数民族，而从相关系数看，其两种认同的相关性也略强于少数民族，这提示汉族的民族 - 国家认同结构很可能呈现两极分化的情形，数据分析结果也验证了这一点。汉族调查对象的民族 - 国家双重社会认同表现出两种类型，分别是民族和国家认同都比较强的整合型认同以及民族和国家认同都较低的弥散型认同，其中以弥散型认同的人居多（约占56.8%）。第二，少数民族调查对象的民族 - 国家认同结构呈现出清晰的四种类型，落在两维结构的四个象限之中，除整合型和弥散型认同之外，还出现了民族认同强国家认同弱的民族型认同和国家认同强民族认同弱的国家型认同。其中，人数最多的是国家型（32.7%）认同，民族型（26.6%）次之，整合型（20.1%）和弥散型（20.6%）的人数相对较少。

从上述分析看出，汉族和少数民族的民族 - 国家双重认同的表现形式有所差别，汉族的认同形式更多体现为民族和国家认同相辅相成，或两者统一整合，或两者都模糊难定；而少数民族的认同形式则更多元化，民族和国家认同不局限于相互映衬，还会出现程度差异，或是民族认同处于主导地位，或是国家认同更显强势。这也体现出了区别分析多数群体和少数群体认同心理的重要性。此外，结果验证了民族 - 国家认同两维结构的存在，让我们对民族认同和国家认同之间的关系有了更深的理解，从民族认同程度的高低，并不能简单推断出国家认同程度的高低；反之亦然。人们对于多重社会身份的认同管理可以有多种方式，可能受到情境因素影响；而在分析认同与群际关系之间的关联时，不应仅考虑民族认同或国家认同的单独作用，还要关注人们对两种认同的处理方式对于群际关系的影响。后续的分析将对这些问题进行讨论。

（三）民族－国家双重社会认同的人口学特点

从人口学变量上看，民族－国家认同类型不受性别的影响，但是和居住环境却有一定关联。以往研究显示，居住环境的民族多样性会影响青少年的文化适应类型（Berry et al.，2006），本研究对认同类型的分析也得到了类似结果，主要体现在少数民族调查对象身上。本研究所调查的云南省，人口在5000人以上的民族有26个，各民族分布呈典型的"大杂居、小聚居"的特点。调查中的汉族居民绝大多数（约95.0%）长期居住在汉族为主的社区。因此，其民族－国家认同类型并没有因居住地民族环境差异而有所不同。而所调查的少数民族居民，约40.7%的人长期居住在汉族人口为主的社区，其余59.3%的人长期居住在少数民族人口为主的社区，两者的认同类型分布存在显著差异。居住在汉族为主社区的少数民族，和居住在少数民族为主社区的少数民族相比，前者整合型认同的人数比例明显增多，民族型认同的人数比例明显减少，国家型认同的人数比例也相对较多，两者弥散型认同的人数比例基本接近。从中看出，当少数民族居住在和汉族接触机会较多的环境时，包容性较强的国家身份（包含中国的各个民族）相对凸显，而较单一的本民族身份则有所淡化。因此，在管理民族和国家双重认同时，整合型和国家型认同的人数相应增加；而当居住在和汉族接触机会较少的环境时，少数民族的本民族身份则成为日常生活中的主要身份，民族型认同人数就会大幅增多。这表明少数民族的民族－国家认同管理策略可能和其与主体民族的接触经验有关，接触经验越多，越容易形成包容性相对较强的、国家认同成分较多的社会认同结构，接近于费孝通（1989）所提的中华民族多元一体的认同格局。

（四）民族－国家双重社会认同与群际知觉

本研究考察了民族以及双重社会认同结构不同的调查对象，如何知觉社会上流行的有关汉族对于少数民族的刻板印象、情绪和行为。从结果看，首先，汉族和少数民族调查对象对于有关少数民族刻板印象的知觉在整体上存在显著差异，虽然两者都认为汉族对少数民族的刻板印象比较积极、情感以敬佩居多、促进行为较多、伤害行为较少。但是，少数民族要比汉族更多地感知到汉族认为少数民族热情；也更多地感知到汉族对少数民族情感和行为的消极方面，如轻视和妒忌的情感，斗争和排斥等主动或被动的伤害行为；却更少感知到汉族对少数民族的主动帮助行为。可能的原因是由于社会赞许效应的存在，汉族调查对象倾向于低估自己群体对于少数民族群体的负面情绪和行为；还有可能是因为少数民族将自己对本民族的评价投射到其他人身上，倾向于认为其他人和自己观点一致，认为少数民族都是热情的，不过，除了热情这一认知评价之外，少数民族对刻板印象和态度的知觉都要比汉族更加消极，因此，前一种解释可能更为合理。

其次，无论是汉族还是少数民族调查对象，其知觉到的有关少数民族的刻板印象都因自身的社会认同结构不同而存在差异。汉族调查对象中，整合型民族-国家认同的调查对象和弥散型民族-国家认同的调查对象相比，对于有关少数民族刻板印象和情绪行为的知觉都更为积极，更多感知到大多数汉族人认为少数民族热情、有能力，对其积极情感多而消极情感少，与他们合作、帮助他们的促进行为多，而与他们争斗、排斥他们的伤害行为少。可见，此次研究中，当同时具有较强民族和国家认同时，汉族调查对象的群际知觉更为积极；但是对于认同处于弥散状态，既没有对本民族也没有对国家形成强烈认同的汉族调查对象来说，他们往往会形成消极的群际知觉。少数民族调查对象中，在4种双重认同类型中，同样也是整合型民族-国家认同的少数民族所知觉到的汉族人对自己的印象、情感和行为最为积极，他们更多感知到汉族人对自己持有热情和有能力的印象、表现出敬佩的积极情感和帮助、合作等积极的行为倾向。而民族型和国家型认同的调查对象在认知、情感和行为的一些感知上也都要比弥散型的更为积极。和汉族相类似，整合型双重认同的少数民族群际知觉最为积极，以单一认同为主导的双重认同类型的调查对象对群际知觉的积极程度次之，认同模糊的调查对象的群际知觉最为消极。总体上看，汉族和少数民族调查对象在管理自己的双重社会身份时，无论是形成了整合的双认同，还是形成了单一的包容性较强的认同（国家型）或包容性相对较弱的认同（民族型），只要有明确的认同感知，对其群际知觉来讲，都具有正面意义，当然，以整合型民族-国家认同的效果最为突出。但是，如果调查对象无法形成明确的民族-国家认同，处于迷茫状态时，对其群际知觉则会产生负面影响。这表明在制定民族政策时，促进和培养少数民族的积极国家认同固然重要，但也要关注其对本民族积极认同的建立，两者共同发展可能会最大限度地改善群体间关系。而对汉族民族和国家认同感的培育同样应获得重视，缺乏明确认同感可能导致其对群际间关系存在认知偏差，不利于积极民族间关系的发展。

五　结论与未来研究方向

（一）结论

本研究通过对多民族交会地区的汉族和少数民族社区居民的问卷调查，分析了民族认同和国家认同的关系，在多重社会认同视角下探讨民族－国家双重社会认同的结构类型、影响因素以及其和群际知觉的关系。主要得到以下结论。（1）民族认同和国家认同既有一定程度相关，又存在显著差异，此次调查中，国家认同要显著强于民族认同。（2）本研究提出的民族－国家双重社会认同两维结构具有合理性，所调查的汉族居民主要表现为整合型和弥散型两种类型的民族－国家认同，少数民族居民主要表现为整合型、民族型、国家型和弥散型四种类型的民族－国家认同。（3）居住环境影响少数民族的双重认同类型，生活在和汉族人接触机会较多的社区中，少数民族居民更可能表现出整合型和国家型的民族－国家认同。（4）群际知觉因民族－国家认同类型不同而有差异，整合型民族－国家认同的调查对象对于群体间印象的知觉最为积极，弥散型认同调查对象的印象则最为消极。

（二）研究意义与未来研究方向

个体管理其民族和国家身份的策略不同，本研究所提出并验证的民族－国家双重社会认同两维结构有助于更好地把握复杂的民族和国家认同关系，分析双重社会认同的作用。同时，对于我们的民族工作也具有一定启示：首先，在开展工作前对于工作对象民族－国家认同模式的把握，有助于针对性地制定相应的政策；其次，增进少数民族和汉族长期接触的机会，有利于增加双重认同中的国家认同成分；最后，政策制定既要关注提升国家认同，也要增强民族认同，两者都有利于促进积极的群际知觉，需要注意的是消除模糊的身份认同感。

未来相关研究可从以下几个方面进行。第一，扩大调查区域。本研究主要是对居住在云南省两个城市的社区居民开展调查，研究结果对于多民族交汇地区具有一定适用性，但是否能推广至其他地区还有待未来研究验证，以确认民族－国家双重社会认同两维结构的适用范围。第二，深入分析影响民族－国家认同类型的个体、社会和情境因素，如个体的认知闭合需要、价值观、社会的结构、群体间相似度、群体威胁感知等因素的影响，以此为改变

民族 - 国家社会认同提供更全面的参考依据。第三，进一步寻求边界变量和中介变量，构建民族 - 国家认同影响群体关系的机制路径，并扩展研究思路，进一步分析双重认同类型对个体心理健康、文化能力、社会适应等的影响。

参考文献

方文，2008，《群体资格：社会认同事件的新路径》，《中国农业大学学报（社会科学版）》第 25 期。

费孝通，1989，《中华民族的多元一体格局》，《北京大学学报（哲学社会科学版）》第 4 期。

费孝通主编，2003，《中华民族多元一体格局（修订本）》，北京：中央民族大学出版社。

梁进龙、高承海、万明钢，2010，《回族、汉族高中生的民族认同和国家认同对自尊的影响》，《当代教育与文化》第 2 期。

秦向荣、佐斌，2007，《民族认同的心理学实证研究：11—20 岁青少年民族认同的结构和状况》，《湖北民族学院学报（哲学社会科学版）》第 25 期。

史慧颖、张庆林、范丰慧，2007，《西南地区少数民族大学生民族认同心理研究》，《民族教育研究》第 18 期。

云南省统计局，2011，《2010 年云南省第六次全国人口普查主要数据公报》。

Berry JW., 1990, Psychology of acculturation: Understanding individuals moving between cultures. In R. Brislin (Ed.), *Applied cross-cultural psychology* (pp. 232 ~ 253). Newbury Park, CA: Sage.

Berry JW., 2003, Conceptual approaches to acculturation. In K. Chun, P. Organista, & G. Marin (Eds.), *Acculturation: Advances in theory, measurement, and applied research* (pp. 17 ~ 37). Washington, DC: American Psychological Association.

Berry JW., PhinneyJS., SamDL., VedderP., 2006, Immigrant youth: acculturation, identity, and adaptation. *Applied Psychology: An International Review* 55 (3).

Bodenhausen G., 2010, Diversity in the person, diversity in the group: Challenges of identity complexity for social perception and social interaction. *European Journal of Social Psychology* 40 (1).

Chiu C-y. Hong Y-y., 2006, *Social Psychology of Culture* (pp. 299 ~ 316). New York: Psychology Press.

Cuddy AJC., Fiske S T., Glick P., 2007, The BIAS map: behaviors from intergroup affect and stereotypes. *Journal of personality and social psychology* 92 (4).

Hogg M A., Ridgeway C L., 2003, Social identity: sociological and social psychological perspectives. *Social Psychology Quarterly* 66 (2).

No S. , Hong Y. , Liao H. , Lee K. , Wood D. , Chao M M. , 2008, Lay theory of race affects and moderates Asian Americans' responses to American culture. *Journal of Personality and Social Psychology* 95 （4）.

Oyserman D. , Sakamoto I. , Lauffer A. , 1998, Cultural accommodation: Hybridity and the framing of social obligation. *Journal of Personality and Social Psychology* 74 （6）.

Phinney J S. , Devich-Navarro M. , 1997, Variations in bicultural identification among African American and Mexican American adolescents. *Journal of Research on Adolescence* 7 （1）.

Phinney J S. , Ong A D. , 2007, Conceptualization and measurement of ethnic identity: Current status and future directions. *Journal of Counseling Psychology* 54 （3）.

Phinney J. , 1992, The Multigroup Ethnic Identity Measure: A new scale for use with diverse groups. *Journal of Adolescent Research* 7.

Roccas S. , Brewer M B. , 2002, Social identity complexity. *Personality and Social Psychology Review* 6 （2）.

Tajfel H. , Turner J C. , 1979, An Integrative Theory of Intergroup Conflict. In: W. G. Austin & S. Worchel （eds. ）, *The Social Psychology of Intergroup Relations*. Monterey, CA: Brooks/Cole.

Verkuyten M. Martinovic, B. , 2012, Social identity complexity and immigrants' attitude towards the host nation: The intersection of ethnic and religious group identification. *Personality and social psychology bulletin* 38 （9）.

作者简介

高文珺　女

所属博士后流动站：中国社会科学院社会学研究所

合作导师：杨宜音

在站时间：2012.7~

现工作单位：中国社会科学院社会学研究所

联系方式：wj. wenjungao@gmail. com

社会治理视阈下的公众安全需要研究***

陈　劲

　　摘　要：随着我国经济社会的快速发展，公众的需要结构也发生着深刻的变化，已进入以安全需要为主的阶段，迫切需要从创新社会治理的视阈去不断满足公众的安全需要，促进社会和谐发展。本文以马斯洛的需要层次理论为基础，结合我国现实社会问题，从创新社会治理的角度出发，系统分析了当前公众安全需要的特征及其主要表现，阐明了公众安全需要得不到满足的危害，提出了积极满足公众安全需要的七条创新社会治理的针对性措施与建议。

　　关键词：社会学理论　社会管理创新　公共安全

　　需要是人类行为动机产生的源泉和基础。作为人们追求满足的欲望，科学的社会治理需要充分分析公众的需要特征。人的需要具有多样性、丰富性、复杂性和动态性，根据马斯洛的需要层次理论，人类的需要包括生理需要、安全需要、爱与归属需要、尊重需要、自我实现需要等五个由低到高的层次。马斯洛及其他心理学家认为，一个国家多数人的需要层次结构是同这

---

　　*　本文已发表于《重庆社会科学》2013 年第 11 期，题目由该编辑部改为《创新社会管理与公众安全需要的关联度》。

　*　初次分析时，考虑了性别因素的影响，将其作为被试间变量纳入分析。结果表明，对于本研究中所考察的认同变量，性别没有任何显著效应。因此，在最终的分析中，不再考虑性别变量。

个国家的经济、科技、文化、教育等发展水平密切相关，每一时期总有一种需要占支配地位，对行为起决定作用，但任何一种需要也都不会因为更高层次需要的发展而消失。各层次的需要相互依赖和重叠，高层次的需要发展以后，低层次的需要依然存在，只是对行为影响的程度大大减少。

2010 年，我国国内生产总值（GDP）为 5.88 万亿美元，超过日本的 5.47 万亿美元，成为世界第二大经济体。2011 年，我国人均 GDP 为 35083 元（5432 美元），进入中等收入国家行列。随着我国经济社会的快速发展，绝大多数公众生活得到明显改善。2011 年我国城乡居民家庭食品支出占消费支出的比重（即恩格尔系数）分别为 36.3% 和 40.4%，分别达到联合国粮农组织提出的富裕和小康水平；2012 年农村居民恩格尔系数首次降至 39.3%，达到富裕水平。随着这些变化，我国公众的需要结构也发生着深刻的变化，从满足公众温饱为主的生理需要占优势的需要层次结构逐渐发展为安全需要占优势的全面发展的需要层次结构。如"从近年来的调查看，安全的需求成为民众反应最激烈的需求"（王俊秀，2013），新时期的社会治理要充分重视和满足公众的安全需要。

安全包括客观现实和主观判断两个方面的含义（龚振，1995），即一方面是指在特定客观条件下人们的某种需要满足过程中没有遇到与此需要相违背的客观现实，例如某人顺利开车回到家，其间未发生交通事故，就是安全；另一方面指在特定客观条件下人们对某种需要能否得到满足以及追求满足过程是否会发生与此需要相违背的情况所做出的主观判断（或预感），例如某人认为开车回家不会遇到交通事故，就是安全，反之就是不安全。根据安全的概念，公众安全需要也就包括对客观安全现实的需要和主观安全判断的需要这两层含义，是人们希望获得安全、稳定、秩序、有保障，免受恐吓、焦躁和混乱折磨的需要。客观安全现实的需要与主观安全判断的需要两者互为满足，相互促进，共同构成了公众安全需要。

关于安全需要，国外的相关研究主要集中在人力资源管理和消费者心理需求等方面，较多探讨职业安全感、消费者的购买动机和倾向等方面的内容，重在理论阐释和实证调查。国内研究在理论上多从构建和谐社会的视角对安全需求进行解读和阐释，实证研究方面较多集中在安全感的调查，如安全需要对居民消费的制约、员工安全感对工作的影响、灾民安全感对身心健康的影响、治安安全感对居民生活的影响、学生安全感对学习的影响和安全型依恋对人格的影响等；另外，从省市等地域层面进行社会安全感调查研究也开始出现。

综上可见，公众安全需要对社会和谐稳定、国民经济发展、公众工作生活均具有重要的作用。然而，已有研究中以整个社会群体为研究对象，结合现实社会问题，从社会治理的角度，有针对性地分析探讨当前公众安全需求特征的研究还不多见。因此，这里拟进一步分析我国公众安全需要状况及其特征，并在此基础上提出创新社会治理的有效措施和办法，以期促进我国经济社会又好又快发展。

一　公众安全需要的特征分析

安全需要作为层次需要理论中的一个重要部分，对于它的特征研究者多从个体的角度进行论述，这里以为社会治理服务为原则，从群体的角度来分析公众安全需要的特征。

（一）群体性和动力性

需要作为人类行为的动力源泉，在马斯洛的需要层次理论中，需要的层次越高，就越具有独特性，对人们行为的推动作用也较小；但需要的层次越低，则越具有集体性，对人们行为的推动作用也越强大。安全需要和生理需要一样，是每一位公众的共同需要，具有广泛的群体共鸣性和群体动力性。安全需要在公众群体和个体之间存在差异。个体的安全需要受到威胁时，倾向于害怕与退缩，内化指向于自己；而公众群体的安全需要受到损害时，倾向于外化指向社会和他人，具有强大的群体驱动力，促使公众寻求各种途径来达到安全感的满足。

（二）映射性和传染性

安全需要还具有映射性，即公众对于他人的安全现状，即使与自己无直接关系，公众也反响强烈。我国的一些群体事件，例如强征强拆事件等虽然与一些公众无直接关系，但他们常将自己设想为当事人，也感受到威胁，并表现出强烈的安全需要。有研究者在对 2012 年天涯社区 275 起强征强拆网络维权事件的分析结果表明，有 36.73% 的强征强拆事件引发了大范围的群体抗议（刘璇、卢永春等，2013）。此外，在危险环境下凭感觉自发形成的安全缺失感的群体心理和行为还会相互感染，加重人们对灾难的感受，并容易传染给其他原本理智的公众，造成群体性恐慌，形成各种失去理智的群体行为。

（三）物质与心理双重性

客观条件是安全感产生的先决条件，但不同公众对相同的客观条件可能做出不同的反应。安全需要一方面表现为公众对自身所处客观现状的风险认知情况，另一方面表现为公众对自身未来风险预测的可接受性和可容忍程度（高星，2011）。公众安全需要处于生理需要的物质需要到归属需要、尊重需要等心理需要的过渡阶段，它包括对客观安全现实的需要和主观安全判断的需要。这表明安全需要既具有物质性，也具有心理性。所以，安全需要既可以体现为食品药品安全、住宅安全、交通安全、生态环境安全等现实性的安全，也可以体现为社会秩序安全、职业安全、财产安全、家庭安全、隐私安全、医疗安全等主观判断为主的预期安全。当然食品药品安全等现实为主的安全和社会秩序安全等主观判断为主的安全两种并非截然分开，均具有物质现实性与心理主观性的双重性，只是侧重点各有不同。

（四）基础性和普遍性

公众安全需要还具有基础性和普遍性。心理学家沙利文认为人类行为的动力分为两大类：一类是对满足的需求，一类是对安全的需求（转引自安莉娟、丛中，2003）。安全需要不仅是需要中的一个层次，它更与生理需要、归属需要、自尊需要、自我实现需要等各类需要存在普遍联系，各层次需要在满足过程中都涉及一个是否"安全"的问题（龚振，1995），即在满足需要的过程中是否会发生有害的情况，就如既要吃饱，更要吃得安全，既要交朋友或获得尊重，更要无害于自己。安全需要的缺失会损害公众对归属需要、尊重需要、自我实现需要等高层次需要的寻求。马斯洛更是认为，几乎一切都不如安全需要重要，甚至有时包括生理需要，"处于这种状态中的人可以被描述为仅仅为了安全而活着"（马斯洛，2012）。可见，安全需要具有基础性特征。另外，安全需要是各年龄阶段人群、各阶层人群、各职业人群的普遍需求。心理学研究表明，婴儿诞生后即与周围的世界产生信任和期待，形成安全感，这种安全需要贯穿于每个个体生命发展的全程，并跨越不同的阶层和职业。

二 公众安全需要的现状表现

安全需要涵盖了人们对人身安全、社会治安、社会保障、职业安全、家庭生活、健康保健、生活稳定等各领域的需求。心理学研究认为人的安全需要表现为确定感、安全感和控制感三个层面（于世刚，2011）。即人们为了满足自己的安全需要，首先表现为在不安全状态下，人的安全需要是对不确定因素的寻求，表现为不确定感和确定感；其次为人们渴望稳定、安全、受保护、有秩序，能免除恐惧和焦虑等；再次表现为个体和相关机构对不安全状况的可控需要，"制控力的强弱也直接影响安全感"（林荫茂，2007）。党的十八报告指出，当前社会矛盾明显增多，主要是关系群众切身利益的教育、就业、社会保障、医疗、住房、生态环境、食品药品安全、安全生产、社会治安、执法司法，以及道德失范、诚信缺失等方面。这些社会问题都与当前公众的安全需要息息相关。总的看来，我国公众安全需要的现状主要体现为以下几个方面。

（一）追求稳定

马斯洛认为人的安全需要首先表现在喜欢一种安稳的秩序或节奏，需要一个可以预见的有秩序的世界。否则，就会让人感到世界变得不可靠、不安全、不可预见。他还认为，一个正常的人，或在一个没有社会动乱的社会中，安全需要的表现主要是"人们一般都愿意找有保障的、可以终身任职的工作，渴望有一个银行户头和各种类型的保险"（马斯洛，2012）。有数据显示，自 2009 年以后，每年参加公务员考试的年轻人都超过 100 万人，2013 年报考人数更是达到 156 万人之多，而在 1994～2000 年的 6 年里，全国累计参加公务员考试的不过 4 万余人（周龙，2013）。又如，2012 年哈尔滨市环卫系统向社会公开招聘 457 个环卫工勤岗位，在进入最终竞争的7000 多人中，约 3000 人拥有本科学历，还有 29 名硕士生，一个参与竞争的研究生甚至声称"死也要死在编制内"。这些年轻人热衷于公务员、事业编制等体制内职位的现象均深刻反映了公众对职业稳定的追求。除开对职业收入稳定的追求，公众追求稳定的安全需求表现还体现在经济稳定、社会秩序安定等方面。

（二）注重放心

尽管我国在解决温饱问题方面取得了巨大的成就，然而公众对食品和药品质量安全的不放心却随着公众对生理需要满足标准的提高而日益成为最受关注的内容。尤其是近年来公众用来养命、救命的食品和药品行业不时出现问题，更是让公众承受着巨大的安全压力。据中国社会科学院的调查，近年来，食品安全始终位居社会不安全的前列（王俊秀，2013）。此外，建设领域的豆腐渣工程、环境领域的水污染和雾霾天气问题等，公众都迫切需要安全性，都需要能得到质量保证并放心使用。此外，个人信息泄露也成为公众一个新的安全需要。如有调查发现，97.4%的受访者表示曾经收到骚扰电话或者垃圾短信（罗力，2013）。而投资性购房等现象则反映出公众对财产安全的不放心。

（三）避免威胁

马斯洛认为，人们存在"要求保护和一再保证"的社会心理（马斯洛，2012）。因此，当前公众的安全需要也体现为希望社会公平正义，受到保护，有控制感，以避免各方面的威胁。例如，公众对"富二代""官二代""火箭提升""腐败""权力寻租""我爸是李刚"的不满，其核心是源于各种资源和机会的不平等，造成公众心理上的被剥夺感，进而感到威胁并产生不满的情绪。此外，随着我国社会各种关系形态的变化，家庭人伦关系、血缘地缘关系等传统的人际关系逐渐弱化，原有的人际支持和保障体系的瓦解，新型社会保障体系尚不健全，也加深了公众的危机感，他们希望得到政府的有力保护，从而避免受到威胁。

（四）渴望信任

据中国社会科学院调查发现，社会总体信任水平进一步降低。调查结果发现，社会总体信任程度得分为59.7分，低于及格线（王俊秀，2013）。2012年公众总体社会信任属于"不信任"水平（饶印莎、周江等，2013）。诸如公众对中国红十字会因"郭美美事件"在雅安募捐中进行抵制等，反映了公众对公共权力机构和管理部门信任的焦虑和渴望。调查还发现，公众对商业行业更是处于基本不信任的水平，餐饮业、旅游业、药品制造、食品制造和房地产等行业属于"高度不信任"（饶印莎、周江等，2013）。高离婚率，夫妻婚前财产公示，"小悦悦事件"，"南京彭宇案"引发的老人跌倒要不要扶的讨论等，都体现了公众对当前人际信任的焦虑，渴望信任、安全的生活环境。

三 公众安全需要得不到满足的危害

马斯洛认为，安全需要"这个压倒一切的目标不仅对于个人目前的世界观和人生观，而且对其未来的人生观都是强有力的决定因素"（马斯洛，2012），"担心、恐惧、害怕、焦虑、紧张、不安和极度不安，都是安全需要受到挫折的后果"（马斯洛，2012）。因此，在现代社会中，公众安全需要还得不到有效满足，那么，必然会对个人和社会造成各种危害。具体而言，当前公众安全需要得不到满足所导致的危害主要表现在以下几个方面。

（一）社会焦虑

社会焦虑是指由于社会中的不确定因素在公众中产生的压抑、烦躁、不满、非理性冲动等紧张心理。改革开放以来，我国社会环境变化幅度大、速度快，使社会各个阶层面对生活的不确定性风险剧增，承受的心理压力增大，容易产生社会焦虑。塞缪尔·亨廷顿认为，虽然"现代性产生稳定，但现代化却会引起不稳定"（塞缪尔·亨廷顿，1998）。现实生活中不难发现，诸如升学就业竞争激烈、人际关系的复杂、婚姻的不稳定、工作压力、交通拥挤、住房紧张、择偶困难、下岗、再就业等社会现代化进程所带来的问题，让每一位公民都感受到不稳定和缺乏安全感。如调查发现，就业需要成为当前大学生最强烈的需要，就业压力是大学生活的第一压力（刘卫红、冉瑞琳，2010）。普遍的焦虑感成为一种社会心态，它使人们缺乏一种应对社会变革、生活变化的从容心态，强化了对未来前景的担忧。这种社会焦虑应予以高度重视和有效缓解，否则当其聚集到一定程度就会形成社会张力，最终以社会冲突或其他方式释放出来，会不同程度地破坏社会的稳定和发展。

（二）群体恐慌

马斯洛指出，在一个相当缺乏安全感的人身上，每一个外部的影响、每一个作用于机体的刺激物，都或多或少地更易于以一种缺乏安全感的方式，而不是以一种具有安全感的方式来被解释。例如，咧嘴一笑很可能被当作轻蔑，遗忘很可能被解释为侮辱，冷漠很可能被看作厌恶，温和的喜爱则成了冷漠。进而，在他们的世界里，不安全的影响多而安全的影响少，"缺乏安全感的人趋于以一种缺乏安全感的方式行事"（马斯洛，2012），稍有风吹草动，就会风声鹤唳，成为惊弓之鸟。目前我国正处于社会转型时期，以福利保障为特征的计划经济体制被打破，但新的市场经济体制和各种保障性政策措施还不够健全，公众的心理感觉进入了"不安全时代"。马斯洛认为，人们对于安全的需要比对于尊重的需要更偏执、更迫切。如果发生了什么出人意料的事情，而且又不是他们自己的过错所致，那么他们就会有一种惊慌失措的反应（马斯洛，2012）。例如，2011 年 3 月由日本大地震导致核泄漏危机后，我国各地出现的"抢盐事件"，就是典型的公众对环境污染和食品安全的安全感缺失而导致的群体恐慌事件。

（三）主动防御

马斯洛认为，当儿童感到不安全的时候，或者他在安全需要等方面受到根本性阻碍和威胁的时候，他就会更多地出现自私、仇恨、攻击、破坏等主动防御性行为（马斯洛，2012）。推而论之，当公众感受到了安全需要受到阻碍和威胁时，也会表现出主动的防御性行为。这可以对近年来群体性事件中有关"泄愤"类型的案例做出合理的解释。在许多突发事件中，参与者大多并不是事件的当事人，但由于从事件本身中感受到了自身的威胁，而借助他人的导火索，仗恃群体的力量，表现出主动防御性行为，成为群体性事件的主要闹事者，从而产生极大的攻击性和破坏性。此外，马斯洛还认为，"健康的人，因为他们在对危险做出反应时，也倾向于现实主义地向安全需要的层次退化，以备防御"（马斯洛，2012）。这表明，即使处于高级需要层次的人群，只要出现不安全的状态，也会出现很强的防御意识。据招商银行和贝恩管理顾问公司联合发布的《2011 中国私人财富报告》指出："接受调查的高净值人群中近 60% 的人士已经完成投资移民或有关考虑。"这是因为很多富人缺乏安全感，担心政策变化而采取的主动防御。公众缺乏安全感最严重后果是思维的偏激和行为的过激，使发展、和谐、稳定乃至幸福，都将面临巨大威胁。

（四）诚信缺失

当前社会中的诚信缺失现象与公众缺乏安全感有密切关系。安全感是心理健康的基础，有了安全感才能有自信、有自尊，才能与他人建立信任的人际关系，而不安全感是许多心因性精神障碍最根本的人格基础。没有安全感，就没有人际信任，更不可能有良好的人际关系，并在此基础上导致精神障碍。马斯洛认为，缺乏安全感的人往往对他人抱以不信任、嫉妒、傲慢、仇恨、敌视的态度。据 2013 年《社会心态蓝皮书：中国社会心态研究报告（2012 - 2013）》调查显示，中国目前社会的总体信任进一步下降，人际关系之间的不信任进一步扩大，只有不到一半的被调查者认为社会上大多数人可信，更只有二到三成的被调查者信任陌生人（王俊秀，2013）。官民、警民、医患、民商等社会关系的不信任让群体间的不信任加深和固化，而不信任的心态更是导致人们诚信行为的缺失，社会冲突不断增加。而且，随着越来越多的不诚信事件的发生，人们开始质疑社会的公平正义，对社会的信心也会出现下降的可能。

（五）幸福感降低

幸福指数是衡量人们对自身生存和发展状况的感受和体验，即人们的幸福感的一种指数。安全感的缺失会导致公众幸福指数降低。在现实中，很多人都觉得活得很累，身体累、心也累，因为既要为生活奔波，心理上也缺乏安全感。近年来时有发生的食品安全问题、环境污染问题导致公众安全感较低，极大地冲击了公众的幸福感。据 2013 年《社会心态蓝皮书：中国社会心态研究报告（2012－2013）》调查，只有 44.7% 的受访者对生活现状倾向于满意，其中老年人生活满意度最高，其次是中年人，而青年人的生活满意度最低（王俊秀、全静，2013）。同时，因各种原因造成的社会不公平也影响公众的幸福指数。例如中国社科院对北京、广东、江苏、浙江和四川 5 省市农民工的调查发现，64% 的调查对象认为社会不公平，47% 的调查对象表示自己外出打工期间受到的不公平对待"比较多"（陈辉、杨宜音，2013）。而中产阶层自己看来，虽然具有较高的经济收入，但高收入所付出的成本也是巨大的：生活压力大、生活节奏十分紧张以及失去悠闲感。

（六）影响经济发展

目前，我国正在向扩大内需、拉动消费、走向消费主导的经济转型，促进广大居民积极消费，释放巨大的消费潜力是经济发展的需要。然而，由于当前的社会改革尚未定型，公众所背负的生活成本高、生活压力大，人们面临的不确定因素太多、不安全因素也多，趋利避害的本能促使公众确保自己拥有更多的资金来达到安全生活的目的。因此，人们便在并不丰厚也不稳定的收入下，减少不必要的现实消费而重视积蓄，客观上影响了社会的消费增长。据中国人民银行数据显示，到 2013 年 8 月，我国居民储蓄余额已连续三个月突破 43 万亿元，位于历史最高位，已成为全球储蓄金额最多、储蓄率最高的国家，同时也是人均储蓄最多的国家，居民储蓄率已超过 50%，远远超过世界平均水平，消费潜力巨大。但据调查，近年来我国城镇居民消费倾向呈下降趋势，平均消费倾向由 2000 年的 79.6% 下降到 2011 年的 69.5%（吕庆喆，2012）。又据统计，国内消费对经济增长的贡献率持续走低，2000 年以来，最终消费支出对经济增长的贡献率由 65.1% 下降到 2010 年的 36.8%（迟福林，2012）。银行存款居高不下，并不是大家钱多得用不完了，而是居民安全感缺失的一种表现。从某种意义上说，公众安全感缺失引发的高储蓄在一定程度上影响了我国经济的发展。

四　创新社会治理并积极满足公众的安全需要

马斯洛认为，"良好的社会或健康社会，就是通过满足其成员的所有基本需要来促使他们最高目的出现的社会"（马斯洛，2012）。社会治理的目标是实现社会和谐有序的同时，又使人心情舒畅充满活力，以实现每个人的全面而自由的发展。因此，针对当前公众的基本需要已进入安全需要层次的现状和特征，迫切需要从创新社会治理的视阈去不断满足公众的安全需要，促进全体社会成员和整个社会和谐健康发展。

（一）把公众安全需要纳入社会治理风险预警系统

社会治理的重点是对社会风险的管理，涉及风险的识别和防范解决。当前公众的安全需要问题涉及面广，牵扯范围大，情况更是纷繁复杂，对社会稳定和经济发展影响重大。因此，要把公众安全需要纳入社会管理风险预警系统，切实加强相关的研究和研判。首先，要建立公众安全需要的指标体系。已有的研究要么重在安全需要、安全感的理论研究，要么是对食品安全、环境安全等具体的安全需要类型进行调查研究，还缺少更全面而系统的公众安全需要指标体系的建立。其次，要加强对城市人群安全需要指数的调查和动态研究，及时把握变化趋势，调整制定相应的社会管理措施。最后，发挥好公众安全需要在社会治理中的"事前控制"作用，把各种可能的社会矛盾化解在萌芽状态，避免其逐渐积累，酿成不良后果，从而减少"危机应对"成本。

（二）加快保障性政策措施的完善和落实

作为"社会安全网"和"减压阀"的社会保障系统与普通民众的"安全感"和"归属感"密切相关。过去 10 年，党和政府大力推进社会保障体系的全民覆盖，取得了巨大成绩。而"十二五"期间是社会保障改革重要的"窗口期"，更需要在逐步建立以权利公平、机会公平、规则公平为主要内容的社会公平保障体系上下功夫。同时，随着财政收入的高速增长，要加大对民生和社会福利等保障性方面的支出。根据财政部公布的《2011 年全国公共财政支出决算表》，2011 年财政支出中用于教育、社会保障和就业、医疗卫生、住房保障等方面的支出仅占总支出的 32.5%（其中还包括相应政府机构的行政运行费用在内，如将其扣除，实际比重更低）。而多数发展中国家，财政支出中用于民生和社会福利的支出比重也都在 50% 以上。

（三）强化监管提升社会安全感

近年来出现的各种安全事件，其造成的原因无一例外都可以归结为政府部门监管缺位、执法不力。尤其是食品、医疗、环境、交通、个人隐私等等这些与老百姓日常生活密切相关的安全问题最容易引起公众的安全感缺失，也最容易导致持久性、群体性的突发事件。因此，务必要强化监管到位、执法有力。2010 年 12 月《小康》杂志社中国全面小康研究中心联合清华大学媒介调查实验室，在全国范围内开展了"中国消费者食品安全信心"调查。针对提高食品安全水平，受访者认为政府加大食品安全监管力度占 69.6%，加大对违法分子的惩罚力度占 57.6%，健全和完善相关法律规范和标准占40.8%。同时，还要促进信息的公开透明，增强社会的监督力量。

（四）加强法治维护公平正义

社会理论家卢曼有一个"双重不确定性"理论，认为社会本身是具有不确定性的，风险社会的不确定性更大，所以需要有一些东西让这个社会有一些确定感。他谈到法律系统一个最重要的功能就是减少社会的不确定性。法治的重要任务就是给人们一种安心感、安全感。因此，要通过加强法治建设来保障公民权利，纠正不平等的资源、权利、机会的分配，实现社会的公平正义；要通过法律规则来限制各种特权，把权力关进制度的笼子里；要对户籍制度、异地高考等不利于公平性竞争的陈规进行改革，减少社会中被剥夺、不被保护等的不公平现象；要破除日益严重的阶层固化现象，给予下层群体向上流动的途径和机会，彰显公平社会中每一个人的人生精彩。

（五）构建系统性的需要满足层级

当前，整个社会弥漫着一种不安的感觉，一些没有钱的人对社会缺乏安全感，而一些有钱人也对社会缺乏安全感。这实际上是社会各阶层的需要上升或者退化汇集到安全需要这个层级上的状态。因此，可以通过有效措施强化社会各阶层的多层级需要，使其形成向高级需要更迫切的追求，从而减少对安全层级的基本需要。正如马斯洛所认为的，需求层次的满足不仅要考虑单一的层级，更要着重考虑整体层级的系统性。所以，一方面要强调先解决安全需要问题，逐级向上，依次满足；另一方面也要根据社会阶层的分化，满足不同人群所处的不同层次需要。如中产阶层是维系社会稳定的主要力量，是介于高层和底层的缓冲层，其生理需要已经基本得到满足，更注重生活质量的提高和改善，对较高层次需要的追求表现强烈。所以，要采取切实措施满足和激发中产阶层的高级需要，充分发挥其对经济发展和社会稳定的重要作用，这对于构建社会主义和谐社会具有重要意义。

（六）加强公众心理健康教育

在现代社会环境中，人们的安全需要如果长期得不到满足，就会产生本体性不安全，从而外在环境的不安全便会内化为个体内心的不安全感。我们常常看到，安全感强的人具备较高的接纳和自我认同，而不安全感强的人往往隐藏着强烈的自卑和敌对情绪。马斯洛指出，安全感是决定心理健康的最重要的因素，可以被看作是心理健康的同义词。因此，要采取有效的方式破除公众的不安全感，如开展国情教育，让人们从社会发展的角度正确认识当前的发展阶段和发展现状。同时，对公众进行心理健康教育，有效排解人们因缺乏安全感导致的担心、恐惧、害怕、焦虑、紧张不安等不良心理。20世纪30年代美国前总统罗斯福在他的就职演讲中就认为，"我们最应该恐惧的，就是恐惧本身"。破除公众无所作为的恐惧观念，从身边的每一件小事做起，从改变身边一点一滴的小环境做起，人人就会感到生活的意义。另外，还要把握舆论导向，充分利用好微博、手机信息等新型宣传平台，让公众能够及时了解公共安全相关情况，防止不实信息误导公众带来不良后果。

（七）用中国梦树立公众的信心

马斯洛认为，即使一个人在大部分情况下缺乏安全感，他也可以由于各种原因而一直保持着一些具有安全感特征的特殊行为、信念和感受。这样，尽管一个极其缺乏安全感的人往往会做噩梦、做焦虑不安的梦以及其他不愉快的梦，这种人中的一大部分却通常并没有不太愉快的生活（马斯洛，2012）。这就是说，一个人只要对生活充满信心、具有远大的目标，就会具有很强的安全感，就能收获生活的乐趣，更能激发出无穷的创造力量。当前，党中央提出了实现中华民族伟大复兴的"中国梦"，正是给人以希望、给人以信心、给人以力量。党领导全国各族人民共同实现"中国梦"的根本目的，就是要实现好、维护好、发展好最广大人民的根本利益，进而提升全社会的幸福指数。党的十八大着眼于提升人民的幸福指数，将"坚持维护社会公平正义""坚持走共同富裕道路""坚持促进社会和谐"纳入夺取中国特色社会主义新胜利的基本要求，将"保障和改善民生"作为社会建设的重点，等等。这些和谐因素的充实，对"中国梦"的阶段性特征做了更为清晰的描绘，也为"中国梦"增添了更加美丽的幸福光环。

参考文献

安莉娟、丛中，2003，《安全感研究述评》，《中国行为医学科学》第6期。

迟福林主编，2012，《消费主导—中国转型大战略》，北京：中国经济出版社。

陈辉、杨宜音，2013，《进城农民工的社会公平感研究》，载王俊秀、杨宜音主编《中国社会心态研究报告（2012～2013）》，北京：社会科学文献出版社。

高星，2011，《安全社区中居民安全感测量方法研究》，《中国安全科学学报》第9期。

龚振，1995，《"需要"的研究新领域——兼论马斯洛需要层次论的缺陷》，《财贸研究》第5期

罗力，2013，《上海市民个人信息安全素养评价研究》，《重庆大学学报（社会科学版）》第3期。

刘卫红、冉瑞琳，2010，《大学生需要现状的新特点——对重庆市6所高校1139名大学生的调查》，《重庆大学学报（社会科学版）》第2期。

刘璇、卢永春等，2013，《2012年网络维权舆情事件社会心态分析报告》，见王俊秀、杨宜音主编，2013，《社会心态蓝皮书：中国社会心态研究报告（2012～2013）》，北京：社会科学文献出版社。

林荫茂，2007，《公众安全感及指标体系的建构》，《社会科学》第7期。

吕庆喆，2012，《2012年中国城乡居民收入和消费状况》，载陆学艺、李培林、陈光金主编《2013年中国社会形势分析与预测》，北京：社会科学文献出版社。

马建堂，2012，《科学发展铸就辉煌》，《求是》第12期。

饶印莎、周江等，2013，《城市居民社会信任状况调查报告》，见王俊秀、杨宜音主编《社会心态蓝皮书：中国社会心态研究报告（2012～2013）》，北京：社会科学文献出版社。

王俊秀，2013，《关注社会情绪，促进社会认同，凝聚社会共识——2012～2013年中国社会心态研究报告》，见王俊秀、杨宜音主编《社会心态蓝皮书：中国社会心态研究报告（2012～2013）》，北京：社会科学文献出版社。

王俊秀、全静，2013，《2011～2012年中国居民生活满意度调查报告》，见王俊秀、杨宜音主编《中国社会心态研究报告（2012～2013）》，北京：社会科学文献出版社。

王俊秀，2011，《关注人民的尊严和幸福促进社会的公正与和谐——2010～2011年中国社会心态研究》，《民主与科学》第3期。

于世刚，2011，《确定感、安全感、控制感——人的安全需要的三个层次》，《社会心理科学》第 2 期。

叶竹盛，2013，《有法治，才有真民主——专访上海交通大学凯原法学院院长、法学家季卫东》，《南风窗》第 2 期。

叶小文，2011，《"老二"帽子咱不戴》，《人民日报海外版》2011 年 2 月 22 日。

中国社会科学院农村发展研究所，国家统计局农村社会经济调查司（编），2013，《中国农村经济形势分析与预测（2012~2013）》，北京：社会科学文献出版社。

周龙，2013，《"死在体制内"不应是现实版的中国梦》，《燕赵都市报》2013 年 1 月 15 日。

塞缪尔·亨廷顿著，李盛平等译，1988，《变革社会中的政治秩序》，北京：华夏出版社。

亚伯拉罕·马斯洛著，许金声等译，2012，《动机与人格》（第 3 版），北京：中国人民大学出版社。

作者简介

陈劲　男

所属博士后流动站：中国社会科学院社会学所

合作导师：李春玲

在站时间：2013.1.4~

现工作单位：重庆社会科学院

联系方式：wgb002@163.com

小康社会视角下老年人社会参与
"嵌入性"问题刍议[*]

陈　昀

摘　要：老年人社会参与问题，与全面建设小康社会的宏伟目标休戚相关。本研究结合"嵌入性"概念，认为老年人的社会参与呈现出老龄政策嵌入性、社会参与外在动力的嵌入性、社会参与模式的嵌入性三种特征，这些特征会引发老年人社会参与的形式单一性问题、参与的可持续性问题以及老龄政策的引导缺失问题。本研究认为，从政策上完善老年人社会参与的机制，从实效上，保证老龄政策的效果落到实处，是解决老年人社会参与"嵌入性"问题的关键。

关键词：小康社会　老年人　社会参与　嵌入性

一　引言

老年人社会参与，是老年人"生存权"与"发展权"的直接体现，它不仅关系到老年人的晚年生活质量，同时还影响着社会的健康与和谐发展。因此，"社会参与"也就由此而成为老年学、社会学研究领域中的热点问

---

* 本文获得中国博士后科学基金项目"老年残疾人养老模式研究"（项目号 2013M531726），武汉市社会科学基金项目"武汉市失能老年人养老问题研究"（项目号 13046）资助。

题，根据中国知网的检索结果，自 2000 年以来，以"老年人社会参与"为主题的有关文献，其总数超过了 200 篇。老年人社会参与的相关研究成果之丰硕，由此可见一斑。

纵观这些研究成果可知，尽管学者们在切入点的选择与论证过程中均体现了浓厚的个人独特性研究色彩，且在观点、结论方面也不尽相同，但学者们均认为，完善的老龄政策体系是保障老年群体生存权与发展权的前提条件，而相应的法理或政策依据则是解决老年人社会参与问题的基础。因此，近年来，各地方纷纷出台老年保障政策，在不同程度上强调了老年人社会参与的重要性，而 2013 年 7 月 1 日起修订后的《中华人民共和国老年人权益保障法》正式实施，并在第 65～71 条中明确提出要促进老年人"参与社会发展"，保障老年人参与经济、文化生活等方面的权利。由此，该法对原有法条中的不足之处进行了补充与完善，并昭示着老年人社会参与的宏观社会环境已逐渐开始发生变化。此外，老年人在社会参与方面的活跃程度，是老年人身心健康的体现，更是老年人"优质生活"不可或缺的一环，是衡量小康社会发展水平的重要参考指标。因此，老年人社会参与的情况，不仅与老年人自身的福祉休戚相关，同时也反映了我国老龄工作的发展水平以及全面的、以人为本的小康社会的建设状况，具有不容忽视的社会意义与政治意义。因此，我们有必要重新审视老年人社会参与问题。

"嵌入"是近年来社会学界使用较为广泛的一个概念，其内涵主要是指某一事物进入另一事物的过程和结果。其内容主要包括嵌入的主体、嵌入的对象、嵌入的过程和空间以及嵌入的效应。这一过程不同于整合、融合等过程，而是更多地体现出植入、埋入的特征。嵌入不能够单纯地理解为"你中有我"的简单结构，因为"渗透"也具有这一特征，而嵌入更强调结构性，其关键在于一个事物"机械性地"进入另一个事物之中（王思斌，2011）。"嵌入性"则是对这一模式的抽象描述（陈发桂，2011）。结合老年人社会参与这一主题来看，近年来学者们大多从老年心理健康、老年发展、老年人社会参与模式等角度来看待老年人社会参与问题，而鲜有对老年人社会参与和嵌入性二者之间关系的研究。事实上，有学者认为，老年人的社会参与并不一定体现出整合、积极的特征（韩青松，2007）。因此，我们可以尝试从嵌入性的角度入手，紧密结合小康社会建设这一核心，对老年政策和老年人社会参与之间的关系等问题做进一步深入分析。本研究认为，老年人的社会参与呈现出老龄政策嵌入性、社会参与外在动力的嵌入性、社会参与模式的嵌入性三方面的典型特征。

二　研究方法与资料来源

本文主要采用理论分析与定性访谈资料分析相结合的方法，笔者对北京市海淀区 JY、SDBL 社区和武汉市江汉区 JHL、JHBL 社区的 20 名老年人进行了入户访谈调查，收集了与本研究相关的访谈调查资料。

三　老龄政策的嵌入性特征

受到群体导向性、内容针对性等多方面要素的影响，老龄政策一般应起到明确老年人的权利与义务、界定老年群体所应享有的福祉、构建适应老年群体发展需求的和谐养老环境的作用。从本研究的视角来看，也就是要为老年人和社会参与之间搭建沟通的桥梁，促进老年群体的社会参与。具体到实现形式方面，则包括了志愿服务、传授知识或生产性活动等，而各级政府与有关部门应当积极为老年人的社会参与创造必要条件。然而，在现实生活中，老龄政策与老年人的社会参与二者之间常常表现出鲜明的嵌入性特征，这种嵌入性突出的体现在以下两个方面。

（一）老龄政策在老年人认同中的嵌入性特征

《刑法》《治安管理处罚法》等法律法规、相关政策具有突出的日常生活整合性特征，是日常行为规范的基础，因此，即使老年人不知道这些法规的具体内容，也形成了对朴素的"杀人偿命、偷盗入狱"的惩戒措施的高度认同。而《老年人权益保障法》《关于加强老年人优待工作的意见》等相关法律、政策，由于其内容的抽象性、非针对性，以及不具有强制执行力等特征，使老龄政策难以与老年人的认同相整合，从而呈现出鲜明的"嵌入性"特征：一方面，老年人表示"听说过"老年政策，但并不了解其具体内容，例如："（老年人权益保障法）我听说过，但不知道具体讲的是什么东西……不用政府关心，很知足……"（T1 老人①）；另一方面，老年人认为自身并未成为老龄政策的直接受益者，老龄政策的"维护老年群体福祉"的功能并未能充分发挥作用，例如："老年证办了，但是没觉得有

① 文中老年被访者一律使用化名，用姓氏的汉语拼音首字母加数字的方式表示，例如"C1 老人"、"X2 老人"等。

什么用，电视上说凭这个证不光可以免费坐公汽，还可以免公园的门票，还可以有一些其他的什么功能，我忘了。但平时主要就是拿来坐公汽，前段时间公园有个什么灯笼节晚会，我以为凭老年证可以不要钱，结果门卫说老年人一样要收费，还要30块钱，太划不来了，算了。所以没觉得这个证有什么用。"（C3老人）"厂里给我们办了老年证和残疾证，但实际上他们拿着是为了去免税。我们的待遇不高，退休以后厂里面也没有给多少帮助，生活上遇到困难，主要还是靠自己，反正厂里也没有对我们退休人员的优待政策。"（W1老人）由此可见，受到相关老年人福利政策的落实不到位等问题的影响，老年人并不认同老龄政策能切实改善自身的生活状况，而这也是导致老年人社会参与呈现出政策嵌入性特征的重要原因。

（二）老龄政策在老年人社会参与中的嵌入性特征

在理想状态下，老龄政策应当成为老年人与社会参与的沟通桥梁，老年人在老龄政策的帮助与引导下，达成其社会参与的目标，完成其自我实现的心愿（图中虚线箭头所示）。而在现实生活中，受到老龄政策抽象性、落实问题等多方面原因的影响，老年人往往"绕过"了老龄政策这一环节，与社会参与建立了直接的互动关系（图中实线箭头所示），从而使老龄政策的"中介作用"难以体现（如图1所示）。

图 1　老龄政策在老年人社会参与中的嵌入作用

而访谈调查的结果也证实了这一现象的存在，例如："我平时的爱好就是串门、看书、看电视之类的，偶尔出去到公园溜达溜达，锻炼一下身体，公园里面早上有老人打太极拳、踢毽子、唱歌什么的，我有空就去参加一下。社区里面什么活动设施都没有，我住在这里几十年了，基本上就没见过居委会的人上过门。像你刚才说的居委会组织老人活动什么的，别的地方我不知道，反正我们这里根本没有。我是觉得，国家、社会应该关心一下老年人的生活问题，要是能专门立个法，关心关心老年人的活动，也就是你说的那个什么'空巢老人'的活动问题就好了。"（X1老人）"没有见过有什么人专门来看望或者帮帮我们这些人，也根本没有人组织活动什么的，以前听

说好像是有政策鼓励老人多多活动,我也不清楚。"(W2 老人)

由此可见,在老年人和社会参与这两个元素之间,老龄政策并未能充分发挥其"黏合"的作用,老年人社会参与基本上还是体现出鲜明的个人中心性特征,同时缺乏科学、有效地指导与管理,社会参与在实现形式上比较简单。事实上,老龄政策就像是一根楔子,打入老年人与社会参与之间,形成鲜明的"嵌入"作用,而未能将二者有机地整合起来。

(三) 老龄政策指导下开展的相关活动的嵌入性特征

不少在老龄政策指导下开展的相关活动,也未能充分起到鼓励老年人参加的作用,其原因可能是多方面的,包括老年人的身体健康状况、活动的针对性、活动是否具有吸引力,以及参与活动有无奖励措施、是否需要收费等。例如:"我们这里倒是组织过好几次活动,但我基本上都没怎么参加,主要不是很感兴趣。前段时间社区组织老年人参加针灸治疗活动,我不敢去,担心时间久了我要急着上厕所。后来举办社区象棋大赛,说是上面的指示,要丰富老年人的文化生活,我有点想去吧,我老伴又劝我算了,说我下棋太慢,免得别人不耐烦,后来也没去……所以现在主要还是在社区里面转转,你说的那些活动对我来说,跟没有一样(哈哈)。"(W3 老人)由此可见,在老年人看来,在老龄政策主导下所开展的相关活动,并未能很好的起到满足其社会参与需求的功能,老年人主要还是按照自己的实际需求,在脱离老龄政策的影响前提下,寻求社会参与的实现形式。因此,老年人"绕过"老龄政策实现其社会参与,以及老年人对与老龄政策有关的社会活动不感兴趣,共同说明老龄政策未能与老年人社会参与相整合,而是体现出鲜明的"嵌入"特征。

四 老年人社会参与外在动力的嵌入性特征

社会参与是老年人主观行为的直接体现,一般而言,主观行为的产生需要有内因与外因的共同作用,一方面,老年人主观上希望能够实现社会参与;另一方面,则是需要有良好的外部环境促进老年人的社会参与。不过,从访谈调查的结果来看,老年人的社会参与动力具有突出的嵌入性特征,即外部动力在老年人决定是否采取社会参与行为方面起到了关键性的制约作用,而老年人个人的主观意愿影响力被限制在了很小的范围之内。

（一）老年人社会参与的外在动力

一般而言，老年人社会参与的外在动力主要包含以下几个方面。

第一，老年人的配偶。老年人的配偶是其社会参与外部动力最为重要的来源。配偶一般对老年人的脾气比较了解，能够在老年人社会参与意愿方面起到非常重要的影响。例如，"要说社会活动的话，那估计主要就是跟街坊邻居、老熟人一起打牌了，我是喜欢打牌，但其实主要是我的老伴支持我这么做，我要是不去打牌，他还总是催着我去，怕我是生病了还是出了什么别的事情。只是提醒我要我别打太长时间，晚上不能打牌。所以我现在有空就出去打牌。"（C1老人）由此可见，配偶能够对老年人的参与意愿起到非常突出的影响作用，配偶的支持与鼓励是老年人采取社会参与行为的重要动力。

第二，老年人的子女。在老年人社会参与的外部动力方面，子女的重要性仅次于配偶。而对于鳏寡老人而言，子女的建议则往往具有举足轻重的意义，甚至决定着老年人是否采取社会参与的行为。例如："左眼睛出问题以后就再也不去唱戏了。开始心里挺不舒服的，后来我女儿劝我找点事做，比如报名参加一个电脑班什么的。后来我听说我们这里的老年大学有个电脑班，专门教像我们这样啥都不懂的老人，我就去了。现在每周两次去学电脑，感觉过得比较充实。"（Q1老人）

第三，老年人的熟人、朋友、老同事等。这部分人群是老年人的主要社会交往对象，对老年人社会参与意愿与形式方面能够起到较为突出的影响。需要注意的是，这种影响既可能体现为积极的，例如增强了老年人社会参与的决心；也可能是消极的，即对老年人的社会参与意愿，或者业已形成的社会参与模式产生负面影响。例如："刚退休的时候，我跟自己的几个老同事一起约好了去上老年大学，这样有事还能够互相照应一下。后来有两个同事因为搬家，离老年大学太远，她们就没去了。其他人跟我说要不就算了，人老了，这么远还要跑来跑去，要是摔到哪儿了可就麻烦了，我想也是，后来我们就没去上老年大学了。我现在平时也就是在社区或者附近公园里活动。"（C2老人）

第四，老年人的邻里、街坊等。该部分人群居于老年人社会交往圈的"外围"，但对老年人社会参与的意愿与形式等方面的影响依然不容忽视，"言传身教"是其影响力的主要作用途径。例如："社区里有老人说附近有教跳扇子舞的教学班，问我想不想去，刚开始我想算了，又要交钱，每天还要起早床，我怕坚持不下来。后来看她们经常一起去，回来还跟我说老师教得怎么好。我就打算去看看。去那边学了一两个星期，发现还挺有意思的，就一直练到现在。"（Q3 老人）

第五，老年人所在社区的居委会等组织。事实上，居委会也是影响老年人社会参与的重要外在力量，居委会可以通过张贴宣传画、广播等形式，鼓励老人参加太极拳练习班、书法班等兴趣活动小组，以实现老年人社会参与的愿望。不过，这种宣传的影响力一般较为有限，其原因主要在于：一方面，它受到社区居委会制度是否完善、老年工作有无专人负责等多方面要素的影响；另一方面，则是因为受到老年人社会参与的个人中心性原因的影响，从而导致老年人对不感兴趣的活动，尤其是缺乏奖励措施的活动无法产生足够的参与积极性。

由以上分析不难看出，老年人在社会参与方面的认同度在很大程度上受到外界因素的影响，其配偶、子女等在老年人决定是否愿意进行社会参与方面起着至关重要的影响作用，事实上这也是老年人依赖性特征的直接写照。

（二）老年人社会参与的动力嵌入性模式

根据上文的分析，可以将老年人的社会参与的动力嵌入性模式图构建如图 2 所示。

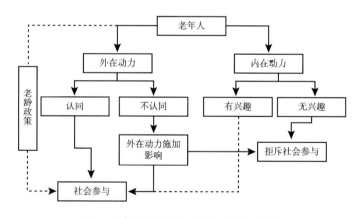

图 2　老年人社会参与的动力嵌入性模式

由图 2 可知，老年人的社会参与动力包括外在动力，即来自配偶、子女、朋友的影响，以及内在动力，即老年人的主观层面的社会参与意愿、对社会参与的兴趣、动机等内容。结合上文的分析，可知外在动力在老年人社会参与中起到主导性作用，老年人对外在动力的影响，具有认同与不认同两种相对的结果。对外界影响的认同，能够使老年人主动地采取社会参与的行为。例如 C1、Q1 案例，就是这一运作模式的典型体现。而即使老年人短时期内并不认同外界因素所产生的影响，外在动力也会持续地向老年人的否定性认知施加压力，迫使老人认同社会参与"是有意义的"，由此提升了老年人参与社会活动的可能性，像上文所述的 Q3 老人的案例，展示了这一运作模式的可行性。因此，外在动力引导并维持老年人采取社会参与的行为，其结构具有突出的稳定性特征。

相较之于外在动力，老年人社会参与的内在动力，即老年人的主观参与意愿，具有较为突出的不稳定性特征。老年人在社会参与方面的主观愿望，很有可能因其他事件的阻挠而难以实现。例如："我喜欢唱歌，以前闲着没事的时候，早上就去附近的公园唱歌。后来还参加了公园里面的一个唱歌兴趣班……现在不行了，老伴身体不好，每天要喂他吃药，还要看着他，怕他出问题……倒是在家偶尔还唱上一两句，但是再也不能去公园唱了，就算是我想去，老伴的病也不允许我这么做。"（O1 老人）由此可见，老年人社会参与的内在动力，在结构上并不稳定，易受到外界因素的影响而解体。故"兴趣"并非是导致老年人采取社会参与行为的充分动力，它的作用更像是"锦上添花"，而并非是"一锤定音"（图中虚线箭头所示）。若单纯依赖内在动力，则老年人往往会选择最坏的结果，即"拒斥社会参与"。老年群体中所普遍存在的"得过且过"现象，对社会参与兴趣不大等问题，就是对内在动力过度依赖所导致的结果（姚远等，2011）。

在老年人社会参与的动力方面，老龄政策呈现出鲜明的"形式性嵌入，实质性游离"的特征。从形式性嵌入的角度来看，修订后的《老年人权益保障法》第 70、72 和 73 条明确指出鼓励老年人的社会参与行为，政府及有关部门应当为这种参与行为创造良好的社会外部环境；而从实质性游离的角度来看，现有相关老龄政策并未对促进老年人社会参与的方式、促进机制等内容进行详细界定，因此，老龄政策通常难以介入老年人社会参与的决策制定过程之中，老年人在决定自己是否要参与到社会活动之中时，几乎不会考虑到老龄政策这一外在要素。

综上，外在动力在老年人社会参与中居绝对的主导地位，并深深地"嵌入"老年人社会参与的全过程之中，老年人通常缺乏整合主观参与需求和客观参与刺激的能力与动力。

五　老年人社会参与模式的嵌入性特征

（一）"小康社会"的嵌入性认同参与模式特征

该特征说明，老年人能够意识到"小康社会"的客观存在，并在一定程度上认为自身是小康社会建设的受益者，即小康社会的发展嵌入其认知层面之中，例如："自己花钱买了电脑，主要是为了休息和炒股用，我们年轻的时候哪敢想这些事情。"（G1 老人）"出门坐车、坐地铁倒也还方便，实在着急要去医院的话，坐出租也行啊，就是要多花些钱。"（Y2 老人）可见，老年人能够充分认识到自身享受了小康社会建设的成果，尽管这种认识更多地停留在社会生活服务、硬件设施建设等层面。

因此，在对小康社会的认知影响之下，老年人社会参与模式体现出鲜明的小康社会嵌入性特征，即一方面，老年人认为自身"嵌入"到小康社会的建设过程中，享受小康社会建设所带来的福利；另一方面，老年人认为社会参与在一定程度上受到小康社会建设的影响，即社会活动的开展必须以小康社会的发展为基础，例如："现在社区比以前发展得好了，有老年人活动场所，里面也有康复器材，现在有空的时候还能去活动一下，这还是国家发展得好。"（W4 老人）

（二）社会活动的非老年人导向性特征

这种特征意味着社会活动一般没有针对老年人开展，或者未能够充分考虑到老年人群体的异质性特征。例如老年人对社会参与形式的偏好、老年人身体健康状况、老年人居住状况等多方面的内容，从而导致老年人即使参与到社会活动之中，其参与状态更倾向于体现出"嵌入"的特征，而并非与社会活动相整合。例如："前段时间社区买了一些健身器材，后来就组织老人做锻炼，还办了个太极拳培训班，说是要争取评比魅力社区之类的，号召老人都来参加。我以前主要是在社区遛弯儿，看到社区有这样的活动，心想挺新鲜的，就参加了。后来才发现其实不行，就比方那个健身器材吧，我使劲蹬，才十来下，就喘不上气，下来都需要别人帮忙。原本想着可以多锻炼锻炼，哪知道根本不是那么回事……以后就没有参加这些活动了。"（Y1 老人）事实上，受到老年群体异质性的影响，老年人社会参与的目标宏观性特征与实现形式的个人主导性特征存在突出的矛盾，这种矛盾在老年人身体健康状况异质性程度较高，或者老年人受教育程度差异性较大，老年人居住环境差异显著的情况下，会显得尤为突出。

（三）老年人在社会参与方面的投入程度问题

对绝大多数老年人而言，社会参与是一种形式，而非目的。换言之，老年人一般是为了消磨时光、结交朋友、满足兴趣才参与到社会活动之中。因此，这种兴趣导向性的参与模式导致老年人在社会参与中一般不会全身心地投入，也不会将社会参与当作是自身日常生活不可或缺的一部分，即老年人被动地"嵌入"到社会参与的过程之中。事实上，在不少老年人看来，社会参与是可有可无之物，他们对社会参与机会较为丰富，与社会参与机会较少的生活模式均可适应。因此，从这个角度来说，老年人与社会参与之间，实质上并未形成融合关系，而是更多地体现出"嵌入"的状态。

六　老年人社会参与嵌入性所带来的问题分析

（一）老年人社会参与的形式单一性问题

通过访谈调查得知，老年人社会参与的形式相对比较简单，且集中体现在参加兴趣小组、社区活动、老年大学等方面，不可否认，这些活动在一定程度上满足了老年人社会参与的愿望，是老年发展权的直接体现。但是，这些参与形式与新修订的《老年人权益保障法》中所提倡的老年人社会参与相比，在水平上难以望其项背，即老年人的"社会生产性"特征未能在现实的老年人社会参与中得到体现。究其原因，可能与老年人社会参与外在动力的嵌入性特征和老年人社会参与模式的嵌入性特征有关，前者导致老年人在选择社会参与形式方面往往有着"随大流"的心态，而通常没有从自身实际出发，探寻适合自身的社会参与形式，这种被动的参与形式也就难免抹上了简单、低水平的色彩；后者则揭示了老年人"嵌入"到社会参与过程中这一现实，未能与社会参与紧密整合。这两方面原因综合导致老年人的社会参与在形式方面具有突出的单一性特征。

（二）老年人社会参与的可持续性问题

老年人社会参与在结构上具有不稳定性的特征，这一方面是受到老年人自身健康状况、老年人配偶的健康状况影响,另一方面则与老年人社会参与过程中所体现出的嵌入性特征有关。例如:"退休以后办过培训班,教教小孩子们数学什么的。后来感觉身体实在吃不消,想着要累病了还得去医院看病,划不来,就没有继续办下去了。现在也基本上不参加社区活动,平时早晚散步一小会儿,就当是锻炼。没事的时候,就在家里面看书,感觉时间也比较好混。"(Z1 老人)可见 Z1 老人并未全身心地投入到社会参与活动之中,而是在综合考量自身的健康状况之后,选择了退出。这种社会参与模式的可持续性问题,在一定程度上也就是老年人社会参与模式的"嵌入性"特征的真实写照。

(三) 老龄政策的引导缺失问题

老年人社会参与所呈现出的"嵌入性"问题,表明老龄政策尚未能与老年人社会参与相整合,尽管大多数老年人表示"听说过"相关老龄政策,但在现实生活中,尤其是老年人社会参与的过程中,其重要性依然未能得到体现。尽管在形式上,老龄政策似乎无处不在,"嵌入"到老年人社会参与的过程之中,但事实上,老年人在社会参与的过程中极少认识到老龄政策的存在,从而使老龄政策在实质上经常处于和老年人社会参与相剥离的状态。

七　对策与建议

老年人社会参与问题的解决方法是多样的,包括提升老年人对社会参与重要性的认识、优化老年人社会参与环境等多方面的内容(杨风雷等,2011)。而本研究认为,解决老年人社会参与的嵌入性问题,其关键有以下两个方面:一方面,对我国大多数老年人来说,其人生经历、社会经历使他们对政府、社会政策一般有着较强的信任感(姚远,2008);另一方面,老年人社会参与条件的优化与参与环境的建构,离不开相关老龄政策的支持与帮助。所以,不论是主观层面上的老年人社会参与意识的增强,还是客观层面上老年人社会参与环境的建构,都无法脱离老龄政策这一宏观框架而单独存在。因此,从解决方法上来说,就是要注意以下几个方面的问题。

第一,从政策上,完善老年人社会参与的机制。当务之急是从机制层面进一步完善老年人社会参与的相关要素界定,包括社会参与的主体、社会参与的促进方式、社会参与的保障机制等内容。其核心在于，一方面，老年群体要能够认识到老龄政策的客观存在，在参与到老年社会活动之前，可以根据老龄政策，决定自身的实际参与状况；另一方面，在条件允许的前提下，老龄政策应适当地增加与老年人社会参与奖励相关的内容，通过将奖励机制政策化，可以有效地促进老年群体在社会活动中的参与积极性。

第二，从效果上，要保证老年人社会参与的效果能够真正落到实处，这要求老龄政策对老年人社会参与的目标及内容等方面进行明确的界定。当前，老年人社会参与的主要形式具有突出的模糊性特征，例如打太极拳、唱歌等，其最终目的一般维持在"强身健体""打发时间"等较低的水平。而新修订的《老年人权益保障法》中，老年义工、老年支教等社会参与形式，其实现的可能性受到经费支持、硬件设施建设等多方面要素的影响，而具有突出的不确定性。因此，当务之急是将老年人社会参与的目标针对化、制度化、"去理想化"，这就要求相关政府部门做到以下几点。①认识到老年群体的异质性特征，针对不同健康状况、不同受教育程度的老年人，设计不同的社会参与模式，例如退休教师可以参加"银龄行动"等义务支教活动，而退休工人则可以在条件允许的情况下，担任工厂顾问，指导生产开展等，真正做到"老"尽其用。②应当进一步充实、完善相关法规、政策中有关老年人社会参与的内容，不仅使老年人意识到政策支持老年人社会参与，同时还能够通过切实有效的措施，保障老年人社会参与的顺利实现，从而避免老年政策在老年人社会参与中的"嵌入性"问题，以促进老年人与社会参与有机整合。③应当避免将老年人社会参与过度理想化，而是要从我国老年人规模庞大、老年群体综合素质偏低、老龄事业发展相对滞后、老龄政策体系相对较为薄弱这一系列客观现实出发，紧密围绕老年人社会参与的实际需求，构建真正以老年人为中心的社会参与体系。

第三，从小康社会建设的角度来说，则是要加强政府相关部门的宣传职能建设。一方面，要继续深化针对老年群体的社会养老环境建设，使老年人畅享小康社会发展的成果，为老年人社会参与创造外在基础条件。另一方面，则是要把小康社会建设、老龄政策的制定与老年人社会参与三者紧密结合起来，在微观层面上，照顾老年群体的异质性，举办多样性的、适合老年群体参加的活动；在中观层面上，完善老龄政策，尤其是政策中有关老年人社会参与的内容；在宏观层面上，则是要把老年人社会参与提升到小康社会建设的高度，认真对待老年人社会参与问题。

参考文献

陈发桂，2011，《嵌入性治理：公众利益诉求理性表达的路径探析——以基层征地拆迁纠纷为视角》，《新疆社会科学》第 5 期。

韩青松，2007，《老年人社会参与的现状、问题及对策》，《南京人口管理干部学院学报》第 4 期。

王思斌，2011，《中国社会工作的嵌入性发展》，《社会科学战线》第 2 期。

杨风雷，陈甸，2011，《社会参与、老年健康与老年人力资源开发》，《劳动保障世界》第 12 期。

姚远，陈昀，2011，《老年残疾人身份认同问题研究》，《人口研究》第 6 期。

姚远，2008，《北京市老年残疾人问题与研究》，载赵春鸾，《北京市第二次全国残疾人抽样调查课题研究论文集》，北京：华夏出版社。

作者简介

陈昀　　男

所属博士后流动站：武汉大学社会学博士后科研流动站

合作导师：慈勤英

在站时间：2012. 10～

现工作单位：武汉大学社会学系

联系方式：cxsw1986@126. com

大学生社区工作者压力源及应对策略分析

薛 品

摘 要： 在当前政府加强和创新社会管理的大背景下，各地出台了一系列措施加强社区工作人员的能力建设。与此同时，各地通过招募大学生进入基层社区工作，增强了基层社区服务居民的能力和水平。这些大学生进入基层社区以后，由于多种原因，面临着诸多压力。本文基于北京市某区的大学生社区工作者调查数据，分析了影响社区工作者的压力源，这些压力既有外部的经济压力，也有来自工作本身的压力，例如工作量、职业认同、职业发展等压力。结合定性访谈资料，本文分析了这些压力的来源，并尝试提出解决这些压力的多层次应对策略。

关键词： 社区管理 社区工作者 压力源

为推进社区工作者专业化，进而推进社会管理和服务创新工作，从中央到地方各级政府采用了一系列措施来提高基层社区工作者的服务能力。除了通过政府购买社会服务的形式，将专业社会工作者充实到各级各类社工事务所之外，另一途径，即专业社工进社区，也是提高社工专业化服务水平的一项重要途径。

北京市自 2009 年开始，通过招募大学生到基层社区工作，充实基层社区工作者的力量。截至 2010 年，北京市已经选聘了 5434 名应届大学生和期满"村官"到社区工作。毋庸置疑，这些新鲜的血液充实到社区，对提高社区服务专业化水平，完善社会管理和服务工作，的确起到了相当重要的作用。但是，由于社区工作者工资收入不高，进入社区的大学生们普遍感到工作和生活压力较大，因此，流失率也较高。本文试图从大学生社区工作者的角度出发，探知他们面临的具体压力维度，以及在个体、社区和社会层面的可能解决路径，以期为今后的政策完善和推广提供借鉴。

一　数据和方法

调查采取自填式问卷的方法进行，调查对象是北京市某区的大中专及以上学历的社区工作者，包括专科、本科、研究生等。抽样方式是非概率的配额抽样。根据该区大学生社区工作者的总体分布情况，采用年龄、性别、工作年限、学历等分布特征做了配额抽样。问卷发放 320 份，回收 293 份，回收率 91.2%。此外，还针对家庭和业余生活、工作和能力、职业认同和规划等方面进行了深度访谈，访谈对象 30 人。调查于 2011 年 12 月完成。

二　已有研究及概念界定

（一）压力源

已有关于压力源的研究主要集中在两个方面。第一，针对特定群体的压力源研究，近些年成为社会心理学研究的热点话题。例如护士、医生、教师、科技工作者、律师、记者等特定群体。第二，针对个体不同方面的压力源研究。其主要分成生活压力源和工作压力源两方面。生活压力源主要包括：经济收支和工作压力（包括经济收入减少或偏低而日常开支增加、自己或家人下岗失业、人身安全、人际关系、家庭生活事件、生活环境、子女学习及知识技能更新等生活事件带来的压力）。工作压力源主要包括：工作负荷过重及时间过长等，与领导关系压力、同事关系压力、工作疲惫感压力、工作能力欠缺、技能不足等（周跃萍，2004）。类似的研究话题还有职业倦怠、职业枯竭等。

心理学对于压力源的探讨通常采用量表形式进行测量。例如，学生应激调查（SSS）量表、压力性生活事件量表（Stressful Life Events Questionnaires）、社会再适应量表（SRRS）等。组织研究中，对于工作压力也有不同的分类方法。Cavanaugh 等人通过大样本的管理者调查发现，工作压力可以依据其性质被划分为挑战性压力和阻断性压力两类。挑战性压力是指"个体认为对其职业生涯发展和自我成长有利的工作压力"，包括工作超负荷、时间压力、工作职责多、岗位责任大等；阻断性压力是指"个体认为阻碍其职业生涯发展和自我成长的工作压力"，包括角色模糊、组织政治、工作不安全感、职业发展受阻等。阻断性压力会降低个体的工作满意度，提高其谋求他职的次数，而挑战性压力却会提高个体的工作满意度，降低其谋求他职的次数，但两类性质的压力都会损害个体的身心健康（Cavanagh. etal.，2000）。

南佛罗里达大学编制的量表，将工作压力分为两个维度，即工作压力源和工作压力反应。工作压力源方面表现为三个变量：工作自主性、人际冲突和组织局限性。其中，人际冲突变量还细分为：与上级的冲突和与同事的冲突。工作压力反应为五个变量：辞职动向、挫折感、消极情绪、工作满意度和生理因素（林春梅、石林等，2003）。

本文的调查问题借鉴了以上量表的大致模块。从收入待遇、保障和福利、工作初期适应、工作自主性、工作量、工作内容、工作环境、人际关系、职业认同感、职业发展等方面来测量大学生社区工作者感受到的压力及其来源。

（二）大学生社区工作者

大学生社区工作者进社区，起源于中共中央办公厅、国务院办公厅《关于加强和改进城市社区居民委员会建设工作的意见》（中办发〔2010〕27号）。[①] 为了落实该意见，北京市出台了《关于全面加强城乡社区居民委员会建设工作的意见》，提出要规范社区工作者招聘程序，定期组织公开招考，鼓励持证社会工作者、高校毕业生、复转军人等社会优秀人才到社区就业。北京市 2009 年计划招收人数约 2000 名，但报名人数达 16200 人左右。由于报考人数众多，2010 年选聘人数由约 2000 人增加到 3000 人，当年报名人数也达到 17500 多人。2011 年招募 1000 人。鉴于现实中大学生社区工作者流失率高等一系列实际情况，2012 年的招募人数缩减至 633 人，并在学历上进一步放宽。2013 年，由于连续四年的市级公开招聘，各区县人员已经到位，因此，社区工作者招聘的权限已下放到各区县，但对于招聘对象的学历要求仍然在大专及以上。

---

① 《〈北京市社区工作者招聘办法〉政策解读》，北京市民政信息网，http：//www.bjmzj.gov.cn/news/root/zcjd/2012－03/103752.shtml？NODE_ ID＝root。

这些大学生综合素质高、工作能力强、专业知识丰富，他们进入社区工作给当地的社区管理工作带来新变化，在社区发挥了较好的作用。同时，大学生社区工作者作为新生事物和群体，也面临着一系列问题。

三 大学生社区工作者基本情况描述

（一）基本信息

本次调研的大学生社区工作者的基本特征见表1，其基本构成代表了北京市某区的情况。男女性别比例大约为3∶7。之前的户口以北京本地户口为主，占据了75.4%。学历上，大学本科及以上占据了73.5%，显示出了较高的学历结构。社工专业出身的毕业生比例不高，为14.5%，社工以外的其他文科专业毕业的社工占据大部分，为60.7%。已婚、未婚无男女朋友、未婚有男女朋友三种婚恋状态各占据三分之一左右。政治面貌上，共产党员比例达到70.7%，共青团员比例也近20%。

表1 问卷调查样本基本情况分布

		频数（人）	有效百分比（%）			频数	有效百分比（%）
年龄	最小	18	—	所学专业	理工类专业	72	24.8
	最大	39	—		除社会工作之外的文科类专业	176	60.7
	均值	27.28	—		社会工作专业	42	14.5
性别	男	92	31.4	婚姻状况	已婚	93	32.0
	女	201	68.6		未婚，没有男女朋友	95	32.6
之前户籍	北京户口	218	75.4		未婚，有男女朋友	101	34.7
	外地城市户口	57	19.7		其他	2	0.7
	外地农村户口	14	4.8	政治面貌	共青团员	55	19.2
学历	大专	72	25.3		群众	29	10.1
	大学本科	187	65.6		中共正式党员	116	40.4
	研究生	26	9.1		中共预备党员	87	30.3

注：因为存在题项漏答的现象，因此各个变量的频数总计会略少于293，且并不相同；因四舍五入的原因，图表上部分比例数据加总结果为99.9%。

（二）工作状态情况

1. 初期适应

年轻的社工们在走上工作岗位之后或多或少地经历了心理落差和逐渐调适的过程，尤其是对于外地的社工来说，北京不再是一个自己生活的城市，而是细化成街道胡同、大爷大妈。大部分的社工在刚接触这份工作的时候，心理都多多少少存在很大落差，尤其是刚从大学毕业直接参加工作的。原因主要有待遇太低；专业不对口；和社区居民打交道比较多，缺乏与居民相处经验，无成就感；工作比较琐碎，杂事很多。

2. 收入情况

总体上收入不高。扣除五险一金之后实际到手的，普通站员的月工资在1700~2000元之间①，站长、副站长会稍高一点。根据工作年限享受的职务年限津贴每年增加50元，年终奖有2000~3000元。63.3%的社工能够享受到职务年限补贴，55.4%的社工可以享受到奖金。

3. 社保和福利状况

80%以上的大学生社区工作者能享有"五险一金"。除了工伤保险和生育报销比例稍低，分别为75.4%和70%。另外，政策规定，通过国家社会工作者职业水平考试、获得社会工作师职业水平证书的，另外可享受每人每月300元的补贴；获得助理社会工作师职业水平证书的，每人每月200元的补贴。由于受到工作年限对考取社工师资格证的影响，享受职业水平补贴的比例不高为19%。

在休息权的保障情况上，85.2%的社工表示有年假，具体的天数从1天到25天不等，平均值约为6天（5.92天），最常见的是8天年假（占据81%的比例），也有社工能享受到10天年假。其他的福利和保障比例都不高，包括取暖费、通信、餐费补贴等。即使因为工作产生，也很难报销。

4. 职业认同情况

总体来看，社工们对工作的喜爱比例并不高，回答"很喜欢"和"喜欢"的累计百分还不到一半，占44.9%。近一半的人（49%）回答一般。在回答"你从事这份工作的成就感如何？"的问题时，有成就感的比例为

---

① 这是访谈中的数据。问卷调查的数据显示，青年社工平均每月的收入从900元到3000元不等，均值为1837.84元。25分位值为1700元，50分位值为1800元，75分位值为2000元。25分位值为1700元，表示25%的社工月收入在1700元及以下；50分位和75分位值类似。

53.8%，表示"成就感很小"以及"没有成就感"的比例为40.4%。这说明了做社区工作带给大学生们的成就感并不强。

访谈中社工的想法可以分为两类，一类是乐观通达，自觉调整心态，觉得自己在他人服务的过程中收获了尊重，得到满足和成就感；另一类是觉得这份职业费力不讨好，成就感不大。

四　压力来源及原因分析

在调查中发现，过一半的社工表示有压力（54.8%），见表2。结合访谈的内容看，这里的压力指的是收入低带来的经济压力，现在或将来需要承担的家庭责任，也有工作本身带来的压力。下面分别进行分析。

表2　您觉得从事这份工作压力大吗？

	频次（人）	有效百分比（%）	累计百分比（%）
压力很大	47	16.1	16.1
压力比较大	113	38.7	54.8
一般	125	42.8	97.6
很小	4	1.4	99
没有压力	3	1	100
总　计	292	100	

（一）经济压力

本次调查中，当被问到工作中面临的最大困难是什么，社工们普遍答道是待遇水平太低，占回答人数的77.2%。可见，经济收入的压力是社区工作者们面临的首要问题。对工资的满意度得分上，均值只有1.96分（满分5分，标准差=1.02），相当的低。除了不断向上级部门反映自己的诉求，社工们的现实应对策略是"啃老"。这也造成了户籍不同，压力不等。尽管都需要从父母那里获得经济资助，北京户籍的社工接受资助的方式通常为住父母的房子，和父母一起生活，日常花销由父母出；买大件东西，如手机、衣服的时候，也需要父母资助。非京籍的社工在住房上无法"啃老"，压力更大。

高学历与感受到的压力也有关系。学历越高，家庭和本人的期望往往越高，加上周围同学的参照比较，感受到的社会压力就越大。高的教育程度带来较高的社会期望，这部分人群面临着很大的生活压力，社会期望与现实生活之间的差距带来矛盾冲突。一些高学历社区工作者专业社工的想法较为典型。

根据已有研究，年龄、学历和婚姻状态对社区工作者的幸福感有显著影响。具体是，年龄越大、学历越低、未婚，都会提高社区工作者的幸福感（马爱荣，2012）。这与本文的压力源解释基本一致，即年轻、学历高，造成了社区工作者面临着相应的多方社会和家庭压力。

（二）工作内部压力源

根据哈佛大学哈德曼教授和伊利诺伊大学奥尔德汉姆的工作特征模型，一个通常的工作会包括：技能多样性、任务同一性、任务的重要性、自主性和反馈性等特点（吉布森等，2002）。根据该模型，一个工作岗位能够让员工产生三种心理状态，即感受到工作的意义；感受到工作的责任和了解到工作的结果。这些工作特征会影响到工作人员对工作的体验以及满意度。根据该模型，本次调查设计了工作满意度方面的问题，并在访谈中对工作条件、人际关系、工作自主性、工作难度和压力进行询问。本文假定，低的满意度，代表了社工们可能遭受来自该方面的具体压力。

具体发现是，社工们对人际关系的满意度最高，均值为 3.47 分；其次是整体满意度，得分为 2.81 分；工作环境或条件的得分为 2.8 分，表明社区的工作条件已有显著改善。具体的工作领域，例如提供的福利，满意度最低，均值为 2.28 分。对晋升机会的满意度也低，均值为 2.49 分。参见表 3。

表 3　对工作的各个领域的满意度及总体满意度

	样本量	最小值	最大值	均值	标准差
您对工作单位的人际关系是否满意	287	1	5	3.47	0.97
您对当前工作的整体满意度	286	1	5	2.81	0.91
您对工作的条件/工作环境是否满意	286	1	5	2.80	1.02
您对工作的晋升机会是否满意	288	1	5	2.49	1.03
您对工作单位提供的福利是否满意	288	1	5	2.28	0.98
您对工作的收入是否满意	289	1	5	1.96	1.02

注：问题是"请从满意度的角度对工作现状做一个描述"（5 分制量表，5 表示满意度最高）。

1. 工作量压力

来自工作量的压力一般，但特殊时期的加班，也会让社工们感受到压力。但部分社工因为分管业务多，会面临工作量方面的压力。此外，调查中还发现，加班对于社工而言在某些特殊时期很常见，而这也会带来压力。

2. 工作自主性

工作自主性方面，问卷分析结果发现，工作量和工作内容方面自主性不高。这说明了实际工作中，做什么和做多少大多是由上级或领导说了算，而在工作的进度，工作方式方法上，社工们的自主性较高。因此，自主性方面的压力主要来自工作量和工作内容的自主性两方面。

表4　工作领域及其自主性

	样本量	最低	最高	均值	标准差	方差
工作进度	280	1	5	3.03	1.15	1.33
工作内容	280	1	5	2.79	1.18	1.39
工作量	279	1	5	2.73	1.20	1.44
工作方式方法	278	1	5	3.15	1.14	1.30

注：1表示没有自主性，5表示自主性很大。

3. 工作内容带来的压力

对于工作内容，社工们有两种看法。一种认为虽然基层社区工作内容繁杂，但多是事务性的工作，技术含量并不高，所以一般都能胜任。还有一些社工认为，目前的社区工作者专业性很不够，因此有很大的改善空间。看法的差异来源于标准的不同。即依据的是专业社工的标准，还是现行的社区服务要求标准，参照点不一样，导致对工作内容所带来的压力理解上的不一致。决定参照点的依据，专业背景很关键。社工专业出身的社工反映社工专业知识在具体工作中基本用不上，导致虽然有学以致用的想法，但限于现行的社区管理体制问题，诸多想法难以实现，才能得不到发挥，导致工作中感受到的压力较大。而其他专业的社工们觉得日常工作中用到的社工专业知识也不多，社工的专业性体现不出来，考试的内容与实际应用的东西有脱节。但因为对工作内容的期望没有社工专业毕业的社工高，因此，并没有报告太大的压力。如果从挑战性压力和阻碍性压力两方面看，社区工作者们面临的阻碍性压力明显大一些。

我也在思考这个问题。看过一些文件，我觉得社工这个职业在提出的时候是把它作为一个技术岗位的，比如会计有会计证，这个也有社工师证，相当于不是公务员的行政岗位，但是呢这个工作圈子太小，做的工作只能部分发挥已有的知识，现在接触的工作都用不上以前的专业。觉得社区应该提供更好的平台，增加社工的心理归属感，让我们能够踏实待下去，从这个角度讲让社区工作更进一步是有空间的。（社工WYX访谈）

此外，就工作内容看，初期的适应也给新入职的大学生社工们带来了困扰。一些京外生源的大学生，因为对北京本地文化不太了解，在与居民打交道过程中，经验不足，遭受心理挫折和压力。此外，一些大学生社区工作者将进社区工作作为解决北京户口的途径，心态不一样，也导致初入职时感受到的压力有差异。

4. 工作环境压力

北京市经过社区标准化建设，大多数社区达到了基本的办公条件，包括办公面积、办公设备等配备，所以多数大学生社工表示硬件方面压力并不大。有了电脑、打印机等设备，这些大学生在社区也有用武之地，社区的信息化工作水平也有提升。

5. 人际关系压力

通常的人际关系压力包括了与同事的关系压力，以及与领导的关系压力。本次调查发现，在与领导关系和同事相处的过程中，绝大多数大学生社区工作者在入职初期能感受到来自领导和年长工作人员的关心爱护，与领导的关系也并未有压力存在。但尽管如此，大学生社工的人际关系网络，尤其是非京籍大学生，仍然存在支持不足的情况。

幸运的是，社工们的其他人际关系能起到社会支持的作用。调查中，本文发现了人际关系网络在缓解压力方面的正功能。在被问到遇到烦恼向谁倾诉时，选择向配偶或者男女朋友倾诉的比例高达37.3%，说明了这一亲密关系对于青年社工的精神支持网络至关重要。向朋友倾诉的比例（26.1%）比向父母倾诉的比例高（14.8%），也比"不倾诉，自己解决"的比例高（17.6%）。综合经济支持资源，说明了朋友的精神支持要大于经济支持功能。

6. 职业认同压力

职业认同是内因和外因共同作用的结果。内因，就是自我身份认同，外因，是指社会身份认同。本次调查中询问了社工们的职业认同，包括对于社工职业的认同以及社会和居民对于社工职业的认同。从下表可以看出，青年社工在外部身份认同上得分比内部认同稍高（见表5）。

表5　大学生社区工作者职业认同现状

领域	样本量	均值	标准差
在工作中,我能充分发挥独立性和主动性,按自己的方式、想法去做	279	2.94	0.97
从事社会工作能让我不断的积极创新、动脑思考	288	3.10	0.90
从事社会工作能让我的内心安宁充实	288	3.08	0.90
我所从事的社会工作对社会有实质性的意义	289	3.25	0.95
我能够很好地将社工专业知识运用于实际工作中	289	3.10	0.87
从事社会工作能够实现我的人生理想和价值	289	2.91	0.98
我的工作能得到家人、朋友的支持	289	3.22	1.01
我的工作成果常常能得到上级、同事的肯定	289	3.30	0.88
我的工作成果常常能得到服务对象及社会的肯定	289	3.18	0.91

注：询问方式为"是否同意以下说法",完全同意为5,完全不同意为1,得分越高,代表认同度越强。

青年社工们对于社工职业的社会意义、工作得到上级和同事的肯定、得到家人支持方面得分较高;而对于发挥主动性和创造性开展工作、积极创新、动脑思考方面,对这些方面的认同感不如前者高,即内部认同不如外部认同强。

7. 职业发展压力

对未来发展的压力感知主要体现在对工作的未来没有信心和方向感。调查发现,对未来职业发展的困惑造成了青年社工们某种程度上的焦虑,这种情绪也不利于当下工作的开展。

居民对我们还是理解的。这里的大爷大妈看到我们都很心疼,觉得你一大学生在社区给耽误了,不划算。是打算明年要换个环境,但是那样已经积累的东西在新的环境中很可能就没用了,所以想的还是在这个领域往上走,比如从社区到街道,再到区啊,这样所学的所积累的东西还不会荒废,还有用。所以职业通道很重要,你要让人看到明亮的地方,虽然路途漫长,但是你要让人看到希望看到光明,现在我看不到希望。(社工 LWW 访谈)

没有认同感,根本没有我想要的平台,从站员,到副站长,站长,到头了,再晋升也不是公务员,也不是事业编制,就是个临时工。我所了解的平台就是一个人随着你的知识能力的增加相应的待遇也增加,做社工没有,不可能有这种环境。(社工 ZSB 访谈)

（三） 压力来源的原因分析

从以上的分析中可以发现，大学生社区工作者面临的压力首要来自收入低带来的经济压力；其次是工作量和工作内容方面的压力；内部职业认同和未来发展方面的压力也较大。压力相对较小的包括工作环境、工作中的人际关系、外部职业认同等方面。结合访谈内容，本文归纳出以下几点造成大学生社区工作者压力来源的原因。

首先，现行社区工作者招考制度及管理环节尚未定型完善。从推行该政策的相关部门来看，该制度虽然已推行四年多，但诸多的环节尚在摸索之中，例如招考程序、门槛限制等环节尚未定型，处于探索时期。入职的培训管理、工资薪金调整制度、晋升考核制度尚不完善，而对于大学生社区工作者极为关心的未来发展问题，也并未给出较为明晰的路线图。待遇调整刚刚起步，尚未缓解基层社区工作者的经济压力。

其次，社工的专业内涵与现行的社区管理体制之间存在张力。社区工作者更像是一个宽泛的职业概念，受聘于社区党组织，社区居民自治组织（主要指社区居委会）和社区民间机构（主要指社区服务站）等组织中专职从事社区管理和服务的工作人员都属社区工作者。而社会工作者则是一个严格的专业概念，只能是指拥有社会工作专业知识和技能，从事专门性社会服务工作的专业工作人员。从产生方式来看，社会工作者需要通过相应的职业水平考试，而社区工作者则是面向社会公开招聘、民主选举、竞争上岗等。从这些区别看来，社区工作者是一种基层岗位设置，而社会工作者则是一种专业职业（孙莹，2007）。目前的问题是，专业的社会工作者进入社区以后会有强烈的不适应感，专业能力无从发挥，被日常的琐碎工作束缚住了手脚，而凭借专业能力服务于社区居民的想法也限于制度和资源因素，难以实现。因此，职业认同感和满意度均一般，感受到的压力较大。一些调查也发现，在社工服务站工作的社工们，由于享有较高的工作自主性，具有相对较高的职业满意度。背后的原因在于相对宽松的授权，以及摆脱了日常事务的干扰，可以专心致力于发展社工专业项目和活动。

第三，个人特征造成的压力。这一点是在京工作的年轻人普遍面临的压力，例如住房、医疗、教育等。这些年轻人面临的普遍压力需要政府在住房保障、医疗和教育等公共服务的提供上进一步加大改革的力度。

五 缓解压力的应对策略

结合以上对社区工作者的压力源分析，本文尝试从个人层面和组织层面提出缓解大学生社区工作者压力的应对策略。其中，组织层面又包括了社区和政府两个层面。

（一）个人层面

个人层面，主要是合理化职业预期，规划科学的职业发展路径。职业预期会影响到压力感知，年龄、受教育程度、户籍都会影响到职业预期。本研究发现，一些大学生社区工作者对待遇不高的现实能积极地对待，认为基层工作并不是获取高回报的地方，但能够收获基层工作经验，锻炼成长。如果能平衡好家庭和工作，在现实工作中感受到的压力会更小，对自身的职业评价较高。

（二）组织层面

1. 社区层面

社区层面，应当为大学生社区工作者提供系统的工作指导。入职半年内的大学生社区工作者面临着诸多的工作和生活压力。经济压力带来的生活压力，对应届外地生源的大学生挑战很大。实际工作中，他们对基层社区的情况不太了解，对于如何与普通居民打交道也缺乏技巧。社区层面，应当由有经验的工作人员的"传、帮、带"，形成支持网络，帮助大学生社工尽快融入环境。此外，社区应当给予他们充分的理解、信任和授权，提供相应的自主权，给予其策划、实施社区活动的机会，做到学以致用，在实战中成长。

2. 政府层面

结合前文的分析，本文提出以下建议，从组织和制度层面缓解大学生社区工作者面临的各种压力。

（1）在总结社区工作者招募和管理的实践中总结，完善相关政策。

在招募环节，引导大学生形成合理预期，招募真正热爱社区工作的人员。建立招募合适的人，而不是最优秀的人来从事基层社区工作的选拔和考核理念，并在招募环节予以引导，让大学生形成合理预期。

在管理环节，应该整合资源，为社区提供多方位的人力、项目和其他资源支持。加大政府社会建设项目的购买力度，推行"社工＋志愿者"的模式，充分发挥社工在组建团队、规范服务、拓展项目、培训策划等方面的专业优势，探索建立市、区、街道、社区四级专业社工联合志愿者提供服务的网络，形成社区工作者和社会工作服务站、社工事务所的专业社工以及社区志愿者相连接的协同服务和管理的网络。有效整合专业社工、社区工作者、社区志愿者队伍等人力资源，形成专业社工帮带社区工作者，社区工作者和志愿者协助专业社工，共同服务于所在社区居民的局面。

（2）完善社区工作者晋升和考核制度，并据此制定薪金制度。

建议按照"社区工作者的工资福利不低于当地职工的年平均收入水平"的要求，形成合理的报酬体系和增长机制，在试点的基础上推广。由于多方呼吁，目前，北京市社区工作者的待遇已经多次调整。大学生社区工作者的收入水平总体提高以后，接下来的工作应当是根据岗位、职级以及工作表现，制定更加科学合理的薪酬和晋升制度。

（3）重视教育和培训工作，形成成长成才的多样化路径。

应当重视大学生社区工作者的成长成才诉求。在街道、区县层面上促进社区工作者的培训、交流、成长。以多样化的、增加实务操作能力为导向的拓展训练、工作坊、小组活动等形式开展培训，增加大学生社区工作者之间的交流，为大学生社区工作者成长成才提供平台。

此外，逐渐形成社区工作者成长成才的多样化路径。例如，公务员招考、国有企事业单位招聘中可以拿出一部分指标专门面向大学生社区工作者。

六　结论与讨论

从以上分析中，我们可以得出的结论是，大学生社区工作者面临的首要压力是收入低带来的经济压力。这种经济压力是对于大学生社区工作者的成长来说是有害的压力，需要加以排除。随着北京市社区工作者待遇的逐步提高，这种压力能够得到相应的缓解。

值得关注的是，专业社会工作者进入到社区以后，由于现行社区管理体制的架构，社区更多地承担了来自上级部门的交办任务，加上社区层面的资源有限，因此，难以很好地运用社工专业知识开展专业服务。

也就是说，社工的专业内涵和现行社区管理体制之间的张力给大学生社区工作者带来压力和困扰，诸如职业内部认同感不强、职业发展受限、工作内容和工作量方面的压力大等问题。本次调查中，社工专业毕业的大学生社区工作者屡屡提到自己的工作并没有体现出社工的专业性，没有发挥出他们的专长。

结合专业社工进社区在国内其他城市推广的情况，本文尝试提出了缓解大学生社区工作者所面临压力的一些可能路径。这些路径的实现，需要各地结合自身的实际加以运用。这样，才能在提高现有社区管理体制的科学性基础上，让专业社工们在基层社区中快速成长，造就一支本土优秀社工人才队伍。

参考文献

周跃萍，2004，《不同职业人员工作压力源及压力反应的比较研究》，《心理学探新》第1期。

官菊梅、王贝、陆昌勤，2011，《基于压力分类视角的社会支持调节作用探讨》，《北京大学学报（自然科学版）》第47卷第1期。

林春梅、石林、冯蓓、刘聪，2003，《大学教职员工的工作压力与其身心健康的关系研究》，《中央民族大学学报（哲学社会科学版）》第30卷第5期。

马爱荣，2012，《北京市F街道社区工作者主观幸福感实证研究》，《北京宣武红旗业余大学学报》第4期。

吉布森等著，2002，《组织学：行为、结构和过程》，王常生译，电子工业出版社。

孙莹，2007，《如何区分社会工作者与社区工作者》，《中国社会导刊》第14期。

Cavanaugh M A, Boswell W R, Rochling M V, et al. 2000. An Empirical Examination of Self-Reported Work Stress Among U. S. Managers. *Jounal of Applied Psychology*, 85 (1).

Hackman, J. Richard, and Greg R. Oldham. 1975. Development of the Job Diagnostic Survey. *Journal of Applied Psychology* 60 (2).

Karasek, Robert A., Jr. 1979. Job Demands, Job Decision Latitude, and Mental Strain: Implications for Job Redesign. *Administrative Science Quarterly* 24 (2).

作者简介

薛品　女

所属博士后工作站：中国科学技术发展战略研究院社会发展研究所

流动站：南开大学经济与社会发展研究院

合作导师：赵延东

在站时间：2012.5～

现工作单位：中国科学技术发展战略研究院

联系方式：xuep@casted.org.cn

人口老龄化对农村养老保险制度的影响及其政策建议：基于福建省的数据

汤兆云

摘　要： 人口老龄化是社会经济发展的必然趋势。我国目前实施的新农保制度就是为了解决农村老年人口养老问题的一个重要举措。但是，由于受到制度设计以及社会经济发展条件等方面的影响，新农保基金的运行情况存在着一定风险。根据对福建省新农保基金收支情况的预测，未来一段时期内福建省新农保基金收入、支出都会呈现出增长的趋势，但支出速度大于收入速度，将会出现缺口。为实现新农保制度的可持续发展，可以从以下几个方面进行政策完善：适时、适度地调整生育政策，优化人口结构，保证新农保参保人数的可持续性；拓展新农合基金的缴费渠道，实现新农合基金运行的可持续性；拓宽新农保基金的增值渠道，实现新农保基金的保值增值。

关键词： 人口老龄化　农村养老保险制度　新农保基金收支

一　前言

自 1999 年成为人口老年型国家以来，我国老年人口数在总人口中的比重呈现出逐年增大的态势。我国人口老龄化水平业已并将继续加快、加重。第六次人口普查数据显示，2010 年我国 60 岁及以上人口、65 岁及以上人口分别占总人口比重为 13.26%、8.87%；与 2000 年第五次人口普查数据相比较，分别上升了 2.93 个百分点、1.91 个百分点。中国人口老龄化发展趋势预测研究报告（2006）显示，21 世纪的中国将是一个不可逆转的老龄社会。具体来说，分为三个阶段：2001～2020 年为快速人口老龄化阶段；2021～2050 年为加速人口老龄化阶段；2051～2100 年，人口老龄化继续加快、加重，为稳定的重度阶段。在第三阶段，我国 60 岁及以上的老年人口规模将达到 3 亿～4 亿人，人口老龄化水平将超过 31.0%，80 岁以上高龄老人比重将稳定在 25.0%～30.0% 之间，我国将进入一个人口高度老龄化的平台期（全国老龄办，2006）。各种预测结果也说明了这一点。以中人口生育率和中人口死亡率为预测方案，曾毅（1994）的研究显示，我国 65 岁及以上老年人占总人口的比重从 1990 年的不到 6.0% 快速提高到 2030 年、2050 年的 15.8%、23.1% 以上（曾毅，1994）；联合国经济及社会理事会（1999）关于我国人口的预测结果显示，2030 年、2050 年我国 65 岁及以上老人比重分别为 15.78%、22.6%（U.N.，1999）。

在进入人口老年型社会以后，随着老年人口抚养比的不断增大（我国六次人口普查年份的我国老年人口扶养比分别为 5.4%、5.8%、7.4%、8.0%、9.51%、10.29%），老年群体的社会养老保险问题成为学术界关注的主要议题。Cymrot Donald J（1998）通过对年龄、税率、通货膨胀率、工资收入与养老保险金回报率之间变动关系的分析，发现年龄与其他因素之间存在着较强的相关关系。王虎峰（2004）运用需求项目效用积分指标，对衣、食、住、行等四个要素与个体养老金需求构成进行量化分析，结果显示，年龄因素会产生基础性效应。邓大松等（2001）通过对个人账户基金社会平均工资替代率敏感性、统筹账户基金缺口敏感性的研究，发现年龄是影响这两个指标的主要因素。张思锋等（2012）在河南的通许县和西峡县、陕西的陈仓区和商南县、江苏的常熟市和高淳县关于新型农村社会养老保险制度建设情况的实地调研，发现年龄因素对"新农保"正常运行具有重要影响。李香允（2012）在北京的调查发现，经过试点探索、政策调整和城乡并轨后，农村社会养老保险参保率及养老金待遇水平较高，但在"调整个人账户养老金计发月数、增设年限养老金、提高养老基金存款利率水平、拓宽投资渠道"等方面有待得到进一步的完善。

为了使农村老年人口的社会养老保障日臻完善，一段时期以来，我国各级政府为此付出了巨大的努力，也取得了一定的成绩。新中国成立后至20世纪90年代初期，我国各级政府对"无法定扶养义务人扶养，无维持正常生活的劳动能力，无保障正常生活经济来源的老人、残疾人、孤儿"实行的"五保"制度是中国家庭保障制度的一种补充。20世纪90年代以来，对农村地区又提出了建立最低生活保障制度的要求。与此同时，针对当时农村社会经济发展情况，1991年国务院决定在有条件的地区开展建立县级农村社会养老保险制度的试点工作（简称"老农保"）。但是，由于制度设计上的先天不足，使大部分地区农村社会养老保险出现了参保人数下降、基金运行难度大等方面的困难。该试点工作无能继续，渐于中止。从2009年开始，政府又在有条件的地区开始重新探索建立健全适合中国国情的农村社会养老保险制度的建设。2009年9月1日，国务院颁布了《关于开展新型农村社会养老保险试点的指导意见》（简称"新农保"）。"新农保"制度克服了"老农保"中参保对象缴费水平低、无政府补贴等缺陷，实行"个人缴费、集体补助、政府补贴"相结合，是符合中国农村情况的一种较为完善的社会养老保险制度，具有"保基本、广覆盖、有弹性、可持续"等特点，因此受到了广大农民的欢迎，实施效果较为明显。据人力资源和社会保障部的统计资料显示，截至2011年6月，全国试点地区参加"新农保"的人数达到了1.99亿人，有5408万人领取了基础养老金；其中北京、浙江、江苏、宁夏、西藏等9个省区实现新农保制度的全覆盖。同年6月20日，国务院提出要在2013年内基本实现新农保制度在全国的全覆盖（苏保忠，2009）。

　　本文在对福建省人口老龄化现状及其发展趋势分析的基础上，运用保险精算学、社会保险基金平衡理论，构建福建省农村社会养老保险基金的收支平衡模型并对福建省养老保险基金的收支情况进行预测；在此基础上，针对福建省农村社会养老保险基金的收支运行情况中存在的问题，提出了若干政策性建议。

二　福建省人口老龄化现状及其发展趋势

（一）福建省人口老龄化现状及其特点

　　人口老龄化是社会经济发展及人口平均预期寿命提高的必然结果。1953年"一普"时，福建省65岁及以上老年人口占总人口比例只有3.3%，以后逐渐提高。1982 年、1990 年分别增加到 4.4%、5.0%。20 世纪 90 年代以前，福建省还是成年型人口社会。2000 年"五普"时达到了 6.7%，接近了老年型人口；2010 年"六普"时为 7.89%，表明福建省已经进入了人口老龄化社会（见表 1）。

表 1　六次全国人口普查福建省人口年龄结构情况

	1953 年	1964 年	1982 年	1990 年	2000 年	2010 年
0~14 岁人口比重(%)	35.8	42.3	36.5	31.5	22.3	15.46
15~64 岁人口比重(%)	60.9	54.5	59.1	63.5	71.0	76.65
65 岁及以上人口比重(%)	3.3	3.2	4.4	5.0	6.7	7.89
百岁以上老年人口(人)	16	14	45	143	373	—

资料来源：《福建省统计年鉴》。

从人口年龄结构变化来看，福建人口老龄化具有以下两个方面的特点。（1）老年人口相对于总人口的增长速度较快。随着人民生活水平的改善以及人口预期寿命的提高，福建省老年人口的绝对数量逐年增加。1990 年福建省 65 岁及以上老年人口为 152 万，较 1982 年的 113 万增长 34.5%，年均增长 3.8%，是总人口年均增长速度的 2 倍；2000 年为 228 万，比 2000 年增长 49.6%，年均增长 4.1%，是总人口年均增长速度的 4 倍；2010 年为 291 万，比 2000 年增长 27.6%，年均增长 2.5%，是总人口年均增长速度的 3 倍多。（2）人口老龄化呈现加速增长的趋势。2000 年以前，按照国际通用的人口类型划分标准，福建省尚属成年型人口。1990 年，福建省 60 岁以上老年人口占总人口的比重为 7.9%，其中 65 岁以上老年人口比例为 5.1%；到 2000 年，60 岁以上的老年人口比重达到 9.6%，其中 65 岁以上老年人口比重为 6.7%，已接近老年型社会。进入 21 世纪以来，随着生育水平的下降以及人们预期寿命的提高，福建省人口老龄化呈现出加快的趋势。2010 年 60 岁及以上人口占总人口比例为 11.42%，其中 65 岁及以上人口占 7.89%；同 2000 年相比较，60 岁及以上人口、65 岁及以上人口的比重分别上升了 1.82 和 1.19 个百分点。

由于老年人口的增多，福建省老年人口抚养比也快速提高。1953 年福建省老年抚养比为 5.4%，1990 年为 8.0%，2010 年提高到 10.29%。这对福建省现有社会养老保障制度形成了巨大冲击。

（二）2010～2050 年福建省农村人口老龄化发展趋势

本文主要采用中国人口信息研究中心开发的人口预测模型，利用"六普"福建省有关基础数据，以 2010 年作为预测基年对 2010～2050 年福建省农村人口年龄结构变动情况进行预测。

1. 预测基础数据及预测方法。预测基础数据主要包括农村地区分年龄、分性别的人口数量，农村地区分年龄、分性别的死亡率以及农村地区的育龄妇女分年龄生育率等。利用人口预测模型中的分城乡人口预测方法对 2010～2050 年福建省人口年龄结构变动情况进行预测；在此基础上，根据 2010～2050 年福建省 65 岁及以上人口数据，分析同期福建省人口老龄化的趋势及其特点。

2. 预测方案及参数值的设定。本文采用多方案预测，按低、中、高三种参数值的设定对 2010～2050 年福建省人口年龄结构变动情况进行预测。人口预测参数有农村的总和生育率、出生人口平均预期寿命、出生人口性别比、城镇化水平和净迁入人口规模。在对低、中、高三种方案比较分析的基础上，根据中方案的预测数据对 2010～2050 年福建省人口年龄结构变动情况进行分析。

中方案预测参数的设计方案为：（1）总和生育率：从 2010 年的 1.5，线性递增到 2020 年的 1.9；2021～2050 年保持 1.9 不变。（2）年净迁入人口：从 2010 年的 80 万线性递增到 2020 年的 100 万，在此基础上，2021～2050 年线性递增到 120 万。（3）男性、女性预期寿命：2010～2020 年每年以 0.1 的步长增长；2021～2050 年以 0.05 的步长增长。（4）以 2010 年常住人口出生性别比的 118.57 为基数，按线性插值递减到 2020 年的 112.0；2011～2020 年按线性插值递减降至 108.0；然后到 2050 年保持在 108.0 的水平。

3. 2010～2050 年福建省农村人口年龄结构变动趋势及其分析。预测数据显示，从总体上来说，2010～2050 年间，福建省总人口数呈现出先缓慢上升再下降的态势。2010～2039 年间，福建省总人口处于缓慢上升的过程，2010 年预测基年人口数为 3689 万人，2039 年达到人口增长峰值，峰值人口数为 4067 万人；2039 年以后，福建省总人口呈逐出逐渐下降的趋势，2050 年人口为 3898 万人，较 2010 年的总人口只增长 5.6%，年增长率为 0.14%，较 2039 年的峰值人口数减少了 4.2%。

相对于总人口来说，2010～2050 年福建省农村地区人口数虽然缓慢增长，但增长速度极慢。由于人口老龄化的加快，各人口年龄结构的变化趋势比较明显。总体上来说，少年儿童、劳动年龄人口人数下降，而老年人口数上升。2015 年 0 ~ 14 岁人口数为 416.5 万，2050 年降到 315 万；同期，15 ~ 64 岁人口数从 1373.5 万下降到 1179.5 万；而 65 岁及以上人口却从 152.5 万上升到454.5 万，占农村地区总人口的比例从 8.0% 上升为 23.0%（见表 2）。

表2 2010 ~ 2050 年福建省农村人口年龄结构预测情况

单位：万人，%

年份	农村人口总数	0 ~ 14 岁		15 ~ 64 岁		65 岁及以上	
		人口数	比重	人口数	比重	人口数	比重
2015	1942.5	416.5	21	1373.5	71	152.5	8
2020	1994.5	416	21	1387	70	191.5	10
2025	1998.5	356.5	18	1408.5	70	233.5	12
2030	2008.5	304	15	1418.5	71	286	14
2035	2024.5	305	15	1366	67	353.5	17
2036	2028	312.5	15	1347.5	66	368	18
2038	2031.5	328.5	16	1309.5	64	393.5	19
2040	2032	343	17	1275	63	414	20
2045	2006	348.5	17	1219.5	61	438	22
2050	1949	315	16	1179.5	61	454.5	23

随着城镇化的日益推进，2010 ~ 2050 年间福建省农村地区人口呈现出非常缓慢上升的态势，但相对于总人口的上升态势来说，其增长势头较小；另一方面，随着人口老龄化的加快发展，农村地区 0 ~ 14 岁少年儿童人口数呈现出减少的趋势，15 ~ 64 岁劳动年龄人口先缓慢上升再快速下降，而 65 岁及以上老年人口数却呈现出快速上升的势头。

三 人口老龄化对福建农村养老保险制度的影响

（一）农村社会养老保险政策的制度设计

中国农村社会养老保险制度经历了一段相当长的形成及完善过程。计划经济时期，基于当时较低经济水平的"五保"制度（农村地区对无劳动能力、生活无保障的成员实行的包括保吃、保穿、保烧、保教、保葬等五个方面的社会保险）是中国家庭保障制度的一种补充，但却是非常重要的一种社会保障制度。它对安定社会秩序、保障社会最贫困群体的基本生存发挥了巨大作用（郑功成等，2002）。

20 世纪 90 年代以来，随着中国改革开放、经济建设在深度推进过程中农村所出现的不同于计划经济时期的新情况、新问题，1992 年 1 月 3 日，受国务院委托，民政部办公厅制定了《县级农村社会养老保险基本方案（试行）》（简称"老农保"）。该方案确定了农村社会养老保险制度的一些基本原则：一是从农村生产力水平较低的实际出发，以保障老年人基本生活为目的；二是坚持资金个人缴纳为主、集体补助为辅，国家予以政策扶持，实行储备积累的形式，并根据积累的资金总额和预期的平均领取年限领取养老金；三是坚持自助为主，互济为辅；四是坚持社会养老保险与家庭养老相结合；五是坚持农村务农、务工、经商等各类人员社会养老保险制度一体化的方向。由点到面，逐步发展。按照国家的总体布置，福建省出台了《农村基本养老保险试行办法》，但是在实施的过程中，由于"老农保"方案主要强调以个人缴纳为基础，只是在原则上鼓励集体予以适当补助，国家予以政策支持；但是，在实际运作过程中，集体补助、国家政策支持却由于资金方面上的问题难以落实。因此，"老农保"完成演变为个人储蓄，这极大地影响了农民参保的积极性（李乾宝，2011）。

为了解决这一问题，2009 年 9 月 1 日国务院颁布了《关于开展新型农村社会养老保险试点的指导意见》（简称"新农保"），在总结开展"老农保"经验教训的基础上，结合社会经济发展的实际情况，开展新型农村社会养老保险的试点工作。"指导意见"规定：农村社会养老保险的具体办法由各试点地方结合各地实际情况自行制定，并对参保农民实行属地化管理。根据国家关于建立农村社会保险制度的基本指导思想，福建省于同年制定了《关于开展新型农村社会养老保险试点工作的实施意见》。"实施意见"规定：福建省新农保基金由个人缴费、集体补助、财政补贴组成；年满 16 周岁农村居民可以缴费，年缴费为 100～1200 元，以每 100元为一个缴费档次，参保人自主选择档次缴费，多缴多得；政府对参保人缴费给予不低于每人每年 30 元的补贴。对农村特殊缴费困难群体（主要包括农村低保户、农村重度残疾人、农村计划生育家庭中的独生子女死亡或者伤残以及手术并发症的人员），其最低标准养老保险费的 50% 由参保地区的各级政府代缴。对参加"新农保"的 45～59 周岁"生育一个子女的夫妻或二女户"，省一级财政在每人每年不低于 30 元缴费补贴的基础上，再增加 20 元的缴费补贴。个人缴费、国家补贴及其银行利息全部计入个人账户。年满 60 岁后按月领取的养老金分两部分：个人账户养老金（个人帐户总额/139①）和 55 元的月基础养老金。这样，"新农保"政策就从制度上解决了集体补助、国家政策支持难以落实的窘况，极大地调动了广大农民参加"新农保"的积极性。

（二）2010～2050 年福建省社会养老保险基金收支情况

本部分主要基于保险精算学、社会保险基金平衡理论，同时考虑到影响农村养老保险基金收支的多种因素（温海红等，2012），结合福建省将来一段时期内社会经济发展的可能趋势、现行农村新型养老保险的原则以及试行办法，构建福建省农村社会养老保险基金的收支平衡模型并对未来一段时期内福建省养老保险基金的收支情况进行预测。

（1）福建省农村养老保险基金收支模型。

第一，收入模型：以福建省全部农村居民参加社会养老保险为前提条件，假设 T_n 为福建省 n 年所有参保农村居民的社会养老保险收入总和，则 n 年末福建省的养老保险基金收入为：

$$T_n = [P_n * R_n * W_n * C_n + G_n + (I_{n-1} - E_{n-1})] * (1 + r)。$$

上式中，P_n 为福建省 n 年达到参保起始年龄的总人口数；R_n 为 n 年的参保率；W_n 为 n 年福建省农村居民人均纯收入；C_n 为养老保险缴费率；G_n 为政府在 n 年的财政补贴总金额；r 为基金收益率。

第二，支出模型。农村社会养老保险基金的支出 P_n 由领取人领取的养老金和政府给予的养老补贴等两部分所构成，则第 n 年的农村社会养老保险基金支出总和为：

$$P_n = \sum_{n=1}^{n} [(L_{b+n} * C_r/J * W_n) + G'_n * 12 * (1 + r')^{n-1}] + \sum_{n=1}^{41-n} L_{101-n} * G'_n * 12 * (1 + r')^{n-1}。$$

上式中，$\sum_{n=1}^{41-n} L_{101-n} * G'_n * 12 * (1 + r')^{n-1}$ 为免费领取养老金的人群在 n

---

① 计发系数 139，与现行职工基本养老保险及新农保个人帐户养老金计发系数相同。

年领取的养老金的总额；$\sum_{n=1}^{n} \left[(L_{b+n} * C_r/J * W_n) + G'_n * 12 * (1 + r')^{n-1} \right]$ 为按年缴费达到领取年龄的人群在 n 年内领取的养老金总额；P_n 为 n 年养老金支出总和；L_b 为达到领取年龄年初的人数；Cr 为养老保险缴费率；W_n 为 n 年福建省农村居民人均纯收入；J 为养老保险计发月数；G′ 为养老保险金领取补贴金额；r′为补贴金增长率。

上面两式满足 $T_0 - P_0 = 0$。

（2）福建省农村居民社会养老保险基金收支测算的参数设定。第一，符合起始年龄的参保对象都参加了养老保险制度；第二，所有参保农村居民达到法定年龄后依法按时足额缴纳社保基金；第三，各级政府财政对参保农村居民的补贴与社会经济发展水平、财政收入呈现出正相关关系；第四，农村居民的人口预期寿命以及人口死亡概率保持不变。

（3）福建省农村社会养老保险基金收支测算情况。第一，由于符合条件的农村居民参保人数以及各级政府对社会养老保险基金补贴的增多，从总体上来说，未来一段时期内福建省农村地区的社会养老保险基金收入呈现出增长的趋势。2010 年福建省农村地区的社会养老保险基金收入为 9.49 亿元，到 2050 年增长为 97.63 亿元，年平均增长率为 6.0% 左右。但以 2035 年为分界年，前期增长的速度比较快，大约在 6.0% 左右；后期增长的速度比较慢一些，大约在 2.5% 左右。第二，随着老年人口的增多，越来越多的人符合领取养老保险基金的条件，未来一段时期内福建省农村地区的社会养老保险基金支出呈持续增长的态势。2010 年福建省农村地区的社会养老保险基金支出为 4.25 亿元，到 2050 年增长为 130.56 亿元，年平均增长率为 8.21% 左右；且随着年份的推后，社会养老保险基金支出速度增快。第三，预测数据还显示，以 2042 年作为分界年，在此之前，福建省农村社会养老保险基金的收入大于支出；之后将小于支出。2010 年收入与支出分别为 9.49 亿元、4.25 亿元，2042 年收入与支出分别为 80.32 亿元、74.65 亿元，2050 年分别为 97.63 亿元、130.56 亿元。主要原因在于这一时期领取社会养老金的人数越来越多，而随着人口出生率的下降，参加社会保险基金的人数却越来越少。因此，未来福建省农村地区的养老保险基金将会出现缺口。预测数据显示，2044 年福建省农村地区的养老保险基金的缺口为 1.51 亿元，到 2050 年将增加到 32.94 亿元。

福建省农村社会养老保险基金的收支变化情况如见图 1 所示。

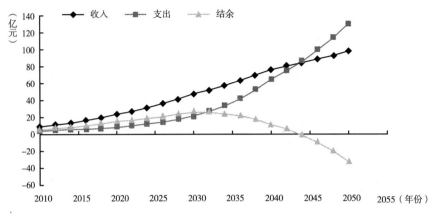

图 1   2010～2050 年福建省农村养老保险基金收支情况曲线

四   政策建议

为老年社会中的越来越多的老年人群提供必备的生活资料，以使他们拥有尊严的晚年生活是各级政府的分内工作，也是他们的职责所在。我国目前在农村地区所实施的新农保制度就是基于解决老年农村居民的生活问题。但是，由于受到制度设计以及社会经济发展条件等方面的制约，未来一段时期内福建省农村地区的养老保险基金收支情况将会出现缺口。因此，这要求我们未雨绸缪，完善制度设计，以实现福建省新农保制度的可持续发展。

1. 在稳定现行人口政策的前提下，适时、适度地调整生育政策，优化人口结构，保证新农保参保人数的可持续性。新农保制度可持续发展的前提条件是需要符合条件的参保对象源源不断地加入；但是随着福建省人口老龄化的持续发展，人口出生率越来越低，这就意味着符合条件的新农保参保对象会越来越少，即能够缴费的参保对象会越来越少。这将成为新农保制度的可持续发展的重大障碍。因此，适时调整人口生育政策，有条件地放开二胎政策，优化人口结构，可以在一定程度上增多出生人口数，增多符合条件的参保对象。

根据福建省人口现状以及未来一段时期内人口发展的趋势，在稳定现行人口生育政策的前提下，可以适时、适度对人口生育政策进行调整。原则为"适时调整、城乡趋同、逐步放开、生育两孩"。步骤可以分为"三步走"。

第一步要在 2010～2020 年间，继续执行农村"1.5"生育政策、特殊家庭（如第一孩为残疾等）以及城镇"双独"家庭可以生育二孩；城乡总和生育率维持在 1.5～1.6 的水平。第二步要在 2021～2035 年间，逐步过渡到城乡统一的生育政策。城乡总和生育率保持在 1.75～1.85 左右。第三步要在 2036～2050 年间，实行城乡普遍生育两个孩子的政策；城乡总和生育率控制在 2.1 的更替水平（汤兆云，2011）。

2. 拓展新农合基金的缴费渠道，实现新农合基金运行的可持续性。这可以从以下三个方面进行操作：（1）在个人缴费方面，可以根据不同参保对象的家庭经济情况，适当增加个人缴费标准，提高新农保基金的总额。目前福建省"新农保"缴费标准每年介于 100～1200 元之间，每 100 元为一个缴费档次。这一方面可以借鉴城镇企业职工基本养老保险规定的实施办法，提高"新农保"基金的个人缴费标准。如，把目前实施的每 100 元的缴费档次提高到 200 元，即把缴费标准分别设定为 200 元、400 元、600 元、800 元、1000 元、1200 元。同时，鼓励家庭经济较好的农村居民选择较高的缴费档次，政府予以 20% 的补贴，并计入参保者的个人账户。（2）在国家补贴方面，中央以及地方各级财政根据财力增长情况以及居民消费水平的变动情况，对"新农保"基础养老金的最低标准定期进行调整。甚至可以考虑取消领取基础养老金与交纳个人缴费之间的捆绑，只要是农村户籍人口，到其年满 60 周岁（还可以考虑将其年龄设定为 55 周年）以后，无论是否参与养老保险，都可以领取政府提供的基础养老金。这一点，政府财力完全可以做到。第六次人口普查数据显示，2010 年福建省 65 岁及 65 岁以上人口为 291 万，按照当前 65 岁及以上农村人口占农村总人口 10.0% 的比例计算，福建省大约有 29.1 万 60 岁及以上的农村老年人口。如果为每位 65 岁以上的农村老年人提供政府规定的每人一年领取 660 元（12 个月×55 元）的基础养老金，总共只需要 1.92 亿元，其只占 2010 年福建省财政总收入（2056.01 亿元）的 0.093%。可以说，用不到 0.1% 的财政收入解决了农村老年群体的养老问题，这是非常值得的。（3）在集体补助方面，其基本原则是弱化集体经济在资金分摊中的责任，因为目前绝大多数集体没有收入来源，由集体承担费用的可操作性差，但是有条件的地方可以适当增加对新农保的补贴标准及比例。

3. 进一步拓宽新农保基金的增值渠道，实现新农保基金的保值和增值。目前，福建省新农保基金已经累积数十亿元，且随着农村社会养老保险的不断发展，新农保基金积累进程将会进一步得到加速。在这种背景下，如何实现养老保险基金的保值增值是当前各级政策亟待解决的课题。根据相关规定，我国目前新农保基金绝大多数投资于国债和银行定期存款，用于直接投资的只占其中极少部分。投资于国债和银行定期存款，安全系数固然较高，但其收益率却比较低。如果将 CPI 上涨率等因素考虑进来，其增值的幅度还会更低。较长一段时期以来，我国一年期存款利率都是低于同期 CPI 上涨指数。2010 年、2011 年 CPI 上涨指数分别为 3.3%、5.4%；而同期一年人民币的存款利率经过数次调整，最低为 2.50%，最高为 3.00%，都低于同期 CPI 上涨指数。

这就要求"新农保"基金的管理部门在保证安全的前提条件下，适当放松对新农保基金投资运营的政府管制，扩大基金投资运营的范围和领域，以实现新农保基金的保值增值。这一点，可以借鉴西方的成功经验。一段时期以来，西方的不少国家都用社保基金在合理价位上购买股票，并且坚持较长时间的投资，获得了比固定收益产品更高的回报率。比如，德国、日本和瑞士用社保基金购买股票的回报率分别达到了 10.4%、10.9% 和 17.6%，都获得了高于同期固定收益产品的回报率。虽然目前我国股票市场的管理还存在着不少问题，用养老保险基金购买股票确实存在着一些不可预期的问题，但是社保基金进入股票领域以及商业保险市场是必然的，也是大势所趋的。因此，养老保险基金管理部门要未雨绸缪，适时启动进入股票领域以及商业保险市场投资的渠道，比如，可以先期将养老保险基金投入到社会服务、医疗卫生、教育、企业债券以及基础建设等风险性较小、收益性较高的行业，有效规避其风险性，增加基金投资和保值增值的稳健性。关于这一点，2013 年 3 月召开的全国社会保障基金理事会第四届理事大会第二次会议提出，要"做好各类投资工作，努力提高投资收益水平"。

参考文献

邓大松，刘昌平，2001，《中国养老社会保险基金敏感性实证研究》，《经济科学》第 6期。

李乾宝，2011，《农村养老保险的现状、问题与出路——以福建省宁德市为例》，《福建论坛》第 3 期。

李香允，2012，《农村社会养老保险政策分析及对策建议——基于北京市农村养老保险制度改革的调查研究》，《农村经济》第 3 期。

全国老龄办，2006，《中国人口老龄化发展趋势预测研究报告》。

苏保忠，2009，《中国农村养老问题研究》，北京：清华大学出版社。

汤兆云，2011，《生育政策对出生性别比偏高的影响及其未来政策走向》，《江苏社会科学》第 6 期。

王虎峰，2004，《养老金生产论》，北京：中国劳动社会保障出版社。

温海红等，2012，《新型农村社会养老保险基金收支测算分析——以宝鸡市为例》，《兰州大学学报》第 2 期。

曾毅，1994，《中国人口发展态势与对策探讨》，北京：北京大学出版社。

张思锋，张文学，2012，《我国新农保试点的经验与问题——基于三省六县的调查》，《西安交通大学学报》第 2 期。

郑功成等，2002，《中国社会保障制度变迁与评估》，北京：中国人民大学出版社。

Cymrot Donald J. , 1980, Private Pension Saving: The Effect of Tax Incentives on the Rate of Return. Southern Economic Journal, 47.

U. N. , 1999, World Population Prospects. *The* 1998 *Revision Volume* Ⅱ : *Sex and Age.* New York: United Nations。

作者简介

汤兆云　男

所属博士后流动站：中国社会科学院社会学所

合作导师：李培林

在站时间：2009.9 ~ 2011.9

现工作单位：华侨大学公共管理学院

联系方式：tzyun1971@163.com

社会治理创新：挑战、重点与关系分析[*]

——基于县处级以上领导干部的抽样调查分析

李　德　于洪生

摘　要： 随着中国城市化的快速发展、社会的急剧转型，我国社会管理和公共服务面临着前所未有的挑战。本文围绕当前加强社会建设、创新社会管理的热点、难点和重点问题，对前来中国浦东干部学院学习的全国 306 名领导干部进行了问卷调查，在统计问卷的基础上，分析了领导干部对当前我国社会管理现状、困境的评价及他们对今后创新社会管理的进一步思考与探索，这对于相关部门制定社会管理政策具有一定的借鉴意义。

关键词： 社会管理　挑战　重点　关系分析

一　引言

加强社会建设、创新社会管理、推进我国社会体制建设是近年来全社会关注的热点、难点和重点问题。2004 年 9 月，党的十六届四中全会提出，要 "加强社会建设和管理，推进社会管理体制创新"。2007 年 10 月，党的十七大提出，要 "健全党委领导、政府负责、社会协同、公众参与的社会

---

[*] 此论文是中国浦东干部学院长三角课题研究的阶段性成果（课题编号 CELAP2012 - YZD - INS - 06）。本文得到中国社会学会会长宋林飞教授的指导，在此表示感谢。

管理格局"。2008 年 7 月国务院常务会议审议通过《关于 2008 年深化经济体制改革工作意见》首次把"社会体制"问题单列出来，要求积极探索社会体制改革的有效途径，破解社会体制改革难点。2010 年 10 月，党的十七届五中全会强调，要"加强社会管理能力建设，创新社会管理机制，切实维护社会和谐稳定"。

2011 年 2 月 19 日上午，时任国家主席的胡锦涛同志在中央党校全国省部级主要领导干部社会管理及其创新专题研讨班开班式上讲话时强调，加强和创新社会管理，牢牢把握最大限度激发社会活力、最大限度增加和谐因素、最大限度减少不和谐因素的总要求，以解决影响社会和谐稳定突出问题为突破口，提高社会管理科学化水平，完善党委领导、政府负责、社会协同、公众参与的社会管理格局，加强社会管理法律、体制、能力建设，维护人民群众权益，促进社会公平正义，保持社会良好秩序，建设中国特色社会主义社会管理体系，确保社会既充满活力又和谐稳定。2011 年 3 月，国家发布的"十二五"规划建议中提出，要"加强社会管理能力建设""创新社会管理机制"。2011 年 5 月 30 日，胡锦涛主持召开中共中央政治局会议，研究加强和创新社会管理问题。会议强调了加强和创新社会管理的重大战略意义和现实紧迫性，明确了加强和创新社会管理的指导思想、总体要求和基本原则。

加深对于这一战略部署的理解，提高对于这一战略部署的执行力，必须摆上我国各级党组织与政府部门的重要议事日程，必须成为我国全体人民群众共同的责任与行动。当前，必须正确处理经济建设与社会建设之间的关系，把社会建设和经济建设放到同等重要的位置。由于社会建设相对滞后，在确保经济继续平稳较快发展的同时，要下更大的决心、拿出更多的精力搞好社会建设和社会管理创新。因此，加强社会建设、创新社会管理、推进社会体制改革，既是解决我国 30 多年来改革开放特别是经济体制改革所积累起来的一系列社会问题的重要途径，促进我国经济体制改革进一步深化与完善，同时为政治体制改革创造更为良好的社会环境和条件。

二　当前我国社会管理面临的挑战

改革开放以来，随着我国城市化的快速发展，以及社会的急剧转型，我国的社会管理体系面临着前所未有的新情况、新问题和巨大的挑战。

（一）城市化快速推进

城市化与城市现代化是当前及今后我国城乡经济、社会发展的潮流和趋势。改革开放 30 多年来，我国的城市化和城市现代化进程不断加快，为我国经济社会发展提供了强大的动力。1978 年我国的城市化率只有 17.9%，2009 年达到 46.6%。尽管这 30 年间增长了近 30 个百分点，但仍低于世界平均水平。据预测，"十二五"期间我国的城市化率将突破 50%，到 2030 年城市化率将达到 60%－65%（王信川，2010），年均增长 1 个百分点以上。推进城市化与城市现代化不仅是时代发展进步的要求，也是保持经济平稳较快发展的重要引擎，更是打破城乡二元结构、促进城乡一体化发展的必由之路。未来 10 年，我国城市化将进入一个快速发展、品质提升、制度创新、矛盾多发的高潮期，这也将使我国的经济社会结构和人民群众的生活发生深刻而巨大的变化。但是，我国城市化的速度过快，也带来了一系列的问题，加大了社会管理的压力。

一是城市新移民的迅速增长。相当一部分农民工在城市获得了较为稳定的工作和居所，举家迁入城市，成为城市新移民。私营企业、中外合资企业就业的员工、个体工商户、民营企业家、个体医生、律师、演员等群体，以及已离开学校又未及时就业的大学生，成为城市新移民的一个重要组成部分。城市新移民由于没有本地的户籍，难以纳入传统的社会管理体系之中。

二是社会管理建设相对滞后。与此相关的户籍制度几十年不变，已经远远不能适应城市化发展的需要。此相关的社会保障、医疗保险，以及子女教育、交通、住房都跟不上城市化发展的速度。

三是新的城乡"结合部"和"三不管"地区大量出现。为了解决城市人口和新移民的住房问题，各地都大兴土木进行房地产开发，而规模比较大的新建居民区都建在城市的近郊，从而形成了新的城乡结合部。一个几万人乃至几十万人的超大小区，往往就坐落在一个乡甚至一个行政村的范围内。这些小区的社会管理已远远超出了当地农村组织的管理权限和能力。这些地区的安全保障、社会秩序、交通、公共卫生、文化、商业等社会管理和服务工作，远远跟不上发展的需要，也与城区存在较大的差距。据统计，1978 年，全国仅有 1.5 万就业人员处于正规部门之外，而到了 2010 年 6 月 27 日国家人口计划生育委员会流动人口服务管理司发布的《中国流动人口发展状况报告》提供的信息显示：2009 年中国流动人口已达到 2.11 亿，人群迅速膨胀的一个直接后果是加剧了人群的流动化和不稳定性，使大量人群长期游离于组织之外，成为原子化的孤独的个体，对国家战略规划、政府社会管理和公共服务提出了严峻挑战（田毅鹏，2011）。

（二）单位制逐步弱化

长期以来，人们的工作、学习乃至生活都同单位密切联系在一起，乃至形成了对单位的人身依附关系。几乎所有的资源、福利都来自单位，离开单位也可能就一无所有、寸步难行。党和政府通过单位进行社会管理，简单快捷，行之有效。但随着经济结构、社会结构的变化，"单位"社会开始松动。一些社会管理和社会服务功能逐渐从单位中剥离出来。在改革进程中，已实现社企分开，企业不再具有社会管理的一些功能，如医疗保险、退休养老、子女教育等。事业单位也参照企业的模式进行改革，例如，后勤服务都在逐步实现社会化。同时，人才交流，自主择业，双向选择，尤其是福利分房制度的终结和大批商品房的兴建，使员工对单位的依赖度大大下降。同时，单位对于员工的约束力也随之下降。员工的许多行为已经自主化，与单位没有直接关系，只受相关法律、法规约束。这样，"单位人"逐渐转变为"社会人"（李景治，2011）。

（三）社会保障不健全

在计划经济条件下，"单位人"的医疗、退休、养老、子女教育等社会福利和保障都由国家全包。但实践中也出现了两个问题：其一，这一福利和保障体系未能全面覆盖广大农民；其二，由于我国经济基础薄弱，资源和财力有限，社会福利和保障只能维持在一个很低的水平，无法满足广大群众日益增长的需求。因此，改革开放以来对传统社会福利和保障体系逐渐进行了改革。当前，仍然处于从旧体制到新体制的转型期。旧的制度废除了，新的制度还没有建立起来。一些居民既不能继续享受原有的社会福利和社会保障，也还没有完全享受到新的社会福利和社会保障。结果，与此相关的群众生活就出现了困难：看病难，看病贵；幼儿入园难，入园贵；养老难以及房价过高和改善住房条件难的问题。

（四）利益主体多元化

在计划经济条件下，利益主体相对比较单一和明显，主要表现为国家、集体和个人三者之间的利益关系。但改革开放以来，出现了利益主体多元化和利益诉求多样化。从利益主体多元化来看，除了国家、个人之外，集体作为一个利益主体，已经呈现出多元化的趋势。除了传统意义上的机关、企事业单位外，还涌现出大量民营的、外资的、中外合资的企事业主体。它们的利益和诉求同传统的企事业单位以及它们彼此之间存在很大的差别，甚至会因为资金、市场、资源、立项竞争而产生直接或间接的利益冲突。同时，个人作为利益主体，其利益诉求也呈现多样化的趋势，并由此产生各种各样的社会矛盾。此外，各级地方政府作为利益主体，更加关注自身的利益。因此，地方主义、分散主义以及与此相关的阳奉阴违，上有政策，下有对策，变相拒不执行中央政府政策的现象呈上升趋势；官商勾结，肆无忌惮地损害国家利益、侵害人民群众合法权益的现象屡见不鲜。这无疑给我们的社会管理工作造成巨大的困难。长期的高速经济增长在增强我国经济实力和综合国力、提高人民生活水平的同时，确实在一定程度上掩盖了社会建设领域的一些矛盾和问题，并使得这些矛盾和问题逐渐累积并凸显出来。

2011 年 7 月 – 2011 年 12 月，我们围绕"加强社会建设、创新社会管理"这一主题，在中国浦东干部学院对前来学习的城市社会管理专题研究班、城市社区基层党组织建设专题研究班、城市公共安全与危机管理专题研究班、河北省县委书记培训班、河北县长培训班等 15 个班次的 306 名学员进行了问卷调查。结果分析显示：学员对我国当前的社会安全总体上持认可态度，但普遍认为目前社会矛盾与冲突较为严重，当前影响我国社会稳定的因素呈现出多元化趋势，社会矛盾和冲突的原因逐步深化和复杂。

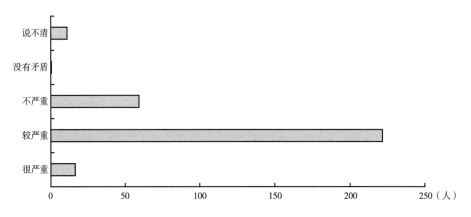

图 1　当前我国社会矛盾冲突程度测度

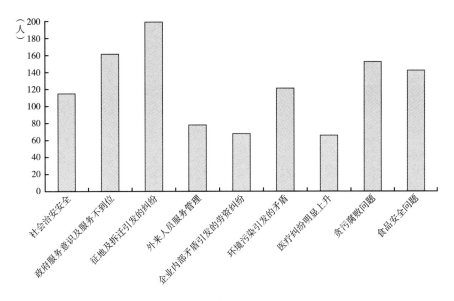

图 2　影响我国社会稳定最为突出的问题

　　因此，加强社会建设、创新社会管理、推进社会体制改革，既是解决我国改革开放 30 多年来特别是经济体制改革所积累起来的一系列社会问题的重要途径，也是推动我国经济体制改革的进一步深化与完善，促进社会和谐稳定，同时为政治体制改革创造更为良好的社会环境和条件的必然要求。

三　当前加强社会管理的着力点

　　加强和创新社会管理，是维护最广大人民根本利益的必然要求，是提高党的执政能力和巩固党的执政地位的必然要求，是构建社会主义和谐社会的必然要求。那么当前如何加强社会建设、创新社会管理？为了使得出的结论和对策建议更具科学性，我们设计了一个客观题和一个主观题。在"您认为当前我国加强社会管理、构建和谐社会的着力点在哪里？"这一题中，排在第 1 位的是"把保障和改善民生作为全部工作的出发点和落脚点，解决好教育、就业、医疗卫生、社会保障等突出的民生问题"，约 93.8%（287人）的学员选择；排在第 2 位的是"建立社会风险预警机制，更好地化解社会风险"，约 72.9%（223 人）的学员选择；排在第 3 位的是"加强政府主导下的多元主体共同参与的社会管理体制，充分发挥社会组织的作用，通过公共服务外包，积极探索社会管理的市场化"，约 69.6%（213 人）的学员选择；排在第 4 位的是"建立社会'安全阀'机制，为社会不满提供释放途径的合法冲突机制"，约 49.7%（152 人）的学员选择；排在第 5 位的是"运用现代高新技术，提高社会管理信息化水平，为科学决策提供保障"，约 34.3%（105 人）的学员选择。如图 3 所示。

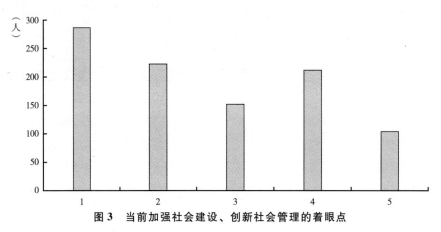

图 3　当前加强社会建设、创新社会管理的着眼点

注："1"表示把保障和改善民生作为全部工作的出发点和落脚点，解决好教育、就业、医疗卫生、社会保障等突出的民生问题；"2"表示建立社会风险预警机制，更好地化解社会风险；"3"表示建立社会"安全阀"机制，为社会不满提供释放途径的合法冲突机制；"4"表示加强政府主导下的多元主体共同参与的社会管理体制，充分发挥社会组织的作用，通过公共服务外包，积极探索社会管理的市场化；"5"表示运用现代高新技术，提高社会管理信息化水平，为科学决策提供保障。

（一）坚持以人为本、不断改善民生

2011 年 2 月 19 日，胡锦涛同志在省部级领导干部社会管理及其创新专题研讨班开班式上指出："社会管理，说到底是对人的管理和服务，涉及广大人民群众切身利益，必须始终坚持以人为本、执政为民，切实贯彻党的全心全意为人民服务的根本宗旨，不断实现好、维护好、发展好最广大人民根本利益。"从外向维度来说，以人为本要求党的社会管理科学化必须营造良好的社会文化环境氛围。从内向维度来说，以人为本要求党的社会管理科学化必须高度关注人民群众的现实利益实现。加强社会管理，坚持以人为木，体现了党的全心全意为人民服务的基本宗旨。

随着我国城市化进程的加快，大量进城新居民（如农村高校毕业生留在城市工作，农村进城经商者到城市落户等）、城郊失地农民、在城市长期打工的农民工都需要享受到城市所提供的医疗、教育等公共服务。随着城市人口的老龄化、核心家庭的普遍化以及工作节奏的加快和竞争压力的增大，老人的赡养、子女的教育和家庭关系的调整等问题就开始凸显，这些问题的解决都需要有一种更高层次的专业化的社会服务。

　　加强社会建设的核心就是满足人民群众的基本公共服务需求，解决群众的日常生活困难。进一步的研究发现，基层群众对公共服务有着巨大需求。公共服务和社会管理在基层不能分开，它既凸显了基层公共服务匮乏的矛盾，也凸显了社会管理不足的问题。我们根据有关城乡居民社区服务需求的比较研究发现，城镇居民的服务需求依次是家政、就业、老年人、儿童青少年、低收入家庭服务，而农村依次是老年人、文体生活、儿童青少年、低收入家庭和残疾人服务。城市社区服务存在的主要问题，排第一位的是邻里冲突，其次是缺乏场所和设施，最后才是缺乏认同感。大量研究证明，农村也具有强烈的公共服务需求，尤其是大量农民工外出务工后显现的农村留守儿童问题、农村养老问题等，而且农村与城镇的公共服务需求存在很大差别，对此要区别对待。从总体上说，中国现阶段的公共产品的供给要优于公共服务供给，因为曾经有相当长一个时期，我们重视基础设施投资，而忽视人力资本的投入，这个问题至今也没有从根本上得到改观。

　　我国经济的发展、社会的转型、城市化进程的加快，对城市公共服务发展提出了严峻的挑战，目前城市公共服务规模、水平已经远远不能满足当前人民的需求。因此，要加大民生的社会重建投入力度，把保障和改善民生作为全部工作的出发点和落脚点。政府只有不断满足人民群众对社会公共服务日益增长的需求，切实改善民生，以保障和改善民生为重点，建立完善的社会保障制度，解决就业、教育医疗、养老等与群众切身利益相关的突出问题，解决广大民众的后顾之忧，在解决人民群众关注的热点、难点过程中保持社会稳定，才能有效地化解社会矛盾，进而促进经济、社会的进一步发展。

（二）创新基层党建、引领社会管理

　　时代的发展、社会的快速转型、社会结构的深刻变化要求党要不断与时俱进，积极转变执政方式，把党的建设、群众需求与社会建设有机地结合起来，不能就党建论党建，要充分发挥党在社会建设中的政治引领作用，密切党与群众关系，不断改善人民生活，解决人民群众的实际困难，鼓励、支持

社会服务机构为人民提供优质、高效、专业的社会公共服务。中国共产党是执政党，要以党的基层建设引领基层社会管理工作。除了继续搞好基层企事业单位、居委会的党组织建设之外，应当重点加强流动人口和新社会群体的党建工作。

一是要做好农民工党建工作。按照党的十七届四中全会的部署，"加强党员动态管理，健全城乡一体、流入地党组织为主、流出地党组织配合的流动党员教育管理服务工作制度。实行城乡基层党组织一方为主、接续培养、两地考察、相互衔接的优秀农民工入党办法"。为此，流入地基层党组织，包括基层企事业单位、居委会、社区党组织都应该设立相应的机构，或者指定专门人员负责本地区、本单位农民工群体的党建工作。要恢复农民工中党员的正常党内生活，使其在城市中"找到组织"，享有并行使一个党员应有的权利，履行应尽的义务。要按照中央的精神，在农民工中发展新党员。为了加强农民工党员的动态管理，应逐步建立健全全国党员信息库，并为每位党员配发具有全国联网功能的党员证；每个基层组织都应配发全国联网的电子终端设备；还可以设立各种党员之家、党员培训和帮扶中心，加强对流动党员的服务工作。同时，也要教育党员在社会管理工作中发挥先锋模范作用。此外，要加快各类民营企业、外资企业、中外合资企业和股份制企业的党建工作。

二是要做好新社会组织党建工作。创新基层党组织管理模式，把基层党建作为加强社会管理，构建稳定和谐社会的重点。进一步加强党的基层组织，尤其是"两新"组织和农村基层党组织的战斗力和凝聚力，有助于提升党的形象和信任度，以巩固党的执政基础，发挥基础党组织的战斗堡垒作用，以充分发挥党的政治领导和社会治理的引导作用。从资金投入、增加编制、体制建设等方面加大对社会组织党建的力度，引导规范各种社会组织的发展巩固新时期党的执政基础。一些地方在社会组织党建方面进行了积极探索，取得了良好效果，如宁夏回族自治区依托登记管理机关成立社会组织工作党委，加强了全自治区的社会组织党建，努力扩大覆盖面，引导社会组织在经济发展、社会管理、慈善公益、扶贫开发等方面起到积极的作用，发挥了基础党组织的战斗堡垒作用。党对社会组织的领导及对社会建设的引领就是执政与服务，主要体现在两个层面。一是政治的领导作用，即通常所谓的"党领导社会"，其机制为对社会组织的规范、导向与组织发展的促进作用，如上海市闸北区大宁社区党工委对辖区群众社团实行申报、备案、评估制度，对评估合格以上的社团提供不同数目的资金支持，对评估不合格的社团给予指导，并积极探索党支部建在社会团体上，充分发挥了党的政治引领作用，增强了基层党组织的社区影响力和凝聚力（李德、王叶庆，2010）。二是治理的引导作用，通过执政党同社会服务组织的沟通协作，共同实现对社会的治理，其机制为利用非政府组织的规律而实现同非政府组织社会作用的互动。在社会治理的绩效上，这是一种"双赢"，即执政党通过治理的沟通实现社会稳定的政治追求，而社会组织则借此实现自己的社会价值。在党的执政方式上，就是通过"沟通协作"的途径实现"政治领导"的目的。这是党在社会治理层面上的执政方式创新，提供了党领导社会、管理社会的框架，也是创新传统执政方式的结果（吴新叶，2007）。

（三）转变政府职能、强化政府服务功能

1. 积极转变观念、以服务促进管理

积极转变政府执政理念，改变社会管理工作手段，推进服务型政府建设，强化政府的公共管理和公共服务职能。跳出社会管理思考社会管理，把社会管理寓于服务之中，以服务促管理，管理要到位，服务也要到位，切实把科学发展观落到实处。

围绕广大群众所关注的"不安全、不满意、不平衡"社会难点问题，强化行政部门社会管理服务职能，解决群众的实际困难。在推进民生改善的同时，着力解决好一些政府部门的"不作为、乱作为"及社会不平等现象，建立民众与政府相协调、相一致的社会管理秩序。

2. 改革财税体制、实现责权利一致

积极推进财税体制改革，根据政权于财权相对应原则，厘清各级政府的职责及利益分配，推进事权与财权的统一，实现责权利一致。增加地方财政分成，通过转移支付加大对社会管理的直接投入，全面完善城乡社会管理服务的各项职能，使基层政府的事权和财权相匹配，以确保基层政府能够在社会管理中发挥更大的作用。

3. 改革考核体制、树立科学政绩观

改革当前干部考核评价的指标体系及方法程序，把社会建设作为一个重要的标准。当前，市、县两级政府既承受着发展的压力，又面临着政策方面的压力，如土地瓶颈、节能减排方面的制约，发展的责任重大，而方法手段有限，中央和省适当放权，加大对县级政府的投入和支持，有助于激发其动力与活力。

改革干部考核体制，弱化经济指数追求，树立和谐至上的发展理念、导向和政绩观，让基层政府从单抓经济方面解脱出来，使其有精力抓社会建设。有效杜绝一些地方过于追求经济发展进度要合理设置经济发展、社会建设与社会稳定指标，妥善正确处理好发展与稳定的关系。

4. 严厉惩治腐败、提高政府公信力

严惩腐败，不断提高政府公信力，进一步密切与群众的关系。建立政务透明与接受群众监督的制度，实现政府决策的行为公开透明，杜绝特权专权滥用，建立行之有效的廉政制度及相应的惩治机制，严惩腐败行为。

不断加强执政党的自身建设，提升党的各级干部的管理水平和廉洁自律的敬业精神，增强群众的信任度，提高各级政府在群众中地位和诚信度。提高领导干部执政道德水平，对整个社会道德水平的提高具有很好的引导作用；加强领导干部执政道德建设，对于当前创新社会管理、建设和谐社会、促进文化繁荣发展、构建社会主义核心价值体系具有积极的实践意义。

（四）倡导多元参与、健全社会管理体制

积极建立政府主导下的多元主体共同参与的社会管理体制，提高政府的社会管理能力，完善社会格局。

1. 畅通民意诉求、鼓励群众参与

社会管理应回归社会本体，政府应尊重社会运行中广大群众的主体地位，把群众参与社会管理的积极性调动起来。解决社会阶层严重分化且固化的问题，大力构建各利益群体合法的诉求表达机制和公平博弈平台，政府在社会政策制定过程中充分接受公民合理意见，唤起民众参与，并积极鼓励利益相关方的参与，从源头上化解社会不稳定因素。

2. 培育社会组织、协同参与管理

梁漱溟先生在《中国文化要义》中论述中国的社会结构是伦理本位或曰关系本位，这是与西方的团体格局不一样的（梁漱溟，2005）。所以，中国人尤其缺少一种组织生活及社会参与。社会组织快速发展是一个社会成熟的标志，是民间力量的组织化形式。民间力量正是通过不同形式的社会组织得到有效发挥。可以说社会组织是重要群众基础，是社会建设的重要力量。培养、壮大、正确引导并发挥社会组织和群众组织共同参与社会管理的作用，引导社会组织在经济发展、社会管理、慈善公益、扶贫开发等方面发挥积极作用。

　　探索社会管理中政府购买第三方服务的机制，推动政府主导，多元参与社会管理体系。同时可以借鉴国外社会组织发展的有益经验，根据我国国情、民情、文化及国民素质差异太大的情况，因地制宜培育社会组织的发展，积极发挥其在社会建设中的作用。

（五）健全应急机制、化解社会风险

　　加强与创新社会管理的突出任务是化解社会风险。现阶段，我国社会矛盾多发，社会问题凸显，社会风险增大。加强社会建设与社会管理创新，提高风险管理能力极为紧迫。胡锦涛同志指出，加强和创新社会管理，以解决影响社会和谐稳定突出问题为突破口。当前，我国社会总的形势是好的。但是，由于经济基础和社会结构剧烈变动，利益关系和利益格局深刻调整，社会群体之间存在一定利益冲突，一些社会群体利益矛盾可能激化。影响社会稳定的不确定因素明显增多，由人民内部矛盾引发的群体性事件面广量大，已经成为影响社会稳定的最为突出的问题。

　　当前，由社会矛盾所引发的群体性事件、暴力冲突乃至人身伤亡事件屡见不鲜，严重地影响了社会的安定和谐。而各级党政机关在处理此类事件时往往缺乏经验，事到临头，手忙脚乱，或延误了解决矛盾的最佳时机，或采取不当的举措，反而激化矛盾，使冲突进一步扩大。根据中央的要求，各级党政机关都制定了相应的应急方案。有的遇事启动应急预案，收到了良好的效果，而有的启动预案后并未达到预期目的。其原因之一是，相应的应急机制不够健全。交通、消防、紧急救护等应急机制相对都比较健全，一旦出现情况，都能快速反应。但是一些问题可能涉及多个部门，其管理的边界比较模糊，事态一旦恶化，单独一两个部门难以解决和掌控，致使事态扩大，产生严重后果。所以，社会冲突应急机制应该具有全面协调、综合治理的功能，也应该具备紧急调动相关组织力量进行紧急处置的权力。平时各部门各司其职、分工合作，一旦有事，就应该合成一股力量，统一指挥、统一行动。

（六）弘扬优秀文化、加强精神文明建设

　　文化是社会管理的基础和持久动力。在先进文化的引领下，社会管理才能得到更好的完善和创新。党的十七届六中全会提出建设文化强国的战略目标，弘扬优秀文化的精髓，加强精神文明建设，提高全民文化和道德素质，增强每一个国民的社会道德意识。2012 年 3 月 20 日上午李

源潮同志在出席中国浦东、井冈山、延安干部学院 2012 年春季开学典礼时强调，党的干部要保持思想纯洁，坚定理想信念，带头践行社会主义核心价值体系，做社会主义思想道德的自觉遵守者、示范引领者和坚定维护者。党的干部要做追求社会进步的模范，坚定中国特色社会主义理想信念，牢固树立科学发展观，积极追求先进生产力、追求先进文化、追求中国人民的根本利益。要做为人民服务的模范，自觉与人民群众打成一片，对群众的酸甜苦辣、安危冷暖感同身受，尽心竭力为群众排忧解难。

确立社会主义核心价值观，倡导公平正义的社会理念，在全社会营造良性的价值观、道德观、宽容观。加大诚信教育，提高社会诚信度。加强对国情的正面宣传和舆论的正确引导，教育社会成员辩证地看待认识西方文化，在经济发展的同时多渠道培养社会成员的国家精神，国家利益至上应成为全体国民共同的精神追求和精神支柱，重塑共同理想和共同价值观。因此，创新社会管理应更多地强调社会共同价值建设，培育与发展社会共同价值是我们推进社会建设的重要任务。

（七）提高社会管理信息化水平

目前，社会管理需要的基础统计数据不足，信息搜集部门分割。考察干部维稳工作成效时，过分强调是否出问题，而不是对问题的处理能力，这样加大了社会事件上报的阻力，有些突发事件等社会不稳定现象不能及时上报甚至被隐瞒。从而，导致社会信息资源无法整合，发生重大事件不能快速反应，主要领导无法实时、全面地掌握全地区、全社会稳定情况等问题。

提高社会管理信息化水平必须做好几项工作。一是加强社会统计可操作性，完善社会指标体系，明确社会情况的重点统计项目。二是建立全面覆盖、动态跟踪、指标齐全的社会管理基础信息平台，以人口基础信息为核心，借助居住信息系统、就业登记信息系统和房屋出租管理系统，整合违法犯罪信息、网络舆情信息、公共卫生信息、环境状况信息、劳资关系信息、突发事件信息等多种信息源和社会统计资源，提高新形势下社会管理信息化水平。三是对分散在各级政府、各个部门的社会信息资源进行全面的整合。实现上下级、各部门数据交换、信息共享、资源共用、协同管理，为各级主要领导掌控全局并做出科学决策提供依据，有助于及时发现、预防和控制社会重大事件的发生。四是建立社会不稳定现象上报的无障碍通道，应对社会统计事项立法管理，同时干部考核转向考察社会事件处理是否得力，减少不稳定事件上报压力。

四　创新社会管理应处理好三个关系

（一）继承传统与改革创新的关系

加强和创新社会管理的过程，是继承与创新辩证统一的过程。创新社会管理不是另起炉灶，不是对原有工作的全盘否定，而是在继承优良传统的基础上，创新社会管理方式，以适应社会转型与时代的发展。

新中国成立以来，党和国家高度重视社会建设与社会管理，为形成和发展适应我国国情的社会建设理论和社会管理制度进行了长期的探索和实践，取得了重要成绩，积累了宝贵经验。特别是改革开放以来，根据国内外形势发展变化，我国不断就加强和创新社会建设与社会管理提出重要理论和方针政策，建立了社会建设与管理的领导体系，构建了社会建设与管理的组织网络，制定了社会建设和管理的基本法律法规。

因此，创新社会管理体制，必须从我国实际出发，走自己的路；必须正确处理发挥传统优势同与时俱进、创新发展的关系；不能全盘否定过去，另搞一套。

（二）立足国情与借鉴国外的关系

西方发达资本主义国家经过 200 多年的发展，在社会建设与社会管理方面取得了丰富的经验，我们可以积极借鉴这些人类文明的共同经验和成果，避免其在发展过程中走过的弯路。但不能照抄照搬，必须立足于中国的现实和国情，立足于当代中国社会结构变迁的历史大背景，以国际视野和世界的眼光，对社会建设和社会管理进行系统深入的调查研究，把分散的经验材料和各地的有益探索提升为较为系统的理论观点、形态，为我国社会建设和社会管理的伟大实践提供必要的指导。

因此，创新社会管理要树立世界眼光、开放胸怀，注意借鉴国外社会管理的有益经验，不断改革和完善我国社会管理的体制机制。

（三）政府推动与群众参与的关系

当前，我国的社会管理是自上而下的政府推动和自下而上的群众参与的有机结合，需要处理好党委领导与群众的关系。在发挥政府推动作用的同时，更要注重实现群众参与管理与自我管理相统一，发挥群众参与社会管理的基础作用，尊重群众的首创精神，依靠群众去探索和解决社会管理中的新情况、新问题。积极转变政府执政理念，改变社会管理工作手段，跳出社会管理抓社会管理，把社会管理寓于服务之中，以服务促管理。管理要到位，服务也要到位，切实把科学发展观落到实处。围绕广大群众所关注的"不安全、不满意、不平衡"社会难点问题，强化行政部门社会管理服务职能，解决群众的实际困难。积极探索群众参与社会管理的机制和途径，为扩大群众参与创造条件，努力形成社会管理人人参与、人人共享的良好局面。

参考文献

王信川，2030 年我国城市化率将达 65% ［EB/OL］，中国经济网，2010 – 09 – 21。

田毅鹏，2011，《社会管理体制改革的理论逻辑》，《江苏社会科学》第 4 期。

李景治，2011，《创新完善中国特色社会主义社会管理体系与运行机制》，《学习论坛》第 11 期。

李德、王叶庆，2010，《把党支部建在社会团体上——上海市闸北区大宁社区党建工作创新实践研究》，《探索》第 3 期。

吴新叶，2007，《包容与沟通：执政党与非政府组织的互动关系》《南京社会科学》第 11 期。

梁漱溟，2005，《中国文化要义》，上海：上海世纪出版集团。

作者简介

李德　男

所属博士后流动站：中国人民大学社会学系

合作导师：李路路

在站时间：2010 年 9 月 – 2013 年 6 月

现工作单位：中国浦东干部学院教研部

通信方式：leader596@ 163. com

于洪生，中国浦东干部学院政治与公共管理系主任、教授。

社会应急管理能力建设研究[*]：以重庆市为例

梅　哲　陈　程

摘　要： 本文通过应急管理能力建设的文献研究，分析突发事件诱因、发展及负面影响，尝试有效集成社会各方资源，综合运用技术手段、管理方法和研究方法，对突发事件进行有效监测、应对、控制和处理。选取重庆市应急管理能力进行综合评估，设计评价指标体系，谋划各项对策，认为重庆应该积极发挥中心城市的核心作用，建一流队伍，拓宽筹资渠道，加大项目、资金、装备、培训等方面的各级投入，尝试军地融合式区域一体化应急保障体系，大幅度提高政府应急管理能力。

关键词： 应急管理能力　指标体系　评价体系

一　绪论

（一）研究背景

从古至今，人类不断遭受着洪水、地震等自然灾害和恶性传染病等的侵袭，这些严重影响了人类社会的正常生产和生活秩序，给人民群众的生命和财产造成了巨大损失。进入 21 世纪以来，我国社会经济发展在取得巨大成

──────────

* 本文为笔者主持的重庆市软科学基金项目《重庆应急管理能力建设研究》部分内容（课题编号 CSTC2012CX - RKXA00022）。

就的同时，也正经历着"经济转轨，社会转型"的巨变。在这一时期，经济容易失调、社会容易失序、心理容易失衡、行为容易失范，各种社会矛盾在这一时期可能会集中爆发，从而进入突发事件的频发期。

2003 年的非典型肺炎（SARS）事件，2005 年的松花江水污染事件，2008 年的南方雨雪冰冻灾害、汶川地震、西藏打砸抢烧事件、三鹿事件，2009 年的甲型 HINI 流感、新疆乌鲁木齐打砸抢烧事件，2010 年的紫金矿业有毒废水泄漏事件……这些事件的发生，表明我国社会发展进入一个关键时期，各种新问题层出不穷，自然灾害、事故灾难、公共卫生和社会安全等领域暴露的问题日益突出。因此，切实加强应急管理，提高预防和处理突发公共事件的能力是全面建成小康社会的重要内容。

重庆集大城市、大农村、大库区、大山区和民族地区于一体，自然灾害多发频发，安全生产形势严峻，公共卫生防控困难，社会安全面临新的挑战。重庆市作为国家中心城市，西部地区唯一的直辖市，在西部地区和长江上游经济带的改革开放、经济发展、生态保护和城乡统筹综合改革的试验中发挥着重要作用，同时还承担西南军事重地的战略防御地位，加强和创新社会应急管理能力的要求更加迫切。

（二）研究意义

中国应急管理体制建设已经进入一个新的发展阶段。目前全国已制定各类预案约 135 万件，覆盖 97.9% 的市（地）和 92.8% 的县（市）。但政府如何在新形势下，采取科学、合理、有效的应急管理行为，是消除或减少突发事件，维护社会稳定，促进经济又快又好发展的重要保障。

1. 理论意义

对突发事件条件下政府的应急管理能力建设的研究，能丰富和补充公共安全管理理论与方法的知识体系。突发事件的紧急性、高度不确定性、影响社会性、非程序性决策的特征，要求政府具备较高的应急管理能力，能够在高度压力下快速做出正确决策。对于突发事件，如何进行有效的管理，降低突发事件造成的灾害损失，是我国各级政府必须面对的现实问题。我国的公共安全管理与灾害管理虽然近年来得到了快速发展和应用，但突发事件应急管理理论、方法及体系尚待完善。本研究力图为应急管理提供现实的理论支撑，促进社会公共管理理论与方法的进一步发展。

2. 实践意义

为建立系统的突发事件条件下政府应急管理体系和方案提供理论依据，

提高政府对突发事件应急管理的能力。在现有人力、物力、财力和技术条件下，突发事件所带来的损失是不可避免的，我们只有做好充分准备，积极应对各种随时可能发生的事件，才能将损失降到最低。因此，加强政府突发事件应急管理能力建设，积极开展应急能力建设研究，有助于形成主动防御意识，减少应急工作盲目性，提高效率，加强规范性和有效性，提升科学性，保护人民群众的生命财产安全，同时有助于提高应急救援组织的专业化水平。

（三）应急管理能力研究国内外文献综述

国际应急管理研究界比较著名的两本学术刊物为 *Journal of Emergency Management* 和 *International Journal of Emergency Management*，集中刊载国外应急管理研究的相关成果。国外研究多侧重于对应急管理体系和应急机制、应急资源的布局调度和评估，应急决策和决策支持系统、应急能力评价等方面，对应急管理能力建设的涉猎则相对较少。

在国外，以美国的北卡罗来纳州应急管理分局对应急能力所下的定义最具代表性。其认为应急能力是地方政府为了减少自然灾害所造成的人员伤亡和经济损失，而采取有效措施应对灾害的能力。并且说明，这里所讲的能力不仅仅包括各级地方政府的能力，同时还包含众多非政府组织的能力。根据研究对象的不同，可以分为以下两类。

1. 针对宏观层面的研究

David P. Eisenman 等（2006）提出美国政府在"9·11事件"之后应认识到应急能力建设的重要性，要加强对公民的各类应急教育，普及基础应急知识，形成良好的全国应急氛围；Daniel J. Balnett 等人（2005）通过电话访问的形式对洛杉矶各机构应急能力的完备程度进行了调查，其结果显示应急能力的完备程度不令人乐观，还有一部分人对应急能力建设工作抱有抵触情绪，应急能力的影响因素应根据不同行业有所变化，而非一成不变；Britkov（1998）研究了重大工业事故中的社会因素，如监管部门的职能和机制、经济和法律等的影响，认为这些社会因素在人为事故的发生过程中扮演了重要的作用；加拿大温莎大学 Daniel Henstra 教授根据应急管理的全过程理论认为地方政府应急管理的质量取决于地方政府应急准备（prepare for emergency）、缓解影响（mitigation impacts）、应急响应（emergency response）和恢复（recovery）的能力。

2. 针对微观层面的研究

Landesman（2001）研究了突发事件的公共健康管理问题，特别指出政府机构应该根据预案来进行资源调配以应对突发事件；Mats 和 Ohisson（1999）对应急管理的指挥官们进行调查，对应急反应中让指挥官们觉得最难做出决策的各类问题做了详细分析；Sinha（2005）通过对救火队指挥官的调查和访谈，研究决策者经验对决策压力和决策效果的影响；William（2005）通过访谈应急管理指挥官、科学家和公共安全管理官员，采用人类生态学中的 POET 模型研究决策者所处的大规模社团对决策者个人决策的影响。

在国内，应急管理是近年来较为突出的研究领域，发表文章数量众多。其中应急管理能力建设的研究也较受关注，但视角和研究内容比较繁杂。按照应急管理能力建设的各级政府层面来看，可以分为以下两类。

1. 全国层面的应急管理能力建设

武娜、刘闽（2007）认为应急管理体制和管理主体的能力建设对于迅速反应、有效控制、消除危机有着关键作用，并且对公务员应对突发事件的能力建设提出了相应建议。陈淑伟（2009）指出政府一元化治理、被动回应、技术导向及偏好经验决策，是当前制约我国政府应急管理能力提升的主要障碍。杨安华、张伟和梁宏志（2010）认为社会结构变化为理解与分析近年来我国民族地区应急管理能力的变化提供了独特而重要的视角，分析了民族地区社会结构变化对应急救援能力的影响，指出民族地区应急管理建设应针对社会结构变化，并提出了加强民族地区应急管理能力建设的基本思路。吴进（2009）分析了在救灾减灾能力系统建设中的九方面问题和加强应急管理能力建设的具体对策，指出提高政府的信息获取能力、快速反应能力、组织协调能力、决策指挥能力、防灾减灾能力、综合服务能力十分必要。方廷勇、章涛林、徐军和王强（2008）总结了《加强突发公共事件的应急管理能力建设的若干意见》，认为其中推进国家应急平台体系建设，建立公共安全科技支撑体系，构建全社会共同参与的应急管理工作格局是今后工作的重中之重。阎俊爱、李晓（2012）引入委托－代理模型针对中央政府如何提高地方政府应急管理能力建设的积极性问题展开研究，并根据博弈模型结果从四个方面设计出具体的激励机制。该激励机制的实施将实现地方政府应急管理能力的提高。张黎勇、梁昌勇（2008）认为应进一步加强预警预防、应急保障和联动指挥三大体系建设，切实加强政府应急管理能力建设。

2. 省级层面的应急管理能力建设

张光雄（2011）分析了云南省领导干部应急管理能力现状和存在问题，

发现云南省领导干部应急管理能力存在预测预防能力不强、快速应对能力较弱、应对突发事件公关能力欠缺、应急演练和培训质量有待提高等问题，提出了应提高对领导干部应急管理能力建设重要性的认识、建立科学规范的应急管理培训机制、加强分析预测能力建设、加强快速应对能力建设、加强公关沟通能力建设的对策，并指出在整个应急管理过程中要注重协调政府、党委与人大之间的关系，社会力量如何参与应急管理工作等。张义（2011）以甲型 H1N1 流感防控为背景，以吉林省为研究对象，从完善突发公共卫生事件应急管理机构建设、创新突发公共卫生事件应急工作机制建设、加强公共卫生应急队伍建设、提高突发公共卫生事件卫生应急保障能力建设等方面提出了政府进一步提升突发公共卫生事件应急管理能力的建议。

此外，还有很多专家学者从不同的角度研究了应急管理能力建设问题。

如王绍玉和张秀萍（2003）强调了全民动员、广泛普及"预防文化"，强化人民的防灾意识的重要性；张维波、肖纯宝、魏传龙（2012）认为加强防汛抗旱应急管理能力建设是应对水旱灾害等突发事件的重要手段；赵宇（2012）认为核心能力刚性的桎梏、控制性心智模式的桎梏和组织惰性的桎梏阻碍着社会应急管理能力的提升，并且从"创造性破坏"视角出发，认为只有破除以上三大桎梏，通过社会应急管理核心能力重塑、心智模式的拓展和应急管理文化的重构，才能不断寻求非常规突发事件新挑战与应急管理能力构建。

通过以上文献，可以清晰地看到应急管理能力已经成为国际国内非常重视的研究领域，不同领域的专家纷纷涌入该研究行列，应急管理能力建设得到了普遍的应用。

（四）目前研究存在的不足

国内应急管理能力建设处于初创阶段，存在的不足主要表现在以下几点。

1. 对应急管理能力建设目标缺乏合理的研究制定，从而无法对应急管理能力建设起到科学的指导和激励作用。

2. 应急管理能力建设的研究工作大多是制定指导性政策，可操作性不强，研究深度有待提高。

3. 没有把现有的应急管理能力建设资源进行系统分析，缺乏对现有应急管理能力建设优势和劣势的客观分析，从而也就难以做到在应急管理能力建设中扬长避短、充分发挥资源优势效益。

4. 缺少对动态复杂的应急管理能力建设的研究，对应急管理能力建设的认识不足，并且对应急管理能力建设具体的理论、方法和技术研究很少。

二 社会应急管理能力建设构想

根据国内外文献研究资料及各地实践经验，提出社会应急能力建设的如下思路。

（一）社会应急管理能力建设目标分析

社会应急管理能力建设目标应包括突发事件发生前的监测能力建设、发生过程中应急能力建设和发生后恢复与重建能力建设三方面。在突发事件发生前，要求政府部门能够具备预警功能，通过执行、反馈、采集、筛选等能力及时发现事件先兆，防止或消除发生突发公共事件，主动提高预防或应对能力。在突发事件发生过程中，相关部门应具备能在较短时间内对事件进行辨别，并根据突发事件的成因和可能出现的后果采取应急处理的适当方法，尽可能将突发事件控制在最小范围内的能力。并且在突发事件发生后，政府具有快速恢复生产、生活的能力。

（二）不同应急阶段应急管理能力建设核心分析

政府应急管理，是指政府为应对突发事件而进行的一系列有计划、有组织的预防、准备、疏缓、响应和恢复活动。因此政府应急能力建设应以发生前监测与预警能力、发生前应急准备能力、发生过程中应急能力、发生后恢复与重建能力为核心。

（三）社会应急管理能力评价指标体系的构建

1. 应急管理能力指标构建原则
应急管理能力指标构建中应遵循可行性、全面性、系统性和相对独立性的原则。

2. 应急管理能力综合评价指标构建
从政府应急能力建设核心的角度来看，应急管理能力综合评价指标应包括发生前监测与预警能力评价指标、发生前应急准备能力评价指标、发生过程中应急能力评价指标、发生后恢复与重建能力评价指标四部分，以此作为根据来构建相应的政府应急管理评价指标体系。该体系共设置 4 个一级指标、11 个二级指标、67 个三级指标。

3. 发生前监测与预警能力评价指标

对预警能力的评价主要包括以下三方面：对已有突发公共事件的监测预报能力、对可能存在突发公共事件的监测预报能力和突发公共事件的预警技术能力。具体评价指标见表 1。

4. 发生前应急准备能力评价指标

应急准备能力是指在特殊时期或者发现某些事件先兆，为了防止或消除发生突发公共事件，或主动提高或应对预防措施的能力。包括减轻突发公共事件措施的能力和工程防御能力两种。

5. 应急事件发生过程中应急能力评价指标

对城市突发公共事件发生过程中应急能力评价，主要是评估城市相关部门及居民能否在较短时间内辨别突发事件的种类，并根据突发事件的成因和可能出现的后果采用应急处理的适当方法，尽可能将突发事件控制在一定范围内的能力。因此包括突发公共事件辨别能力评价、突发公共事件紧急救援能力评价、政府部门应急反应能力评价三方面的内容。具体评价指标见表 2。

表 1　发生前监测与预警能力评价指标

二级指标	三级指标
已有突发公共事件的监测预报能力	监测队伍建设
	监测密度
	监测周期
	检测技术
	检测手段
	监测数据准确性
对可能存在突发公共事件的监测预报能力	发生概率
	发生时间
	发生强度
	危害分析
	脆弱性分析
突发公共事件的预警技术能力	预警信息的获取
	预警信息的传递
	综合信息查询
	事前评估
	对比分析

表2 突发事件发生过程中应急能力评价指标

二级指标	三级指标
突发公共事件辨别能力	辨识人员素质
	辨识方法选择能力
	监测准确性
	风险评估能力
突发公共事件紧急救援能力	日常建设能力
	技术能力
	指挥能力
	通信能力
	协调能力
	救援能力
	医疗能力
	救援队能力
	志愿组织救援能力
	后勤保障能力
政府部门应急反应能力	应急反应时间
	快速反应能力
	维护社会秩序能力
	危机控制能力
	信息化支撑
	资源整合能力
	维护市场秩序能力
	动员能力

6. 突发事件发生后恢复与重建能力评价指标

突发事件发生后恢复与重建能力的评价主要包括：社会保障能力评价、损失评估能力评价、恢复重建能力评价三方面内容。

三 社会应急管理能力评价指标体系运用——重庆市应急管理能力评价方法的选择

（一）指标权重的确定方法

评价体系各个指标的权重反映了各指标之间的内在关系，权重大小则反映出各指标在整体系统中的重要程度。目前测定权重的方法众多，如层次分析法、Delphi 打分法、主成分分析法、赋值法、变异系数法等。其中，层次分析法具有计算简便、结果明确、便于决策者直接了解和掌握等优点。所以在本模型中各评价指标的权重采用层次分析法来确定。

层次分析法的全称为多层次权重解析法，简称 AHP，它是 Thomas L. Saaty 提出的一种定性分析与定量分析相结合的系统评价分析方法。层次分析法的基本思想是各种复杂因素对问题的分析有不同重要性，将这些因素之间的关系加以条理化，并排列出不同类型因素相对重要性的次序。

（二）综合评价方法

前面已构建了重庆市应急管理能力综合评价指标体系。可以说，该指标体系具有评价指标较多且复杂、评价指标间相互关联、定性指标与定量指标相结合等特点。对这样的指标体系，笔者选择了模糊综合评价法对其进行评价。模糊综合评价是借助模糊数学的一些概念，以模糊数学为基础，应用模糊关系合成的原理，将一些边界不清、不易定量的因素定量化，并进行综合评价的一种方法。它通过构造等级模糊子集，把反映被评事物的模糊指标进行量化（即确定隶属度），然后利用模糊变换原理对各指标进行综合评价。

（三）应急管理能力评价指标权重的确定

将重庆市应急管理能力的评价因子按层级建立两两比较的矩阵，向相关领域专家发放调研表，评价因子权重值是运用层次分析法对每份调查表进行计算而得，形成重庆市应急管理能力综合评价指标权重总序。相关情况见表3。

表3 发生前监测与预警能力评价指标权重

二级指标	权重	三级指标	权重
已有突发公共事件的监测预报能力	0.581	监测队伍建设	0.274
		监测密度	0.043
		监测周期	0.094
		检测技术	0.048
		检测手段	0.056
		监测数据准确性	0.094

续表

二级指标	权重	三级指标	权重
对可能存在突发公共事件的监测预报能力	0.110	发生概率	0.009
		发生时间	0.013
		发生强度	0.012
		危害分析	0.03
		脆弱性分析	0.024
突发公共事件的预警技术能力	0.309	预警信息的获取	0.12
		预警信息的传递	0.05
		综合信息查询	0.027
		事前评估	0.051
		对比分析	0.055

表 4　发生过程中应急能力评价指标权重

二级指标	权重	三级指标	权重
突发公共事件辨别能力	0.250	辨识人员素质	0.03
		辨识方法选择能力	0.051
		监测准确性	0.022
		风险评估能力	0.016
突发公共事件紧急救援能力	0.400	日常建设能力	0.03
		技术能力	0.04
		指挥能力	0.078
		通信能力	0.055
		协调能力	0.067
		救援能力	0.086
		医疗能力	0.091
		救援队能力	0.068
		志愿组织救援能力	0.051
		后勤保障能力	0.041
政府部门应急反应能力	0.350	应急反应时间	0.042
		快速反应能力	0.034
		维护社会秩序能力	0.037
		危机控制能力	0.033
		信息化支撑	0.035
		资源整合能力	0.032
		维护市场秩序能力	0.031
		动员能力	0.03

据此对重庆市应急管理能力进行具体评价。按照模糊评价法的要求，本次研究邀请相关专家，对重庆市应急管理能力进行指标评价。

（四）重庆市应急管理能力综合评价

1. 突发事件发生前监测与预警能力综合评价

（1）建立评语集。评语就是对评价对象优劣程度的定性描述。具体设定可依据实际情况及计算量的大小来确定。将重庆市应急管理能力的影响因素分为五个等级，评语集可参照上节中的评价因子说明及赋值标准。为了便于记录，可用评语集 V 表示，分别与赋值中的 $\{8\sim10,6\sim8,4\sim6,2\sim4,0\sim2\}$ 相对应：V = $\{$极好（高），好（高），较好（高），一般，较差（弱）$\}$。

表 5　发生前监测与预警能力判别结果

二级指标	三级指标	评语集				
		极好	好	较好	一般	较差
已有突发公共事件的监测预报能力	监测队伍建设	6	11	3	0	0
	监测密度	4	10	5	1	0
	监测周期	3	7	7	2	1
	检测技术	1	7	8	3	1
	检测手段	4	7	7	2	0
	监测数据准确性	3	9	6	2	0
对可能存在突发公共事件的监测预报能力	发生概率	4	12	4	0	0
	发生时间	3	11	6	0	0
	发生强度	3	13	4	0	0
	危害分析	5	10	4	1	0
	脆弱性分析	3	10	4	2	1
突发公共事件的预警技术能力	预警信息的获取	4	12	3	1	0
	预警信息的传递	3	12	4	1	0
	综合信息查询	2	11	5	2	0
	事前评估	3	10	5	2	0
	对比分析	2	11	5	2	0

（2）模糊综合评判矩阵。根据专家对指标的评价，建立模糊评判矩阵。

A. 已有突发公共事件的监测预报能力。

$$R_1 = \begin{bmatrix} 6 & 11 & 3 & 0 & 0 \\ 4 & 10 & 5 & 1 & 0 \\ 3 & 7 & 7 & 2 & 1 \\ 1 & 7 & 8 & 3 & 1 \\ 4 & 7 & 7 & 2 & 0 \\ 3 & 9 & 6 & 2 & 0 \end{bmatrix}$$

$$B_1 = A_1 \cdot R_1 = (0.274, 0.043, 0.094, 0.048, 0.056, 0.094) \begin{bmatrix} 6 & 11 & 3 & 0 & 0 \\ 4 & 10 & 5 & 1 & 0 \\ 3 & 7 & 7 & 2 & 1 \\ 1 & 7 & 8 & 3 & 1 \\ 4 & 7 & 7 & 2 & 0 \\ 3 & 9 & 6 & 2 & 0 \end{bmatrix}$$

$$= (2.652, 5.676, 3.035, 0.675, 0.142)$$

归一化处理，得到以下的结果。

$$B_1 = (0.2177, 0.466, 0.2491, 0.0554, 0.0118)$$

由此可知，21.77%的人认为重庆市对已有突发公共事件的监测预报能力以及应对灾害的能力非常强。46.6%的人认为重庆市对已有突发公共事件的监测预报和应对灾害的能力很强。24.91%的人认为重庆市对已有突发公共事件的监测预报和应对灾害的能力较强。5.54%的人认为重庆市对已有突发公共事件的监测预报和应对灾害的能力一般。1.18%的人认为重庆市对已有突发公共事件的监测预报能力较差，应对灾害的能力很弱。因此，总体来看，重庆市对已有突发公共事件的监测预报能力处于较高水平，应对灾害的发生与解决灾害的能力较强，得到了专家的一致公认。

B. 对可能存在突发公共事件的监测预报能力。

同理可得，重庆市对可能存在的突发公共事件的监测预报能力评价矩阵如下所示。

$$B_2 = (0.1862, 0.515, 0.221, 0.0576, 0.0202)$$

即，18.62%的人认为重庆市对可能存在的突发公共事件的监测预报能力非常强。51.5%的人认为重庆市对可能存在的突发公共事件的监测预报能力很强。22.1%的人认为监测预报能力较强。5.76%的人认为监测预报能力一般。2.02%的人认为监测预报能力较差。总体来看，大多专家的看法与重庆市对可能存在突发公共事件的监测预报能力的实际情况较为一致。

C. 突发公共事件的预警技术能力。

重庆市突发公共事件的预警技术能力评判矩阵如下所示。

$$B_3 = （0.1386, 0.5522, 0.2228, 0.0796, 0.0068）$$

即，13.86% 的人认为重庆市应对突发公共事件的预警技术能力极强。55.22% 的人认为重庆市突发公共事件的预警技术能力很强。22.28% 的人认为预警技术能力较强。7.96% 的人认为预警技术能力一般。0.68% 的人认为预警技术能力较差。因此总体来看，重庆市对突发公共事件的预警技术能力起到了应有的作用。

D. 模糊综合评价总得分计算与分析。

为便于比较，将评价因子赋值标准中的 $\{8-10, 6-8, 4-6, 2-4, 0-2\}$ 均取上限，作为最终评分标准，10 分为满分。对应评语集 $\{$极好（高），好（高），较好（高），一般，较差（弱）$\}$，具体评分为：10 分、8 分、6 分、4 分、2 分。即：$v' = \{10, 8, 6, 4, 2\}$。

重庆市在发生前监测与预警能力这一指标的得分用以下公式计算

$$V' = \sum_{i=1}^{n} v'_i b_i$$

（a）已有突发公共事件的监测预报能力得分。

$$V'_{资} = \sum_{i=1}^{n} v'_i b_i = 10 \times 0.2177 + 8 \times 0.466 + 6 \times 0.2491 + 4 \times 0.0554 + 2 \times 0.0118$$
$$= 7.6448$$

（b）对可能存在突发公共事件的监测预报能力得分。

$$V'_{经} = \sum_{i=1}^{n} v'_i b_i = 10 \times 0.0716 + 8 \times 0.4673 + 6 \times 0.3258 + 4 \times 0.1153 + 2 \times 0.02$$
$$= 7.3298$$

（c）突发公共事件的预警技术能力得分。

$$V'_{环} = \sum_{i=1}^{n} v'_i b_i = 10 \times 0.1386 + 8 \times 0.5522 + 6 \times 0.2228 + 4 \times 0.0796 + 2 \times 0.0068$$
$$= 7.4724$$

（d）重庆市在突发事情发生前监测与预警能力评价总得分为。

$$T_{总} = \sum_{i=1}^{n} V'_i W_i = 7.6448 \times 0.581 + 7.3298 \times 0.110 + 7.4724 \times 0.309 = 7.557$$

在满分为 10 分情况下，重庆市发生前监测与预警能力的最终得分为 7.557 分，在全国范围内处于较为优良的等级。其中，在已有突发公共事件的监测预报能力方面具有很强的竞争优势，实际上就重庆市对以往灾害的处置情况来看也基本证实了这一点。重庆市在突发公共事件的预警技术能力也具有较强的比较优势，说明尽管大多灾害很难提前准确预测，但由于重庆市在应急管理方面采取了较强的技术配备，因此并没有对社会、经济以及周围的生态环境产生较大的负面影响，说明当地政府对应急管理的重视已有成效。重庆市在对可能存在突发公共事件的监测预报能力方面得分虽然不低，但也并不占优势，说明在对可能存在突发公共事件的监测预报能力发展方面尚有潜力可挖。究其原因，有可能是相关领域投入不够，研究还不是很细致等因素造成。因此，重庆市在进一步提升社会发展水平与经济实力的同时，应当进一步注重对可能存在突发公共事件的监测预报能力的提升。

D. 发生前应急准备能力综合评价。

经计算，重庆市突发事件发生前应急准备能力评价总得分情况如下。

$$T_{总} = \sum_{i=1}^{n} V'_i W_i = 7.8918 \times 0.55 + 7.3215 \times 0.45 = 7.635$$

在满分为 10 分情况下，重庆市发生前应急准备能力的最终得分为 7.635 分，在全国比较范围内处于较为优良等级。其中，减轻突发公共事件措施的能力方面具有很强的竞争优势，主要是由于重庆市在以往灾害事故发生后及时建立了相应的应急机制，积累了经验；重庆市工程防御能力方面也具有较强的比较优势，说明当地政府对灾害防御方面的重视已有成效。

E. 发生过程中应急能力综合评价。

重庆市突发事件发生过程中应急能力评价总得分如下所示。

$$T_{总} = \sum_{i=1}^{n} V'_i W_i = 7.4148 \times 0.25 + 7.5211 \times 0.4 + 7.4012 \times 0.35 = 7.4526$$

在满分为 10 分情况下，重庆市发生过程中应急能力的最终得分为 7.4526 分，比较来看也处于较优良的等级。其中，突发公共事件紧急救援能力方面具有较突出的表现，在以往重庆市以及周边省市发生地震等灾害时，从重庆市积极的响应与处置情况来看也充分验证了这一点；其次，重庆市在政府部门应急反应能力方面也体现出了较强的比较优势，说明重庆市在应急管理方面不仅反应迅速，而且机制灵活，政府层面已经具备丰富的处置经验与措施。

四　重庆市应急管理能力建设对策与措施

（一）增强重庆市应急管理能力提升的科技支撑

重视并加强对领导干部和应急管理专业人员的应急能力培训，推进专家库、人才库建设；完善专家辅助决策机制，提高应急管理决策能力；切实加强综合、专业、专职与兼职、志愿者等应急救援队伍建设，提高突发事件的预防和现场处置能力；注重政府和社会之间的联系，充分发挥社会力量的作用；提高公民防护意识和自救能力，加强应急管理教育和理念培养；大力推进应急管理重点项目建设，加强专业应急物资储备，完善应急物资保障机制；以各级政府应急平台建设为载体，建立健全纵向贯通、横向应急资源综合管理和应用系统，为应急管理工作提供强有力的科技支撑。

（二）强化专业应急救援队伍建设

1. 完善专业队伍建设的有关法律法规

针对救援队伍管理、平台管理、装备物资管理、救援协调指挥等方面存在的问题，重庆可先行制定一些地方性的法律、法规，包括：应急救援车辆过路过桥费用免征、救援费用补偿、队伍建设等法规，救援人员受伤、医疗、抚恤的法律制度保障等，使救援队伍建设有法可依；依法确立专业化民间应急救援队伍的法律地位，明确规定公民的法定义务，明确规定专业应急救援志愿者必须具备的生理、心理、年龄等条件；依法确立政府在专业化应急救援志愿者队伍建设中的主体地位，明确政府在专业化应急救援志愿者的招募、注册、培训、管理、装备及后备队伍建设中所承担的具体义务，规范政府和志愿者在应急救援中的行为，加快我国专业化应急救援志愿者队伍建设的步伐。

2. 强化应急救援队伍专业特性

增加专业救援队伍的种类；把部分关键救援保障队伍提升到专业应急救援队伍体系，以加强专业救援队伍的应对能力；在处理公安消防、武警为主体的综合应急救援队伍与其他欠专业的救援队伍的关系时，可参照国外两种模式进行探索：一是欧洲模式和香港地区的模式，即将突发事件的相关专业救援队伍列入消防队伍序列，统一指挥救援；二是美国模式，即救援时，警察、消防等各个专业救援队伍互动在一起，在救援现场各司其职参与救援行动。

3. 提升专业应急救援队员素质

专业救援人员（包括保障队员）必须严格考核，执证上岗；把专业和兼职应急人员的教育培训纳入应急管理教育培训体系之中，分类组织对专业应急救援人员进行专业技能培训；强化理论研究，加强事故案例分析和救援经验总结评估工作，持之以恒地开展技能战术研究，不断探索应急救援的规律和有效方法，不断提高救援的科学性、实效性。通过这些措施使各级各类专业应急救援人员熟悉并掌握应急管理和救援专业知识与技能，增强处置能力；专业救援队伍必须经过严格的专业实践训练，实行军事化或半军事化管理模式，通过日常训练、培训、技术竞赛、经验交流、模拟实战与假想突发事件的针对性演习等多种形式，提高救援技能，强化应对各种紧急突发事件的应对能力，不断提升实战能力。

4. 强化企业为主体的安全生产专业救援队伍

综合考虑重庆市危化、矿山重点企业和重大危险源分布状况，以及现有应急救援资源条件等因素，同时兼顾救援力量辐射全市、跨省协作的原则，建立起以各行业领头企业为依托的行业生产突发事故专业救援队伍；突出行业特长和专业优势，通过增加人员编制、配备国内外先进尤其是高精尖应急救援装备为重点的各项措施，有效承担起跨地区的、重特大疑难复杂事故的快速有效救援工作。

5. 加强专业救援配套设施建设

政府必须将有限的财力最大限度地应用到最需要、最迫切的装备上；同时采用灵活的政策措施，充分利用现有的社会装备，在紧急状态时，依法对权属于单位或个人的设施、设备、物品等社会设施进行征用或租赁；依托企业的专业救援队伍，以企业为主，或政府进行补贴购买必要的救援设备；针对山区等需要直升机参与的应急救援的现实情况，可结合重庆市直升机产业的快速发展，联合其他需直升机用途的企业共同出资购买等多种措施来加以解决。

6. 突出地区特色的专业救援队伍建设

各级地方政府，特别是较小的区县，在建设以公安消防为主体的一般性综合应急队伍的同时，可根据实际，在专业救援队伍建设方面有所侧重，如把长寿县作为重庆市重大化工事故应急救援的主要队伍建设基地。这些依靠本地特色建立起来的特色专业救援队伍基地，紧邻对应的危险发源地，一旦发生紧急事故不仅能迅速到达，而且能及时处理，最大限度地提高了救援效率。

7. 提高社会力量救援队伍的专业性

采用政府主导、社会成员广泛参与的模式，建立专业化的应急救援志愿者队伍；要完善培训体系，加强对基层社区、应急救援志愿者在专业知识和专业技能方面的培训；各级政府的应急办统一指导各地的专业化培训工作，设置标准化、规范化、系统化的培训内容，依托各部门、各系统的职业救援队的培训基地，对应急救援志愿者进行分层次、分专业的培训和演练；要指导各地根据本地区应急志愿者队伍建设情况，制定应急联动预案，组织开展应急志愿者参与部分应急救援演练，提高应急志愿者的应急反应能力；积极创造社会力量参与应急救援的机会，在应急演练、应急宣传教育中，合理安排社会力量参与。政府部门要结合本地实际，主动联系、主动交流，采取政策支持、舆论宣传、荣誉激励等措施引导社会力量对应急救援工作提供支持，营造良好的社会氛围。

（三）提高应急救援的科学性

1. 加强对各类紧急情况的模块和数据库建设

各地应在日常监管工作中，了解并掌握本辖区范围内的重大危险源分布情况、应急队伍的组建情况、应急装备及设施设备的配备情况、预案的管理情况、专家的详细资料、企业的分布和性质等情况，形成数据库，且数据应真实完备，真正做到一旦事出紧急，必须调得出、用得上。

2. 建立统一的应急指挥平台

各级地方政府应有当地统一的指挥体系，主城区应有全市总指挥体系，负责指挥各级、各地、各种类全部救援队伍，在需要地区间协作时起到总调度的作用，构建"统一指挥、反应灵敏、协调有序、运转高效"的应急队伍指挥体系。

3. 发挥政府在应急救援志愿者队伍专业化方面建设中的主导作用

市政府应急办负责落实注册管理、培训、保障及后备队伍的培养等工作。按"分门别类、一专多能"的原则，依托政府部门、行业系统、企事业单位，组建种类齐全的专业化应急救援志愿者队伍，并由各地应急办统一调配。既保证本地区的应急救援，又能保障跨地区、跨行业协同救援；建立以地方政府投资为主、中央政府给予补贴的方式来建立专业化应急救援志愿者队伍。

（四）加强应急管理的资金物资与人员保障

1. 多渠道筹集资金

财政部门应争取将企业应急队伍建设的工作经费纳入同级财政预算；按照分级负责的原则，通过政府补助、组建单位自筹、社会捐助、救援协作费相结合的方式；落实企业应急救援队伍经费保障；充分利用安全生产投融资服务体系，运用市场运行手段，采取 BT 模式超前投入来解决资金难题；探索建立应急救援捐赠机制，探索拓宽社会力量参与应急救援的资金渠道；尝试应急救援的有偿服务。如强制企业缴纳一定数量的风险救援金，主要用于专业应急救援队伍的演练培训、专家咨询、设备配备维护等，用于赔付事故抢险中的伤亡人员；建立激励机制，用于奖励应急救援中表现积极的有功人员。

2. 多途径筹集物资保障

引导社会力量应参与急救援物资储备，装备一般性的救援设施，以节约大量的政府投入；可以考虑征用其他部门的专用设施作为救援队伍的装备保障，如人防部门的通信和保障装备、军队的军用装备等；加强应急物资储备管理，统筹规划应急处置所需物料、装备、通信器材、生活用品等物资和紧急避难场所；企业要针对本企业事故特点加大应急救援装备及物资储备力度，尤其是重点工艺流程中应急物料、应急器材、应急装备和物资的准备；各地区及有关部门要针对易发事故的特点，在指定有关单位储备必要的应急装备物资，指定应急装备、物资生产企业具备一定生产能力的基础上，建立专门的应急装备物资储备网点，形成多层次应急救援装备和物资储备体系，确保应对各种事故，尤其是重特大且救援复杂的生产安全事故应急救援的装备和物资保障；建立健全安全生产应急装备和物资储备与调运机制，确保储备到位、调运顺畅、及时有效、发挥作用。

3. 救援队伍的人员保障

加大对应急救援志愿者招募、激励力度，壮大应急救援志愿者队伍；各地政府应急办应通过官方网站、借助于各种媒体加大对应急救援志愿者光荣使命和神圣义务宣传的力度；与高等院校合作建立应急救援志愿者后备队伍；依托各部门、各系统如消防、地震、水利等部门的应急救援组织招募志愿者。

（五）探索军地融合式发展应急救援体系

针对跨区域合作应急救援的现实需要，提出应急救援的"大区制"概念，整合资源；结合重庆市第三军医大学及其附属医院、成都军区第 324 医院、后勤工程学院等军队力量的优势，总结应急救援中的经验教训，大胆尝试军地共建应急医学救援培训基地，建立区域一体化军地卫勤保障体系，实现军地融合式发展。

五　结束语

通过本研究，认为在建设重庆市应急管理能力的过程中，应该积极发挥中心城市的支援作用，建立一流应急救援队伍。因为，重庆要成为西南地区救援中心，必须具备高素质的救援队伍和先进的救援设施，只有比周边地区有更好的专业救援队伍，更完善的救援装备，才能实现对周边省份的有力辐射，有关键需求时才能起到应有的中心救援作用。当然，以重庆的经济实力，仅靠地方政府投入也不现实，必须多渠道筹集社会资金，同时还要积极争取国家投入。同时还应整合军队有效资源，探索军地融合式发展道路，实现应急管理"大区制"，提升应急管理能力。

参考文献

曹杰、杨晓光、汪寿阳，2007，《突发公共事件应急管理研究中的重要科学问题》，《公共管理学报》第 4 期。

陈淑伟，2007，《加强我国城市突发事件应急管理能力建设》，《天津行政学院学报》第 2 期。

陈淑伟，2009，《制约政府应急管理能力提升的障碍因素分析》，《东岳论丛》第 12 期。

方廷勇、章涛林、徐军、王强，2008，《我国政府应对突发公共事件的高效应急管理机制》，《中国公共安全（学术版）》第 21 期。

林建伟，2009，《城市突发公共事件应急管理能力评价研究》，厦门大学硕士学位论文。

田依林，2008，《城市突发公共事件综合应急能力评价研究》，武汉理工大学博士学位论文。

王绍玉、张秀萍，2003，《加强城市灾害应急管理能力建设》，《群言》第 5 期。

吴进，2009，《公共应急管理中的能力建设》，《陕西广播电视大学学报》第 4 期。

武娜、刘闽，2007，《浅谈加强公务员应急管理能力建设》，《新疆社科论坛》第 3 期。

阎俊爱、李晓，2012，《地方政府应急管理能力建设的激励机制设计——基于委托代理理论》，《物流工程与管理》第 6 期。

杨安华、张伟、梁宏志，2010，《民族地区社会结构变化与应急管理能力建设》，《西南民族大学学报（人文社科版）》第 6 期。

张光雄，2011，《论云南省领导干部的应急管理能力建设》，《中共云南省委党校学报》第 5 期。

张黎勇、梁昌勇，2008，《政府应急管理能力建设》，《决策》第 11 期。

张维波、肖纯宝、魏传龙，2012，《浅谈东阿黄河防汛抗旱应急管理能力建设》，《科技信息》第 19 期。

张义，2011，《突发公共卫生事件中政府应急管理研究》，吉林大学博士学位论文。

赵宇，2012，《非常规突发事件情景中社会应急管理能力构建》，《领导科学》第 8 期。

郑双忠、邓云峰，2006，《城市突发公共事件应急能力评估体系及其应用》，《辽宁工程技术大学学报》第 6 期。

Britkov V, Sergeev G. 1998, Riskmanagement: Role of Social Factors in Major Industrial Accidents. *Safety Science* 30 (1 - 2).

Daniel H. Evaluating, 2010, Local Government Emergency Management Programs: What Framework Should Public Managers Adopt. *Public Administration Review*.

Daniel J. Barnett, Everly GS, Jr., Parker CL, Links JM, 2005, Applying Educational Gaming to Publichealth Work for Emergency Preparedness. *American Journal of Preventive Medicine* 28 (4).

David P. Eisenman, Cheryl World, Jonathan Fielding, Anna Long, Claude Setodji, Seot Hiekey, Lillian Gelberg, 2006, Differenees in Individual - Level Terrorism Preparedness in Los Angeles County. American Joumal of Preventive Medieine 30 (1).

Landesman, 2001, Public Health Management of Disasters: The Practice Guide. *American Public Health Association*, *Washington*, *DC*.

Mats Danielsson, Kjell Ohisson, 1999, Decision Making in Emergency Management: A Survey Study. *Iniemational Joumalof Cognitive* 3 (2).

North Carolina Division of Emergency Management, Local Hazard Mitigorg.

Sinha, R. Impact of Experience on Decision - Making in Emergency Situation. C/D exended essay.

William R. Donner, 2005, Decision - Making as Comnunity Adaptation: The Human Ecology of Emergency Management. Disaster Research Center in University of Delaware

作者简介

梅哲　男

所属博士后流动站：中国社会科学院社会学研究所

合作导师：景天魁

在站时间：2006.08～2009.02

现工作单位：重庆市人民政府研究室

联系方式：15998904500@163.com

陈程　重庆工商大学研究生

西部地区跨越式发展的思路、原则和启示

张　辰

摘　要： 跨越式发展的基本内涵在于生产力水平的快速提升，即主要体现在经济又好又快的发展。西部实现跨越式发展的总体思路应当是以转变经济发展方式为主线，实现农业现代化、工业化和新型城镇化"三化"互动；西部实现跨越式发展要遵循富民为先、又好又快、改革创新、超常发展四个原则，并要避免和纠正四个误区。西部地区跨越式发展不仅具有实现共同富裕的经济意义，而且具有现实而深远的社会意义和政治意义。

关键词： 西部地区　跨越式发展　思路　原则　启示

2000年，中共中央在《关于制定国民经济和社会发展第十个五年计划的建议》（以下简称"十五计划建议"）中首次提出"实现社会生产力的跨越式发展"的战略主张。此后，"跨越式发展"逐渐成为国家和各级地方政府，特别是西部地方政府制定经济社会发展战略时的常用术语。西部地区必须走跨越式发展道路的思路，已成为各界共识。

"跨越式发展"属于人类社会发展进程的范畴，即生产力发展范畴内的概念，它是指落后国家或地区又好又快地进行现代化建设。西部地区跨越式发展的根本目标是发展，主要是指生产力的超常规发展。抓住了发展，就抓住了西部地区现代化建设的根本任务和主要矛盾，抓住了建设西部小康社会的关键。但是，西部地区不能走"先污染后治理、先破坏再重建"的现代

化老路，也不能走单纯依靠国家政策扶持，增加资本，或者依靠消耗西部地区的资源来缩短与东部地区的发展差距的道路。西部地区跨越式发展要以科学发展观为主题，以加快转变经济发展方式为主线，在实现经济跨越式发展的同时，统筹协调经济发展与和谐社会建设、文化建设、政治文明建设之间的关系，达到物质文明、精神文明、政治文明、社会文明和生态文明的统一。西部地区跨越式发展的最终目标在于强国兴区富民，缩小西部地区与东中部地区的发展差距，实现西部地区全面小康。西部地区跨越式发展的根本动力在于改革创新，基本要求是实现经济社会又好又快的发展，跨越对象在于阻碍西部地区生产力发展的矛盾和问题，同时其基本特征在于利用后发优势超常规的发展。西部地区跨越式发展是对邓小平"两个大局"战略构想的落实，符合中国特色社会主义的建设规律，符合中国共产党的执政规律，也符合全体中国人民的根本利益。

一　西部地区跨越式发展的总体思路

马克思、恩格斯曾经指出，工业化与城市化是相伴而生的一种现象，具有历史必然性。工业化造成了纯粹工业人口的增加和作为工业中心城市的不断形成和扩张，农业工业化造成农村人口从土地上游离出来向城市和工业部门集中，它们共同构成了城市化的根本动力。西方经济学理论中，衡量一个地区是否完成工业化有三个重要指标：一是农业产值占 GDP 的比重必须降到 15% 以下；二是农业就业人数占全部就业人数的比重必须降到 20% 以下；三是城镇化水平必须达到 60% 以上。这说明工业化、城镇化和农业现代化具有密切联系，三者的协调发展对于经济发展具有决定性意义。同时，调整三者结构必然会对经济发展方式的转变产生影响。

西部地区实现经济跨越式发展的总体思路是：以转变经济发展方式为主线，实现农业产业化、工业化和城镇化"三化"互动。

党的十八大报告根据我国经济社会发展实际，在十六大、十七大确立的全面建设小康社会目标的基础上，提出全面建成小康社会和全面深化改革开放的目标。其中在经济建设方面的要求是："转变经济发展方式取得重大进展，在发展平衡性、协调性、可持续性明显增强的基础上，实现国内生产总值和城乡居民人均收入比二〇一〇年翻一番。科技进步对经济增长的贡献率大幅上升，进入创新型国家行列。工业化基本实现，信息化水平大幅提升，城镇化质量明显提高，农业现代化和社会主义新农村建设成效显著，区域协调发展机制基本形成。对外开放水平进一步提高，国际竞争力明显增强。"
要实现这些目标，坚持经济结构战略性调整，转变经济发展方式是前提。西
部地区在发展过程中所面对的农业产业结构单一、创新能力薄弱；工业结构
比例失调、增长速度缓慢；城镇发展结构失衡、城乡差距拉大等经济结构不
合理、经济发展内生动力不足的问题，同样需要加快经济发展方式转变来加
以解决。

　　西部地区地广人稀、生产力布局分散、产业聚集带动能力较弱，要实现
经济发展方式转变，就要把有限的生产要素集中投向有空间、有优势、有效
益、有潜力的地区、产业和项目，形成土地向规模经营集中，工业向基地集
中，企业向园区集中，人口向城镇集中的发展态势，进而实现生产力布局的
调整和优化。在此基础上，用工业化带动农业现代化和城镇化；用城镇化带
动农区劳动力转移；用农业现代化带动农业增效和农民增收，农业现代化、
工业化和城镇化"三化"互动，跨越式发展。

　　"三化"互动的实质就是要打破"城镇、工业""农村、农业"城乡分
工的传统格局，使城镇和农村、工业和农业生产要素自由流动、优化组合，
走出一条从忽视农村发展转向城乡协调发展的农业产业化道路，一条从资本
密集战略转向科技创新战略的新型工业化道路和一条从分散发展转向集聚发
展的新型城镇化道路。"三化"互动是一条以工补农、以工建农，以工业反
哺农业的发展道路。在实现农业现代化的同时，激发了农民的生产积极性，
保证了农业长期稳定高产和工业化发展对原材料的需求；在促进新型工业化
发展的过程中，实施生产要素聚集战略，推动加快城镇化进程；在推进城镇
化进程中，则强调以城带乡，政策资金向农村倾斜，城镇基础设施向农村延
伸，城市现代文明向农村辐射，政府服务向农村覆盖。从而依托农业现代化
的基础作用，依托工业化的反哺作用，依托城镇化的带动作用，有效调动西
部地区工农城乡的积极性，实现工农城乡的良性互动，转变经济发展方式，
实现跨越式发展。

二　西部地区跨越式发展应当遵循的原则

　　西部地区转变经济发展方式，实现经济跨越式发展应当遵循以下四点原
则。

　　第一，富民为先原则。西部地区跨越式发展的根本目的应当是强国兴区
富民，富民为先。西部地区的发展不能仅仅定位为建立资源能源基地，更应

该立足于富民为先，努力缩小与其他地区的发展差距，实现全面小康。历史上从"一五"计划时期开始，国家在西部进行生产力布局就从未停止过。这些投入除了国防安全、战备需要的考虑外，多数是对当地资源的开发，把西部地区当作东部、中部地区加工业的资源能源基地。这些投入并没有使西部地区快速发展，反而使东西部差距越拉越大。与此同时，西部人民的生产生活条件也没有得到明显改善，西部地区并没有从这些开发活动中得到多少实惠。

西部地区跨越式发展的根本目的应当是强国兴区富民，富民为先。"强国"是指西部地区要以科学发展观为主题，以转变经济发展方式为主线，为缩小我国区域发展差距，推进我国现代化建设步伐、全面建成小康社会而努力；"兴区"是指要通过西部地区改革创新、提高自我发展能力和国家的政策支持、东部地区的支援帮助，来实现西部地区经济社会又好又快的发展，最终建成一个经济发展、社会稳定、环境美好的新西部；"富民"是指西部地区的发展归根结底要坚持以人为本，摆脱物质贫困和精神贫困，实现人的全面发展，走共同富裕道路，与全国人民一起建成全面小康。全面小康社会的奋斗目标是 21 世纪前 20 年我国的发展蓝图。它所指向的目标是基本实现现代化，实现中华民族的伟大复兴。西部地区转变经济发展方式也应当围绕这一目标深入推进。"富民为先"特别应该体现在义务教育、医疗卫生、公共文化、社会保障等基本公共服务均等化；体现在就业更加充分、贫困人口显著减少和人民生活水平大幅度的提高等方面。党的十八大坚持贯彻科学发展观，在全面建设小康社会奋斗目标的基础上，针对发展问题，提出五个方面的新的要求：经济持续健康发展；人民民主不断扩大；文化软实力显著增强；人民生活水平全面提高；资源节约型、环境友好型社会建设取得重大进展。全面建成小康社会新的要求是中国特色社会主义全面发展的目标体系，为我国加快实现现代化，实现中华民族的伟大复兴进一步指明了方向。因此，西部地区要结合自身实际，以全面建成小康社会为标准，以强国兴区富民，富民优先为根本目的，加快转变经济发展方式，实现跨越式发展。

第二，又好又快原则。西部地区跨越式发展的根本方向是实现经济社会又好又快地发展。党的十六届三中全会以后，党中央多次强调努力促进经济社会"更快更好""又快又好"发展，并在"十五计划建议"中首次提出了"实现社会生产力的跨越式发展"的战略主张，专门强调发展既要有较快的增长速度，更要注重提高增长的质量和效益。党的十六届六中全会之后，党中央明确了"又好又快"发展的提法，在强调速度的同时，更看重质量的提高。党的十七大报告重申了这一思想，进一步表明发展思路的转变，表明中央在指导思想上更加注重体现科学发展观的要求，更重视经济社会发展的质量和效益。西部地区跨越式发展也应当符合"又快又好"的发展要求，以实现经济社会又好又快的发展为根本方向，既要防止片面求"快"而忽视"好"的倾向，也要防止以"好"压"快"的发展战略。只有"又好又快"，才能保持持续快速地发展，从而避免"太快"带来的忽视民生和结构失衡等问题，也避免"太慢"带来的发展滞后和差距扩大等问题，实现地区经济社会全面协调可持续的发展。

西部地区要在转变经济发展方式中处理好"快"与"好"的关系。首先"快"发展是必要的，西部地区一定要抓住 21 世纪前 20 年的战略机遇期，运用好国家对西部地区的扶持政策，立足自身发展优势，改革创新，扬长避短，实现快发展、大发展，有效缩小与其他地区特别是东部地区的差距。同时，"快"发展与"好"发展并不矛盾，它们统一于以人为本，全面协调可持续的科学发展观，共同体现了发展主体与发展目的的统一，共同体现了发展质量、效益和发展速度的统一，共同体现了经济增长与人口增长、资源利用与环境保护的统一。西部地区有自己特殊的区情，发展过程中更要注意"好"字当头、"又好又快"。西部地区应当充分利用各种有利条件促进发展，统筹兼顾经济社会各个方面、各个层次协调均衡发展，实现好、维护好、发展好西部地区人民群众的根本利益，让发展的成果惠及全体人民。"又好又快"是西部地区加快转变经济发展方式，实现跨越式发展的应有之义。

第三，改革创新原则。西部地区转变经济发展方式的根本动力在于改革创新。西部地区必须加大改革力度，改革是发展的根本动力，发展重在体制创新。西部地区之所以发展缓慢，主要问题就是改革不彻底，自主创新能力不强，新体制和新机制建立不起来，经济发展内生动力不足。党中央"十一五规划建议"确立了建设创新型国家的发展战略。党的十八大报告明确指出，"要始终把改革创新精神贯彻到治国理政各个环节，坚持社会主义市场经济的改革方向，坚持对外开放的基本国策，不断推进理论创新、科技创新、文化创新以及其他各方面创新，不断推进我国社会主义制度自我完善和发展"。创新不仅指科学技术的创新，还包括经济体制、政治体制、文化和社会管理体制的创新以及生态保护机制的完善等多个方面。创新不仅指科技手段的创新，更包括制度机制的改革和完善。创新同样是西部地区转变经济发展方式的根本动力。正如邓小平所说："我们所有改革都是为了一个目的，就是扫除发展社会生产力的障碍。……改革的性质和过去的革命一样，也是为了扫除发展社会生产力的障碍，使中国摆脱贫穷落后的状态。"改革的根本目的是为了解放生产力、发展生产力。西部地区跨越式发展要在不断改革那些与生产力发展不相适应的生产关系的过程中实现，要在推动经济基础变革同推动上层建筑改革相结合的过程中实现。在自然条件恶劣、基础设施薄弱、市场体系不完善、经济社会发展落后的发展条件下，西部地区必须依靠改革创新，通过全面的理论创新、制度创新、科技创新和发展体制机制的改革，走出以物质资本增长和资源能源开发为中心的传统发展模式，把发展的重点放在依靠健全市场机制、实现民主法治、创新文化和社会管理体制以及和谐人与自然关系上来，重点加强西部地区的改革创新，把改革创新作为西部地区跨越式发展的根本动力。

第四，超常发展原则。西部地区跨越式发展的根本手段在于利用后发优势，超常规地发展。西部地区经济社会的暂时落后并不妨碍其对先进国家或地区文明成果的吸收和利用，反而为跨越式发展提供了必要性。西部地区不应拘泥于东部地区生产力发展的具体步骤，而应当有效地利用后发优势，在与先进国家和地区的交往中，根据自身实际和经济发展规律，制定和实施正确的发展战略，抓住有利时机，从整体上推动经济社会全面协调、可持续的跨越式发展，从而最终与其他地区共同实现全面建成小康社会的奋斗目标。后发优势是一种跨越式发展的可能，必须具备一定的条件才会真正实现跨越式发展。西部地区跨越式发展的必要条件是相对落后的发展状况和对先进国家和地区的开放。经济社会发展落后拉大了同先进国家和地区的差距，产生了转变发展方式、实现跨越式发展的空间。

发展过程中凸显出来的矛盾和问题则构成了西部地区转变发展方式、跨越式发展的必要性。西部地区应通过转变发展方式，吸收先进国家和地区的科技文化和管理经验，扬长避短，发挥后发优势，从而具备跨越式发展的可能性。因此，西部地区跨越式发展必然是一种超常规发展。西部地区跨越式发展，首先要转变单纯依靠增加资本、消耗资源来增加经济总量，而忽视高科技产业为代表的先进生产力的传统工业化的老路；其次要转变缺乏科学理性指导的，盲目求发展、求速度，造成能源资源巨大浪费，自然环境严重破坏，人类生存条件不断恶化，"先污染后治理、先破坏再重建"的西方现代化发展的老路。总之，西部地区跨越式发展就是要突破常规发展道路，通过借鉴和引进国内外一批较为成熟的制度、技术等现代文明成果，来转变经济发展方式，从而缩短在黑暗中摸索的时间；就是要通过改善投资的软环境和硬环境，在东部、中部、东北地区市场趋于饱和的情况下，利用后发优势，吸引外部资金，从而大大缩短积累资金的时间；就是要直接采用国内外先进的技术和管理方法，并结合地区特点，在较短的时间内快速通过发达国家和地区曾经走过的现代化历程，为实现全面建成小康社会赢得时间。

西部地区转变经济发展方式，实现跨越式发展应避免和纠正以下四个认识误区。

认识误区之一：西部地区跨越式发展要在区域内齐头并进、均衡发展。

西部地区首先要服从国家主体功能区规划关于优化开发区域、重点开发区域、限制开发区域和禁止开发区域的要求，立足区情，对国家划定的限制开发区域和禁止开发区域要严禁不符合主体功能的规划定位。在此基础上，西部地区应当统筹兼顾各区域各方面的利益协调发展，不能搞没有重点的齐头并进。西部地域广阔，不同地区具有不同的发展条件和情况，不论从地理位置、传统产业还是民间文化、资源禀赋来看，西南西北各地区都迥然不同。因此，齐头并进的均衡发展是不可能实现的目标。西部地区应当借鉴深圳特区和上海浦东新区的经验，建立发展实验区，形成经济增长点和改革试验区，逐步推动地区经济社会整体实现跨越式发展。可喜的是，2007 年 6月，国务院批准重庆市和成都市设立全国统筹城乡综合配套改革试验区；2010 年 5 月，国务院批复重庆"两江新区"总体方案；2011 年 9 月，国务院发布《关于支持喀什霍尔果斯经济开发区建设的若干意见》。这些特殊区域的设立，改变了国家各类经济区过多集中在东部沿海地区的格局，为西部其他地区统筹城乡发展，提高对外开放水平，引进知识技术密集型项目和新兴工业项目，吸收和开发先进技术，学习和推广管理经验，参与国际产业分工与合作，加强与其他地区的经济技术交流，起到了良好的示范效应。

认识误区之二：西部地区跨越式发展要向国家争取财政拨款、争取投资项目，向东部地区争取支援。

西部地区要更加注重改革创新，转变经济发展方式，加强发展软环境的建设。西部地区要实现跨越式发展，关键要调动自身的积极因素，转变发展方式，提高自我发展能力，实现经济社会可持续发展。有了资金、项目和支援未必就能够实现跨越式发展，国家的财力毕竟有限，优惠政策的宽松度也有界限。随着多种经济成分的共同发展，社会投资已成为投资的主要组成部分。这就决定了西部各级政府的工作着力点要从过去抓项目、抓企业转向营造良好的投资环境和经营环境。除了搞好基础设施建设，改善投资的硬环境外，西部各级政府更重要的工作是改善投资软环境，因地制宜地出台产业发展政策，治理影响外来投资者信心的非市场经济体制。如果只注重向国家争取优惠政策，向东部地区争取对口支援，而不重视改革创新，转变发展方式，不重视改善投资环境，吸引社会投资，西部地区就不会形成全面协调可持续的发展态势。因此，在争取政策资源和政策扶持的同时，西部地区应当更加注重加强发展软环境的建设，对国家的倾斜政策要用好用活，在此基础上承接产业转移，不断增强发展的内生动力。

认识误区之三：西部地区跨越式发展可以通过单纯的资金投入来实现。

仅依靠投资拉动的经济增长不可能实现持久的跨越式发展，西部地区需要通过发展体制创新、经济结构优化和科技进步等多方举措来转变发展方式，实现跨越式发展。没有经济结构的优化调整，西部地区的后发优势不可能有效发挥，最终可能造成大起大落的发展局面，跨越式发展也将难以实现。西部地区应当针对自身地域广阔、地形多样、情况复杂、发展不平衡的实际，认识到跨越式发展的艰巨性。因此，西部地区跨越式发展不能走常规的市场经济道路，必须走一条结合本地发展实际，依靠各级地方政府发挥引导作用和强力推动的非常规道路，加速市场化进程，实现经济社会持续健康发展。西部地区各级政府要解放思想、实事求是地加快转变地区经济发展方式，进一步理顺各方面经济关系，加大产权制度和产业结构的改革力度，加快发展非公有制经济，尽快形成充分有效的市场主体竞争机制；要强化宏观调控职能，用财政、货币等经济杠杆对本地区宏观经济进行总量调节，确保本地区市场经济的稳定发展；要通过产业政策加大对产业结构的调整力度，促进产业结构优化升级，发展特色优势产业。值得说明的是，非均衡发展并不等同于无序发展。西部各级地方政府要统筹兼顾，统一规划，制定好经济社会战略发展规划，既要打破闭关自守的地方保护主义，又要注意避免结构趋同的重复建设，特别要发挥统筹协调作用，有效配置生产要素，促进地区内部和本地区与其他地区之间的协调发展。

认识误区之四：西部地区的跨越式发展就是指与其他区域间的发展差距短时期内就会缩小。

西部地区要坚持统筹兼顾，把当前经济增长和长远跨越式发展结合起来，准确认识发展现状，做好长期发展规划。依照经济社会发展规律，任何区域协调发展的政策措施，其效应都要在一个较长的发展过程中才能显现出来。跨越式发展不是指经济数据的短时期提升，而是指经济发展质量的优化升级和自我发展能力的提升。这一目标需要较长的时间来实现。西部大开发战略实施十多年来，东西部之间经济发展的绝对差距并未减小。这既提出了西部地区跨越式发展的必要性，也说明了西部地区跨越式发展的艰巨性和长期性。从 2002 年《国民经济和社会发展第十个五年计划西部开发总体规划》、2006 年《西部大开发"十一五"规划》，到 2012 年《西部大开发"十二五"规划》，党和国家针对西部地区发展战略确定的主要目标和重点任务一以贯之、分步推进，对西部地区的区域定位也逐步明确、日渐清晰。西部地区各级政府和各个部门也要戒骄戒躁，根据地区发展水平和地区环境承载能力，以科学发展观为主题，以转变经济发展方式为主线，制定符合实际的发展计划，绝不能"一窝蜂"地"跨越式发展"，绝不能制定不切实际的发展目标，绝不能违背科学发展观盲目地发展。西部地区要与全国同步在 21 世纪前 20 年实现全面建成小康社会的奋斗目标，在 21 世纪中叶建成社会主义现代化强国，就一定要科学规划、统筹兼顾，推动实现以人为本，全面协调可持续的发展。

三　西部地区跨越式发展的启示

1. 西部地区跨越式发展为加快西部地区持续健康发展提供了新的思路

以"又好又快"为标准，西部地区跨越式发展既不是片面求"快"而忽视"好"，也不是以"好"压"快"，只有"又好又快"，保持二者的平衡，才能保持西部较长的快速发展期，避免发展太快带来的社会性和结构性的问题，同时避免发展太慢妨碍经济增长、社会进步，从而促进经济社会全面协调可持续发展。

对西部地区来说，首先"快"发展是必要的。西部地区一定要抓住 21 世纪前 20 年的战略机遇期，运用好国家西部地区大开发的倾斜扶持政策，立足自身发展条件，改革创新，扬长避短，实现快发展、大发展，缩小与其他地区，特别是东部地区的差距。同时"快"发展与"好"发展并不矛盾。二者统一于以人为本，全面协调可持续的科学发展观，共同体现了发展主体与目的的统一，体现了发展质量、效益和速度的统一，同时体现了经济增长与人口增长、资源利用、环境保护的统一。

西部地区有自己特殊的区情，发展过程中更要注意"好"字当头、"又好又快"超常规发展。常规发展道路包含两层含义。其一是依靠增加资本、消耗资源来增加经济总量，而忽视高科技产业为代表的先进生产力的传统工业化的道路。其二是缺乏科学理性指导的，盲目求发展、求速度，造成能源资源巨大浪费，自然环境严重破坏，人类生存条件不断恶化，"先污染后治理、先破坏再重建"的西方现代化发展的老路。首先，西部地区学习借鉴国内外较为成熟的制度、科技等文明成果，缩短在黑暗中摸索的时间，打破常规，使地区跨越式发展实现低风险、低成本、高收益的起步；其次，西部地区通过改善投资环境，在东部地区市场趋于饱和的背景下，利用后发优势，吸引外部投资和产业转移，从而缩短积累资金的时间；最后，西部地区直接采用国内外先进的科技方法和管理经验，因地制宜地在较短的时间内快速经过发达地区已经走过的必经阶段，为实现全面建设小康社会赢得时间。

"又好又快""超常规"是西部地区跨越式发展的基本原则和内涵。西部地区要充分利用各种有利条件促进发展，统筹兼顾经济社会各个方面、各个层次协调均衡发展，实现好、维护好、发展好西部地区人民群众的根本利益，让发展的成果惠及全体人民，走出一条生产发展、生活富裕、生态良好的跨越式发展新路。

2. 西部地区跨越式发展丰富了中国特色社会主义道路区域实践的经验

中国特色社会主义道路是实现社会主义现代化和中华民族伟大复兴的必由之路。21世纪初，党中央全面建设小康社会目标的提出标志着我们党在改革开放20多年后已经把实现广大人民群众的共同富裕提上了议事日程，将发展的主题从"先富"推进到"共富"。共同富裕是社会主义的本质要求，是中国特色社会主义道路的必然选择。改革开放以后，东部地区借助国家优惠政策的扶持，经济社会发展较快，相比之下西部地区与东部地区的发展差距越拉越大。如果对这种差距不加抑制，任其继续扩大，人民对共同富裕理想的信仰就会动摇，甚至动摇人民对社会主义的信仰。从"一五"计划时期开始，国家在西部进行的生产力布局就从未停止过。但是，这些投入除了国防安全、战备需要的考虑外，多数是对当地资源的开发，把西部地区当作东部、中部地区加工业的资源能源基地。这些投入并不能使西部地区快速发展，而东西部差距却越拉越大，而且西部地区人民群众生产生活条件没有明显改善，并没有从国家西部建设活动中得到多少实惠。西部地区义务教育、医疗卫生、公共文化、社会保障等基本公共服务的均等化并没有充分实现，就业更加充分、贫困人口显著减少和人民生活水平大幅度提高的目标也没有全面达到。作为全国区域统筹发展的重要环节，西部地区跨越式发展始终坚持以人为本，以使西部人民摆脱物质贫困和精神贫困，实现全面发展，提高生活质量为目标，围绕全面建成小康社会这一目标深入推进。因此，西部地区跨越式发展是中国特色社会主义共同富裕道路的典型实践。

3. 西部地区跨越式发展理论丰富了中国特色社会主义理论关于科学发展的思想

毛泽东的《论十大关系》是中国共产党党开始探索中国特色社会主义道路的标志性著作，是马列主义在中国实践中的发展，是中国特色社会主义理论形成的基石，在经济建设、政治建设、思想文化等方面提出的一系列新方针。其中就有"重工业和轻工业、农业的关系""沿海工业和内地工业的关系""经济建设和国防建设的关系""中国和外国的关系"等内容。在新的历史时期党中央继承和发展了中国特色社会主义理论，提出科学发展观，提出按照"五个统筹"的要求建设社会主义。西部地区跨越式发展就是建立在"五个统筹"理论基础上的中国特色社会主义理论，形成了以强国兴区富民为最终目标，以改革创新为根本动力，以实现经济社会又好又快地发展为基本要求，以阻碍西部地区生产力发展的矛盾和问题为跨越对象和以利用后发优势超常规地发展为基本特征的区域发展理论。同时，西部地区跨越式发展从发展观念上纠正了四个认识误区，实现了理论创新：第一，纠正了西部地区跨越式发展要在区域内齐头并进均衡发展的误区，指出要吸收改革开放初期深圳特区、上海浦东新区的建设经验，内引外联，共同发展；第二，纠正了西部地区跨越式发展要向国家争取财政拨款、争取投资项目，向东部地区争取支援的误区，指出要更加注重投资环境建设；第三，纠正了西部地区的跨越式发展可以通过单纯的资金投入就能实现的误区，指出要有效发挥地方政府的统筹协调职能，统筹经济社会发展；第四，纠正了西部地区跨越式发展就是指东西部的差距短时期内就会缩小的误区，指出要坚持统筹兼顾，真正把当前和长远结合起来，对西部地区准确定位，做好长期规划。

参考文献

胡锦涛，2012，《坚定不移沿着中国特色社会主义道路前进　为全面建成小康社会而奋斗》，北京：人民出版社。

何增科，2005，《马克思、恩格斯关于农业和农民问题的基本观点述要》，《马克思主义与现实》第5期。

中共中央文献编辑委员会，1993，《邓小平文选（第三卷）》，北京：人民出版社。

作者简介

张辰　男

所属博士后流动站：中央财经大学应用经济学博士后流动站

合作导师：蒋选

在站时间：2012. 12 ~

现工作单位：鄂尔多斯市人民政府

联系方式：star163. com@ 163. com

我国社会保障制度整合问题探讨

赵　宇

　　摘　要：我国社会保障制度形成的渐进性及其历史背景和现实条件，决定了现行社会保障制度的"碎片化"格局。未来我国社会保障制度发展，应从"碎片化"走向"整合型"。社会保障制度整合应坚持统一规划、循序渐进、底线公平和可持续性的原则。当前，推进社会保障制度整合，应着力完善社会保障管理体制，实现城乡、区域和群体间社保制度的有效衔接，合并分散化的社会保障项目，提高社会保障统筹层次，合理划分政府间的社会保障职责权限。

　　关键词：社会保障　碎片化　制度整合

　　经过多年来的社会保障制度建设，我国已逐步建立了以养老、医疗、失业等社会保障为主体，社会救助、社会福利等为补充的具有中国特色的社会保障体系，为社会主义市场经济体制的完善打下了坚实的基础。但由于我国社会保障制度是在渐进式改革的过程中一片一片地积累起来的，部分项目带有应急的特征，加之我国人口多，区域间、城乡间差异巨大，制度形成的渐进性及其历史背景，决定了现行社会保障制度仍是碎片式的，这种"碎片化"的社会保障制度与我国经济社会发展的需要越来越不适应。党的十八大提出，"要坚持全覆盖、保基本、多层次、可持续方针，以增强公平性、适应流动性、保证可持续性为重点，全面建成覆盖城乡居民的社会保障体系"。增强公平性，就要是逐步实现社会保障制度的全覆盖，使全体公民享受大体一致的社会保障；适应流动性，就是要做到社会保障制度的可衔接、可转移，公民在全国范围内无论走到哪里，其社保权益都附身附带；保证可持续性，就是要使社会保障水平保持在社会可承受的范围内，既不能让公民享受不到社会保障，也不因追求较高的社会保障水平而导致个人、集体或国家财力不堪重负。上述三点的实现，关键都在于社会保障制度的整合。（景天魁，2013）如果"碎片化"的制度延续不能整合，公平性无从谈起、流动性不具条件、可持续性也会受到影响。可以说，我国社会保障制度改革的目标，就是在已经取得了历史性成就的基础上，从"碎片化"的社会保障制度走向"整合型"的社会保障制度。

一　社会保障制度的"碎片化"问题

对于社会保障制度的"碎片化"，目前学术界尚没有明确的内涵界定，一般都把它描述为：在同一种保障项目下，不同的群体适用不同的保障制度，而同一种保障制度在不同区域又有不同的表现形式，其待遇水平与缴费模式存在差异。在我国社会保障体系中，养老保险和医疗保险是涉及人口最多和资金规模最大的项目，也是制度"碎片化"表现最为突出的社保项目，这两个保险类别之下都存在几个相互分割的不种类别，每个类别又在城乡与区域间进一步分割。

从养老保险制度看，"碎片化"主要表现为：一是不同群体适用不同的制度。存在退休养老制度、城镇职工养老保险制度、城镇居民养老保险制度、农民工养老保险制度、农村社会养老保险制度，分别对应的群体是财政供养人员、城镇职工、城镇居民、农民工和农民。二是每个养老保险制度在各个地区待遇水平和缴费水平也差异很大。以新农保中基础养老金为例，北京的要比天津多出130元，比重庆多出80元。不同群体间养老保险待遇水平差距也很大，而机关事业单位退休人员待遇水平要比企业职工养老保险高2~3倍，而农民和农民工的养老保险则比企业职工养老保险待遇水平低很多。三是各群体之间的养老保险制度也存在差距。以职工身份参保基本养老保险，个人和单位合计缴费率为28%，而以灵活就业人员或个体工商户身份参保，缴费率为20%。四是项目之间存在交叉与遗漏。新农保与农民工养老保险存有交叉，基本养老保险与新农保之间也有交叉，而各地区都把参保对象限制于户籍人口，外来非就业人员养老保险存在遗漏。除上述差异外，各地区为满足特殊群体的需求，还制定了许多形式各异的特殊养老保险政策，如失地农民养老保险制度、城镇灵活从业人员养老保险制度、自收自支事业单位养老保险制度等。

从医疗保险看，目前我国初步形成了以新型农村合作医疗、城镇居民基本医疗保险、城镇职工基本医疗保险为主体，城乡医疗救助为兜底，其他多种形式医疗保险和商业健康保险为补充的中国特色医疗保障体系。但我国社会医疗保险制度是从城市到农村、从就业人员到非就业人员、从户籍人口到流动人口渐进式推进的，加之医保政策赋予了地方很大的自主权，统筹层次较低，导致医疗保险制度分散化、差异化严重，不同制度在覆盖范围、参保对象、筹资方式、待遇水平、缴费率、管理与运行机制等方面不一致，同一种制度在不同区域的待遇和缴费水平也存在差异，甚至同一省市内就存在多种形式的医保制度。可以把医保制度的"碎片化"主要表现归纳为四个。一是群体间医保制度的分割。针对机关事业单位工作人员、城镇职工、城镇居民和农民分别有公费医疗制度、城镇职工医疗保险、城镇居民医疗保险、新型农村合作医疗保险等，公费医疗制度仍沿用了计划经济时代财政全额负担的模式，后三种医疗保险形式是我国医保制度的主体，但其在缴费水平、待遇水平、基金管理等方面差异很大。二是区域间、城乡间医保制度的差异。目前医保统筹层次比较低，绝大部分是县级统筹，各地区在医保制度建设方面也有较大的自主权，导致医保制度区域差异很大，甚至出现"一市一策""一县一策"的现象。城镇与农村医疗保险制度差异十分明显，城镇适用职工医保和居民医保，单位、家庭和个人为缴费主体，各分担一定比例，政府给予适当补贴，其待遇水平和筹资水平相对较高。而农村则适用新农合，政府补贴90%，个人缴纳10%，虽然政府补贴比例较高，但待遇水平和筹资水平都比较低。

二　我国社会保障制度整合的重要意义

（一）有利于完善社会主义市场经济体制

完善的市场经济体制要求有全国统一的市场体系，这一体系既包括统一的商品市场体系，也包括统一的劳动力市场体系。社会保障制度碎片化情况下，城乡、区域间制度分割严重，阻碍了劳动力的自由流动，影响了劳动力资源的优化配置，也就不利于统一劳动力市场的形成。通过社会保障制度的整合，使城乡、区域间的社会保障制度能够有效衔接，才能够使劳动力的流动更加顺畅，进而推动全国统一的劳动力市场的形成。完善的市场经济体制要求有统一的基础性保障，以使个体在面对不确定性风险时不至于陷入困境。市场机制具有优胜劣汰的功能，它不会同情弱者，在没有基础性保障的情况下，会使弱者处于孤立无援的境地。这是市场失灵的主要表现之一。政府弥补市场失灵的主要方式也就是为居民提供基础性的保障，但如果这种基础性保障对于不同群体有很大的差异，就会大大减弱其弥补市场失灵的功能。政府只有保障居民享受水平大体一致的基础性保障，才能充分体现公共服务均等化的理念。市场经济体制的核心是公平竞争，缺乏公平的竞争是扭曲的，不仅会导致资源的错配，也会破坏市场机制本身。不同群体间的社会保障水平不一，是一种居民间机会的不均等，这种机会不均的条件下，市场竞争的资源配置作用也会大打折扣。

（二）有利于完善社会保障体系

我国确立了到 2020 年建成覆盖城乡的社会保障体系的目标，这一目标是全面建设小康社会总目标的重要组成部分。当前，我国实现的小康水平是局部的、低层次的，与之相对应，社会保障体系也体现了低层次与局部性。社保体系的低层次表现为全社会社保总体水平还不高；局部性表现为制度覆盖分割严重，局部看起来已经完善，但整体来看距离完善的社会保障体系还相当远。没有全面的、适度水平的社会保障体系，全面建设小康社会的目标也难以实现，而要建设完善的社会保障体系，把碎片化的社会保障制度整合起来也是必由之路。试想，在城乡制度分割、区域制度分立、群体间制度不一的情况下，何谈社会保障体系的完善？而在我国当前社保制度基本做到全覆盖的情况下，再继续扩大覆盖面对完善社保体系的推动作用已经不大，完善社保体系新的推动力就在于整合"碎片化"的社保制度。

（三）有利于加快形成新的经济发展方式

党的十八大站在新的历史高度，对经济发展方式转变问题进行了较为具体的阐述，指出加快形成新的经济发展方式，要着力激发各类市场主体发展新活力，经济发展要更多依靠内需特别是消费需求拉动、要更多依靠城乡区域发展协调互动。激发市场主体发展活力，塑造公平竞争的环境是基础。通过整合社会保障制度，使市场经济在统一的制度基础上运行，才能使市场主体充分参与到市场竞争中去。社保制度"碎片化"条件下，国企和私企社保水平不一，就会使作为市场主体的企业处在不公平的竞争地位；机关事业单位和企业社保水平不一，就会使社会人才资源过多涌向非生产性机构，使企业处于人才竞争的劣势，阻碍了企业创新能力的提升。经济发展过多依靠投资和出口，消费需求不足一直是我国经济增长内生性不足的根源，也是我国经济发展方式转型长期以来难以实现的原因。而提升消费需求的基础是让居民敢消费，不会因当期的消费而使未来陷入困境。近年来，我国居民储蓄率一直处于较高的位置，说明居民把当期的收入过多地用于未来的保障。在教育、医疗、住房、养老等未来支出项目难以得到有效保障的情况下，居民只能节衣缩食，压缩当期消费，以保障未来的支出需要。城乡二元经济结构也是我国经济社会发展的持续性问题，原本社会保障制度应当是化解城乡二元经济结构的一剂良药，在当前社保制度城乡分立的情况下，社保制度反而更加剧了城乡的二元性。可以说，形成全国一体的社会保障制度，将会从多个方面促进新经济发展方式的形成。

（四）有利于推进收入分配体制改革

近年来，我国居民收入分配差距快速拉大，是不争的事实，收入分配体制改革迫在眉睫。国家统计局公布的数据显示，2003～2012 年我国基尼系数一直维持在 0.4 以上，2012 年为 0.474；而西南财经大学中国家庭金融调查与研究中心测算的数据是 2010 年我国家庭收入基尼系数为 0.61；中国社会科学院对 2008 年全国家庭收入的调查则表明，我国基尼系数达 0.54。（肖潘潘等，2013）按照国际标准，基尼系数在 0.4 以上就表示收入差距较大，当基尼系数达到 0.6 以上时，则表示收入差距已经很大了。不论用哪个机构的测算标准，我国居民收入分配差距都处在较高水平。邓小平曾明确指出："社会主义的目的就是要全国人民共同富裕，不是两极分化。如果我们的政策导致两极分化，我们就失败了"。[《邓小平文选》（第三卷），1993] 因此，收入分配体制改革，是关乎我国改革开放成败的重大问题。收入分配体制改革过程中，政府居于主导地位。政府应通过各种政策途径，通过公共财政的收入与支出，平抑收入差距的过大鸿沟，社会保障制度则是政府抑制收入差距的主要手段之一，但前提是这种制度应是统一的。如果社保制度在城乡、区域与群体间不统一，越是发达的地区社保水平越高，越是收入高的群体社保水平越高，可能会在一定程度下还会加剧收入分配差距。因此，健全以社会保障、转移支付为主要手段的再分配调节机制，是深化收入分配体制改革的重要途径。

（五）一些国家社保制度分割造成重大社会问题为我们提供了前车之鉴

社会保障制度碎片化问题不是只在我国存在，在台湾地区、一些拉美和欧洲国家社会保障制度发展过程中，都不同程度地存在碎片化问题，个中原因多种多样，但深层原因是很可能与社会各群体、各职业身份人们对有限社保资源的竞争、博弈以及对政府的游说有关。以养老保险为例，在有限资源的约束下，政府供给的公共养老保险自然只好排出优先次序逐个满足需求，机关、事业单位、企业和农民等具有不同的制度，保障水平完全根据身份。法国社会保障制度是碎片化的典型，其碎片化程度令人眼花缭乱，如其养老计划数量就多达1500个。法国的基本养老制度已经有几百年的历史，经过20世纪40年代的改革，原本极其碎片化的养老制度逐渐汇聚成四大制度：一是普通制度，覆盖了工商企业的工薪阶层；二是农业制度，覆盖了农业劳动者；三是特殊制度，主要针对财政供养人员；四是自由职业制度，覆盖了自由职业者、手工业者等。而这四项彼此分割的制度下又由许多小的制度，仅特殊制度下就包括了11个大制度和9个小制度，各制度之间待遇水平有差异。社会保障制度的碎片化给法国财政带来了沉重的负担，也使得由于社保待遇不公导致的大罢工时常出现。

美国则通过1935年出台的《社会保障法》建立起了一个统一的社保制度。在统一的法律框架下，美国50个州形成了相对统一的社保制度，而不是分散的、碎片式的社保制度。对比法美之间的社会保障制度及其综合国力情况，可以说欧美之间社会保障制度的巨大差异是欧洲竞争力远不如美国的一个重要原因。发达国家的经验与教训启示我们，必须尽可能地在社保制度发展初期，建立起一体化的社保制度，尽力避免分散化、碎片化。而一旦碎片化状态形成，再进行整合难度相当之大。

三　社会保障制度整合应坚持的原则

（一）统一规划的原则

对我国"碎片化"的社会保障制度进行整合，首先应改变过去渐进式、先试点后推广的模式，此种模式是在各方面条件和准备都不充分的情况下不得已的选择。当前我国理论界已对社会保障制度有了较深的研究，我国的经济发展水平也今非昔比，国家财力也有了大幅增长，政府职能转变与各项关键性领域改革正在深入推进，我国已经具备了整合社会保障制度的理论、物质与制度基础。未来我国社会保障制度改革与发展，应更加重视顶层设计，站在全国和长期发展的高度，制定全国性的制度体系，走总体设计与规划的发展道路。对社保制度发展进行统一规划，首先应把社会保障职能适当上收，在大的方向上做到全国一盘棋。其次，统一规划在追求全国社保发展一致性的同时，也不排斥各个地区的制度多样性，但制度多样性发展应在统一的框架之下，做到兼容性，即使暂时做不到衔接和整合的，也应为未来留有接口。再次，统一规划应有超前性，在充分考虑我国实际的基础上吸取西方发达国家的经验教训，既要避免一些国家的高福利陷阱，也要避免制度碎片化带来的社会震动。

（二）循序渐进的原则

社会保障制度的"碎片化"问题的形成也有着深刻的历史原因。我国城乡差异、地区差异、群体差异问题长期内仍然存在，各种历史遗留问题短时期内也难以解决。因此，解决社会保障制度的"碎片化"问题不是一朝一夕能解决的问题，应本着循序渐进的原则，制定一个时间表。解决社会保障制度"碎片化"问题需要深化社会保障制度改革，这势必会触及不同社会群体的利益。为在改革中尽可能减少阻力，应采取避免进一步"碎片化"的同时，对现有制度进行逐步改良的模式。

（三）底线公平的原则

从20世纪90年代确立的"效率优先、兼顾公平"，到21世纪初的"更加注重社会公平"的分配原则，说明了我国政府在社会管理理念上的转变，在处理政府与市场关系上的进步。市场经济条件下，市场配置资源的机制是有效率的，但在一些领域也存在失灵，尤其是会导致强者更强、弱者更弱的优胜劣汰机制，形成两极分化的局面。政府弥补市场失灵的功能就体现在，通过一系列的制度设计，实现强制性的再分配，使经济成果的分配更侧重于弱者，进而把分配差距维持在合理的范围之内。因此，在社会主义市场经济体制下，"效率优先"是市场机制的天然准则，而政府则应把促进社会公平公正放在首位。社会保障制度是政府促进社会公平的主要手段之一，其制度设计理念应把公平放在第一位。社会公平有多种形式，社会保障制度应遵循哪一种公平形式呢？从我国的历史经验看，平均主义是走不通的，西方福利国家的道路也不适合我国国情，我国计划经济时期的小福利模式也不适合市场经济条件下的需要，而以底线公平理论为基础的社会保障模式则是可行的选择。"底线"是需求的一种"界限"，是一个不能推卸的、必须达到的标准。从社会保障的角度看，"底线"是社会成员生存与发展需要中的"基础性需求"，包括生存需求（解决温饱问题）、发展需求（基础性的教育）和健康需求（基本的卫生与医疗需求）等，这三项需求是作为当代社会公民不可或缺的"底线"。底线作为一种界限，其下体现的是公民权利的一致性；其上体现的是公民权利的差异性。社会保障制度的底线公平原则，就是要保障公民的基本权利，使之达到一致，同时承认因人、因地、因时而形成的差异性。

（四）可持续发展的原则

对碎片化制度进行整合，要充分考虑到短期与长期的利益平衡，不能一味以高标准的社保待遇为参照，以提高低标准的社保待遇来达到一致性。应该根据保障基本民生、维护社会稳定、促进社会发展和实现社会公平的目标，按照保障基本民生的需要，结合经济与社会发展及居民人均收入提高的程度和速度，考虑政府和社会能够承受的财力等基本原则，并且在全球化背景下提高本国经济的国际竞争力，以及协调国内各阶层和群体利益并维护国内政治稳定的要求来确定具体的适度水平。现阶段，应在微调社保制度存量的同时，重点做了社保制度增量的分配。存量调整应适当削高补低，如以养老保险制度并轨，把高待遇群体的社保利益的一部分让渡给待遇低的群体；增量分配则应以覆盖弱势群体，补贴待遇低的群体为主；同时应通过科学的财政转移支付制度设计，缩小区域间的社保投入差距。

四　整合我国社会保障制度的几点建议

（一）完善社会保障管理体制

我国社会保障制度的"碎片化"是与分散型的管理体制相对应的，社保制度的分割与管理部门的设置有密切联系。当前，我国不同的社会保障制度对应着不同的主管部门，如最低生活保障制度、城乡医疗救助制度、残疾人福利制度等由民政部门主管；新型农村合作医疗制度由卫生部门主管；城镇社会保险制度和新型农村社会养老保险制度由人力资源和社会保障部门主管；其他一些部门也具有一定的社会保障管理职能。管理职能的分散化使得一些部门可能会从自身利益出发，有选择地确定受益对象；某个部门提供的社会保障项目在涉及其他部门时，可能会因部门间缺乏有效的沟通协调而使民众难以便利地受益；也有可能因部门间缺乏协调导致保障项目的重复提供或难以提供。应在大部门制改革中，整合部门间的社会保障管理职能，对于不适宜整合的，部门间应建立跨部门间的协调与合作机制。

（二）推进城乡、区域和不同群体间社会保障制度的有效衔接

建成一体化的社会保障制度是一项系统工程，它需要较高水平的经济社会发展水平做基础，因此是一个伴随我国经济社会发展的长期过程。即使在制度全覆盖下实现制度的局部整合，也不是一朝一夕的事，尤其在我国区域、城乡差距的现实条件下，制度整合的基础也不牢固。当前，在不同制度之间建立转移持续的通道并实现城乡间和区域间的顺畅转移，是我国社保制度一体化发展中的第一步。农民工群体是我国流动性最大的群体，也是最迫切需要社会保险关系转移问题的群体，应以农民工为重点，解决他们在城乡间、区域间流动时社会保险关系的衔接。目前，部分省市已经建立了城镇职工基本养老保险与新型农村社会养老保险的制度衔接，北京、重庆等地把二者统一为城乡居民养老保险，就是很好的探索，应把这种探索向全国推广，先在省级层面实现制度衔接，然后再逐步实现跨省衔接。2011 年实施的《流动就业人员医保关系转移接续暂行办法》，明确了流动人员医保关系转接的指导性意见，要求各地区结合实际具体实施。当前，应加快落实该《办法》，推进实现医疗保险缴费年限在各地互认，并能够累计合并计算。同时，应做好社保衔接的基础性工作，统一社会保险信息管理标准，实现社保信息指标体系和编码体系的全国统一，加快推进社保信息化工程建设。

（三）逐步合并分散化的社会保障项目

我国社保制度的碎片化是全面性的，每个社保类别下有几个大而分立的制度，每个大制度下又有众多的小制度。社保制度的一体化需要逐步把这些碎片化的制度整合起来，整合的过程也应是渐进的，具备条件的先行整合，不具备条件的积极创造条件。以医疗保险制度整合为例，应逐步打破城乡分割、地区分割、人群分割，将医疗保障制度进行整理、归并、整合，建立起制度相对统一、责任明确、分担合理、互助共济的医疗保障体系，实现多种基本医疗保障制度和政策在内容、服务、管理等方面的协同配合，并逐步提

高筹资水平和统筹层次，缩小保障水平差异，最终建立起统一规范的制度框架。应尽快将城镇居民医疗保险与新农合并轨为统一的城乡居民医疗保险，条件成熟后再与职工基本医疗保险并轨为一元化的全民医疗保险。养老保险的整合应制定更多的全国性统一标准，减少养老保险的群体性差距，合并已有的养老项目，如把新型农村社会养老保险与城镇居民养老保险整合为居民养老保险制度，并进一步拓宽居民养老保险制度的覆盖面，在此基础上，把农民工养老保险、被征地农转非人员养老保险等纳入进来。

（四）提高社会保障统筹层次

社会保障统筹层次偏低，是形成社保制度碎片化的主要因素之一。如医疗保障县级统筹，我国有 2000 多个县，就形成了 2000 多个小制度。统筹层次过低，是与保险的"大数法则"相违背的，不利于社保基金的调剂，也不利于实现社保基金的保值增值。进一步提高社保统筹层次，是实现社保制度整合的前提。通过统筹层次上移，能够扩大社保基金的调剂和使用范围，使分散的社保基金聚合起来，形成较强的基金共济能力。在未来几年内，应逐步实现基础养老金的全国统筹，使全国居民享受统一的基础养老保险，同时推进企业职工基本养老保险的省级统筹；新型农村合作医疗应逐步实现省级统筹；医疗保险的县级统筹应加快过渡到市级统筹，在此基础上推进省级统筹。工伤、失业、生育保险等也应逐步推进省级统筹。

（五）合理划分政府间的社会保障职责权限

我国社保制度所形成的"碎片化"局面，与中央政府统筹能力不够有很大关系。从一些社保制度一体化水平较高的国家来看，也都是中央政府从中发挥了重要的作用。在当前各地方制度差异已经形成的情况下再进行整合，更离不开中央政府统筹作用的发挥。在未来社保制度整合过程中，中央政府应在制度设计中起主导作用，使地方政府的实践探索纳入中央的制度框架之中。同时中央政府要重视社会保障的管理体系建设，在必要的领域、必要的时间建立起全国性的管理和经办机构。社会保障的经费保障是社保制度的核心问题，应建立以中央政府为主导、中央政府和地方政府共同负责的社会保障经费保障机制，改变当前以地方为主的格局，同时把中央和地方政府之间的责权利明确化、制度化、规范化，而不是以地方和政府谈判或讨价还价的方式形成。发挥中央政府在社保制度整合中的主导作用，并不意味着地方政府责任的减弱。在中央政府统筹能力提高的情况下，地方政府责任的履行也会更有效率；在中央政府和地方政府责、权、利明晰、规范的情况下，地方政府的积极性也会得到进一步发挥。社会保障制度整合中，中央政府与地方政府的责任划分不应是此消彼长，而应是彼此加强，使双方的责任形成合力。

参考文献

毕天云，《论普遍整合型社会福利体系》，《探索与争鸣》2011 年第 1 期。

《邓小平文选》（第三卷），1993，北京：人民出版社。

景天魁，《社会福利发展路径：从制度覆盖到体系整合》，《探索与争鸣》2013 年第 2 期。

景天魁、毕天云，《论底线公平福利模式》，《社会科学战线》2011 年第 5 期。

孙国玉等，《养老金制度变迁及碎片化探缘》，《保险研究》2010 年第 9 期。

肖潘潘等，《哪个基尼系数更靠谱》，《人民日报》2013 年 2 月 5 日。

郑秉文，《法国高度"碎片化"的社保制度及对我国的启示》，《天津社会保险》2008 年第 5 期。

郑秉文，《中国社会保险"碎片化制度"危害与"碎片化冲动"探源》[J]，《社会保障研究》2009 年第 9 期。

作者简介

赵宇　女

所属博士后流动站：中国社科院社会学研究所

合作导师：景天魁

在站时间：2012.10 ~

现工作单位：无

联系方式：cnzhaoyu@ yeah. net

近十年来食品安全问题的
社会学研究综述

田永胜

摘　要：本文从四个方面对近 10 年来社会学领域及应用社会学方法研究食品安全问题的学术文章进行了总结：食品安全满意度研究、食品安全风险评估及食品安全风险意识、食品安全问题成因研究、食品安全问题的解决之道。本文认为社会学领域对食品安全的关注是一个渐进的过程，也取得很多可值得借鉴的研究成果，为我们研究食品问题提供了具有说服力的理论依据。但仍然存在着一些不足。

关键词：社会学　食品安全　食品安全风险

近年来，频繁爆发的各种重大食品安全问题，不仅严重威胁着消费者的生命健康，也影响了相关产业的发展。如何破解食品安全问题、保障公众健康，成为国内学者们的研究重点。很多学者从经济学、管理学、法学等不同角度对食品安全问题进行了大量。本文通过中国知网（CNKI）检索 2003～2013 年间，社会学专业及应用社会学方法研究食品安全问题的学术文章，梳理和总结了社会学领域对我国食品安全研究的概况和发展轨迹，以期为我国的食品安全研究工作提供参考。

一　食品安全满意度研究

国内的学者从社会学角度或者运用社会学方法对国内的食品安全满意度

调查，是最近这几年才开始的。绝大多数调查的结果都表明，国内民众对食品安全关注度很高，但是，对食品安全现状的满意度不高。

秦庆等于 2005 年选取了武汉市居民日常生活中最主要的 12 种食品（蔬菜、水果、猪肉、淡水鱼、牛奶、鸡肉、鸭肉、牛肉、面包、啤酒、白酒、烧烤食品）进行调查，发现只有 22.4% 的居民对这些食品的安全状况基本满意，23.5% 的居民表示在过去一年里曾经多次买过变质食品。只有 19.6% 的调查对象中认为政府食品安全信息披露充分，80.4% 的调查对象认为政府食品安全信息披露应该更加充分（秦庆等，2006：65～66）。徐瑜等对福州市民的食品安全意识调查，100% 的被调查者关注食品安全问题，88.3% 的人选择非常关注；超过 88% 的人遇到过食品安全问题，其中有 10% 从未投诉；投诉但未得到解决者占 42.3%；仅有 20.3% 对投诉解决表示"满意"或"比较满意"（徐瑜等，2006：74～75）。王希调查张家港市民，认为市场上的食品安全状况不容乐观，46.4% 的市民认为现在市场上的食品安全状况一般，24% 的市民认为不太安全，仅有 3.5% 的市民觉得现在的食品很安全。多达 96% 的被调查市民都曾经遇到过各种各样的食品安全问题（王希，2007：69～70）。何坪华等于 2006 年利用河北、山东、湖北、河南、四川、广西和甘肃等 7 省中 9 个市（县）827 名消费者的问卷调查资料，选择了近年来被媒体曝光的 9 项重大食品安全事件，对每个消费者知晓九大事件的个数进行了统计，调查显示：对质量安全意识较强的消费者占 61.06%。他们对事件信息的知晓程度高于安全意识较弱的消费者，而且对食品安全形势比较关心的消费者占 59.61%。他们对事件信息的了解程度较之对食品安全形势比较失望或无所谓的消费者要高（何坪华等，2007：4～11）。黄华恩等从 2006 年底至 2007 年上半年在湖北省 17 个市（州、直管市、神农架林区）对 5200 个消费者开展调查评价，调查显示：公众对食品的安全性"关注"的占 63%，"比较关注"的占 35%，"不关注"的仅占 2%。而且，随着消费者年龄的增长、受教育程度的提高、安全及自我保护意识的增强，对食品安全的关注度也随之提高。在米、面、肉及肉制品、食用油、蔬菜、水果、酒类等 12 种食品中，有 10 种食品的安全信任度低于 50%。66% 的公众对当地食品安全监管工作的评价一般，62% 的公众对当地食品市场的感觉一般，而表示满意和放心的仅占 19% 和 16%（黄华恩等，2008）。成黎等于 2007 年以北京部分城市居民为例，调查了消费者对食品安全问题的关注度，53% 受访者非常关心食品安全问题，43% 的受访者会时常关心食品安全问题，只有少数被访者（4%）对食品安全问题不关心（成黎等，2010）。王建英等于2008年分别对江苏省连云港市灌云县、东海县和常州市武进区的农民进行实地问卷调查。调查发现，农村居民对食品安全非常重视。连云港地区有86.36%的调查者持关心态度，表示不关心的只占1.01%；常州地区有73.24%的调查者持关心态度；7.75%的调查者选择不关心（王建英等，2010：1000～1004）。马缨等分析了北京公众对食品安全的满意程度及其影响因素。研究发现，影响食品安全满意度的因素包括公众对政府和科学家的信任、食品安全事件的相关经验、对食品安全事件的风险感知、教育水平等（马缨等，2009：19～20）。白卫东等调查了广东省10余个农村集镇及其周边的自然村落的食品安全现状，69%的农村消费者关注食品安全，有26%的居民一般关注食品安全，有5%的农村消费者根本没有关注过食品安全问题。消费者对当前食品安全监管部门的普遍评价不高，仅有3%的消费者表示满意，持一般意见的有64%，而不满意程度竟达到33%。可见，消费者对当前的食品安全现状是不满意的（白卫东等，2009：185～187）。成黎等于2008年底至2009年初在北京城区的大型超市和居民生活社区对超市购买食品的消费者进行了问卷调查，52.7%受访者非常关心食品安全问题，22.8%的受访者会时常关心食品安全问题，只有少数被访者（10.8%）对食品安全问题不关心食品安全。消费者对当前食品安全满意度比较低，在五点量表上的平均得分为2.76（成黎等，2010：78～80）。

2010年之后，对食品安全满意度的调查研究迅速增加，调查对象和范围也增加了，不仅有对城市居民、农村居民的食品安全满意度调查，还有对大学生和游客的食品安全满意度调查。梁一鸣等考察了杭州城镇居民对食品安全的满意程度，结果显示：杭州城镇居民食品安全满意度总指数为63.89%；居民对添加剂的使用、农药残留、重金属含量、执法力度和监管体系的满意度较低（梁一鸣等，2010：9～15）。白卫东等通过对广东省内10个城镇地区食品安全现状的问卷调查，消费者对当前食品安全的普遍评价不高，只有12%的消费者表示满意，而不满意程度竟达到39.2%。可见，消费者对当前的食品安全现状是不满意的。50%以上的受访者表示，食品监管体制不完善，监管人员素质不高。体现了政府监管不严，相关监管部门作为欠缺（白卫东等，2010：310～314）。程凤菊对德州地区农民的调查，83.7%的被调查者认为食品安全非常重要，农村居民的受教育程度和收入水平越高，对食品安全的关注度越高（程凤菊，2010：87～89）。杨翠玥等就武夷山旅游景区的游客食品安全的满意度进行的调查发现，46.74%的游客对武夷山旅游区的食品安全比较满意、39.13%的游客一般满意、8.70%的游客非常满意、5.43%的游客不太满意。这说明游客对武夷山食品卫生安全的满意度处于中上水平（杨翠玥等，2010：81～85）。汤金宝对南京市的一项调查，发现参与调查者"非常关心"食品安全的占61.7%，"关心"食品安全的占23.6%，"不关心"或"无所谓"的人分别占2.9%和11.8%。被调查者中52.3%的人表示对当前的食品安全状况不满意，12.3%的表示非常不满意，只有11.7%的居民表示满意，14.7%的公众表示不关注（汤金宝，2011：29～30）。苏理云等通过对大学生食品安全满意度的调查问卷收集了一手数据，大学生对食品安全满意度总指数比较低，只有53.75，主要体现在大学生对有害物质和治理监管因子的满意度较低（苏理云等，2012：29～35）。巩顺龙等对辽宁、河南、吉林、重庆、广西、黑龙江、山东、内蒙古、湖南、河北10个省、直辖市、自治区的城市及农村的调查发现，受访者对食品安全信心打分的均值仅为2.818，表明我国消费者对食品安全还缺乏信心受访者对于食品企业信任度打分的平均值仅为2.972，对于农户信任度打分的平均值仅为2.902，中国食品的供应主体出现了信任危机（巩顺龙等，2012：53～57）。王俊秀对全国所有省、直辖市、自治区随机抽取的51100个样本进行了分析，结果显示：非常满意的比例为8.6%，比较满意的比例为29.3%，一般的比例为43.4%，不太满意的比例为13.7%，非常不满意的比例为5.0%。全国居民食品安全满意度平均值介于一般和比较满意之间（王俊秀，2012：66～71）。魏洁等发现，42.5%的被调查居民掌握了基本的食品安全知识，37.4%的居民养成正确的食品安全行为习惯。74.3%的居民关注食品安全，对食品安全表示非常满意和比较满意的比例分别为8.4%和23.6%，满意度主要与性别、年龄、文化程度以及居民每月食品消费支出、食品安全治理措施感知、不安全食品经历等因素有关（魏洁等，2012：65～69）。

二　食品安全风险评估及食品安全风险意识

在社会学视野下对食品安全评估及食品安全风险意识问题的研究，较多地探讨了社会的、文化的因素对消费者食品安全意识的影响。薛琨等调查发现，上海市民的总体食品安全意识较高，但在具体的消费过程中，自我保护的意识还比较薄弱；发生食品质量问题，大多数市民可能因损失的金额不大而放弃索赔。而且，相当一部分市民购买食品或就餐后没有索要发票的习惯，万一发生问题则既无法索赔，也无法投诉（薛琨等，2004：362～365）。周洁红在对浙江消费蔬菜安全认知的调查中发现，家庭住址、年龄、教育程度和家庭规模等因素会影响消费者对食品安全风险认知的影响（周洁红，2005：113～120）。胡卫中等调查发现，杭州消费者的食品安全风险认知水平总体上高于食品安全的实际风险水平，失去控制是其风险认知的主要影响因素，严重后果和政府失职是次要因素（胡卫中等，2008：43～47）。吴林海等对江苏省范围内13个城市的城镇居民所进行的消费者调查，消费者已经意识到质量认证标识的重要性，并且在选择食品时通过关注质量认证标识、价格和品牌来规避食品安全风险（吴林海等，2009：42～44）。周应恒等以三聚氰胺事件为背景，通过对消费者风险认知的调查，发现随着时间的流逝，消费者对于奶制品的食品安全风险的担忧程度仍然很高，购买意愿尚未得到有效恢复（周应恒等，2010：89～96）。信丽媛等以天津市消费者为调查对象，发现在食品安全知识与意识方面，绝大部分消费者对食品安全相关标识都不了解，容易造成消费者购买到假冒伪劣产品。大部分消费者对《食品安全法》的内容不甚了解，容易造成消费者不知道如何保障自己的权利。从消费者获得食品安全知识的途径看，电视广播、网络的作用越来越明显，电视比报纸等媒体更能影响消费者行为的改变。在遭遇食品安全问题时，近1/3的被调查消费者自认倒霉，怕麻烦不愿意找商家理论或者去消协投诉，不懂得利用法律或者媒体等武器维护自身的合法权益（信丽媛等，2012：14～17）。崔蕴霞以某校大学生为调查研究对象，采用社会学的理论方法考察他们在食品安全方面的意识与行为。研究发现，在校大学生在食品安全方面的意识并不强，在实际消费中也没有足够重视食品的质量安全（崔蕴霞，2010：51～54）。赵源等认为，随着食品安全危机的发展，公众的风险认知、信息需求以及再购买意愿会呈现出阶段性特征。首先，在风险认知方面，从食品安全危机发生初期到危机整治期再到危机结束期，公众普遍对危机的风险认知度逐渐降低，其中严重度、忧虑度、危害度的感知逐步降低，可控度逐步提高。其次，对于信息需求，随着食品安全危机的发展，选择从官方和商家渠道获得相关信息的公众逐渐增多，而对从亲朋好友处获得信息的偏好有小幅降低，同时对广播电视渠道获得信息的信任度逐渐下降，而对商家宣传信息的信任度逐渐上升。根据公众对信息内容的需求统计，消费者对问题食品流通情况、政府及商家处理情况、各地被感染情况和问题食品警示信息的偏好会随食品安全危机的发展而逐渐降低。最后，关于再购买意愿，可以看出公众在危机第二阶段的再购买意愿最低，第一阶段其次，第三阶段仍有近半数的公众对整治后重新上市的食品不再信任（赵源等，2010：61～70）。刘建等通过对河北医科大学的大学生进行食品安全知信行的调查问卷。结果显示，学生对腌制蔬菜、花生、烤羊肉串、配置酱油中的主要卫生问题和我国最严重的食品安全问题知晓率分别为89.0%、82.7%、34.5%、9.0%和7.1%。对食品安全法和食品添加剂卫生管理办法的知晓率分别为87.5%和57.8%。在购买食品场所和自我维权方面存在不良习惯，如路边摊购买食品的人数占14.9%，购买到劣质食品会自认倒霉的占49.8%。研究表明，大学生对食品安全知识的知晓率较低且自我保护意识薄弱。在大学生中进行大规模的食品安全相关知识的健康教育十分必要（刘建等，2013：163～165）。

三　食品安全问题成因研究

一些学者从社会学的多个角度，探讨了食品安全问题的形成原因，提出启发性的观点。

有的学者认为造成食品安全的根本原因在于企业经营者追逐利益最大化。郑楠认为，对企业来说，市场远比诚信更加"值钱"，把产品卖出去是关键，卖给谁并不重要。这样的心态正是导致企业公共精神和社会诚信缺失、食品安全事故频发的根源（郑楠，2009：36～37）。

也有部分学者的研究认为政府的监管、惩戒缺位，是造成食品安全的重要原因。秦庆等的调查表明，58.8%的调查对象认为"国家的食品安全立法、监察、惩戒力度不足"是造成当前食品安全问题频出的最主要原因，92.6%的被调查者反映希望政府尽快加强有关工作，为商品安全落到实处提供强有力的法律保障（秦庆等，2006：65～66）。张芳以"三聚氰胺事件"引发的食品安全事故为切入点，用贝克的风险社会理论剖析隐藏在食品安全问题背后的深层原因，是政府部门的食品安全风险预警机制缺失、敏感性差，决策部门分散化、反应能力迟滞，沟通协调机制缺失、信息滞后造成食品安全问题频发（张芳，2009：233～234）。

更多的学者则认为，企业追求经济利益与政府的缺位共同造成了食品安全风险。成黎等的调查表明，造成目前食品安全问题频发的主要原因分别是食品制造厂商注重自己的利益从而忽视了消费者的利益（97%的被访者同意这一观点），相关部门职责不明，执法力度不够（97%的赞同率）和消费者对假冒伪劣产品的鉴别能力不高（73%）（成黎等，2009：47～49）。汤金宝对南京公众调查中，当问及"造成目前食品安全问题主要的原因"时，56.3%的公众认为"政府监管部门监管不力"；18.2%的公众认为"对违法企业和个人处罚不力"；10.1%的公众归结为"个别企业和个人道德沦丧"；只有5.4%的公众表示"不知道原因"。可见，大多数人认为在食品安全管理中，政府应该承担重要责任，检验检测机构以及相关食品生产、加工、销售的企业和个人也应该负起各自的责任（汤金宝，2011：29～30）。李景山等认为，企业的市场利益目标与社会责任感相脱离，企业的价值信仰与普遍的社会信仰和社会道德相背离，这是产生食品安全问题的最根本原因。同时，作为企业监管者的政府职能部门，联系企业生产者和消费者的中间桥梁，价值的迷失也是食品安全成为问题的重要原因（李景山等，2012：98～101）。张金荣等通过对北京、长春、湘潭三地公众的调查显示，关于造成食品安全事件的原因，公众首先是认为"政府管理跟不上"，其次是认为"企业过分追求经济利益"，再次是认为"安全标准/法规不严格"，最后是认为"公众风险意识不强"（张金荣等，2013：40～49）。

部分学者还提出其他多种观点。贾玉娇从风险社会理论的角度出发，认为在中国国内忙着进行全面开展贝克所言的第一现代性事业的同时，在全球化这股强大力量的席卷下，遭遇了世界现代化体系的新变迁——风险社会的到来。在政府缺位、市场机制不灵、社区参与力低下等问题充斥着转型社会时，食品安全问题获得了滋生蔓延的空间，呈现出井喷之势（贾玉娇，2008：102～106）。田永胜认为，食品安全频发背后的原因就在于科技的"造真"——利用抗生素、激素、食品添加剂甚至违禁药物让食品增产、好看、好吃（田永胜，2013：178～180）。田永胜还认为，科技发展使食品安全问题呈现出"无法感知""不可计算性"和全球性新的特征（田永胜，2012：75～77）。

四　食品安全问题的解决之道

学者们围绕如何建立有中国特色的食品安全管制体系，以促进我国食品安全水平的全面提高，并最终解决食品安全问题，提出很多富有建设性的观点。

许多学者就加强政府监管，提出很多建议。索珊珊认为，政府相关职能部门应通过在社会生活领域健全信誉体系，在市场管控过程中充当"信息桥"，修重典，促举报，建立快速应对机制，部分消除信息不对称因素对食品安全造成的负面影响，为普通消费者提供一个安全的食品市场（索珊珊，2004：81~87）。刘畅提出健全食品安全标准体系，建立高效的食品安全管理体制，引入食品安全风险分析制度，完善食品安全规制的法律体系，势必成为今后我国食品安全规制改革的重中之重（刘畅，2012：21~24）。刘亚平指出，已有经验及现实表明，事后的危机应对无法从根本上解决食品安全问题，政府需要转变理念，树立风险规制的意识，强化政府的监管能力，并加强风险教育（刘亚平，2012：209~217）。李珊提出应进一步理顺食品安全监管机制，加强食品安全的法律体系建设，统一食品安全标准，增设公益性的食品安全检测中心，加强社会监督和行政执法力度，提高消费者食品安全意识，强化食品生产者为食品安全责任主体的意识，推动我国食品安全工作健康发展（李珊，2012：7~9）。杨雪等提出要依托法社会学，除了加强食品安全立法，理顺食品安全监管体制外，还需要在法社会学的指导下，进一步明确监管责任，进一步加强监管力度等多措并举（杨雪等，2012：190~192）。张云从法社会学的角度，论证了食品召回制度存在的根基及其体系的支撑（张云，2011：71~74）。臧光楼通过对比我国与先进国家食品召回制度执行情况的差距，运用社会学视角来分析食品召回制度建立的理论基础与必要性，并在此基础上提出提高食品召回制度有效性的解决方法（臧光楼，2013：52~54）。

部分学者提出加强食品生产者和消费者的教育，以提高食品安全水平。王新甫等调查发现，农村居民的食品安全意识较城镇居民低，人们了解相关知识的期望和实际相差甚远。因此，今后要加大报刊、宣传材料等多途径、多样性的知识宣传，对不同人群有针对性地进行宣传；由于农村人群文化素质较低，执法部门应将安全防范重点扩大到农村（王新甫等，2005：182~183）。张璇等认为，公民参与食品安全监管对改善我国当前的食品安全状况有着积极意义，并对南京市食品安全监管中公民参与的现状进行了实证分析，发现民众对食品安全的满意度低但关注度高、对食品安全监管的参与意愿强但政策认知能力弱，提出必须提高民众的政策认知能力，加强对民众的食品安全宣传教育（张璇等，2012：77~80）。袁婵等通过实证调查北京市民参与我国新技术食品领域的现状进行分析，认为建立并完善新技术食品安全领域公民参与的宣传教育政策、促进新技术食品安全领域非政府组织的发展、建立公众监督激励制度和公众监督评议会制度，有助于防范食品安全问题（袁婵等，2010：18~19）。

也有学者提出，政府、企业、中介组织和消费者等形成合力，建立全方位的食品安全保障体系。智素平（2010）对河北省居民对食品安全的态度、行为和认知水平进行了调查，结果显示居民食品安全意识增强，但安全认知水平较低，城市居民法律意识比农村居民较强。提出进一步健全质量监管体系，完善农村食品市场体系以及开展食品安全知识宣传的建议（智素平，2010：81~82）。王建英等对苏北和苏南农村居民问卷调查的基础上，提出首先，政府应加强《食品安全法》的宣传，加强监督管理，规范农村地区经营者行为，提高农村居民维权意识；第二，农村地区成立消费者合作社，部分解决食品安全问题；第三，适时逐步建立食品安全追溯体系，严厉惩罚生产者和经营者（王建英等，2010：26~29）。郭彦朋提出通过正确价值观的引导、公民精神的培养、社会控制的完善来解决食品安全问题（郭彦朋，2012：91~93）。张文胜提出，有效的食品安全政策是提升食品安全现状的根本保障。为此，政府首先要确保食品安全信息的客观性、真实性及信息渠道的畅通；其次要通过有效的食品安全政策引导消费者理性消费，鼓励企业的诚信行为；最后通过鼓励非政府第三方机构参与食品安全监督，建构政府、企业、消费者以及非政府第三方机构共同参与的食品安全社会保障机制（张文胜，2013：89~97）。

五　总结与评述

从上述对食品安全文献回顾中可以看出，社会学领域对食品安全的关注是一个渐进的过程，也取得很多可值得借鉴的研究成果，为我们研究食品问题提供了具有说服力的理论依据。

但归纳起来，现有的研究还存在着三个方面的不足。第一，从数量上看，这些研究成果中的绝大多数是其他专业的学者应用社会学的研究方法——问卷法和访谈法——得出的研究成果。与经济学、管理学、法学等学科研究食品安全的研究人员及成果相比，社会学领域和社会学专业研究食品安全的学者们很少，发表过3篇以上文章的学者尚未见到。从总数上看，研究食品安全的文章还不多。第二，从已有的研究成果，大多数文献停留在调查分析一下食品质量安全的现状、问题和影响因素，然后给出政策建议，研究的广度和深度都不够深入，系统、深入地研究食品质量安全问题的文章还比较少。第三，从研究地域上来说，很多研究的样本绝大多数取自大中城市，针对农村地区消费者行为的研究以及地区间消费者行为的比较研究都非常少。事实上，不同地域之间的食品安全问题及城乡食品质量安全水平存在很大差异。

近十年来，全球食品安全领域的研究总量快速增长，国内各学科对食品安全的研究也日益重视，产出成果颇丰。面对如此重大的社会问题，社会学应积极关注，为提升我国的食品安全研究水平做出应有的贡献。

参考文献

白卫东、肖燕清、李子良、钱敏，2009，《广东省农村食品安全现状调查与思考》，《广东农业科学》第 12 期。

白卫东，赵文红，阮昌铿，肖燕清，钱敏，2010，《广东省城镇食品安全现状调查》，《食品科技》第 4 期。

程景民、卢祖洵、周芩、李志胜，2006，《山西省城市食品安全现状的调查》，《中国卫生监督杂志》第 6 期。

成黎、马欣、李璐子、郑妍、刘易丹，2009，《北京城区消费者对食品安全问题的关注调查》，《北京农学院学报》第 1 期。

成黎、马艺菲、高扬、朱旭、古滢等，2010，《城市居民对食品安全态度调查初探》，《食品安全导刊》第 4 期。

陈璇，2009，《食品安全管理的社会学反思》，《食品安全导刊》第 5 期。

程凤菊，2010，《德州市农村消费者对食品安全问题的认知及影响因素》，《农村现代化研究》12 月专刊。

崔蕴霞，2010，《食品安全意识与行为的社会学研究—以某大学在校大学生为样本的分析》，《临沂师范学院学报》第 4 期。

郭彦朋，2012，《透视食品安全问题中的社会学迷思》，《社会工作》第 7 期。91－93

何坪华、焦金芝、刘华楠，2007，《消费者对重大食品安全事件信息的关注及其影响因素分析——基于全国 9 市（县）消费者的调查》，《农业技术经济》第 6 期。

贺银凤，2009，《河北省食品安全的社会学思考》，《河北学刊》第 1 期。

胡卫中、华淑芳，2008，《杭州消费者食品安全风险认知研究》，《西北农林科技大学学报（社会科学版）》第 8 期。

黄华恩、徐文林、陈小清、陈艳春，2008，《湖北省食品安全公众满意度调查评价报告》，《中国食品药品监管》第 3 期。

巩顺龙、白丽、陈晶晶，2012，《基于结构方程模型的中国消费者食品安全信心研究》，《消费经济》第 2 期。

贾玉娇，2008，《对于食品安全问题的透视及反思－风险社会视角下的社会学思考》，《兰州学刊》第 4 期。

李梅、周颖、何广祥、陈子流，2011，《佛山城乡居民食品安全意识的差异性分析》，

《中国卫生事业管理》第 7 期。

李景山、张海伦，2012，《经济利益角逐下的社会失范现象—从社会学视角透视食品安全问题》，《科学经济社会》第 2 期。

李珊，2012，《我国食品安全问题的社会学分析》，《食品工程》第 3 期。

梁一鸣、张钰烂、董西钏，2010，《基于结构方程模型的杭州城镇居民食品安全满意度统计评估》，《统计教育》第 5 期。

刘建、石剑、李青霞、高强、吕卓、马玉霞，2013，《河北省某医学院校学生食品安全知信行调查》，《中国健康教育》第 2 期。

刘畅，2012，《风险社会下我国食品安全规制的困境与完善对策》，《东北师大学报（哲学社会科学版）》第 4 期。

刘亚平，2012，《食品安全：从危机应对到风险规制》，《社会科学战线》第 2 期。

吕方，2010，《新公共性：食品安全作为一个社会学议题》，《东北大学学报》第 2 期。

马缨、赵延东，2009，《北京公众对食品安全的满意程度及影响因素分析》，《北京社会科学》第 3 期。

秦庆、舒田、李好好，2006，《武汉市居民食品安全心理调查》，《统计观察》第 8 期。

苏理云、周林招、王雪娇、李春，2012，《基于结构方程模型的大学生食品安全满意度调查》，《重庆理工大学学报（社会科学）》第 10 期。

史根生、张卫民、刘亦农等，2004，《广东、吉林、四川、湖北四省居民食品安全教育前后知信行的比较》，《中国健康教育》第 6 期。

索珊珊，2004，《食品安全与政府"信息桥"角色的扮演－政府对食品安全危机的处理模式》，《南京社会科学》第 11 期。

汤金宝，2011，《食品安全管制中公众参与现状的调查分析》，《江苏科技信息》第 4 期。

田永胜，2012，《科技对食品安全的副作用及其化解》，《理论探索》第 5 期。

田永胜，2013，《试论"造真型"食品安全风险的解决之道》，《理论界》第 4 期。

王新甫、王永中，2005，《枣庄市部分社区居民食品安全意识状况调查》，《预防医学论坛》第 2 期。

王建英、王亚楠、王子文，2010，《农村居民的食品安全意识及食品购买行为现状——基于苏南苏北农村的调查分析》，《农村经济》第 9 期。

王俊秀，2012，《中国居民食品安全满意度调查》，《江苏社会科学》第 5 期。

魏洁、李宇阳，2012，《杭州市居民食品安全满意度现状及影响因素分析》，《中国卫生政策研究》第 6 期。

王希，2007，《张家港市民食品安全意识调查》，《苏南科技开发》第 5 期。

吴林海、徐玲玲，2009，《食品安全：风险感知和消费者行为－基于江苏省消费者的调查分析》，《消费经济》第 2 期。

信丽嫒、王丽娟、贾宝红、王晓蓉，2012，《食品安全意识与行为的社会学思考——以天津市 325 名消费者为样本的分析》，《中国食物与营养》第 7 期。

徐瑜、卞坚强、欧光忠、刘焰雄、何水荣、陈翔、林英、洪源浩，2006，《福州市消费者食品安全意识调查》，《海峡预防医学杂志》第 5 期。

薛琨、郭红卫、达庆东、陈刚、曹文妹，2004，《上海市民食品安全认识水平的调查》，《中国食品卫生杂志》第 4 期。

杨雪、周江涛，2012，《食品安全监管的法社会学思考》，《山东社会科学》第 5 期。

杨翠玥、楼烨、白威，2010，《游客对武夷山旅游区食品安全的认知及满意度》，《旅行医学科学》第 4 期。

袁婵、李飞、黄晨旭，2012，《新技术食品安全与公众参与——以北京市民对转基因食品的公众参与状况的调查为例》，《科技管理研究》第 7 期。

臧光楼，2013，《食品召回制度的社会学思考》，《中国质量技术监督》第 2 期。

赵源、唐建生、李菲菲，2010，《食品安全危机中公众风险认知和信息需求调查分析》，《天津财经大学学报》第 6 期。

张芳，2009，《从风险社会视角看我国食品安全问题—以三鹿奶粉事件为例》，《现代商贸工业》第 13 期。

张璇、耿弘，2012，《南京市食品安全监管中公民参与问题的实证分析》，《价格月刊》第 5 期。

张云，2011，《食品召回制度之法社会学证成》，《学术交流》第 3 期。

张文胜，2013，《消费者食品安全风险认知与食品安全政策有效性分析——以天津市为例》，《农业技术经济》第 3 期。

张金荣、刘岩、张文霞，2013，《公众对食品安全风险的感知与建构——基于三城市公众食品安全风险感知状况调查的分析》，《吉林大学社会科学学报》第 3 期。

郑楠，2009，《风险社会理论视角下的食品安全问题》，《华章》第 6 期。

智素平，2010，《河北省居民食品安全意识调查与分析》，中小企业管理与科技（上旬刊）第 8 期。

周洁红，2005，《消费者对蔬菜安全认知和购买行为的地区差别分析》，《浙江大学学报（人文社会科学版）》第 6 期。

周应恒、卓佳消，2010，《消费者食品安全风险认知研究—基于三聚氰胺事件下南京消费者的调查》，《农业技术经济》第 2 期。

作者简介

田永胜　男

所属博士后流动站：中国社会科学院社会学研究所

合作导师：李培林

在站时间：2011. 12 ～ 2013. 12

现工作单位：广东省嘉应学院政法学院

联系方式（email）：ystian189@163.com

Table of Contents & Abstracts

Abstract: Land transferring weakened the dependence of farmers on the land preference and housing remodelling isolated contacting space of villages and farmers, all of which set up administration of the community organizations collapsed. Rural acquaintances society and urban community service standards forced. New community residents "urban consciousness" was the main mode of a new community in urban and rural areas and the practice process in Jiaxing City of Zhejiang Province. This article is focusing on the process of constracting new communities, resulting in such as the community protectionism emergence and development, community corporatism emergence and expansion, community fatherly complex reproduction and expansion phenomena and so on. These phenomena show that unit of society in China has not completely come to an end. On the contrary, it is playing a role in a special form. Facing up to the reality is one of the premises for the new community management system and management mode construction

Keywords: new-type urbanization; new community in urban and rural areas; the new unit phenomenon; community protectionism; community corporatism

The Governing Dilemma against the Unemployment Problems of the Rural-to-City Resettlers: Government's Training and Market System   *Han Xiu – ji* / 18

Abstract: Resettlers caused by reservoirs as development projects are involuntary. In China Three Gorges Dam causes millions of resettlers, some of whom are put into city forming rural communities with the change of Hukou characters. The rural-to-city resettlers have no lands to survive, and worse still, they possess less work skills to get jobs in city market. So serious jobless problems are coming. The local government carries on free training maneuvers to improve the resettlers' abilities to get jobs. However, the government's training comes into less effect which aimed at resettlers, because it is low-level, and against market requirement.

Keywords: dam-induced resettlers; rural-to-city; anti-unemployment governance; government's training; market system

A Research on Developing the City and the Country as a Whole in the West Areas of China   *Cai Yun – hui* / 33

Abstract: There are many difficulties in developing the countryside as a whole in the west areas of China: the level of urbanization is lower, the radiate the dint of urban is weak, the industry degree of agriculture is lower, there are very differences between city and country , the national finance support is very shortage, the chain of industry has not been formed, the level of county district economy is very lower, etc. Therefore, we must draw up the scientific programming and the transformation from ecological resources to the capital, to accelerate the development of the agriculture turns, to strengthen support of the national finance, to accelerate the urbanization of the west areas of China and the development of county district economy , etc.

Keywords: planning the city and the country as a whole ; the west areas of China

Analysis on Sex Structure of Population in Mining Community   *Han Quan – fang, Ge Shao-lin* / 44

Abstract: Mining community is a special social unit. In this paper, in order to study the status and characteristics of the sex structure of population in mining community, the author takes two state-owned mining enterprises as the research object and the sex ratio of the total population as the index of sex structure to analyze the factors affecting the sex structure of population and the social problems caused by the high sex ratio of population in mining community from the perspective of social change, and put forward measures to balance the sex structure of population in mining community.

Keywords: mining community; sex structure of population ; sex ratio; social change

The Research of the Migrant Workers' Industrial Injury Insurance System in the Process of Citizenization   *You Chun* / 56

Abstract: This article elaborates the significance of migrant workers' industrial injury insurance by analyzing the citizenization of migrant workers' status and restriction factors. Firstly, we talk about the background, significance and purpose of the migrant workers' industrial injury insurance system. Secondly, the paper points out some problems of the migrant workers' industrial injury insurance system, which are based on the analysis of the status of migrant workers' industrial injury insurance, such as migrant workers' insured ratio is low, the phenomenon of escape and leakage warranty is serious. Then I find out the reasons. Finanlly, from the perspective of legal system construction, government and enterprises, I put forward some suggestions to build the migrant workers' industrial injury insurance system.

Keywords: the citizenization of migrant workers; inductrial injury insurance system; social security

The Survival Plight of the New-Age Peasant Workers During Urbanization
                                                                    Zhao Qian / 70

Abstract: With the rapid progress of China's urbanization, a large number of peasants entering into cities who become a new group which is called peasant workers. They work and live in the city, but they can't enjoy the treatment of citizenship. Their children, so called the new-age peasant workers are born in the city, but they can't get equal education resources as the urban children. In a word, they and their children don't live by their cities and city people. Even the locals see them as social unrest element, regardless of their contributions and values. Visibly, peasant workers are lack of material and spiritual life, especially for their children growing up in the city. Their situation is even more alarming. They, living in the city, are unable to adapt to life in the countryside and agricultural production. At the same time, they could not look for belonging to own heaven. Thus they lead wandering lives between rural and urban. This article is to analyze the present situation on the new-age peasant workers, and to expose their current plight and dissatisfaction. Finally, the paper tries to find a solution, so as to improve their living environment and promote the harmonious development of society.

Keywords: urbanization; the new-age peasant workers; living plight

Removing Economic Dimension from Measurement of Community Cohesion
—Analysis of the Concept Function of "Cohesion" and "Integration"

Lu Zi – rong, Xu Jin – yan and Zhang Ai – li / 82

Abstract: Measuring social cohesion is the main content of the study in urban cohesion of migrant workers, and community integration which is related to social cohesion is also often used. Is it necessary to independently develop measurement indicators of community cohesion? It relates to the differences of the concepts between community cohesion and social cohesion . There are three forms in social integration theory: the macro-integrative theory, the meso-ethnic model and the micro-identification accepted theory. The measurement of social cohesion designs dimensions from meso and micro-level. But macro-integrative theory provides a theoretical framework for measuring dimensions of the social cohesion. Thus, the four functional items of social measurement and integration are consistent, that is designed from the perspectives of economic, political, cultural-psychology-identity, interactive-in-interaction. In the integrated system of four functions, the community is just a subsystem which cannot assume all the functions of integration. The measurement indicators of community cohesion should be designed from the community interaction and the results from it, specifically including interpersonal interaction, cultural adaptation, psychological identity, political participation in community, maintenance of public interest in community. The dimension of economic status of individuals and communities interact are lack of direct contact in social integration. It is not the result of community interaction, and therefore should be excluded from the measurement dimensions of community cohesion. Removing economic dimension from community cohesion has great significance on the new understanding of basis status of economic cohesion and redrawing the focus areas of community building.

Keywords: community cohesion; social cohesion; integration

The Hollowization of Rural Society: Cause, Character and Social Risk
—The Case Study of Korean Autonomous Prefecture of Yanbian

Liu Jie / 97

Abstract: Among the studies of the depopulation and hollowization of the villages, the focus of this article is on the urban-rural relations during the process of urbanization, and prevailing belief is that it is the inevitable result of urban involution. However, the problem is these studies neglecting the important factor of globalization in current social development. Based on the previous studies relevant to this field, this essay studied the connections between depopulation and hollowization under the background of urbanization and globalization, which are the two key elements of social development. Based on the case study in the rural area of minority region, the author analyzed the effect of labor service exporting on the cause and character of the hollowization of this village, and believed that the hollowization of the village would bring a serious of social risks.

Keywords: the hollowizaiton of village; labor service exporting; social risk

Theoretical Reflection on Several Issues of Rural Social Work Practice in Indigenization   *Jiang Guo-he* / 111

Abstract: Based on the exploration of rural social work practice in Jiangxi and Hunan, this article makes a deep reflection on several specific issues such as grass-roots service delivering model, agency construction in the processing of rural social work development, public finance and resource distribution. All the discussions are focusing on how to establish the rural social work developmental model with Chinese characteristic. Along with the reflection, the author also puts forward some policy recommendations.

Keywords: rural; social work; indigenization; the Wanzai Model

People-oriented: The Harmonious Mechanism of Rural Land Expropriation Conflicts *Meng Hong – bin* / 122

Abstract: In the process of urbanization in China, the phenomenon of rural land for non-agricultural is serious, various incentives to rural land conflict can hardly be avoided. This research shows multiple settlement mechanisms of conflict based on the land acquisition system, such as dynamic mechanism and evolutionary upgrade mechanism. Finally this research constructs scientific and effective conflict harmonious mechanisms, including coordination mechanism of interest, expression mechanism, contradictory regulatory mechanism and interest guarantee mechanism. This article is trying to defuse the antagonistic conflict of land requisition in rural areas, and earnestly protect farmers' interests.

Keywords: rural land expropriation; social conflict; people-oriented principle; harmonious mechanism

Spatial Process Encountered and Place-Remaking: The Analyses of an Inner Mongolian Grassland Community Based on "Place-Space Tensions"

Zheng Shao-xiong / 136

Abstract: In the past years grassland communities in Inner Mongolia have encountered comprehensive spatial process, including the rangeland division, grazing ban, appropriation of underground water and climate changes. For the one hand responses stimulated, such as grassland reclamation and grassland selling-out to outsider capital, have caused the potential disappearance of grassland communities, while on the other hand local Mongols strive to complete the place-remaking by implementing cultural critiques to the external interventions by inventing and spreading rumors and gossip, distinguishing between economic rationality and cultural rationality in the accepting of industrialized stock raising, and restoring public ritual activity of sacrificing Oboo. The employment of Taylor's frame of "place-space tensions" makes it possible to realize that, the future of grassland communities lies on the further spatial balances between the state and the local.

Keywords: grassland policy; place-space tensions

Ecology, Science and Power

—An Anthropological Approach to the Stock-Breeding Change in B State-Owned Rangeland in IMAR *Sai Han* / 162

Abstract: Grassland ecology is integral which is composed of herders, livestocks and the grass. By analyzing stock breeding changes, s subject not so frequently discussed by social scientists, and reviewing the 60 years history of B state-owned rangeland in Xilin Hot city, the writer argues a series of questions: why stock breeding practices could be so popular in Xilin Gol grassland? Why the herders switch back to local breedings as long as they have autonomies? Why stock breeding practices could also be supported and funded by local government? By discussing the relations among stock breeding changes, sciences and power, the author puts forward and advocates a herder-based approaches to understand the ecological and cultural dilemma which nomadic peoples encountered in IMAR.

Keywords: stock breeding changes; history; science; knowledge

Comprehensive Reform of Rural Primary Health Care Institutions: A New Reform Approach   *Zhang Kui-li* / 172

Abstract: Transforming operation mechanism of primary health care institutions has to implement comprehensive and fundamental reform which should focus on relieving "difficult and expensive for seeking medical services". Following by this thought, new health reform would suffer the fate of unsuccess on a whole. Throughout primary health reform, it should attempt a new reform way of de-regulation. Breaking away from administrative monopoly and executing re-regulation, it can be achieved an ideal state in which government and market fit their proper places and complement for each other. On this premise, system and mechanism of rural primary health care institutions are built properly.

Keywords: primary health care institutions; comprehensive reform, de-regulation

On discussing the Multi-Dimension Pension of Rural Community: A Case Study of a New Rural Community of B village in Zengjia Town, Shapingba District, Chongqing City   *Zhang Wen-bo* / 188

Abstract: With the development of urbanization, increasing of population migration and the acceleration of rural collective land circulation, the empty-nested families in rural China increase more and more, and off-landed or landless peasants increase more and more. Under this background, the functions of old age security of family as the security unit and that of land as the support resource have been weakening, while the rural endowment insurance system setting in 1980s has been no important breakthrough. Considering this, it will be full of necessity to explore the system and mode of rural old age security. This paper will take a new rural community of B village in Zengjia town, Shapingba district, Chongqing city as the fieldwork site, through describing and analyzing the situation of old age problems to seek for exploring the possibility of a multi-dimension pension of rural community and its possible paths.

Keywords: rural community; "agricultural to non-agricultural" status; community-based multi-dimension pension

Policy Achievement: Policy Influences on the Change of Villages in China

Zhao Chun-sheng / 203

Abstract: The change of villages and the development of villages are significant contents in the transformation of China's society. The leading role of government in the transformation of China's society decides on the significant policy achievement of the change and development in China's villages. The case of S village from final collapse to policy reconstruction describes the policy achievement in the change of village, and stresses the necessity of social reflection on public policies in the development of the village.

Keywords: the change of village; social generation; policy achievement

Reflexive Body Techniques: A Grounded Theory Research on Auto and Body

Lin Xiao-shan / 219

Abstract: With the significant influence of technology on human life, the relationship between body and technology has become an important issue in the sociology of body. This paper shifts the perspective from modernistic diagnosis of "body in technology" to the idea of "body techniques" in traditional anthropology, discussing how people in modern society make use of their body. Based on the grounded theory and the theory of Marcel Mauss, the article reveals how reflexive body techniques is possible from the dimensions of institutionalization, discipline, efficiency and ritualization through the analysis of auto driving training. The author suggests that reflexive body techniques are emerged from body interweaved with modern technology, which provided with abilities of self-reflective and contained with modernistic reflexive of human behavior and technology changes. This new concept expands Mauss's classical theory of body techniques, and adds even more bright colors to complete prospect of body generated.

Keywords: body techniques; reflexive body techniques; body generated; auto society; driving training

Urbanisation and the Growth of Middle Class: A Discussion about Expansion of Consumption from the Perspective of Social Structure   *Zhu Di* / 251

Abstract: Urbanisation in China has developed dramatically in recent years. With insufficient domestic demands, however, the transition in the mode of economy development faces challenges. Other than using the framework of income-consumption, this paper attempts to adopt the perspective of social structure and proposes to drive consumption through expanding the middle class. This perspective is helpful for improving the efficiency of social policies and also gives full play to market mechanism in terms of optimizing resources. It is found from the empirical analysis that the middle class has the strongest purchasing power and consumer desires and thus is the main driver in increasing consumption. The marginal middle class, mainly consisting of skilled migrant workers, lower white collars and unemployed university graduates or those with lower income, also exhibits substantial consumer aspirations and needs, especially in consumption of houses and leisure services, and therefore also plays important roles in the process of stimulating consumption. Policy advices emphasize enhancing the purchasing power of the middle class and the social welfare system and also increasing life chances of the marginal middle class.

Keywords: urbanisation; expansion of consumption; middle class; social structure; consumption patterns

Research on Factors that Influence Urban Residents' Social Welfare Satisfaction

Wang Lei / 265

Abstract: Social welfare satisfaction is a "benchmark" to measure how much degree the welfare needs are met and the level of welfare benefits, and its influencing factors analysis has important value in improving the social welfare system on scientificalness of design and the validity of implementation. Based on the investigation data in Shenyang and Fuxin of Liaoning province, analyzing the factors that influence urban residents' social welfare satisfaction, the paper finds out four results as following. First, system design has the greatest impact on urban social welfare satisfaction, with both positive direct and positive indirect influence. Secondly, social welfare demand gap has a negative direct impact on satisfaction of urban residents' social welfare and it also plays an intermediary role in the influence of social welfare system to social welfare satisfaction. Thirdly, social welfare expectation has a negative direct influence on satisfaction. And last but not least, although residents' perception on welfare policies has not significant direct affects, but it still has a positive indirect impact on social welfare satisfaction through the roll of social welfare expectation.

Keywords: social welfare satisfaction; influencing factors; structural equation model

Network Social Relationships and Social Support
—On the View of the Mobilizing Proliferation of Political Participation

Zhu Hai-long / 278

Abstract: During the tranforming period of China, political participation is widespreading in the network society, where there is close relationship between obtaining wide social support and the condition of interpersonal relationship . Interpersonal relationship in network society which has some characteristics of high density, clusterization, multi-dimensional connectivity, simplicity, informal and weak ties making it possible for political participation to gain wide social support through specific events, therefore political participation is more likely to happen.

Keywords: network society; interpersonal relationship; social support; diffusible mobilization

Subalternate Perspective and Its Intellectual Genealogy: A Review on General Approaches of Indian Subaltern Studies　　　　　　　　*Wang Qing-ming* / 287

Abstract: This paper reviewed the general approaches of Subaltern Studies on a sociology of knowledge perspective. In Indian, the issue of Subaltern Studies is how to reconstruct subaltern groups' history during the colonialism period. But in China, the subaltern issue is the changes of social structure and the differentiation of social stratification since China's the reform and opening up. In Chinese academia field, many scholars study the logic of subaltern action through resistance for rights. We should discuss the politics of subaltern, but it is more important to think about these issues: how to open the discourse space of subaltern groups? How to listen to the micro voice of the subaltern groups and how to record the representation of subaltern groups? Indian Subaltern Studies give us the most important inspiration is that grasping the subaltern image from the daily life of common people, and regarding everyday life of subaltern groups as basic resource to production and reproduction of academic knowledge.

Keywords: subalternate Perspective; intellectual Genealogy; indian subaltern studies; sociology of knowledge

Media and Identity Construction of Middle-class: A Literature Study of Communication Sociology　　　　　　　　　　　　　　　　*Guo Jin* / 310

Abstract: The middle-class and identity have always been big focus in the field of social science research. In recent years, the attention to which communication scholars has paid and injected new elements to this issue. From the perspective of communication sociology, the mass media plays an important role in the identity construction of middle-class from four respects, such as culture, image, consumption and life style, and agenda setting. The existing researches focus too much on the consumption and life style of middle-class and the image of middle-class's identity construction unfolded in media, pay more attention to the media itself influence or the media's marketing strategy under the market pressure, but neglect how the middle-class as the main part to understand the media identity construction and how about their identity practice in life. In this paper, the author thinks that the identity construction of middle-class is not an isolated issue, and it should be placed in the larger social context to develop a panoramic research, and it should be improved of research methods and taken quantitative surveys based on text analysis and questionnaire investigations.

Keywords: media; middle-class; identity construction

Research on Ethnic – National Social Identity and Intergroup Perceptions
—Results from Han and Minorities Residents in Yunnan

Gao Wen – jun / 329

Abstract: The present study examined three main issues: the structure and types of ethnic – national identity, factors related to the way people manage their multiple identities, and the relationship between ethnic – national identity and intergroup perceptions. To investigate these issues, some Han and minority community residents from Kunming and Zhaotong in Yunnan province are recruited to complete a battery of questionnaires. The results can be understood from four aspects. First, ethnic and national identity is positive correlated, while there are also significant discrepancies between them. Secondly, the proposed two dimensions structure of ethnic – national social identity is verified to be reasonable, and four types of ethnic-national identity are found as integration, ethnic, nation and diffuse. Thirdly, ethnic composition of the neighborhoods is related to the minorities' ethnic-national identity. Lastly, people with different ethnic-national identity exhibit different intergroup perceptions.

Keywords: multiple social identity; ethnic identity; national identity; intergroup perception

A Study on the Public Security Needs from the Perspective of Social Management

Chen Jing / 349

Abstract: With China's economic and social developing rapidly, the structure of the public needs has also changed a lot, which has entered into a stage that the needs of security is the most critical. From the perspective of innovative social management, it's urgently needed to meet the security needs of the public continuously, and this would promote the society develop more harmoniously. In this paper, based on Maslow's hierarchy of needs theory, combining with our social problems, systematically analyzed the main performance and characteristics of the current security needs of the public, illustrated the hazards if the needs of public's security cannot be met, proposed some targeted measures and recommendations which called seven innovative social managements to meet the security needs of the public actively.

Keywords: theory of sociology; social management innovation; public safety

The Analysis of the Embeddedness of the Social Participation of the Elderly under the View of Well – Off Society   *Chen Xu* / 363

Abstract: The social participation of the elderly is highly related to the feat of constructing the well – off society. Combined with the concept of embeddedness, this research analyzes three different characteristics of the senior citizens' social participation: the embeddedness of social policies, external motive power and patterns of social participation. These characteristics contribute to the problems of types and the continuity of the social participation, and the absence of the social policies. In order to solve these problems, this research suggests that we should alter the mechanisms of the social participation and guarantee the effects of the social policies.

Keywords: well – off society; the elderly; social participation; embeddedness

An Analysis of Pressure Sources and Coping Strategies of College Community Workers   *Xue Pin* / 376

Abstract: The central government in China is emphasising the social management and its innovation at the current situation. In this background, the local government issues a series of measures to strengthen the capacity of community workers. At the same time, college students are recruited to enrich the urban community's social worker forces, and the service which offered by community center are enhanced through this way. At the same time, college students as the new community social workers are facing with a wide range of pressures due to various reasons. Based on survey data about community workers' work situation in one district of Beijing, we analyze the pressures that influence the community social workers. We found that these pressures not only contain the external economic pressures, but also contain the pressure of the work itself, such as workload, profession identity, career development pressure and so on. Combined with qualitative interview data, we analyze the source of these pressures and attempt to propose multilevel coping strategies to cope these pressures.

Keywords: community management; community social workers; pressures sources

Aging of Population of Rural Endowment Insurance System and its Policy Recommendations
—Based on the data of Fujian Province   *Tang Zhao - yun* / 391

Abstract: Population aging is an inevitable trend in the social and economic development. Our current implementation of the new agricultural insurance system is an important step in order to solve the pension problems of the elderly population in rural areas. However, due to the impact of system design, as well as social-economic development conditions, the operation of the new farmer's insurance fund hasing a certain risk. In Fujian Province, the new farmer's insurance fund revenue and expenditure forecast, the expenditure will be showing a growth trend, but spending faster than income rate. There will be a gap. From the following aspects for the realization of the sustainable development of the new agricultural insurance system, this article suggests timely and appropriately adjusting the fertility policy, optimizing the population structure to ensure the sustainability of the new farmer's insurance number of insured, expanding into new rural cooperative fund payment channels to broaden the channels of the proliferation of new agricultural insurance fund and increase the value of the new farmer's insurance fund.
Keywords: aging population; the rural pension insurance system; the new farmer's insurance fund balance of payments

The innovation of social management: challenges, focus and relationship analysis
—Based on the leading cadres at and above county level analysis of sampling survey
Li De, Yu Hong-sheng / 404

Abstract: Along with the fast development of city in China and the rapid social transformation, China's social management and public services confronted with unknown challenge. This thesis discusses the strengthening of social construction and social management innovation of hot, difficult and key issues. We conducted a questionnaire survey to the 306 leaders studying in China Executive Leadership Academy Pudong. By the statistics of questionnaire we analyzed the leaders' evaluation on current management situation , dilemma and their further consideration and exploration for future innovation of social management. It has a certain referential significance for the establishment of social policy.
Keywords: social management; challenge; focus point; analysis of the relationship

Study on the Construction of Social Emergency Management Capability
—Case Study on Chongqing City

Mei Zhe, Chen Cheng / 419

Abstract: Through the literature study, this article analyzes the accident causes and the integration of social resources, trying to establish the index system of design and the formulation of various countermeasures. The authors suggest that chongqing city should broaden the channels of funding, explore the integration of military and civilian emergency security system and improve the government emergency management capabilities.
Keywords: emergency management capability index system; evaluation system

Ideas, Principles and Revelations of the Leapfrog Development in Western China

Zhang Chen / 440

Abstract: The basic connotation of leapfrog development is rapid upgrade of the productivity level. The general idea of leapfrog development of the western regions should be with the transformation of the mode of economic development as the main line in order to realize "three new interactions", which is including agricultural modernization, industrialization and new-type urbanization. The general idea of leapfrog development of the western regions should follow four principles such as prosperous – people – first, good – and – fast, reform and innovation, supernormal development. At the same time, it must avoid and correct the four pitfalls. Leapfrog development in western China not only has economic significance, but also has practical and profound social and political significance.
Keywords: the western region; leapfrog development; ideas; principles; revelations

Study on the Path of Social Security System Integration in China

Zhao Yu / 452

Abstract: Social security system in China is progressive formation. Its historical background and real-world conditions determine the pattern of the fragmentation of the existing social security system. The future development of China's social security system should start with the fragmentation to be integrated. The integration of the social security system should adhere to several principles such as unified planning, the baseline equality and sustainability. To promote the integration of the social security system, we should focus on improving the social security management system and realizing effective convergence of the social security system between urban and rural areas, regions and groups. At the same time, we should try to decentralize social security programs, improve the level of social security co-ordination and give a reasonable division of duties and powers of the government on social security.

Keywords: social security; fragmentation; system integration

A Review of Sociological Research on Food Safety in the Last Decade

Tian Yong – sheng / 463

Abstract: This paper has carried on the summary from four aspects about the academic papers of the food safety issues in the field of sociology and applied sociology method in recent 10 years, such as food safety satisfaction study, food safety risk assessment, food safety risk awareness, the cause of food safety issues and solutions to food safety issues. The field of sociology focusing on food safety was a gradual process, obtaining research achievements which was worth considering, and provided a convincing theoretical basis for our research food safety issues . But there are still some deficiencies.

Keywords: sociology; food safety; food safety risk

图书在版编目（CIP）数据

社会治理：新思维与新实践/张翼主编. —北京：社会
科学文献出版社，2014.8
（中国社会科学院社会学研究所博士后文集）
ISBN 978 - 7 - 5097 - 6367 - 4

Ⅰ.①社…　Ⅱ.①张…　Ⅲ.①社会管理 - 中国 - 文集
Ⅳ.①D63 - 53

中国版本图书馆 CIP 数据核字（2014）第 178670 号

中国社会科学院社会学研究所博士后文集
社会治理：新思维与新实践

主　　编／张　翼
副 主 编／郑少雄　黄丽娜

出 版 人／谢寿光
出 版 者／社会科学文献出版社
地　　址／北京市西城区北三环中路甲 29 号院 3 号楼华龙大厦
邮政编码／100029

责任部门／社会政法分社（010）59367156　　责任编辑／任晓霞　孙　瑜
电子信箱／shekebu@ ssap. cn　　　　　　　　责任校对／杨　楠
项目统筹／谢蕊芬　童根兴　　　　　　　　　责任印制／岳　阳
经　　销／社会科学文献出版社市场营销中心（010）59367081　59367089
读者服务／读者服务中心（010）59367028

印　　装／北京季蜂印刷有限公司
开　　本／787mm×1092mm　1/16　　　　　印　　张／31
版　　次／2014 年 8 月第 1 版　　　　　　　字　　数／552 千字
印　　次／2014 年 8 月第 1 次印刷
书　　号／ISBN 978 - 7 - 5097 - 6367 - 4
定　　价／99.00 元